로마법의 원리

법사학
번역총서
4

로마법의 원리

PRINCIPLES OF ROMAN LAW

저자
프리츠 슐츠

저자 개정증보판 영어 번역
마거리트 볼프

한글 번역
이상훈

민속원

저자 서문

이 책은 1934년 8월에 출판된 나의 『로마법의 원리(*Prinzipien des Römischen Rechts*)』 Duncker und Humblot (München)의 제2판이다. 이 책이 영어로 번역되기 전에 내가 개정하였는데, 일부를 교정하고, 영미 독자들에게 별로 흥미롭지 않을 것 같은 몇몇 구절을 삭제하였다. 무엇보다도 독일어 판본 이후에 나온 문헌에 대한 참조를 추가하였다. 그 밖에는 상당한 변경을 할 이유를 찾지 못하였다.

영문 번역을 해 준 마거리트 볼프Marguerite Wolff의 노고에 대하여 진심으로 감사한다. 그녀는 고맙게도 출판에 들어가기 전에 번역 원고를 보내주었고 나에게 검독할 기회를 주었다.

세계적으로 명성 있는 옥스퍼드대학출판사의 저명한 출간물 가운데 내 책이 들어가게 해 준 것에 대하여 출판사 측에 특별히 감사한다.

이 작은 책이 영미의 젊은 법학도들(cupida legum iuventus)에게 로마법에 관한 약간의 자극을 주는 데 기여한다면, 이 책은 그 목적을 달성하게 될 것이다.

프리츠 슐츠

베를린,

1936년 8월

차례

|제10장| 인도주의 207

|제11장| 신의 245

|제12장| 안정성 263

약어 목록

원사료는 다음과 같은 방식으로 인용함:

예 D.45.1.7.1 = 학설휘찬 제45권 제1장 제7절 제1항

Bruns or Bruns, *Fontes* = *Fontes iuris Romani antiqui*, (=古로마法源集) ed. Bruns, 7th ed. Otto Gradenwitz, 1909. 인용문은 모두 제1부(pars prior)에서 가져온 것임(*leges et negotia*)

C. = Codex Justinianus. 유스티니아누스 칙법휘찬

C.Th. = Codex Theodosianus. 테오도시우스 칙법전

Coll. = Collatio Mosaicarum et Romanarum legum. 모세법과 로마법 대조집

C.I.L. = *Corpus inscriptionum Latinarum.* 라틴비문집성

D. = Digesta Justiniani. 유스티니아누스 학설휘찬

Epit. Ulp. = *Epitome Ulpiani*, ed. F. Schulz, 1926. 울피아누스 초록

Gaius = Gaii Institutiones. 가이우스 법학원론

Inst. = Institutiones Justiniani. 유스티니아누스 법학제요

Paul. Sent. = Ps.-Pauli Sententiae. 파울루스 의견록

Vat. or Fr. Vat. = Fragmenta Vaticana. 바티칸 단편

라틴어 원전에서 [ ] 괄호는 수정된 부분을, 〈 〉은 재구성된 부분을 의미한다.

Acta Congressus 1934 = *Acta Congressus Juridici Internationalis*, Romae, 1934.

Albertario, *Introduz.* = Emilio Albertario, *Introduzione storica allo studio del diritto Romano Giustiniano* I, 1935.

Albertario, *Studi* = Emilio Albertario, *Studi di diritto Romano* I, 1933.

Annali Palermo = *Annali del Seminario Giuridico di Palermo.*

Arch. giur. = *Archivio giuridico.*

Atti del Congresso 1933 = *Atti del Congresso internazionale di diritto Romano* (Bolognae, Roma), Bologna I (1934), II (1935), Roma I (1934), II (1935).

Beseler = G. Beseler, *Beiträge zur Kritik der römischen Rechtsquellen*, 1-5.

BGU. = *Ägyptische Urkunden aus den Kgl. Museen zu Berlin*. Griechische Urkunden.

Biondi, *Prospettive* = Biondo Biondi, *Prospettive Romanistiche*. Pubblicazioni della Università Cattolica del Sacro Cuore, Scienze Giuridiche, Vol. XXXVII (1933).

Bonfante, *Corso* = P. Bonfante, *Corso di diritto Romano.*

Bonfante, *Scritti* = P. Bonfante, *Scritti giuridici varii.*

Bremer = *Jurisprudentiae antehadrianae quae supersunt*, ed. Bremer.

Buckland = W. W. Buckland, *A Textbook of Roman Law*, Cambridge, 1921.

Bull. = *Bullettino del Istituto di Diritto Romano.*

Cambridge *A.H.* = *The Cambridge Ancient History.*

Chiazzese, *Introduzione* = Lauro Chiazzese, *Introduzione allo studio del diritto Romano privato*, 1931.

Conferenze = *Conferenze per il XIV centenario delle Pandette (15 Dicembre 530. 15 Dicembre 1930)*. Pubblicazioni della Università Cattolica del Sacro Cuore. Serie 2, vol. XXXIII (1931).

DPR. = *Deutsches Privatrecht.*

Fuchs, *Augustin* = H. Fuchs, *Augustin und der antike Friedensgedanke, Neue Philologische Untersuchungen* III, 1926.

Guarneri Citati, *Indice* = Andrea Guarneri Citati, *Indice delle parole frasi e costrutti ritenuti indizio di interpolazione nei testi giuridici romani, 1927*. Supplemento all'Indice, Studi in onore di S. Roccobono I, 1934.

Heuss, *Grundlagen* = Alfred Heuss, *Die völkerrechtlichen Grundlagen der römischen Aussenpolitik in republikanischer Zeit. Klio*, Beiheft XXXI (1933).

Ihring = R. v. Ihring, *Geist des römischen Rechts auf den verschiedenen Stufen seiner Entwicklung*, Vols. I and II, 4th ed., vol. III, 3rd ed.

Interp. Index or *Itp. Index* = *Index Interpolationum.*

Jolowicz = H. F. Jolowicz, *Historical Introduction to the Study of Roman Law*, Cambridge, 1932.

Kroll = W. Kroll, *Die Kultur der Ciceronischen Zeit*, 1933.

Krüger = Paul Krüger, *Geschichte der Quellen und Literatur des Römischen Rechts*, 1925.

Kübler, *Geschichte* = Bernhard Kübler, *Geschichte des Römischen Rechts*, 1925.

Kunkel = Jörs-Kunkel-Wenger, *Römisches Recht*, 2nd ed. 1935.

Lengle or Lengle, *Strafrecht* = Josef Lengle, *Römisches Strafrecht bei Cicero und den Historikern* (*Neue Wege zur Antike* I, II), 1934.

Lenel, *Ed.* = Otto Lenel, *Das Edictum perpetuum*, 3rd ed. 1927.

Lenel, *Paling.* = Otto Lenel, *Palingenesia iuris civilis*.

Lübker-Ziebarth, *Reallexikon* = F. Lübker, *Reallexikon des klassischen Altertums*, 8th ed. by Geffcken and Ziebarth, 1914.

Mitteis = L. Mitteis, *Römisches Privatrecht*, 1908.

Pohlenz, 'Antikes Führertum' = Max Pohlenz, 'Antikes Führertum', *Neue Wege zur Antike*, 2. Reihe, Heft 3, 1934.

Pr. R. = Privatrecht.

R. = Recht.

RE. = Paulys *Realenzyklopädie der klassischen Altertumswissenschaft*. Neue Bearbeitung von Wissowa, Kroll, und Mittelhaus.

Riv. = Rivista.

De Robertis, *Espropriazione* = F. M. de Robertis, *La espropriazione per pubblica utilità nel niritto Romano*, Bari, 1936.

Schanz = Martin Schanz, *Geschichte der Römischen Literatur*, 4th ed. by Carl Hosius, 1927 seq.

Schulz, *Einf.* = Fritz Schulz, *Einführung in das Studium der Digesten*, 1916.

Siber = H. Siber, *Römisches Recht in Grundzügen für die Vorlesung*, II. Römisches Privatrecht, 1928.

Siber, *Analogie* = H. Siber, *Analogie, Amtsrecht und Rückwirkung im Strafrechte des römischen Freistaates*. Abhandlungen der philolog.-histor. Klasse der Sächsischen Akademie der Wissenschaften, vol. xliii, nr. iii, 1936.

SZ. = *Zeitschrift der Savigny-Stiftung für Rechtsgeschichte*. Romanistische Abteilung.

Taubenschlag, *Diocletian* = Rafael Taubenschlag, *Das römische Privatrecht zur Zeit Diocletians*, 1923. (Extrait du *Bull. de l'Académie Polonaise des Sciencès et des Lettres*, 1919-20)

Tellenbach, *Reichsgedanke* = Gerd Tellenbach, *Römischer und christlicher Reichsgedanke in der Liturgie des frühen Mittelalters*. Sitzungsberichte der Heidelberger Akademie der Wissenschaften, Phil.-hist. Klasse, 1934.

Tijdschrift = Tijdschrift voor Rechtsgeschiedenis.

Volkmann = Hans Volkmann, *Zur Rechtsprechung im Principat des Augustus*, Münchner Beiträge zur Papyrusforschung und antiken Rechtsgeschichte XXI, 1935.

Max Weber = Max Weber, *Wirtschaft u. Gesellschaft*, 2. ed. (Grundrisse der Sozialökonomik, III).

Wilamowitz, *Glaube* = U. v. Wilamowitz-Möllendorff, *Der Glaube der Hellenen*, 1931, 1932.

Windscheid or Windscheid, *Pand.* = Windscheid-Kipp, *Lehrbuch des Pandektenrechts*, 9 ed. 1906.

01 서론[1]

(법관법法官法을 "양조"하는) 원료들은 우연히 하나로 혼합된 것이 아니다. 어떤 원리가, 그것이 공언되지 않고 제대로 표현되지 않으며 잠재의식에 머물러 있을지라도, 원료의 "혼입" 과정을 조절해 왔다. … 그 과정에서 선택이 있었는데 그것은 운명이 정하는 것에 따르는 굴복이 아니었고, 선택을 결정하는 고려들과 동기들은, 종종 모호하기는 하여도, 분석에 완전히 저항하지 않는다.
–카도조, 『사법절차의 본질』(초판 1921년), 11면.

I. 로마법의 원리

1. 개념

『로마법의 원리』라는 이 책의 제목은 설명을 요한다. 이 책은 주요하고 기본적인 로마의 법규범들을 다루기 위한 것이 아니다. 그러한 것들도 "로마법의 원리"라고 할 수 있겠지만, 오늘날 그것들은 일반적으로 "로마법 개론"으로 알려져 있다. 그보다 이 책에서 밝히려는 것은 로마법의 장본인인 로마인들을 움직이게 했던, 법과 정의에 대한 기본 관점들이다. 로마법의 체계적 법규범들이 파생된 것은 바로 그러한 관점들로부터이며, 그것들이야말로 바로 진정한 원리(principia), 즉 로마법의 진정한 "출발점"인 것이다.

---

1 다음을 참조. 일반적으로 Jhering, I, 서문, 특히 15면, 23면; Jac. Burckhardt, *Griech. Kulturgeschichte* (ed. 4th, ed. by Jakob Oeri) I, 서문, 1면 이하; *Weltgeschichtl. Betrachtungen* (ed. by Rudolf Marx, *Kröners Taschenausgaben*), 제1장 3면 이하. 또한 Walter Otto, *Kulturgeschichte des Altertums* (1925), 12면 이하 참조.

2. 확실성

로마법의 원리에 도달하는 것은 가용한 텍스트로부터 그러한 관점들을 추출해내는 단순한 과정만으로는 불가능하다. 로마인들은 그것들을 정식화定式化하지 않았는데, 자기분석과 근본적인 제1원리에 대한 연구가 그들의 본성에 낯설었기 때문이다. 많은 경우 로마인들이 그것들을 인식조차 못하였다고 추정될지도 모른다. 그럼에도 불구하고 그러한 원리들의 존재를 추정하는 일은 단순한 공상에 그치는 것이 아니다. 로마 법률가들을 움직였던 원리들은 그들이 작업한 결과물에 필연적으로 나타나 있을 것이며, 로마법사의 개별 사실들에 대한 연구를 통하여 드러나게 될 수도 있다. 나아가 그러한 원리들이 존재한다는 확실성은 때로는 역사적 사실들에 관한 확실성보다도 더 크다.[2] 로마법체계와 로마법사에 관한 많은 세부 사항들이 단편적인 형태로 그리고 수정修正(interpolatio)된 상태로 우리에게 전승되었다는 점에서, 그것들은 여전히 의문점들이 있고 많은 문제들이 남아 있음에 틀림없다. 반면에 로마법 정립자들의 근본적인 관점과 사고방식을 확실하게 보여주는 사료들은 대단히 명료하고 양적으로도 풍부하다.

3. 일관성

이러한 의미에서 로마법의 원리들은, 법사적法史的 사실들과 비교할 때 변함없이[3] 나타난다. 그럼에도 불구하고 그 원리들은 물론 변화의 법칙에 따르고 있으며 역사가 있다. 원리들의 변화는 확인되어야만 하고 또 설명되어야만 한다. 어떤 원리를 대체해 가는 투쟁과정을 탐구함에 있어서, 즉 그것이 승인받기 위하여 어떻게 싸웠고 어떻게 하여 승인받게 되었고 어떤 방식으로 다른 원리들과 교착되고 방해받고 그리고 아마

---

2 Burckhardt, *Griech. Kulturgesch.* I, 3: "문화사는 제일의 확실성(primum gradum certitudinis)이 있다."

3 Burckhardt, 전게서, 4: "아마도, 그러나 불변성은 … 가장 신빙성 있는 고대의 '실제 내용'이다. … 여기에서 우리는 영원한 그리스인과 만나는데, 우리는 단지 개개의 요인만을 포착하는 대신 그 형체를 감지한다."

도, 중요성을 잃은 후에는, 그 힘을 완전히 상실하게 되었는지를 살펴보는 작업은 어떤 특별한 매력이 있기도 하다.

II. 선행연구

이 책에서 시도되는 역사적 임무는 단 한 차례 전적으로(in toto) 착수되었다. 그것은 바로 루돌프 폰 예링(Rudolph von Jhering, 1818-1892)이 그의 위대하지만, 불행하게도 미완의 저작인 『다양한 발전단계에서의 로마법의 정신』[4]을 저술하였을 때인데(1852-1865), 그 책의 주제는 여기에서 말하고 있는 "로마법의 원리"에 한정되지 않는다. 그 책의 헤아릴 수 없는 가치는 당대에 국한되지 않고, 그 책은 다소간 혼란스럽기는 하지만,[5] 가히 획기적이다. 많은 본질적인 점들이 그 책에서 처음으로 인식되고 강조되었다. 그러나 자연스럽게 그 책이 등장하고 나서 반세기가 지나자 일부 세부적인 점들이 수정되어야 했고 많은 점들이 보완되어야 했다. 예링은 로마법의 고전기 전부와 고전기 이후를 거의 다루지 않고 있는데, 그의 책에서 다루는 범위는 로마 창건[= 기원전 753년]으로부터 6세기가 지난 후까지는 미치지 않았기 때문이다. 로마법의 원리를 전반적으로 다루면서 예링의 연구를 이어나가는 문헌이 아직까지는 없지만,[6] 최근의 법사학에서 밝혀진 다수

---

4 판본에 대하여는 E. Landsberg, *Geschichte der deutschen Rechtswissenschaft*, III/2 (Notenband), 336면 참조. 특히 여기서 제시된 목적을 위하여는 Jhering, II/1 (초판 1854).

5 Landsberg, 전게서(Textband, 792면)는 그 책을 "마녀의 마법솥"이라고 부른다. 한편 Mitteis, *Allg. deutsche Biographie* 1 (1905), 652면 이하, 656면 이하도 참조. 그러나 예링의 저작을 충분히 정당하게 다루지 않는다.

6 이 주제와 관련한 연구들로 Carl Adolf Schmidt, *Der prinzipielle Unterschied zwischen dem röm. u. german. Rechte* I (1853); 또한 Landsberg, *Gesch. d. deutsch. Rechtsw*. III/2 (Notenband), 275면, 333면; K. D. A. Röder, *Grundgedanken u. Bedeutung d. röm. u. german. Rechts* (1855), 이에 관하여 Landsberg, 전게서(Textband), 656면; Friedrich v. Hahn, *Die materielle Übereinstimmung der röm. u. german. Rechtsprinzipien* (1856), (Landsberg, 전게서, 636면); Wilhelm Arnold, *Kultur u. Recht d. Römer* (1868), (Landsberg, 전게서, 761면). 훨씬 더 흥미로운 것은 James Bryce (Vangerow의 제자)의 *Studies in History and Jurisprudence*, 2 Vols. (1901)이라는 제목의 로마법과 영국법의 비교연구이다. 이들 중 두 개의 연구는 다음의 제목으로 1914년에 각각 출판되었다: *The Ancient Roman Empire and the British Empire in India; The Diffusion of Roman and English Law throughout the World*.

의 개별적인 연구성과들이 로마법의 원리들에 관한 우리의 지식을 상당히 진척시켜왔다. 지금 이 "강의안"은 철저한 연구논문을 의도하고 있지 않다. 여기서 다루어지는 "로마법의 원리들"은 **유일한** 로마법의 원리가 아니다. 우리는 선정하고 선별하며 잠언적일 수 있는 강연자의 권리를 전적으로 보유한다. 다른 말로 하면 로마의 철학자 세네카[약 기원전 4년-기원후 65년]가 말한 것과 같이 "아직도 많은 일이 남아있고 또 많은 일이 남아 있을 것이다. 그리고 아직 추가할 기회는 아무에게도 배제되어 있지 않다."[7]

III. 과제의 설정

이하의 강의 내용은 다음과 같은 세 가지 기본원칙을 따른다.

1. 우리는 역사의 밝은 빛으로 조명된 로마법의 위대한 세 시기에만 국한하는데, 즉 공화정의 마지막 2세기(고전기 이전), 제정기의 처음 3세기(고전기), 그리고 제정기인 3세기말부터 유스티니아누스 시대까지(고전기 이후)가 그에 해당된다. "어떤 연구든 그 처음에서 시작하는 것이 옳겠으나, 역사학의 경우에는 그렇지 않다"[8]는 야콥 부르크하르트(Jakob Burckhardt, 1818-1897)의 언명은 참이라고 믿는다.

2. 이하에서 법사法史의 개별 사실들이 언급될 것인데, 그것은 그 사실 자체를 위해서가 아니라, 이 책에서 주장되는 구성원리들에 대한 증거용이다. 그러한 증거들을 선택함에 있어 다소 자의적인 면이 있다는 점과 동일한 사실이 하나 이상의 원리를 설명할 경우에는 반복되는 것은 불가피하다.[9] 나아가 어떤 사고군思考群은 중복될 것이다. 마지막으로 증거와 예시들은 원칙적으로 지시만 되고, 상세하게 인용되거나 설명되지 않는다. 후자는 구술 강의를 위하여 남겨진 과제에 해당한다.

---

7 *Epist.* 64.7: Multum adhuc restat operis multumque restabit; nec ulli ... praecludetur occasio aliquid adhuc adiciendi.

8 Burckhardt, *Weltgeschichtl. Betrachtungen*, 7.

9 Burckhardt, *Griech. Kulturgeschichte* I, 6.

3. 오직 로마법의 원리들만이 다루어질 것이기 때문에, 그 원리들이 다른 법체계상의 원리들과 부합하는지 여부를 구별하지 않고 다룰 것이다. 경우에 따라 다른 법체계와의 비교는 단지 로마법의 원리들을 부각시키기 위한 목적으로만 행해질 것이다. 그리스법, 게르만법 또는 기타의 다른 법과의 어떠한 체계적 비교도 의도되지 않는다.[10]

---

10 게르만법의 원리에 관하여는: A. Wagemann, *Der Geist des deutschen Rechts* (1913); W. Merk, *Vom Werden und Wesen des deutschen Rechts* (제2판, 1926); Merk, *Süddeutsche Monatshefte*, 31/5 (1934); W. Schönfeld, "Deutsche Rechtsanschauung", *Arch. f. Rechts- u. Sozial- philosophie*, 27 (1933/4), 463면 이하; "Rechtsgefühl der Langobarden", *Festschrift f. Alfred Schultze* (1934); *Deutsche Literaturzeitung* (1934), col. 1529; Szende, *Z. f. soziales Recht* V (1933/4), 163면 이하; F. Markull, *Der deutsche u. d. röm. Rechtsgedanke* (1935). 또한 전술한 3면의 주 6에 언급된 저술들도 보라.

02 제정법과 법[1]

법률은 귀먹고, 간청에 굽히지 않는 것이다.
- 리비우스, 2.3.

커먼로는 살아 있으며 인간적이지만, 제정법은 인정人情도 없고 유머도 없다.
- 칼튼 앨런, 『법원론法源論』, 302.

Ⅰ. 여기에서 제정법은 국가에 의한 모든 일반적 법제정을 의미한다

이제 법원法源에 대한 로마인들의 태도, 특히 로마인들의 제정법에 대한 관점을 이야기해보자.[2] 여기에서 "제정법"이란 넓은 의미로 국가의 모든 일반적인 법제정 작용을 포괄하는 말인데, 헌법질서 하에서의 특성을 구별하지 않고 사용된다. 그래서 제정법에는 민회에서 의결된 의결법률(lex rogata), 로마에 복속된 지방에 발해진 위임법률(lex data), 원로원의결(senatus consultum. 법적 효력을 인정받은 시점부터), 칙법(constitutio principis), 심지어 고시告示(edictum), 특히 2인의 법정관, 안찰관 그리고 지방수령인 도백道伯에 의하여 발령되는 사법司法 관할권에 기한 고시인 한시법限時法(lex annua)[3]까지 포함된다.

---

1 본 장의 제목에 상응하는 로마인들의 용어인 lex iusque (법률과 법)에 관해서는, Mitteis, I 30 이하; Rotondi, *Scritii giur.* I, 31 이하를 보라.

2 이에 대하여 다음 문헌을 참조: Bryce, *Studies in History and Jurisprudence*, Vol. II (1901), 247 이하 (Methods of Law-making in Rome and in England); Jolowicz, 제5장 참조.

3 Cic. *In Verr.* II 1.42.109.
【역주】 도백(道伯)이란 praeses의 역어로(그 의미는 아래 개소 참조), 독일어 Provinzialstatthalter, 영어 provincial governor에 해당한다. 종래 '속주지사'라는 역어도 사용되었으나, 행정구역으로 재편된 제정기의 provincia 역어로 '속주'를 계속 사용하는 것은 적절하지 않으므로, 지방행정구역인 도(道)의 행정과 사법(司法)을 담당하는 수장(首長)이라는 의미로 도백(道伯)을 사용하기로 한다.
D.1.18.1 Macer 1 de off. praesid.
Praesidis nomen generale est eoque et proconsules et legati Caesaris et omnes provincias regentes, licet senatores sint, praesides appellantur: proconsulis appellatio specialis est.

II. 로마의 원리

이러한 국가입법에 기반한 로마법 사료의 양을 조사해 보면 놀랍게도 얼마 되지 않는 것으로 나타난다. 물론 국가의 초기나, 원시적 법상태에서 생활하는 공동체 사회에서는 국가가 제정한 법이 별로 큰 역할을 하지 못했다는 것이 사실이더라도, 그 당시 사람들이 이러한 형식의 법을 회피했다고 결론 내릴 수는 없다. 그러나 제2차 포에니전쟁[= 기원전 218-201] 종료로부터 디오클레티아누스 치세[= 기원후 284-305]까지의 500년간 고도로 발전된 문화(특히 법의 영역에서)의 시기 동안 국가입법이 법질서의 전면에 나서지 못하고 있으며 특정한 기능에만 국한된다면, 우리는 다음과 같은 로마법상의 원리가 존재하였다고 상정해 볼 수 있다: 로마인들은 기본적으로 법전 만드는 것을 반대했고, 제정법에 대하여 엄격한 유보적 태도를 견지하였다. "법의 민족"[4]은 "법률의 민족"이 아닌 것이다.

III. 로마의 법전편찬

로마법의 역사가 12표법의 편찬[= 기원전 451-449년]에서 시작된다는 사실로 인해 우리는 혼동되어서는 안 된다. 12표법이 우리 시대의 것이 아니라는 점은 별론으로 하더라도, 그것은 로마법의 역사에서 전적으로 유일한 것이었으며, – 그것의 내용적 포괄성과 형식 양자에서 볼 때 분명하듯이 – 그리스의 법전편찬에 영향을 받아 만들어진 것이다.[5] 더욱이 로마의 입법은 본질적으로 그 절대적 정확성은 포기한 12표법에서 사용된 간결한 문체로 다시 복귀하지 않았을 뿐만 아니라, 법 전체를 포괄한다는 법전편찬의 구상은 고전기 말까지도 결코 진지하게 고려되지 않았다. 율리우스 카이사르(기원전 100년-44년)가 말년 무렵에 법전편찬을 구상하고 있었다고는 하나,[6] 그것은 그의 말년의

---

4 Arnold, *Kultur* I; Jhering, I 327; Seckel, *Das römische Recht. u. seine Wissenschaft* (Berliner Rektoratsrede, 1920), 8면; Jörs, *Röm. Rechtswissenschaft* I, 263.

5 Krüger, 14 참조. v. Wilamowitz-Möllendorf, *Griech. Verskunst* (1921), 31면 주 3을 보라. 또한 후술할 138면도 보라.

6 Suetonius, *Caes*. 44. 이에 관하여는 Krüger, 17과 68.

다른 조치들과 마찬가지로 그가 얼마나 강하게 헬레니즘 정신에 영향받았는지를 보여줄 뿐이다. 법전편찬을 착수하려는 시도가 없었다는 점에서, 어쨌든 그것은 일시적 착상에 지나지 않았다. 그 후 450년이 지나서야 − 429년 동로마제국의 테오도시우스 2세 치세에 − 법전편찬 계획이 다시 등장하였는데,[7] 그것이 있었다는 사실은 그 계획이 실패로 돌아갔다는 것만큼이나 중요한 것이다. 438년에 성취된 것은[8] 당시 현존하는 사찬법령집을 보완하고, 콘스탄티누스 치세[306-337] 이래의 칙법을 포함시키는 것만을 의도한 황제입법의 공찬법령집에 불과하였다.[9] 12표법 이후의 첫 번째 포괄적인 법전편찬은 고유한 로마법사의 마지막 시기에야 나타난다. 비록 유스티니아누스 황제의 법전편찬[529-534]이 로마적 특징을 가지고 있는 것은 분명하지만, 그럼에도 불구하고 그것은 전반적으로 볼 때 그리스 영향의 산물인 것이다. 헌법, 민법 또는 형법과 같은 개별 법분야의 법전편찬은 시도조차 되지 않았다. 로마와 라틴 도시들의 자치시법들만이 지방행정법의 편찬물로 분류될 정도이다.[10]

Ⅳ. 의결법률(leges rogatae)과 위임법률(leges datae)

1. 법률들은 그 '숫자가 지나치게 많음'에 대한 불평에도 불구하고 드물었음

법전편찬에 대한 이러한 근본적인 반대와 함께, 우리는 여하한 종류의 국가입법도 수용하지 않으려는 기본적인 거부감을 발견한다.

---

7 Krüger, 324.

8 Codex Theodosianus; Krüger, 325.

9 【역주】 4세기 중반 이래로 황제입법의 정비필요성이 절실해졌고, 테오도시우스 황제는 학식있는 황후 에우도키아(Eudocia)의 영향하에 429년 위원회 구성을 시도했으나 실패하고, 435년에 다시 위원회를 구성하여 콘스탄티누스 이후의 칙법만 분야별 · 연도별로 수록하는 입법 작업을 하였다. 이 『테오도시우스 법전(Codex Theodosianus)』은 438년 총 16권으로 공포되었고 439년 1월 1일 발효하였으며, 발렌티니아누스 3세(재위: 425-455)에 의하여 서로마에서도 공포되었다. 그 구성은 제1권에서 제5권은 사법(私法), 제6권에서 제15권은 공법(公法), 마지막 제16권은 교회관계법이고, 후에 유스티니아누스 칙법전 편찬에 중요한 기초가 되었다. 최병조, 로마법강의(1999/2004), 197면 참조.

10 자치시 법에 관하여는, Bruns, *Fontes, Leges*, 제4장을 보라.

기술적 의미에서의 법률(의결법률들[leges rogatae]과 위임법률들[leges datae])[11]과 관련하여, 가용한 사료는 이러한 입법의 일부에 대한 연구만을 허용하지만, 본질적인 것 중 대부분은 알려져 있다고 추정될 수 있다. 우리가 모두 합쳐 500년도 더 넘는 시기의 사료들을 다루고 있다는 점을 다시 한 번 상기한다면,[12] 얼마나 로마인들이 법원法源으로서 법률의 이용을 삼갔는지가 분명해질 것이다. 제정기에 지나치게 많은 수의 법률들에 대한 불만이 있었다는 사실은(거의 수사학적 '토포스'를 떠올리면 된다)[13] 아마도 법령집이 없었다는 사실로 설명될 수 있다.[14] 그들에게 법률들은 무수한 것으로 보였는데, 이는 그 많은 법률들을 일목요연하게 개관할 수 있는 방법이 없었기 때문이다.

2. 공화정기와 원수정기의 일부 법률들

공화정기에 법률은[15] 조약의 체결,[16] 속주와 지방에 대한 규율, 그리고 헌법 및 행정법상의 특정한 문제들을 규정하기 위하여 이용되었다. 이러한 것을 위하여 국가입법은 필수적이었다. 이것과는 별도로 법률은 행정적인 사항이나 사회·경제적 문제들을 규

---

11 다음의 G. Rotondi, *Leges publicae populi romani* (*Enciclop. giur. ital*. 특별호, 'Comitialis lex' 항목) 및 Rotondi, *Scritti* I, 411 이하의 로마의 의결법률과 위임법률 모음을 보라. 또한 Rotondi, "Osservazioni sulla legislazione comiziale romana di diritto privato" (1910), *Scritti* I, 1 이하; Rotondi, "Ricerche sulla produzione legislativa dei comizi romani" (1911), *Scritti* I, 43 이하 참조. 또한 Lenel in Holtzendorff-Kohler, *Enzyklopädie* I, 336 이하와 Ebrard, *SZ* 44, 540 이하를 보라.

12 즉 Rotondi의 모음집에 있는 510년의 첫 번째 법률로부터 기산된다. 이 시점으로부터 원수정의 첫 번째 세기까지 약 800개의 의결법률이 알려져 있다(Rotondi, *Scritti* I, 4). 그러나 이것은 단지 형식적인 법률들만을 포함한다(Pernice, *Formelle Gesetze im röm. R., Festgabe f. Gneist*, 1888).

13 Livius, 3.34는 "무더기로 쌓인 법률들의 첩첩산중(immensus aliarum super alias acervatarum legum cumulus)"이라고 한다. Suetonius, *Caes*. 44.2에서는 "무한하고 분산된 다수의 법률들(immensa diffusaque legum copia)". Tacitus, *Ann*. 3.25에서는 "법률들의 무한함과 다양함(multitudo infinita ac varietas legum)"이라고 한다. 또한 Cic. *Pro Balbo*, 8.21: "시민법에 관한 셀 수 없는 별개의 법률안이 제출되었다(innumerabiles aliae leges de civili iure sunt latae)"도 참조.

14 이 주제에 관하여는 후술할 268면 이하를 참조.

15 Rotondi, *Leges publicae populi romani*, 제3장, No. 91, 73면 이하(*Enciclop. giur. ital.* 특별호)에 있는 개관을 보라.

16 이에 관해서는 특히 Täubler, *Imperium romanum* I (1913), 99면, 126면, 357면을 보라.

율하기 위하여 이용되었다. 그 예들로 [형사 상설배심법정인] 상설사문회常設査問會들(quaestiones perpetuae)[17]을 설치하는 법률들 및 아이부티우스법(lex Aebutia)[18]과 같은 절차법들, 농지법들(leges agrariae),[19] 사치 및 이자의 제한에 관한 법률들이 있다. 이러한 사항들에 대한 규정들은, 그 극도의 실정적이고 개혁적 성격으로 인해 국가입법에 의해서만 제정될 수 있었다. 그러나 고유한 의미의 민법과 형법은 국가입법에 의하여 매우 사소한 영향만을 받았다. 형사법은 절차법의 틀과 관련하여 그리고 그 안에서만,[20] 또는 – 상소(provocatio)의 경우에서와 같이 – 고도로 명확한 규칙들이었던 경우에만 그러하였다. 민법의 경우 법률[21]이 역할을 한 경우는, 사회악 철폐가 문제되었던 경우나(예컨대 킨키우스법[lex Cincia],[22,23] 플라이토리우스법[lex Plaetoria],[24,25] 보코니우스법[lex Voconia][26,27]), 규

---

17 【역주】 로마 형사절차발전 단계 중 정무관과 민회에 의한 인민재판(iudicium populi)의 뒤를 이어 기원전 2세기 중엽에 시작한 배심재판(iudicium publicum. 公刑律裁判)으로, 기원전 1세기의 형사재판의 지배적인 형태였고, 원수정기에도 지속되었으나 점차 그 의미가 감소하다가 3세기 초에 소멸한다. 법정(法廷)을 설치하는 법률에 의하여 확정된 형벌(poena legis)이 규정되었다는 점이 특징이다. 그 뒤를 이어 원수정기에 도입된 비상심리절차(cognitio extra ordinem 또는 extraordinaria)가 나타난다. 최병조, 로마법강의(1999/2004), 560면 참조.

18 【역주】 Lex Aebutia (기원전 199년과 126년 사이 또는 그 이후). 민사소송 절차의 개혁에 관한 법률로 기존의 법률소송(legis actiones)을 폐지하고(백인회 법정과 미발생손해 사건은 제외), 일찍이 外人들 간의 재판에서 알려지고 실행된 방식서소송 절차를 도입하였다. 이러한 민사절차의 개혁은 아우구스투스의 두 개의 제정법에 의하여 완성되었다(leges Iuliae iudiciariae). 본서 105면도 참조.

19 【역주】 초기부터 국유로 인정된 공유지(ager publicus)의 분배에 관한 법률들. 40개가 넘는 공화정기의 법률들이 알려져 있으며, 그중 일부는 제안자의 이름이 붙었고, 나머지는 'lex (agraria)'로만 불린다.

20 수탈재산반환에 관한 율리우스법(lex Iulia repetundarum)(Bruns, *Fontes*, No. 10)과 살인범에 대한 코르넬리우스법(lex Cornelia de sicariis)(Bruns, No. 13)의 모두(冒頭) 부분을 참조. 또한 카를 5세 황제의 카롤리나 제국형법전(Const. Carolina criminalis, 1532) 제104조 이하도 참조. 여기에서 형법은 형사절차법의(de officio iudicis) 한 부분을 이룬다.

21 Rotondi, *Scritti* I, 5 및 *Leges publicae populi romani*, 100의 개관을 보라.

22 【역주】 기원전 204년 평민회의결로, 증여액의 한도를 규정하고(그 상한은 미상. 근친이나 일정한 자의 경우 예외 인정), 그 밖에 소송변론의 대가로 의뢰인으로부터 증여받는 것을 금지하였다. 동법에 위반한 증여는 무효는 아니었지만, 증여자가 그 이행을 소제기 당한 경우 동법상의 항변(exceptio legis Cinciae)이 부여되었다.

23 증여의 제한에 관해서는 Mitteis, I, 153; Buckland, 254; Jolowicz, 85; Kunkel, § 153을 보라.

24 【역주】 Lex Plaetoria (Laetoria?) de minoribus (기원전 192/1년). 자권자(sui iuris)인 25세 미만의 미성년자(minores)가 거래에서 기망을 당한 경우 보호하는 법률. 그러한 거래는 원칙적으로 유효였으나, 미성년자가 그 이행을 소제기당한 경우, 항변(exceptio legis Plaetoriae)을 부여받았다.

25 기망당한 미성년자 보호에 관해서는, Kunkel, § 51; Buckland, 171면.

26 【역주】 Lex Voconia (기원전 169년). 상속법 관련 다수의 규정을 포하고 있는데, ① 일정한 가치 이상의 상속재

정들이 실정적 성질을 가지고 있어서(특히 구체적인 숫자를 정해야 하는 경우) 국가만이 그것들을 정할 수 있었던 경우이다(예컨대 아퀼리우스법[lex Aquilia],[28] 팔키디우스법[lex Falcidia],[29] 보증 관련법들[30]). 민법규정들이 아틸리우스법[lex Atilia][31,32]과 침욕侵辱에 관한 코르넬리우스법(lex Cornelia de iniuriis)[33]과 같은 행정 관련 규정과 결합되었던 경우도 그

산에 대하여 여성이 상속인(heres)이 되는 것을 금지(그 액수에 대하여 사료는 일치하지 않지만, 적어도 20만 아스 이상. 단 법정상속이나 유증, 베스타 처녀나 유피테르 제관(flamen Dialis)의 유언의 경우 예외), ② 법정상속이 인정되는 여성 종족원은 피상속인의 여자형제만 해당, ③ 유언상 지정된 상속인(또는 상속인 전부) 보다 더 많은 유증을 받는 것의 금지(남녀 모두). 동법은 많은 가산을 상속하는 여성의 사치를 제한한다는 목적이 있었다. 이후 동법의 ③은 팔키디우스법에 의하여 대체되었고, 여자가 유언상속인이 되는 것을 금지하는 것은 혼인에 관한 아우구스투스 입법에 의하여 다소 완화되었으며, 늦어도 2세기 초에는 그 실제 의미를 상실하였다.

27 여자의 상속권 제한에 관해서는 Rotondi, *Leges publicae populi romani*, 283면; Kunkel § 224; Buckland, 289; Jolowicz, 253 이하.

28 불법재물손괴에 관해서는 Gai.3.210; Bruns, *Fontes*, No. 2 (Lenel, *SZ* 43, 575); Kunkel, § 158; Buckland, 580 이하; Jolowicz, 285 이하.

【역주】 Gai.3.210.

Damni iniuriae actio constituitur per legem Aquiliam, cuius primo capite cautum est, ut si quis hominem alienum alienamve quadrupedem, quae pecudum numero sit, iniuria occiderit, quanti ea res in eo anno plurimi fuit, tantum domino dare damnetur.

29 상속재산의 1/4 (quarta Falcidia)이 유증의 대상이 되지 않아야 했다. Gai.2.227; Bruns, *Fontes*, No. 19; Kunkel, § 224; Buckland, 338; Jolowicz, 254 이하 참조.

【역주】 Gai.2.227.

Lata est itaque lex Falcidia, qua cautum est, ne plus ei legare liceat quam dodrantem. itaque necesse est, ut heres quartam partem hereditatis habeat. et hoc nunc iure utimur.

30 Gaius, 3.121 이하; Kunkel, § 132; Buckland, 443; Jolowicz, 310 이하 참조.

31 【역주】 Lex Atilia (기원전 3세기말?) 유언상 후견인이 지정되지 않거나 법정후견인도 없는 경우 권한 있는 법정관에 의한 후견인 선임을 규정하였다. 동법에 의해 임명된 후견인을 tutor Atilianus라고 불렀다(Inst.1.20).

32 시민담당법정관(praetor urbanus)에 의한 후견인 선임에 관해서는 Gai.1.185; Kunkel, § 189; Buckland, 148; Jolowicz, 245 참조.

【역주】 Gai.1.185.

Si cui nullus omnino tutor sit, ei datur in urbe Roma ex lege Atilia a praetore urbano et maiore parte tribunorum plebis, qui Atilianus tutor vocatur; in provinciis vero a praesidibus provinciarum lege Iulia et Titia.

33 일정한 침욕의 경우(폭행, 구타, 주거침입), 징벌금청구가 형사소송(iudicium publicum)에서 주장되었을 것이다. D.47.10.37.1 및 Rotondi, *Leges publicae populi romani*, 359; Rudorff, *Röm. RG.* I, 101; Jolowicz, 284 참조.

【역주】 D.47.10.37.1 Marcian. 14 inst.

Etiam ex lege Cornelia iniuriarum actio civiliter moveri potest condemnatione aestimatione iudicis facienda.

예에 속한다. 반면 민법이 규율하는 광범위한 주요 부분들, 예컨대 계약법, 소유권, 역권役權, 질권(pignus), 혼인관계, 친자관계, 상속법과 같은 경우에는, 심지어 완전한 행위능력이 인정되는 연령을 정하는 경우[34]와 같이 법제정이 긴히 요구되는 경우라 할지라도, 실무상으로는 입법의 영향을 받지 않았다. 입법에 대한 이러한 태도는 제정기에도 변화를 겪지 않았다. (비로마인들에게는) 아우구스투스의 국가재건이 완전한 입법시스템으로 구체화되어야 한다는 것이 명백한 것으로 보였겠지만, 그것은 행해지지 않았다. 아우구스투스[재위: 기원전 27년-기원후 14년]는 일부 특별법률들에 의하여 일정한 권력만을 얻도록 스스로를 제한하였다.[35] 이것과는 별도로 그는 공화정의 전통을 고수하였고, 절차법, 절차법의 틀 안에서의 형법,[36] 그리고 정치 · 사회적,[37] 행정적[38] 규정들을 기초하기 위해서만 법률을 사용하였다. 이러한 관행은 아우구스투스 이후의 시기에도 계속되었다. 기원후 1세기를 거치면서 법률은 거의 완전히 사라졌다.[39]

Ⅴ. 입법자로서의 원로원

원수정기에 원로원은 입법권을 부여받았으나,[40] 이러한 권한은 위에서 언급한 법률제정의 한계 내에서만 행사되었다. 행정법적 규정들을 별론으로 하면[41] 원로원은 단지

---

34 【역주】 이는 성숙기(pubertas) 결정에 대한 학파 간 학설대립을 의미한다(성숙기를 기준으로 후견과 보좌가 나뉨). 사비누스 학파는 육체적인 성적(性的) 능력의 구비라는 원리적 측면에서 포착하여 개개의 경우 신체검사(inspectio corporis)를 통하여 확인하자는 입장인 반면, 프로쿨루스 학파는 명료하게 확정될 수 있는 법규의 형태로서, 경험칙상 남자 14세, 여자 12세로 결정한다. 이에 대하여는 최병조, 로마법강의(1999/2004), 255면 참조.

35 Siber, *Zur Entwicklung der röm. Prinzipatsverfassung* (Abh. d. Sächs. Akad. der Wissensch., phil.-hist. Klasse 42, 1933); Jolowicz, 328 이하 참조.

36 율리우스의 형사소송과 민사소송에 관한 법률(leges Iuliae iudiciorum publicorum et privatorum)과 그것에 대하여는 Rotondi, *Leges publ*. 448; Mommsen, *Röm. StrafR*. 128; Jolowicz, 222.

37 가령 율리우스법(lex Iulia)과 파피우스 폽파이우스법(lex Papia Poppaea). Bruns, *Fontes*, No. 233과 이것에 관해서는 Kunkel, § 159; Jolowicz, 361 참조.

38 예컨대 수로(水路)에 관한 퀸크티우스법(lex Quinctia. 기원전 9년); Bruns, *Fontes*, No. 22 참조.

39 Mommsen, *StaatsR*. III/1, 345면 이하 참조.

40 Gai.1.4; Mommsen, *StaatsR*. III/2, 1265면 이하; Jolowicz, 368.

41 예컨대 수로(水路)에 관해서는: Frontinus, *De aquaeductu urbis Romae* (ed. Kroh, 1922), §§ 125, 127. 유벤티우스 원로원의결(SC. Iuventianum)(Bruns, *Fontes*, No. 60)도 여기에 속한다. 기타에 관해서는, Bruns,

사회적 악습이 개혁되어야 했던 경우나[42] 민법이 더 이상 정의正義 감각과 양립할 수 없었던 매우 드문 경우에만, 즉 학설과 실무가 필요한 변화를 수행할 수 없었을 때[43] 입법을 하였다.

VI. 황제의 칙법

[원수정기 이후] 처음 두 세기 동안의 칙법은, 행정규제 위반 관련 법을 포함하는 행정법체계의 구축에 주로 관심을 두었다. 나머지 기간 동안의 칙법은 − 매우 드물게 − 민사 사안에 관심을 두었는데, 법률가들과 정무관들이 대처할 수 없었던 사회악이 존재하는 것으로 보였던 경우들이다.[44] 3세기가 되어서야, 특히 디오클레티아누스[재위: 294-305]와 콘스탄티누스[재위: 306-337] 치세부터 민법 영역을 포괄하기 위하여 국가입법에 대한 비로마적 경향이 증대되었다.

VII. 고시

고시告示와 관련하여 사법司法관할권에 기한 고시들이 상당수의 규정에 달하고 있지만 − 비록 그것들을 모아 놓은 하드리아누스 고시[역주: 『영구고시록』을 의미] 역시 "소책자"에 불과하다[45] −, 고시들은 정무관의 고유한 활동에만 엄격히 제한되었다. 즉, 정무

Fontes, 제5장.

42 예컨대 마케도 원로원의결(SC. Macedonianum. 家子에 대한 소비대여 금지); Bruns, No. 57; Kunkel, § 135; Buckland, 462 참조; 벨레이우스 원로원의결(SC. Velleianum. 여자의 채무가담금지); Bruns, No. 50; Kunkel, § 133; Buckland, 444; Jolowicz, 369 참조; 클라우디우스 원로원의결(SC. Claudianum: 자유인 여자와 외국 노예와의 성관계 금지); Kunkel, § 40; Buckland, 71 참조.

43 포괄신탁유증(fideicommissa hereditatis)에 관한 트레벨리우스 원로원의결(SC. Trebellianum) 및 페가수스 원로원의결(SC. Pegasianum)(Kunkel, § 227; Buckland, 351)과 모자(母子) 간의 무유언상속에 관한 테르툴루스 원로원의결(SC. Tertullianum) 및 오르피투스 원로원의결(SC. Orfitianum) 등(Kunkel, § 198; Buckland, 368 이하)이 그러하다.

44 Bruns, *Fontes*, 제7장 및 Stroux-Wenger, *Abh. d. Bayr. Akad. d. Wiss., phil.-hist. Klasse* 34, 2에 있는 키레네 소재 아우구스투스 고시(Edicta Augusti ad Cyrenenses) 참조.

45 ἐν βραχεῖ βιβλίῳ (소책자로)(유스티니아누스의 Const. Δέδωκεν, § 18).

관은 그의 직무(officium)를 위한 규정을 발하는 것이다.[46] 그 한도에서 고시는, 비록 실질적으로는 절차 체계는 아니지만,[47] 절차를 규율하는 법률들과 관련된다. 그러나 무엇보다도 하드리아누스 황제[재위: 117-138] 치세에 『영구고시록』이 편수될 때까지는, 고시는 제정법의 경성硬性을 결여하였는데, 그것이 1년간의 한시법(lex annua)이었기도 했고 또한 매년 신임정무관은 고시를 완전히 새로운 내용으로 변경할 권한을 법적으로 부여받았기 때문이다. 사법司法관할권을 별론으로 하면, 고시들은 행정법만을 다루었다.

Ⅷ. 사비니의 입법에 대한 태도

사비니(Friedrich Carl von Savigny, 1779-1861)는 1814년에 그의 유명한 저작 『입법과 법학에 관한 우리 시대의 사명』에서 입법자의 과제를 다음과 같이 표현하였다.[48] “법전(편찬)은 나쁜 것이며 전적으로 회피되어야 한다. 개별입법은 불가피하지만, 좁은 한계 내에 머물러야만 한다. 그것이 개입되어야 할 경우는 “더 높은 정치적 목적이 기존 법의 변경을 요청”할 때, 개별적 법규들이 의심스러울 때 또는 (가령 소멸시효기간의 규정에서와 같이) 규범들이 너무나 실정적이어서 그것이 국가의 법제정을 통하여서만 만들어질 수 있을 때이다.” 사비니의 논지는 종종 공격을 받아왔지만, 그의 논지는 확실히 로마법의 원리와 정확하게 들어맞는 것이고, 그 관점은 수백 년 동안 자신들의 손으로 로마법의 발전을 주도해 온 로마인들에 의하여 견지되었는데, 사비니는 이 안에 철저히 심취하였던 것이다. 로마인들의 태도를 결정짓던 이유들은 사비니에게 영향을 미친 그것들과 유사했음이 분명하며, 그들의 사고방식은 틀림없이 다음과 같을 것이다. 즉, 법전편찬은 문자적 해석으로 이끌고 사안 자체의 본성을 외면하게 될 경향이 있다. 법전은 전적으로 완벽하고 완결적인 것으로 보이지만, 실제는 그렇지 않다. 법전은 법규칙들의

---

46 Lenel, *Ed.*, 16면.

47 Lenel, 14면.

48 특히 9면 이하(제3판, 1892년, 16면 이하); H. Kantorowicz, “Was ist uns Savigny?”, *Recht u. Wirtschaft* I (1911 특별호; 1912 별쇄본), 35면 이하는 사비니를 공정하게 평가하지 않는다. 보다 정당한 평가는 Rotondi, *Scritti* I, 25 주 6.

추상적 표현을 요구하는데 그 과정은 로마인들이 보기에 매우 위험한 것이고, 법전은 체계로서 너무나 경직되어서 장래의 일에 적응할 수 없다. 유사하게, 비록 더 약하기는 하지만, 개별 입법에 대한 반대도 주장된다. 즉 개별입법들은 때때로 불가피하지만 필요한 경우에만 이루어져야 한다.

IX. 로마 관습법

공화정기와 고전기에는 법학에 의하여 지도된 실무가 법규를 만들어내는 최선의 방법으로 여겨졌다. 이것이 민법, 민사소송법에 적용되었고, 형법과 헌법에도 마찬가지였다. 법학과 실무의 결합으로부터 만들어진 전통적 규칙들을 관습법이라고 불렀을 것인데,[49] 고전기 말까지의 이러한 "관습법"은, 유스티니아누스나 근대 대륙법 이론에서의 관습법과 동일한 것이 아니라는 점을 반드시 잊어서는 안 된다. 고전기 로마의 관습법은 제정법과 동일한 법적 효력이 부여되지 않는다. 즉 그것은 법률(lex)을 개폐할 수 없다.[50] 법률이 불사용에(in desuetudinem) 빠질 수 있지만, 그러나 그것이 의미하는 바는 개별규정이 사실상 적용되지 않는다는 것이다. 법률의 불적용이 상당기간 동안 지속되더라도, 제정법은 그것으로써 폐지되지 않으며 어느 때든지 다시금 적용될 수 있을 것이다.

---

49 로마의 관습법을 다루는 오래된 문헌은 무비판적이고, 더 이상 참조되지 않는다. Brie, *Lehre vom Gewohnheitsrecht* I (1899)도 여기에 속한다. 근대적 고찰은 Jhering, II/1, 274면 이하부터 시작한다. 이후에 Pernice, "Parerga X", *SZ* 20, 127; *SZ* 21, 59 이하; Kniebe, *Zur Lehre vom Gewohnheitsrecht in vorjustinianischer Zeit* (Heidelberg Diss., 1908); Steinwenter, *Studi Bonfante* II, 421 이하와 'Mores' 항목 in *RE*.; Solazzi, "La desuetudine della legge", *Arch. giur*. 102; Beseler, *SZ* 51, 57; A. Beck, *Röm. Recht bei Tertullian* (1930), 36면; Solazzi, "Dispute romanistiche", *Studi Albertoni* I, 35 이하; Scherillo, "Sul valore della consuetudine nella lex Romana Wisigothorum", *Riv. di storia del diritto ital*. 5, 459 이하; G. Segrè, *Atti del Congresso 1933*, Roma I, 227 이하. 또한 Ehrlich, *Beiträge zur Theorie der Rechtsquellen* I, 특히 43면과 47면을 보라; Kreller, *Das Problem des Juristenrechts in der röm. Rechtsgeschichte* (1932); Steinwenter, *SZ* 54 (Kan. Abt.), 21면; Jolowicz, 제21장; Allen, 38 이하.

50 사견(私見)으로는 이것은 Pernice, Solazzi, Scherillo에 의하여 입증되었다. 다만 그들의 논거가 모두 타당한 것은 아니다.

영국법에서도 유사하게, 알렌(Sir Carleton Kemp Allen, 1887-1966)은 그의 저서 『법원론法源論』(*Law in the Making*) (283면 이하)에서 다음과 같이 말한다: "세월은 의회 법률을 시들어 버리게 할 수 없으며, 내가 아는 한, 제정법이 구식이 되어버려서 효력이 상실된다는 것은 우리의 법학에 결코 인정된 적이 없었다. … 불사용, 비록 그것이 법률을 법적으로 폐지하지는 않더라도, 구식이 된 규정을 거의 또는 전혀 실제 효력이 없게 한다. 때로는 … 낡은 제도들이 놀랍고도 극적인 방식으로 다시 살아나고, 그때는 입법부가 나서야만 한다."

고전기 관습법은, 그것이 법률을 보충하는 경우에도(praeter legem) 제정법과 동일한 효력을 가지지 않았다. 국가가 제정한 법은 그것이 적용될 것을 요청하고, (특히 법관에 의하여) 그것이 승인되지 않는 경우라 할지라도 적용되어야만 한다. 로마의 관습법은 단지 임시적으로, 승인되었거나 적어도 가용한 더 나은 법규칙이 없을 때만 준수할 것이 요청되었는데, 비록 관습적 규칙에 찬성하는 하나의 중대한 논거가 바로 그것이 오래되었다는 것이라 할지라도 그러하다.[51] 어떤 오래된 게르만 판고법判告法(Weistum)에서 언명되듯이 "우리, 앞서 언급한 공동체는 선고하노니, 이 오래된 규칙은 우리 아버지와 조상들이 물려주신 것으로, 우리는 이제껏 그것을 따르고 지켜왔고, 우리는 지금 이 사건을 해결하는 데에도 그것보다 더 나은 것을 알지 못한다."[52]

이러한 법규칙을 적용하여 내리는 판결은 확실히 법을 만들기는 하지만, 일반법[53]은 아닌 것이고, 단지 당사자 간에(inter partes) 효력 있는 특별규칙인 것이다. 그러나 관습적으로 적용된 일반규칙들을 "법"이라고 부를 수 있는지 여부는 의문이다. 로마인들은 그것을 법(ius)으로 분류하였지만, 그들은 또한 아직 전통적 권위를 얻지 못한 법률가의 학설도 법(ius)이라고 불렀다. 예컨대 울피아누스[주활동시기: 193-223]는 그의 『사비누스 주해(*libri ad Sabinum*)』에서 그 자신의 견해를 시민법(ius civile)으로 여기고 있다. 반면 가이우스[주활

---

51 Pernice는 저술에서 이미 그와 같이 언급하였다. 그의 근본적인(다만 항상 명료한 것은 아닌) 고찰에 대하여 충분히 주목되지 않았다.

52 Grimm, *Deutsche Rechtsaltertümer*[4] II (1899), 386면; 501면 참조.

53 G. Husserl, *Rechtskraft u. Rechtsgeltung* I (1925), 45면.

동시기: 150-180]는 그의 법원法源 목록에서[54] 관습을 언급하지 않는데,[55] 이는 관습법이 전적으로 다른 성질을 가지고 있기 때문임이 분명하다.[56]

로마의 "관습법"의 법적 성질에 대하여 무엇을 생각하든, 그것이 법규범을 담고 있다는 것이 인정될지라도, 그것은 전술하였듯이 국가가 제정한 법과는 기본적으로 다른 것인데, 즉 제정법과는 달리 관습법은 내용적으로 불승인되는 경우에는 철저하게 준수될 필요가 없다는 점에서 그러하다. 그러므로 장기간 확립된 규칙도 그것의 부적절성을 이유로 법학적 논의에서 비판될 수도 있고, 다른 것으로 교체하려는 시도가 행해졌다. 그러한 과정은 정무관이 준수하기로 선서하였던[57] 제정법의 경우에는 일어나지 않는 것이었다.[58] 따라서 고전기 법학파들은 완전한 행위능력의 취득시기에 관하여[59] 학설대립이 있었는데, 비록 여기에서 확실히 그들은 장기간 확립된 "관습"을 떠올릴 수 있었을지라도 그러하였다. 물물교환(permutatio)은 수 세기 동안 낙성계약이 아닌 목적급부(datio ob rem)로 다루어졌

---

54 Gai.1.2-7; 3.82에서 "sed eo ... receptum est"는 아마도 후대의 주석일 것이다.

【역주】 Gai.1.2

Constant autem iura populi Romani ex legibus [법률], plebiscitis [평민회의결], senatus consultis [원로원의결], constitutionibus principum [칙법], edictis eorum, qui ius edicendi habent [고시], responsis prudentium [해답].

Gai.3.82.

Sunt autem etiam alterius generis successiones, quae neque lege XII tabularum neque praetoris edicto, sed eo iure, quod consensu receptum est, introductae sunt.

55 가이우스의 침묵이 Jhering, II, 41 이하에서 잘못 해석되었다.

56 법사료들 가운데서 관습을 언급하는 수사학 문헌들(여기에 속하는 것들로는 *Auctor ad Herennium* 2.13.19; Cic. *De inventi*. 2.22.65; *Top*. 5.28; Tertullian, *De Corona*, 4)은 법학적으로는 그다지 가치가 없다. 수사학자들은 그들이 변론에서 원용할 수 있는 것과 해야만 하는 것을 가르친다. 관습(consuetudo)이 그중 하나인데, 왜냐하면 전통이 논거로서 효력 있기 때문이다. 법률(lex)과 관습(consuetudo) 이외에, 형평, "본성(nature)", 그리고 선례가 언급되는데 이것은 수사학자들이 늘 그렇듯이 여기에서도, 판결을 내리는 것이 아니라 변론을 위한 지침을 주는 것에 관심이 있었다는 것을 명확하게 보여준다. 또한 Allen, 111; Collinet, "Le Rôle des juges dans la formation du droit classique", *Recueil d'études sur les sources du droit en l'honneur de F. Gény* I, 27면 이하 참조.

57 이것은 법률에 대한 선서이고, 후대에 황제의 조치(acta principis)에 대한 것도 있지만, 관습법에 대한 선서는 하지 않았다. Mommsen, *StaatsR*. I, 620 이하 참조.

58 로마적 관념에 따르면 법률을 보충하는 것은 법률 위반이 아니다. 예컨대 아퀼리우스법(lex Aquilia)과 나란히 사실소권(actiones in factum)을 인정하는 것; Kunkel, § 158; Buckland, 583.

59 Gai.1.196.

으나, 사비누스 학파는 그것을 낙성계약으로 격상시키기 위한 시도를 하였다.[60] 오랜 관행은 점용시효취득(usucapio) 요건으로서 진정한 권원(verus titulus)을 요구하였으나, 하드리아누스 황제 치세[117-138]의 일군一群의 법률가들은 오상誤想권원도 족하다고 여겼다.[61] 당시에는 모든 것이 유동상태에 있었고, 먼로 스미스(Munroe Smith, 1854-1926)가 미국 판례법에 대하여 기술할 때 한 말을,[62] 미국의 경우 – 로마에서 그토록 중요했던 – 법학에 의한 지도指導가 결여되었다는 점을 제외하면, 공화정기와 고전기의 관습법에 적용하는 것이 가능하다.

> "법규칙과 법원리들 속에 사회 정의감을 명확하게 표현하려는 노력에서, 법발견 전문가들이 동원한 방법은 항상 실험적인 성격을 띠었다. 판례법상 법규칙과 법원리들은 결코 종국적 진리가 아닌, 작업가설로서 취급되어 법의 거대한 실험실인 법정에서 끊임없이 재평가되었다. 모든 새로운 판결은 하나의 실험이다. 그리고 적용 가능하다고 여겨진 승인된 법규칙이라도 부당하다고 느끼는 결론을 낸다면, 그 법규칙은 재검토된다. 당장 수정되는 것은 아니지만, … 그것이 계속해서 부정의不正義를 초래한다면, 결국에 가서는 재정식화될 것이다. 법원리 그 자체도 끊임없이 재평가된다. 어떠한 법원리에서 도출된 법규칙이 제대로 작동하지 않게 되었다면, 궁극적으로는 법원리 그 자체가 재검토되어야만 한다."

원칙적으로 이것이 공화정기와 고전기에 선호된 법발전의 양상인데, 즉 – 제정법의 경직된 규칙이나 구속력 있는 관습법에 의하여 고정되지 않은 – 사례들과 학설을 통하여

---

60 Gai.3.141.
【역주】 사비누스 학파는 물물교환이란 매매의 前단계로서 매매와 마찬가지로 재화가치의 교환이므로 그 경우 매매소권을 인정하는 데 아무런 문제가 없다고 본다. 이는 bona fides 원리에 따른 해석(bonae fidei interpretatio)의 결과이다. 반면에 프로쿨루스 학파는 매매란 금전과의 교환이 요건이므로 물물교환은 매매에 해당될 수 없고 bona fides의 원리도 매매라는 특정한 법률행위의 소송방식서의 요소("ex fide bona")이므로 이를 바탕으로 매매소권을 부여할 수는 없다는 입장이다. 최병조, 로마법강의(1999/2004), 258면 참조.

61 Siber, 87 이하; Schulz, *SZ* 52, 547.

62 *Jurisprudence* (Columbia University Press, 1909), 21면(여기에서는 Cardozo, *The Nature of the Judicial Process*, 23면에서 재인용). 또한 A. S. Schultze, *Privatrecht und Prozess*, 97면 이하도 참조. 그의 고찰은 지금보다는 더 주목될 가치가 있다. 또한 Hatschek, *Jahrbuch d. öffentl. Rechts* III (1909), 4면 이하와 34면 이하; Savelkouls, *Das englische Kabinettssystem* (1934), 383면 이하.

점진적으로 진행된 법형성과, 개별 사건에서 법적 구제수단(특히 소권과 항변)을 부여하거나 거부할 수 있는 관할권을 위임받은 정무관과의 공조共助 속에서 이루어졌던 것이다. 중대한 법적 불안정성이 이러한 극도의 유연하고 비경직된 체계와 결부되었다는 것은 명백하다. 공화정기와 고전기 로마인들은 이것을 최대한 감수하였다.[63] 고전기 이후에야 학설은, 관습법을 제정법과 동치同値하도록 발전시켰다. 관습법이 고전기 텍스트 안으로 들어왔고[64] 그리고 후대법 발전의 기초가 되었던 유스티니아누스의 『로마법대전』과 서西고트족의 『알라릭 초전抄典』(Breviarium Alaricianum, 506년)[65] 안에 포함되었다.[66]

---

63 후술할 271면을 보라.

64 특히 D.1.3.32.1의 주요 부분은 수정된 것이다. 그 밖의 수정들은 여기에서 상론될 수 없다.
【역주】 D.1.3.32.1 Iul. 84 dig.
Inveterata consuetudo pro lege non immerito custoditur, et hoc est ius quod dicitur moribus constitutum. nam cum ipsae leges nulla alia ex causa nos teneant, quam quod iudicio populi receptae sunt, merito et ea, quae sine ullo scripto populus probavit, tenebunt omnes: nam quid interest suffragio populus voluntatem suam declaret an rebus ipsis et factis? quare rectissime etiam illud receptum est, ut leges non solum suffragio legis latoris, sed etiam tacito consensu omnium per desuetudinem abrogentur.
번역은 최병조 · 이상훈, 『원사료로 보는 로마법의 일반원리』, 민속원(2023), 64면.

65 **【역주】** 506년 Lex Romana Visigothorum = Breviarium Alaricianum

66 *Interpretatio ad Brev.* 5.12.1: Longa consuetudo, quae utilitatibus publicis non impedit, pro lege servabitur. (공익을 저해하지 않는 장기의 관습이 법률로서 준수될 것이다). 이것과 유스티니아누스법에 관하여는 Scherillo, “Sul valore della consuetudine nella lex Romana Wisigothorum”, *Riv. di storia del diritto ital.* 5, 459 이하 참조.

03 분리

이 지혜는 일찍이 공적인 것들을 사적인 것들에서,
신성한 것들을 속된 것들에서 구별하는 것이었다.
- 호라티우스, 『시학』 396행.[1]

우리의 갈루스는 누군가가 사실관계에 관한 것을 자기에게 가져오면,
"그런 것은 우리 법률가들에게 아니라, 키케로에게"라고 말하였다.
- 키케로, 『토피카』 12.51.

I. 분석기술로서의 법학. 독일과의 비교

"처음에는 만물이 하나로 존재하였다. 그러나 그 후에 오성悟性이 나타나서 그것들을 구별하였고 질서를 창조하였다." 아낙사고라스Anaxagoras[2]가 한 이 말은 모든 학문의 본질적인 임무를 서술하는 것으로, 여기에는 법학도 포함된다. 정교한 구별 기술이야말로 바로 법학의 본성 가운데 하나이다.[3] 삶의 복잡한 현상들을 학문적 관점에서 다루기

---

1 **【역주】** 호라티우스, 시학, 391행-399행:
숲속의 인생들을 신들의 사제이고 전달자인
오르페우스가 살육과 야만에서 구제하고
사나운 범들과 사자들도 길들였다 합니다.
전하는 바, 암피온은 테베를 건설하면서
뤼라 매혹의 소리로 바위를 원하는 데로
옮겼다 합니다. 옛날 그들에게 지혜가 있어
사유재산과 공유재산을, 성과 속을 구분했고
난잡한 관계를 금했고, 부부의 예를 세웠고
도시를 건설했고 목판에 법을 새겼습니다.
[김남우 역, 『호라티우스의 시학』 민음사(2019), 47면 이하]

2 Πάντα χρήματα ἦν ὁμοῦ. εἶτα νοῦς ἐλθὼν αὐτὰ διεκόσμησεν. (Diels-Kranz, *Fragmente der Vorsokratiker* II (1935), 7면).

3 Jhering, II, 39; III, 1.

위하여, 즉 그것들을 구성하고 있는 요소들을 인식하기 위하여 법학은 그것들을 분석해야만 한다. 로마인들은 그들의 특별한 법적 재능으로 인하여 일찍부터 분석 기법을 사용하기 시작했다. 독일인의 재능은 다른 쪽에 있었던 것 같다. 독일인의 심성이 선호하는 것은[4] 포괄적인 조사나 법률현상들의 총체적 개관인데,[5] 아마도 해체의 결과가 다음과 같지는 않을까 두려워하면서 말이다.

> "조각들을 그의 손에 가지고는 있지만, 유감스럽게도 그는 정신의 끈만은 놓치고 말았네."(괴테, 『파우스트』)

정밀한 연구를 위하여 해체한 개개의 것들이 분리되면 그것들의 "정신의 끈"을 놓치게 될 일정한 위험이 존재하는 것은 사실이다. 그럼에도 불구하고 법학은, 그것이 단순한 서술 이상의 무엇이 되기를 진정으로 원한다면,[6] 분석의 기술을 무시해서는 안 된다.

II. 법과 법 아닌 것의 분리

무엇보다 먼저, 법은 법 아닌 모든 것들로부터 구별되어야 하며, 법의 영역은 제한되어야 하고 독자적인 법체계가 발전되어야만 한다.[7] 일상생활에서 법은 공동체의 일반적인 사회생활 속에 내장되어 있는 것처럼 보인다. 정치 · 경제적 여건 및 여론, 관습과 도덕에 기반한 관념들이 법의 탄생에 영향을 미친다. 즉 법은 발생적으로 법외적인 것들과 연관되어 있다. 하나의 기능으로서도 법은 법외적인 사회체계와 결부되어 있다. 관습

---

4 후술할 23면과 42면을 보라.

5 이것은 법학만이 아니다! 예술에서도 독일인들은 회화, 건축물, 조형물의 부분을 아예 보지 않거나 명확하게 분리하여 보지 않고, 오히려 결합적으로 상호의존적이고 융합적인 것으로 본다. 반면에 이탈리아 르네상스는 모든 합성에도 불구하고 요소 그 자체를 볼 것을 요구하고, 그러므로 그 형상, 기둥 등을 분리시킨다. H. Wölfflin, *Italien und das deutsche Formgefühl* (1931), 9면 이하, 110면 이하, 그리고 기타 여러 곳에. 또한 후술할 77면을 보라.

6 Jhering, II, 31: "왜냐하면 법의 진보는 모든 자연적 연관의 파괴와 끊임없는 구분과 분리에 있기 때문이다." Laband, *Staatsrecht* I (1876), 서문 vi면도 참조.

7 이에 대하여 다음 문헌을 참조: Jhering, II, 19 이하; Arnold, 51 이하; Gierke, *Schmollers Jahrb. f. Gesetzgebung, Verwaltung u. Volkswirtschaft* 7 (1883), 1103면.

과 도덕의 체계가 법체계와 나란히 존재하는바, 이런 일군一群의 법외적 규제들이 "도의적 의무(officium)"[8]의 주된 내용을 이루고, 그래서 그것은 로마인들의 법생활에서 특히 중요하다.

1. 로마에서의 엄격한 분리

모든 국가의 초기에는 법, 도덕, 관습이 불가분적으로 엮여 있다. 그러나 어떤 민족들(그중에는 그리스인과 게르만인이 있다)은 이것들을 풀어내는 데에 있어 어려움과 우여곡절을 겪었으나,[9] 반면에 로마인들은 이 임무에 매우 일찍 착수하였다.

2. 로마에서의 법의 분리

12표법은 오직 법규정만을 담고 있고, 법률가들은 제정법상 규율되지 아니한 문제들에 대하여 진정한 로마적 냉정함으로써 분리의 과업을 계속해서 수행해나갔다. 이와 같이 법을 관습과 도덕에 기한 규칙들로부터 분리하는 작업에 있어, 그러나 때로는 로마의 법률가들이 자의적으로 진행시킨 경우도 있었다. 예를 들면 악취행위握取行爲(mancipatio)[10]나 상속인지정(heredis institutio)[11]의 경우에는 관습상의 형식들을 법적으로 필수적인 것으로

---

8 Bernert, *De vi atque usu vocabuli officii* (Diss. phil. Breslau, 1930)를 보라.

9 Jolly는 *Grundriss der indo-iranischen Philologie* (ed. by Bühler) II, 8, *Recht und Sitte* (1898), 1면에서 "인도에서 법은 다른 동방 민족들과 같이 여전히 종교와 윤리의 통합된 구성부분을 형성한다."라고 한다. 동일한 것이 예컨대 탈무드법의 경우에도 적용된다. 그리스법에 관해서는 E. Weiß, *Griech. Privatrecht* I (1923), 17면 이하, 26면, 68면 이하를 보라. 고르틴(Gortyn) 법은 오직 법만을 담고 있다: Bücheler-Zitelmann, *Recht v. Gortyn*, 51면(Rhein. Museum f. Philologie N. F. 40, suppl. vol.). 독일에서 법과 관습은 14-15세기에 이르러서야 분리된다: Gierke, *Deutsches Privatrecht* I, 122; H. Fehr, *Deutsche Rechtsgeschichte* (1921), § 40, § 7.

10 Gai.1.119.

【역주】 악취행위란 악취물(res mancipi. 예: 노예, 역축(役畜), 이탈리아 내 토지)의 소유권 이전에 활용하던 격식행위로 거래당사자 외 5인의 성인이 증인으로 입회하에 화폐인 동편(銅片)을 저울로 재는 칭량자(libripens)가 참여하여 이루어진다. 매매를 원인으로 하는 경우에도 화폐경제가 일반화한 후로는 실질적인 대금지급에 갈음하여 동편(銅片)으로써 저울을 치고는 상대방에게 교부하는 식으로 상징화하면서 가장매매(imaginaria venditio)로 격식화되었다. 최병조, 로마법강의(1999/2004), 346면 참조.

11 Gai.2.117.

여기면서도, 혼례와 관련된 옛 방식[12]은 그렇게 하지 않았다는 것은 정당한 이유가 없다고 볼 수도 있는데, 이들 세 가지 중 어느 것도 법률로 규정하고 있지 않기 때문이다. 그러나 이와 같이 경계를 정하는 법률가들의 일반적인 경향은 명백하다. 로마인들의 자유에 대한 필요성은 법규범의 창출과 승인에 있어서 자제를 요청한다.[13] 법규범으로부터 자유로운 넓은 공간을 바라는 이유는 법외적 제한들이 많고 또한 강하기 때문이다.[14] 로마인들은 그러한 법외적 구속들의 그물망 속에 얽혀 있었고, 그 복잡성과 강력함은 현대의 개별화된 존재들이 이해하기 거의 힘들다. 로마인들은 대부분 친・인척, 친우親友와 두호인斗護人 그리고 대중 일반에 의존하고 있었고, 종종 재판상 판결보다 그러한 사람들의 의견에 더 강하게 구속되었다.[15] 더욱이 법의 한계에 대한 로마인들의 예리한 감각은 그들로 하여금 가내사家內事 같은 문제들은 법적 규제로부터 배제시켰다 – 그리고 품위와 체면에 관하여 고도로 발달한 그들의 감각은 혼인과 가정사의 내밀함을 법정에서 다투는 것을 막았다. 오늘날의 이혼 소송은 그들에게 몰염치한 것으로 보일 것이다. 그러므로 로마인은 가족관계가 법에 투영되는지를 살피고 싶지 않았다. 즉 그런 문제들에 대한 로마인의 표어는 '가능한 한 최소한의 법'이었다.

> 이러한 로마법의 원리들과 대비되는 예로서 프로이센 일반란트법(1794)을 보라.
> **제2편 제2장** 제67조 내지 제69조
> 제67조 건강한 모母는 자子를 직접 수유할 의무가 있다.
> 제68조 그러나 얼마동안 모母가 자子에게 모유를 공급해야 하는지는 부父의 결정에 의한다.
> 제69조 그러나 부父는 그의 결정으로 모母 또는 자子의 건강을 해칠 수 있을 경우에는

【역주】 유언의 머리이자 기초(caput et fundamentum)인 상속인지정은 로마법상 유언의 필수불가결의 핵심부분으로, 유언에는 상속인지정 문구가 가장 먼저 나와야만 했고, 이것이 없으면 유언은 무효였다.

12 "그대 가이우스가 있는 곳에, 나 가이아가 있다(Ubi tu Gaius, ego Gaia)."; Kunkel, § 175 참조.
【역주】 로마의 혼인예식에 관하여는 최병조(1999/2004), 301면 참조.

13 Jhering, II, 26.

14 이것에 관한 Jhering, II, 141 이하의 흥미로운 언급을 참조.

15 후술할 174면, 257면 이하도 보라.

전문가들의 감정에 따라야 한다.

제2편 제1장 제174조 내지 제181조.

제174조 부부는 모든 불의의 사고의 경우 그들의 능력에 따라서 상호부조를 급부할 책임이 있다.

제175조 부부는 동거하여야 하고 부부간 결합을 임의로 해소해서는 아니 된다.

제176조 불운을 이유로도 부부는 상호 간 유기하여서는 아니 된다.

제177조 공무, 긴급한 사적 용무, 요양목적 여행은 부재不在를 면책한다.

제178조 부부는 상호 간 부부관계를 계속하여 거부해서는 아니된다.

제179조 그것의 급부[=부부관계]가 일방 또는 타방의 건강을 해칠 경우 이는 청구될 수 없다.

제180조 수유 중인 처妻는 정당하게 동침을 거부할 수 있다.

제181조 부부는 상호 간 혼인상의 성실 의무가 있다.

제2편 제20장

제738조 모母와 유모는 2세 미만의 자子를 야간에 그들의 침대로 데려와서는 아니되고 그들 자신 또는 타인과 함께 자도록 해서도 아니된다.

– 그리스 법들(스파르타를 제외하더라도) 중에는 나쁜 친구를 사귀는 것, 희석하지 않은 포도주를 마시는 것, 노동을 기피하는 것 그리고 공적 논쟁에서 어느 편도 들지 않은 것에 대한 형벌을 포함하는 것이 있다. 그 밖에 Hermann-Thalheim, 『그리스법 고사통古事通』(*Lehrb. d. griechischen Rechtsaltertümer*, 1895), 34면 이하; Walter G. Becker, 『플라톤의 법률과 그리스 가족법』(1932), 31면 주 7; Max Mühl, "잘레우코스와 카론다스의 법률들(*Die Gesetze des Zaleukos u. Charondas*)", *Klio* 22 (1929), 105면 이하 참조.

전형적 법률행위 내용에 대한 로마법률가들의 무관심, 법외적 제한에 대한 무언급

로마의 법률가들은 법규범들과 법외적 규범들을 매우 신중하게 구분하였을 뿐만 아니라 원칙적으로 후자는 전적으로 그들의 관심 밖에 두었다. 예를 들면 자유혼은 합의만으로 유효하게 체결된다.[16] 이것이 법규이고, 이것만이 법문헌에 언급되어 있다. 법률가들은

---

16 아마도 부(夫)의 가(家)로의 영입(迎入, deductio in domum)이 요구되었을 것이다. E. Levy, *Hergang der röm. Ehescheidung*, 68 이하; Kunkel, § 175; Buckland, 112.

번잡한 로마의 혼례 관습들[17]을 완전한 침묵으로[18] 무시하고 있는데, 설령 그 관습들이 온전히 우리에게 전해졌다 할지라도 우리는 그것들에 대한 어떠한 언급도 로마 법률가들에게서 발견할 수 없을 것이다. 상속 관련 관습에 대하여도 아무런 언급이 없는데,[19] 비록 유언서의 경우 대개는 관습에 좇아 그 내용이 전형적이었음에도 그러하다. 매매, 임약賃約[= 임대차, 고용, 도급의 총칭] 또는 조합 계약의 전형적인 내용, 그와 관련한 문서들의 전형적인 형식에 관하여도 법률가들은 거의 전혀 언급하지 않고 있다. 때로는 이러이러한 것에 대하여 합의하는 것이 관습적이라고 언급되고,[20] 때로는 심지어 거래문서상의

---

17 Kunkel, 전게서.

18 법률가들에게 제기된 질의에서 종종 당사자들에 의하여 혼례 관습들이 의하여 언급된다. D.24.1.66.1.
【역주】 D.24.1.66.1 Scaev. 9 dig.
Virgini in hortos deductae ante diem tertium quam ibi nuptiae fierent, cum in separata diaeta ab eo esset, die nuptiarum, priusquam ad eum transiret et priusquam aqua et igni acciperetur, id est nuptiae celebrentur, optulit decem aureos dono: quaesitum est, post nuptias contractas divortio facto an summa donata repeti possit. respondit id, quod ante nuptias donatum proponeretur, non posse de dote deduci.

19 v. Woeß, *Das röm. Erbrecht u. d. Erbanwärter* (1911), 29면 이하.

20 D.47.2.62.8; D.46.8.16.1; D.34.2.2; D.44.7.23; D.20.1.15.1.
【역주】 D.47.2.62.8 Afr. 8 quaest.
Locavi tibi fundum, et (ut adsolet) convenit, uti fructus ob mercedem pignori mihi essent. si eos clam deportaveris, furti tecum agere posse aiebat. sed et si tu alii fructus pendentes vendideris et emptor eos deportaverit, consequens erit, ut in furtivam causam eos incidere dicamus. etenim fructus, quamdiu solo cohaereant, fundi esse et ideo colonum, quia voluntate domini eos percipere videatur, suos fructus facere. quod certe in proposito non aeque dicitur: qua enim ratione coloni fieri possint, cum emptor eos suo nomine cogat?
D.46.8.16.1 Pomp. 3 ex Plaut.
Si procurator fundum petisset et cavisset, uti adsolet, ratam rem dominum habiturum, deinde dominus postea eundem fundum vendidisset eumque emptor peteret, stipulationem ratam rem haberi committi Iulianus scribit.
D.34.2.2 Afr. 2 quaest.
Qui tibi mandaverat, ut ornamenta in usum uxoris suae emeres, eidem uxori uti adsolet legavit quae eius causa parata erunt: tu deinde post mortem mandatoris ignorans eum decessisse emisti. non debebuntur mulieri, quoniam ea verba ad mortis tempus referuntur. at si vivente testatore, muliere autem mortua emeris, non ineleganter dicetur inefficax hoc legatum esse, quando non possit vere dici eius causa paratum videri, quae prius decessit. eadem dicenda erunt et si vivat quidem mulier, sed diverterit et quaeratur, an post empta ei debeantur, quasi non videantur uxoris causa parata.
D.44.7.23 Afr. 7 quaest.
Traiecticiae pecuniae nomine, si ad diem soluta non esset, poena (uti adsolet) ob operas eius qui eam

어떤 조항에 대한 해석도 다루지만 그것이 전부이다. 로마 법률가의 저술들만으로는, 표준서식집이 로마인의 법생활에서 사용되었고 거래문서들이 대체로 전형적인 양식으로 작성되었다는 사실을 알아내기란 불가능할 것이다. 시기적으로 앞선 (공화정기의) 법률가들은 아마도 여전히 표준서식집 작성업무에 몰두하였겠지만,[21] 공화정 말기로 접어들자마자 이러한 일은 그들보다 아래의 사람들에게 남겨졌다.[22] 단순한 관행, 거래상 그저 관습적인 것은 원칙적으로 제쳐놓았고, 법률행위의 해석을 위하여 원용만 되었다. 경친敬親(pietas), 신의(fides), 공경(reverentia), 간단히 말하면 "도의적 의무(officium)"로부터 발생하는 법외적 구속들 또한 거의 언급되지 않아서,[23] 법문헌만을 알고 있는 사람에게는 많은 것들이 파악하기 어려운 채로 남아있다. 비록 법률가들은 그러한 것들을 알고 있었지만,

---

pecuniam peteret in stipulationem erat deducta: is qui eam pecuniam petebat parte exacta petere desierat, deinde interposito tempore interpellare instituerat. consultus respondit eius quoque temporis, quo interpellatus non esset, poenam peti posse: amplius etiamsi omnino interpellatus non esset: nec aliter non committi stipulationem, quam si per debitorem non stetisset, quo minus solveret: alioquin dicendum et si is, qui interpellare coepisset, valetudine impeditus interpellare desisset, poenam non committi. de illo sane potest dubitari, si interpellatus ipse moram fecerit, an, quamvis pecuniam postea offerat, nihilo minus poena committatur: et hoc rectius dicitur. nam et si arbiter ex compromisso pecuniam certo die dare iusserit neque per eum, qui dare iussus sit, steterit, non committi poenam respondit: adeo ut et illud Servius rectissime existimaverit, si quando dies, qua pecunia daretur, sententia arbitri conprehensa non esset, modicum spatium datum videri. hoc idem dicendum et cum quid ea lege venierit, ut, nisi ad diem pretium solutum fuerit, inempta res fiat.

D.20.1.15.1 Gai. l. s. de form. hypoth.

Quod dicitur creditorem probare debere, cum conveniebat, rem in bonis debitoris fuisse, ad eam conventionem pertinet, quae specialiter facta est, non ad illam, quae cottidie inseri solet cautionibus, ut specialiter rebus hypothecae nomine datis cetera etiam bona teneantur debitoris, quae nunc habet et quae postea adquisierit, perinde atque si specialiter hae res fuissent obligatae.

21 Krüger, 60 이하.

22 Pernice, *Labeo* I, 3. 그들의 활동은 『바이티카 서식동판(*Formula Baetica*)』(이에 관해서는 Gradenwitz, *Sitzungsber. d. Heidelb. Akad.* 1915, Abh. 9, 13면)과 '칠성(七城)지역'[=트란실바니아] 출토 문기(Bruns, *Fontes*, No. 130 이하, 특히 No. 131, note 7)에서 나타난다. 또한 Mitteis, *Reichsrecht*, 196면 이하도 보라.

23 D.38.1.48.pr.

【역주】 D.38.1.48.pr. Hermog. 2 iuris epit.

Sicut patronus, ita etiam patroni filius et nepos et pronepos, qui libertae nuptiis consensit, operarum exactionem amittit: nam haec, cuius matrimonio consensit, in officio mariti esse debet.

그들이 한 번도 언급하지 않았던 수많은 극도로 엄격한 법외적 구속들을 알지 못한다면, 가부장家父長의 솔가권率家權(patria potestas), 유언상의 처분 또는 부부재산법에 관한 거친 규율을 파악할 수 없다.

법에 대한 정치·경제적 취급의 결여

법문헌에서 법문제와 법외적 문제들 사이의 발생적 연관성이 무시되고 있다는 사실은, 고전기 로마 법률가들의 태도와 일치한다.[24] 어떠한 법규범 형성의 배경에 깔려있는 정치·경제적 여건들은 그 어디에서도 기술되거나 심지어는 언급조차 되지 않는다.[25] 어떠한 경제적 고려도 법 안으로 들어오지 않는다. 법제도의 경제적 의미, 그것이 수행하기로 예정된 통상의 경제적 기능들, 그것을 도입한 경제적 이유들 – 이런 모든 것들은 원칙적으로 "비법적인" 것으로서 고려되지 않는다. 예컨대 임약賃約에 관한 로마법을 보자.[26] 주지하듯이 임차인의 법적 지위는 매우 불안정하였다. 임대인은 임대차 존속기간 중에 계약을 위반하면서 임차인의 목적물 사용을 박탈할 수 있었고, 이 경우 임차인의 유일한 구제수단은 임차소권(actio conducti)이었다. 고전기 법률가들은 다음과 같은 법규칙을 진술할 뿐이다: 임차인은 물건의 '점유자'(possessor)가 아니며, 그러므로 임대인에 의한 사용금지에 직면하여 임차목적물의 향유를 주장할 수 없다. 그러나 질권자, 간득이용자, 그리고 계쟁물보관인은 '점유자'이면서 임차인은 왜 '점유자'가 아닌가? 이러한 질문은 전혀 제기되고 있지 않으며, 여타의 많은 경우에도 마찬가지이다: 왜 용익역권은 일신전속적 권리인가? 왜 금전손해배상만 인정되는가? 왜 매도인은 제3자에 의한 추탈의 경우에만 책임이 있는가[이른바 '추탈원칙']? 직접대리와 제3자를 위한 계약은 왜 없는가? 질권, 조합, 단체의 경제적 기능은 무엇인가? 형벌의 목적이 법률가들에 의하여 상세하게 논구되지도 않고,[27] 형사절차법(특히 상설사문회[quaestiones perpetuae][28])이 목적론적

---

24 이에 대하여 다음 문헌을 참조: Pernice, "Über wirtschaftl. Voraussetzungen röm. Rechtssätze", *SZ* 19, 82 이하.

25 Pernice, 89.

26 Pernice, 89 이하.

관점으로부터 다루어지지 않는다. 고전기 이후에 법외적 이유와 법의 목적에 관한 문제가 좀 더 관심을 받기는 하지만, 대답이 제시된 경우에도 당시의 지적 수준에 상응하게 피상적이다.[29]

---

27 Ferrini, *Diritto penale romano*, 제2장의 개관을 보라.

28 【역주】 공화정 말기와 원수정기에 로마의 형사재판제도로서, 개별 법률에 따라 상설배심법정이 설치되고 각 법정은 법률이 정한 특정한 범죄를 다루며 형벌도 표준화되어 있는 것이 특징이다. 이에 대하여는 최병조, 로마법강의(1999/2004), 560면 이하 참조.

29 여관업자, 선박업자, 마방업자의 책임에 대한 법적 근거는 불가항력(vis maior)까지 상향된다. Ulp. D.4.9.1.1: Maxima utilitas est huius edicti, quia necesse est plerumque eorum fidem sequi et res custodiae eorum committere. ne quisquam putet graviter hoc adversus eos constitutum: nam est in ipsorum arbitrio, ne quem recipiant, et nisi hoc esset statutum, materia daretur cum furibus adversus eos quos recipiunt coeundi, cum ne nunc quidem abstineant huiusmodi fraudibus. (전체적으로 부진정, Interp. Index를 보라). 유사한 논증이 D.11.6.1.pr. (부진정: Kübler, *SZ* 39, 209); D.11.7.12.3 (부진정); D.14.1.1.pr. (부진정: Interp. Index를 보라); D.38.1.2.pr. (부진정); D.39.4.12.pr. 부진정). 이러한 개소들은 그 출처가 울피아누스 『고시주해』의 장들에 대한 널리 알려진 고전기 이후의 도입부로부터 온 것이다. 이에 관해서는 Schulz, *Einführung in d. Studium d. Digesten*, 35면; Niedermeyer, *Studi Riccobono* I, 195를 보라. 논거로서 관행을 참조한 것으로 D.12.1.9.8 (부진정, Interp. Index를 보라); D.43.26.6.4 (부진정: Pernice, *Labeo* III/1, 222면 주 4).

【역주】 D.11.6.1.pr. Ulp. 24 ad ed.

Adversus mensorem agrorum praetor in factum actionem proposuit. a quo falli nos non oportet: nam interest nostra, ne fallamur in modi renuntiatione, si forte vel de finibus contentio sit vel emptor scire velit vel venditor, cuius modi ager veneat. ideo autem hanc actionem proposuit, quia non crediderunt veteres inter talem personam locationem et conductionem esse, sed magis operam beneficii loco praeberi et id quod datur ei, ad remunerandum dari et inde honorarium appellari: si autem ex locato conducto fuerit actum, dicendum erit nec tenere intentionem.

D.11.7.12.3 Ulp. 25 ad ed.

Hoc edictum iusta ex causa propositum est, ut qui funeravit persequatur id quod impendit: sic enim fieri, ne insepulta corpora iacerent neve quis de alieno funeretur.

D.14.1.1.pr. Ulp. 28 ad ed.

Utilitatem huius edicti patere nemo est qui ignoret. nam cum interdum ignari, cuius sint condicionis vel quales, cum magistris propter navigandi necessitatem contrahamus, aequum fuit eum, qui magistrum navi imposuit, teneri, ut tenetur, qui institorem tabernae vel negotio praeposuit, cum sit maior necessitas contrahendi cum magistro quam institore. quippe res patitur, ut de condicione quis institoris dispiciat et sic contrahat: in navis magistro non ita, nam interdum locus tempus non patitur plenius deliberandi consilium.

D.38.1.2.pr. Ulp. 38 ad ed.

Hoc edictum praetor proponit coartandae persecutionis libertatis causa impositorum: animadvertit enim rem istam libertatis causa impositorum praestationem ultra excrevisse, ut premeret atque oneraret libertinas personas.

III. 신성법과 세속법의 구별

법의 영역 안에서 하위구분과 분리의 작업이 계속된다.

무엇보다 먼저 공화정 초기에는 신성법[30]과 세속법이 구분되었고,[31] 다시 한 번 그 구분은 분리로 나아갔다. 푸블리우스 스카이볼라[기원전 133년 집정관 역임]는 훌륭한 신관神官이라면 사법私法도 알아야 한다고 말하였지만,[32] 이러한 확신은 점차로 사라져갔다.[33] 이미 키케로 시대[기원전 106-43]만 하더라도 당시 신성법 전문가들은 세속법을 전혀 다루지 않았거나 다루더라도 이를 동일한 정도로 하지 않았다. 카피토(Ateius Capito, 주활동시기: 기원전 20-기원후 22)와 같이 신성법에 관한 저술가들도 세속법에 관해서는 거의 전혀 글을 쓰지 않았던 듯하다.[34] 더 이상 법의 그 두 영역들은 상호 간에 영향을 미치지 않았다.

D.39.4.12.pr. Ulp. 38 ad ed.

Quantae audaciae, quantae temeritatis sint publicanorum factiones, nemo est qui nesciat. idcirco praetor ad compescendam eorum audaciam hoc edictum proposuit:

D.12.1.9.8 Ulp. 26 ad ed.

Si nummos meos tuo nomine dedero velut tuos absente te et ignorante, Aristo scribit adquiri tibi condictionem: Iulianus quoque de hoc interrogatus libro decimo scribit veram esse Aristonis sententiam nec dubitari, quin, si meam pecuniam tuo nomine voluntate tua dedero, tibi adquiritur obligatio, cum cottidie credituri pecuniam mutuam ab alio poscamus, ut nostro nomine creditor numeret futuro debitori nostro.

D.43.26.6.4 Ulp. 71 ad ed.

Quaesitum est, si quis rem suam pignori mihi dederit et precario rogaverit, an hoc interdictum locum habeat. quaestio in eo est, ut precarium consistere rei suae possit. mihi videtur verius precarium consistere in pignore, cum possessionis rogetur, non proprietatis, et est haec sententia etiam utilissima: cottidie enim precario rogantur creditores ab his, qui pignori dederunt, et debet consistere precarium.

30 **【역주】** 신성법(ius sacrum): 인간과 신들과의 관계, 제의(祭儀), 희생, 신전, 봉헌, 분묘, 종교관의 역할 등과 관련된 법원칙과 법제도를 포함하고, 신법(ius divinum)과 신관법(ius pontificium)과 밀접히 관련되어 있다. 古法 시기에는 신성법이 私法에 상당한 영향을 미쳤는데, 법에 대한 지식, 해석, 적용가능성 등이 신관단에 의하여 독점되었기 때문이다. Berger (1953), 해당항목 참조.

31 이에 대하여 다음 문헌을 참조: Pernice, *Labeo* I, 4 및 *SZ* 5, 3 이하; Mitteis, I, 22 이하. Berger, 'ius sacrum' 항목, in *RE*. Stella Maranca, "Ius pontificium nelle opere dei giureconsulti", *Annali del seminario giurdico econom. della Università di Bari* (1927), 6면 이하.

32 Cic. *De legibus*, 2.19.47: 'Sæpe', inquit Publii filius, 'ex patre audivi pontificem bonum neminem esse, nisi qui ius civile cognosset (푸블리우스의 아들은 이런 말을 했네. "시민법을 아는 사람이 아니라면 누구도 훌륭한 神官이 아니라는 말씀을 나는 선친으로부터 자주 들었다"). 신관(神官) 코룬카니우스(Coruncanius)도 저명한 세속법 전문가로 언급된다: Cic. *De or*. 3.33.134; Pomp. D.1.2.2.35, 38; Krüger, 55.

33 Cic. *De legibus*, 앞의 주에서 인용한 부분과 2.21.52.

신성법과의 비교나 대조는 세속법에 관한 저술들에 나타나지 않았고, 신성물神聖物(res sacrae. 예: 신전), 성호물聖護物(res sanctae. 예: 성벽, 성문), 그리고 지령물地靈物(res religiosae. 예: 분묘)에 관한 법리는 그들의 저술에서 매우 불완전하게만, 즉 그것들이 세속법에 나오는 경우에 국한하여 논의되었다.[35] 신들에 대한 믿음이 사라짐에 따라 신성법에 대한 관심이 없어진 것도 너무나 당연한 일이다.

Ⅳ. 공법과 사법의 준별

더 중요한 의미가 있는 것은 사법(ius privatum)으로부터 공법(ius publicum)을 준별한 것이다.[36]

D.1.1.1.2 울피아누스『법학원론』제1권.
... publicum ius est quod ad statum rei Romanae spectat, privatum quod ad singulorum utilitatem. ...
공법公法은 로마의 국가적 사안에 관한 법이고, 사법私法은 개개인의 이익에 관한 법이다.[37]

---

34 Pernice, *SZ* 5, 4. 개소에 관하여 Bremer, II/1, 266면 이하를 보라. 주로 세속법에 관하여 저술하면서 신성법도 함께 다루었던 저술가들 중에는 세르비우스(Krüger, 68)와 라베오(Krüger, 156)가 있다.

35 예컨대 분묘에 관한 로마법은 단지 불완전하게만 법문헌으로부터 인식될 수 있는데, 그 이유는 신관법이 배제되었기 때문이다(아마도 편찬자들에 의한 것만은 아님). 신성법과 세속법이 다른 경우에도 그 상이함이 지적조차 되지 않는다. Mommsen, *Jur. Schr.* III, 198 이하; 해방노예를 다룸에 있어서 법들의 충돌: Mommsen, 206과 213; 가족묘지의 취급에 관하여: Mommsen, 204와 213을 참조. 또한 Pernice, *Zum röm. Sakralrecht* I 및 II (*Sitzungsber. d. Berliner Akad.* 51 (1885/6), 1143면 이하, 1169면 이하)를 보라.

36 이에 대하여 다음 문헌을 참조: Savigny, *System* II, 455; Pernice, "Beziehungen des öffentlichen röm. Rechts zum Privatrechte" (*SZ* 5, 1 이하)와 "Der privatrechtliche Standpunkt in der Lehre der röm. Juristen" (*SZ* 19, 140 이하); Bonfante, "La progressiva diversificazione del diritto pubblico e privato" (*Scritti giur.* 4, 28 이하); Gierke, *Deutsches GenossenschaftsR* III, 35 이하; *DPR* I, 27: *Die soziale Aufgabe d. PrivatR.* (1889), 5면 이하. 또한 Dirksen, *Verm. Schriften* I, 173 이하; Sanio, *Varroniana*, 29도 참조.

37 『학설휘찬』에서의 이어지는 문장인 "공법은 국가의 제의(祭儀), 종교관, 정무관에 관한 법으로 구성되어 있고(publicum ius in sacris, in sacerdotibus, in magistratibus consistit)"는 부진정한 것으로 추정된다.『법학제요』(Inst.1.1.4)의 저자는 외관상 그 문장을 원본으로 읽지 않는다. 더욱이 이는 ius sacrum이 ius publicum에 속하는 것으로 분류된 유일한 개소이다(그 자체는 정당성을 가지고 있는 분류로 보인다. Pernice, *SakralR.* I, 1143); 일반적인 분류는 세 가지 부분으로, 즉 신성법(ius sacrum), 공법(ius publicum), 그리고 사법(ius privatum)이다. 고전기 저술가라면 공법(ius publicum)에서 분명히 원로원을

1. 공법의 개념

공법은 로마인민(populus Romanus)의 법률관계를 규율하는 법이었다. 로마국[38]이 법률관계의 주체가 되는 경우에는 언제나 로마인민은 사법私法으로부터 나와서[39] 공법의 적용을 받았다.[40]

2. 두 규범군의 분리

로마법의 영향을 받지 않은 법체계들[41]에는 알려져 있지 않은 이 구별은 로마법학을 발전시키는 데 대단히 유용한 요소였지만, 일정한 단점들이 있었다. 여기서도 구분은 분리로 나아갔다. 즉 실생활에서는 매우 밀접하게 상호 결합되어 있었던 그 두 개의 규칙군들이 준별되었던 것이다.

헌법과 행정법에 대한 문헌상의 홀대

먼저 헌법과 행정법을 보면, 그 주제에 관하여 주목할 만한 어떠한 저작들이 과연 존재했는지 의심스럽다.[42] 헌법에 관한 몇몇 저술들이 공화정기 이래 우리에게 전승되어 왔지만, 그 저자들은 실제 법률가들이 아니었던 것 같다.[43] 어떤 경우에도 그들이 폼포니

언급하였을 것이다. 신성법(ius sacrum)에 관하여는 Mommsen, *StaatsR*. I, 4 주 1 참조.

38 지방당국은 국가와 동등한 수준이 아니다. 지방당국의 법적 지위는 아직 분명하게 밝혀지지 않았다: Mitteis, I, 376 이하; Schnorr von Carolsfeld, *Geschichte der jur. Person* I (1933), 1면 이하.

39 그럼에도 불구하고 공법 규범들이 부분적으로 사법(私法) 규칙들에 동화되는데, 특히 황고 관련 법에서 그러하다. Mitteis, I, 365.

40 공법(ius publicum)이라는 용어의 다른 의미는 여기서는 관심이 없다; 이에 관해서는 Mommsen, *StaatsR*. I, 3; Leonhard, 'ius priv. u. ius publicum' 항목 in *RE*.

41 게르만법에 관해서는, Gierke, *DPR* I 28을 보라.

42 이견: Bonfante, *Scritti* IV, 40 주 1.

43 이것은 카씨우스 헤미나(Cassius Hemina)(Schanz, I, 194), 셈프로니우스 투디타누스(Sempron. Tuditanus)(Schanz, I, 196), 유니우스 그락카누스(Iunius Gracchanus)(Schanz, I, 235), 킨키우스(Cincius)(Schanz, I, 174)의 경우 그러하고, 바로(Varro)의 경우(후술)에도 그러하다. Krüger, 52와 75 주 89는 옳다. 투베로(Tubero, 공화정 마지막 세기 중반)는 공법에 관하여 저술하였다고 우리에게 알려지는 첫 번째 법률가이고(Krüger, 전게서), 그러므로 폼포니우스(D.1.2.2.46)는 그를 "공법과 사법에 정통한 자(doctissimus iuris publici et privati)"로 칭한다.

우스(주활동시기: 130-180)의 『법학편람』에 기술된 법률가집단에 속하지 않았던 것으로 보이기 때문이다.[44] 그러한 저술들조차 많지 않았다. 폼페이우스가 집정관직을 준비를 하면서 그의 지인知人 바로Varro에게 '헌법입문'을 집필해달라고 부탁하였는다는 사실로부터,[45] 당시 존재했던 문헌이 불충분하였다는 추론이 가능하다. 공화정기 마지막 세기에서 원수정기 2세기 말에 이르기까지 로마 법학의 지도적인 법률가들은 아마도 헌법 및 행정법을 어떻게든지 피하려 했던 것으로 보인다.[46]

이에 관하여 특히 시사적인 예를 키케로가 『발부스 변호연설*Pro Balbo*』 19.45에서 들고 있다. "그렇다면 우리는, 어떤 사람이 조약에 대한 가장 현명한 해석자이고, 전쟁법의 최고 전문가이며, 제국諸國의 정세와 제반 사정을 조사하는 데 가장 성실한 자라고 판단하는가? 실로 현재 군대통솔권을 가진 자, 즉 전쟁을 수행하는 자이다. 실제로 조점관 퀸투스 스카이볼라(Q. Scaevola augur, 기원전 169년경-88년)가 국고담보토지 경락법(praediatura: 국고담보토지의 경락. 로마 행정법에만 있었던 저당[hypotheca]의 일종)에 대한 자문을 한다면, 그가 가장 실력있는 법률가이긴 하지만, 때로는 자신의 의뢰인을 국고담보토지 경락담당자인 푸리우스Furius나 카스켈리우스Cascellius에게 보내곤 하였다. 우리는 투스쿨룸 지역의 수로水路(aqua)에 관하여는 가이우스 아퀼리우스C. Aquilius보다는 마르쿠스 투기오M. Tugio에게 자문을 구할 것인데, 왜냐하면 한 가지 일에 헌신하는 지속적 실무경험이 타고난 재능과 학문(ars)을 종종 이기기 때문이다. 조약에 관하여, 그리고 전쟁과 평화에 관한 모든 법에 관해서는, 가장 정통한 법률가보다 우리의 군사령관이 더 낫다는 것을 누가 의심하겠는가?"[47]

---

44 D.1.2.2.35 이하는 투베로 이외에는 아무도 언급하지 않는다. Cic. *De legibus*, 1.4.14도 국법(ius civitatis)을 다루지 않고 민사에 관한 법적 자문에 자신을 한정하고 있는 법률가들을 비난한다.

45 Gellius, 14.7.1 (Bremer, 1124): "Eum magistratum [집정관] Pompeius cum initurus foret, quoniam per militiae tempora senatus habendi consulendique rerum expers urbanarum fuit, M. Varronem familiarem suum rogavit, uti commentarium faceret isagogicum, sic enim Varro ipse appellat, ex quo disceret, quid facere discereque deberet, cum senatum consuleret." 바로는 책을 저술하였으나, 그것은 그의 생전에 소실되었다(Gell. 전게서).

46 행정법에 관련된 저술들은, 2세기 말경에 처음 등장하였다: *De re militari* (Tarruntenus Paternus, Macer, Menander), *De iure fisci* (Paulus), 또한 개별 관직에 대한 개설서: *De officio consulis, proconsulis* 등. 그러나 그것들 중 일부는 아마도 부진정하다.

47 **【역주】** Quos igitur prudentissimos interpretes foederum, quos peritissimos bellici iuris, quos diligentissimos in exquirendis condicionibus civitatum atque causis esse arbitramur? eos profecto, qui iam imperia ac bella

키케로는 묻는다. 누구에게 공법 문제의 해답을 구해야 하는가? 그것은 법률가들이 아니라 헌법과 행정법의 실무가들에게이다.

퀸투스 스카이볼라는 언제나 국고담보토지 경락법에 관한 질의에 대하여 법감정하는 일을 거부하곤 하였다. 그리고 키케로가 용수 공급 관련한 어떤 문제(이 또한 공법 문제이다)에 대한 해답을 얻고자 했을 때는 법률가였던 그의 친구 아퀼리우스 갈루스Aquilius Gallus에게 청하지 않았다. 여기서 언급된 두 법률가들은 키케로가 경외하고 존경하는 인물들이며, 키케로가 그들을 폄하하고자 하는 의도는 분명히 없었다는 점에서, 그 구절은 특히 가치가 있다(2인의 국고담보토지 경락인들[praediatores]에 관하여는 더 이상 알려진 바가 없다).

공공재산[48] 관련 법조차도 원칙적으로 법률가들은 외면하였다. 로마의 곡물배급표(tessera frumentaria)만이 이 표票의 소유권 취득 및 유증과 관련하여 가끔씩 법률가들의 저술들에서 다루어지고 있을 뿐이다.[49] 수로水路에 관한 법과, 거기서 발생하는 특별한 법률관계들은 법률가들의 저술에서는 언급되지 않는다.[50] 직접 대리[51] 및 토지와 병존하는 작위의무(servitutes in faciendo: 작위역권)[52]가 로마 공법상 인정되었다는 사실은, 그것들

---

gesserunt. et enim si Q. Scaevola ille augur, cum de iure praediatorio consuleretur, homo iuris peritissimus, consultores suos nonnumquamm ad Furium et Cascellium praediatores reiciebat, si nos de aqua nostra Tusculana M. Tugionem potius quam C. Aquilium consulebamus, quod assiduus usus uni rei deditus et ingenium et artem saepe vincit, quis dubitet de foederibus et de toto iure pacis et belli hominibus iuris peritissimis imperatores nostros anteferre?

48 Mommsen, *StaatsR*. I, 169 이하, 234 이하; Pernice, V, 1 이하.

49 이에 관해서는 Pernice, *SZ* 5, 99.

50 Frontinus, *De aquaeductu urbis Romae*, 특히 94 이하. Bruns, *Fontes*, Nos. 77과 188, 그리고 이에 관해서는 Mommsen, *Jur. Schr*. III, 75 이하, 97 이하. 또한 Weiß, *SZ* 45, 87 이하; Lübker-Ziebarth, *Reallexikon*, 'Wasserleitungen und Wasserrecht' 항목을 보라. 법률가들은 또한, 가령 마르쿠스 석주 옆 감시초소의 법적 상태와 같은 문제들에 관하여 관심을 두지 않는다. 그에 관한 Bruns, *Fontes*, No. 144의 기록들과 이에 관해서는 Mommsen, 전게서, 102 이하, Arangio-Ruiz, *Ist*. (제3판), 249 참조. – D.18.1.32의 cum 이하는 부진정하다(Beseler, II 86). 또한 Arangio-Ruiz-Olivieri, *Inscript. Graec. Siliciae* (1925), 62면 이하, 66면도 참조.

【역주】 D.18.1.32 Ulp. 44 ad Sab.

Qui tabernas argentarias vel ceteras quae in solo publico sunt vendit, non solum, sed ius vendit, cum istae tabernae publicae sunt, quarum usus ad privatos pertinet.

51 Mommsen, *StaatsR*. I, 235; Pernice, *SZ* 5, 111; Mitteis, I, 381.

이 이단시되었을 사법私法저술들에서는 언급조차 되지 않는다. 가장 심각한 점은 아마도 부동산 및 부동산의 수용에 관한 법일 것이고,[53] 무엇보다도 토지 소유권에 관한 공법적 제한들이 전적으로 배제되었다는 것이다.[54] 가옥 철거에 대한 규칙들[55]은 개별 사안에 한하여 법률가들에 의하여 다루어지며, 그때에도 소유권법에서가 아니고 그저 사법적私法的 관점에서 다루어질 뿐이다.[56] 경내京內 매장, 경내 및 인근에 화장터 건립을 금지하는 규정,[57] 공장건축제한이나 도로 인접지 소유자의 의무에 관한 규정들[58]의 경우에도 동일한 것이 적용된다. 따라서 로마의 부동산법은, 공법상의 제한들까지도 고려한 실제의 경우보다 더 자유롭고 개인주의적이었던 것처럼 종종 보인다.[59] 비록 일부 법률가들의 경우 행정부서에서 자신의 경력 중 일부를 쌓음으로써 헌법 및 행정법의 실무를 잘 알고 있었지만, 위와 같은 방식으로 두 가지 규범군은 상호 간 준별되었다.[60]

---

52 Pernice, *SZ* 5, 57 이하, 72 이하; 19, 85.

53 Mommsen, *StaatsR*. I, 170.

54 용수법(用水法)에 관해서는 Costa, *Le acque nel diritto romano*, 1919; Wenger, *SZ* 41, 307 이하.

55 SC. Hosidianum (Bruns, *Fontes*, No. 54). 이에 관해서는 G. May, *Rev. Hist*. 4. Sér. 14 (1935), 1 이하; Lex Tarentina, 5.32 (Bruns, No. 27); Lex Ursonensis, 75 (Bruns, No. 28); Lex Malacitana, 62 (Bruns, No. 30b)를 보라. 이에 관해서는 Bachofen, *Ausgew. Lehren d. röm. Zivilrechts* (1848), 185면 이하; Mommsen, *Jur. Schr*. I, 263과 371.

56 파울루스(점용시효취득), Lenel, *Paling*. Paul. No. 675를 보라; Ulp. ("legata inutiliter relicta"), Lenel, Ulp. No. 2622를 보라. D.1.18.7은 『위(僞)울피아누스 견해록』에서 온 것이다.

【역주】 D.1.18.7 Ulp. 3 opin.

Praeses provinciae inspectis aedificiis dominos eorum causa cognita reficere ea compellat et adversus detractantem competenti remedio deformitati auxilium ferat.

57 Lex Ursonensis, 73과 74, 그리고 그에 관한 Mommsen, *Jur. Schr*. I, 262. 고전기 법학자들은 이러한 문제들을 '분묘침해에 관하여(De sepulcro violato)'라는 표제하에서만 다룬다(D.47.12 R.): Ulp. D.47.12.3.4 및 D.47.12.5; Paul. Sent. 1.21.2, 3.

【역주】 PS.1.21.2-3.

Corpus in civitatem inferri non licet, ne funestentur sacra civitatis: et qui contra ea fecerit, extra ordinem punitur. 3. Intra muros civitatis corpus sepulturae dari non potest vel ustrina fieri.

58 Lex Ursonensis, 76; lex Iulia municipalis, 5.53 이하.

59 이에 관해서는 후술할 167면 이하 참조.

60 Pernice, *Labeo* I, 4 이하; Bremer, *Rechtslehrer*, 35를 보라. 개별 법률가로는 네르바(Krüger, 166), 카씨우스(Krüger, 168), 페가수스(Krüger, 170), 야볼레누스(Krüger, 176), 켈수스(Krüger, 180), 율리아누스(비문으로 보존된 긴 관직목록으로는 Krüger, 182를 보라. 이에 관해서는 Mommsen, *Ges. Schr*. II, 1;

형사법

형법과 형사절차의 경우는 그처럼 엄격하게 사법私法으로부터 구별되지는 않았지만, 로마의 형사법 문헌은 그 내용과 분량 모두에 있어서 매우 빈약하였다. 형법과 형사절차를 포괄하는 독립된 저술들은 하드리아누스 황제[재위: 117-138] 이후에나 등장한다. 그전의 법학은 형법 및 형사절차법 자체에 큰 관심이 없었던 것으로 보인다.[61]

민사절차법, 증거법의 소홀

민사절차법의 경우는 사정이 사뭇 다른데, 로마의 법률가들은 그 법을 주로 소권(actiones)의 관점에서 보았기 때문이다.[62] 그러므로 실체적 사법私法이 절차법으로부터 완전히 분리되지 않았다. 나아가 고시의 표제들은 주석가들로 하여금 판결의 효력과 집행의 문제를 다루도록 하였다. 하지만 심판인(iudex) 절차, 즉 본래의 민사소송절차는 고전기 법학자들에게 거의 관심을 받지 못하였다. 그들은 심판인이 방식서를 해석하는 방법과 판결을 내리는 방법을 논하고는 있지만, 그것들은 절차법적 문제들이 아니다. 반면에 증거법론 전반은 그들에게서 분리되었고 가끔씩만 다루어졌다.[63] 원칙적으로 로마 법학은 사실관계는 규명되었다고 전제하고서, 오로지 법리 문제만을 염

De Francisci, *Rend. Lomb*. 41 (1908), 442 이하), 네라티우스(Krüger, 187), 마이키아누스(Krüger, 200; Levy, *SZ* 52, 352; Mitteis-Wilcken, II/2, 102면), 타룬테누스 파테르누스(Tarruntenus Paternus)(Krüger, 215), 스카이볼라(P. M. Meyer, *SZ* 48, 586을 보라), 파피니아누스(Krüger, 220), 파울루스(Krüger, 227), 울피아누스(Krüger, 239), 모데스티누스(야경총감: Bruns, No. 188, Mommsen, *Jur. Schr*. III 98). 폼포니우스의 법률가 계보(D.1.2.2.35 이하)에는 오직 투베로(Tubero)만이 “공법과 사법에 정통한 자(doctissimus iuris publici et privati)”라고 지명된다. Gellius, 10.20.2는 카피토(Capito)를 “공・사법에 박식한 자(publici privatique iuris peritissimus)”라고 칭한다(전술한 32면의 주 43도 보라). 프라이네스테[현 팔레스트리나] 묘석의 비명(*CIL*, XIV No.2916)에는 “T. Aelio T. f. Largo eq. R. proc. Aug. Bybliothecarum iuris publici et privati peritissimo”라고 쓰여있다.

61 Mommsen, *StrafR*. 534; Ferrini, *Dir. pen. Rom*. 제1장 참조. 학설휘찬 편제가 형사소송에 관한 장(D.48.1 R. De publicis iudiciis)을 포함하고는 있지만, 많은 분량을 차지하고 있지는 않았다(목록은 Krüger, *SZ* 7, 2, 97면 이하).

62 이것에 대한 상세는 후술할 48면.

63 Jhering, II, 411. 또한 후술할 48면, 275면을 보라.

두에 둔다. "증거법론(*De probationibus*)" 같은 저술은 없다. 아르카디우스 카리시우스 Arcadius Charisius의 『증인론(*De testibus*)』은 고전기 이후의 것이다.[64] 따라서 고전기 법학자들은 추정推定에 대하여 그다지 관심이 없었다. 추정에 관한 법리는 주로 고전기 이후에 발전되었다.[65] 로마 법학은 법률문제의 자문활동으로부터 발전하였다.[66] 법률가들은 단지 간혹[67] 변호인[68]이나 심판인[69]으로 활동하였고, 자문에 있어 입증문제는 아무런 역할도 하지 않는다. 본장의 서두에서 소개한 아퀼리우스 갈루스Aquilius Gallus의 모습은 로마 법학을 대변한 것이었다.[70]

V. 사법私法 영역내에서의 구별, 로마시의 관점

사법私法 영역 내에서도 분리는 계속되었다. 공화정기 및 고전기 법률가들은 사법私法을 주로 수도首都 로마의 관점에서 다루었다. 그들은 로마제국 내에서 효력이 있었던 외인법外人法을 완전히 외면하였을 뿐만 아니라[71] 수도 로마의 법정[72] 내지는 기껏해야 이탈리아

---

64 Lenel, *Paling*. I, 59; Krüger, 255. 도미티우스 아페르(Domitius Afer)의 저작 『증인론(*De testibus*)』에 관해서는 Krüger, 171면 주 91을 보라.

65 G. Donatuti, "Le praesumptiones iuris in diritto romano" (1930) 및 "Le praesumptiones iuris come mezzi di svolgimento del diritto sostanziale romano" (*Riv. di diritto privato* III (1933), 161면 이하) 두 논문을 보라.

66 따라서 법률가들을 'iurisconsulti' 또는 'consulti'라고 불렀고, 모든 가용한 사료들이 동일한 결론을 지적한다. 법학문헌이 다양한 개별 관직들에 대한 지침서로 생겨났다는 몸젠의 주장(*StaatsR*. I, 4)은 옹호될 수 없다. 그러한 지침적인 언급들은 있지만, 그것들이 출판되지는 않았다. 법률가들의 저서는 Cicero, *De or*. 2.33.142에서 명시적으로 언급한 바와 같이, 우선적으로는 해답모음집이었다.

67 일부 법률가들은 관직자였고(전술한 35면 주 60), 직접 재판관직을 수행하였다.

68 Jhering, II, 411; Krüger, 53 이하를 보라.

69 아퀼리우스 갈루스(Aquilius Gallus)의 사법(司法) 활동에 대하여는, Bremer, I, 111; Schanz, I, 594를 보라.

70 이 구절에 대한 보에티우스를 보라(*Ad Cic. Top*. l.c.): "Iuris peritus de facti qualitate, non etiam de ipsius facti veritate respondet (법률가들은 사실관계의 성질에 대해서도, 심지어 사실 자체의 진실성에 대하여도 해답하지 않는다)."

71 갈라티아인들과 비티니아인들의 법에 관한 가이우스(Gai.1.55 및 193)의 언급은 아마도 후대에 덧붙여진 것이다. Solazzi, "Glosse a Gaio", *Studi Riccobono* I, 129 및 191.

72 Lenel, *EP*. 5. 이와 관련한 화폐 문제에 관해서는 Paul L. Strack, *Untersuchungen zur römischen*

법정에서 적용되었던 로마의 사법私法만을 거의 전적으로 염두에 두었다. 황제 입법으로 지방에 발령했던 특별규칙들도 거의 흥미를 끌지 못하였으며, 지방의 사법司法 관련한 도백道伯의 특별고시는 전혀 관심 밖이었다.[73] 고시에 관한 주석들은 시민담당법정관(praetor urbanus)의 고시告示를 다룬 것이다. 가이우스의 『지방고시주해(*Ad edictum provinciale*)』만이 유일하게 현존하지만, 지금까지 남아있는 단편들로부터 그 책의 내용을 분명하게 알아내는 것은 불가능하다.[74] 나아가 의미 있는 사실은, 212년의 카라칼라 황제의 시민권 칙령(Constitutio Antoniniana)이 로마법학사에 아무런 변화를 남기지 않았다는 점이다. 제정기 로마법을 서술하면서 외인법外人法의 갑작스러운 폐지로 인하여 발생한 문제들을 고찰하는 문헌이 나오리라고 기대될 수도 있으리라. 그러나 그런 저술은 찾을 수 없다. 디오클레티아누스 황제[재위: 284-305]의 칙답이 이 문제를 다룬 첫 번째 사료로 보이는데, 그것도 매우 부분적이다.[75]

Ⅵ. 다양한 분리과정의 결과

1. 로마법학은 주로 로마시의 사법학私法學과 이탈리아 사법학私法學이다.

이처럼 다양한 분리 과정들의 중요한 총체적 결과는 고전기 법학이 주로 사법학, [특히] 수도首都 로마의 사법私法 및 이탈리아의 사법私法에 관한 학문으로 구성된다는 점이다.

이러한 제한이 법률가들에게 얼마나 자연스러웠는가 하는 것은 아마도 가이우스『법학원론(*Institutiones*)』서두에서 가장 분명하게 보인다. 저자는 마치 로마법 전체를 서술할

Reichsprägung II (1933), 61면 참조. 수도 로마와 이탈리아 문제들로의 이러한 제한은 로마제국 주화의 전형적인 특징이다.

73 이에 관해서는 E. Weiß, *Studien zu d. röm. Rechtsquellen*, 63 이하; Lenel, *EP*. 4; Taubenschlag, *Diokletian*, 142; Jolowicz, 364 참조.

74 Krüger, 95; Weiß, 130; Lenel, 4 이하; Buckland, *Rev. Hist*. 4th sèr. 13 (1934), 81면 이하.

75 Taubenschlag, 141 이하.

듯이 시작한다. Gai.1.2: "Constant autem iura populi Romani ex legibus ..." (그런데 로마 인민의 법은 법률 … 등으로 구성된다.) 아니, 그보다는 오히려 법원론法源論(Gai.1.1-7)이 끝난 이후에도, 그것이 실은 로마법의 전체를 언급하는 것이었음에도, 독자들은 Gai.1.8.의 첫 구절("Omne autem ius, quo utimur ..." [현행의 모든 법은 …])에 따라 로마법 전반을 다루었을 것으로 당연히 기대하리라. 하지만 저자는 갑자기 건너뛰어서, 마치 다른 법들은 있지도 않다는 듯이, 사법私法의 영역으로 넘어간다.

2. 자연법으로서의 로마 사법私法의 특성

고전기 법학자들의 저술에서 서술된 로마 사법私法은 매우 독특하면서 상당한 논리적 완결성에 이른다.[76] 특별법상의 용어나 비로마적인 변형들을 제외한다면 고전기 로마 사법私法에서 사용된 법개념의 수는 상대적으로 적다. 법명제들은 단정적 진리들의 성격을 띠고 있는데, 이는 공법상 제한규정들이나 법외적 의무들을 도외시하기 때문이다. 종종 법률가들의 서술은 대개 무슨 수학 같은, 아니 오히려 자연법과 같은 인상을 주지만, 스토아 학파의 자연법에서 주장되었던 것과 같이 보편적으로 적용가능한 것은 아니고, 로마의 입법의 틀 안에서 그리고 일정한 전통적 원리들과 공리公理들 하에서의 자연법인 것이다 – 요컨대 로마의 자연법은 그리스 자연법상의 사변적 경쾌함을 결하고 있다. 로마의 법률가들의 목표는 – 전술한 틀 안에서 – 사물 자체의 본성으로부터, 생활관계의 본성으로부터 나오는 법규칙을 발견하는 것이다. 예컨대 제정법에 의하여 규율되지 않는 – 또는 거의 규율되지 않는 – 법적 문제를 들어 보자: 점유와 소유의 취득(특히 인도[traditio], 점용시효취득[usucapio], 부합[coniunctio], 가공[specificatio], 선점[occupatio]에 의한 소유권 취득), 문답계약에 관한 법(선택채무, 불능, 지체[mora], 지시법[delegatio]),

---

76 이에 대하여 다음 문헌을 참조: Stahl, *Philosophie d. Rechts* II/1 (제5판, 1878), 517면 이하; Arnold, 51, 85, 89, 292; Dilthey, *Arch. f. Gesch. d. Philosophie*, 4 (1891), 616면 이하 = *Ges. Schr*. II, 11 이하; Kaerst, *Geschichte d. Hellenismus* II (제2판, 1926), 131 이하; Roscoe Pound, *An Introduction to the Philosophy of Law* (2nd repr. 1924), 62: "법은 사물의 본성을 표현하는 원칙들을 철학적으로 밝힌 체계로 인식될 수 있다. 그러한 것 자체는 로마의 법률가들의 생각이었다. …" 또한 Jhering, II, 601; III/1, 309; Pernice, *SZ* 19, 87, 89; Biondi, *Prospettive*, 29 이하도 참조.

그리고 또한 매매 및 대차 관련 법, 행위능력, 손해배상에 있어 책임 기준에 관한 법리 등. 이 모든 문제에서 우리는 법학자들이 당시 로마의 실정법을 서술하는 데 만족하지 않고 자연법을 도출하는 데 진력하였다는 사실을 알 수 있을 것이다. 이것이 바로 로마 법률가들의 독특한 서술방식을 결정짓는 요인인데, 즉 그 방식은 진술된 규칙들을 실제로 증명하는 것이 아니라, 규칙들을 직접 삶에 대한 관조로부터 발견하고 법리의 체계(ratio iuris)로부터 이끌어내는 것이다. 이는 그것의 교설적 확신 나아가 간혹 드러나는 편협한 정통주의의 이유가 된다.

3. 고전기 법학자들에 대한 사비니의 특징화

사비니Savigny는 탁월한 치밀함과 통찰력으로 고전기 법학자들의 이러한 특징을 서술하였다.[77] "그들에게는 법학적 개념들과 명제들이 자의적恣意的으로 도출된 것처럼 보이지 않았는데, 그것은 실존하는 것이고, 그것의 현존과 계보는 오래되고 익숙한 과정을 통하여 그들에게 알려지게 되었다. 바로 그 점에서 그들의 전체 과정이, 수학 이외의 다른 곳에서는 발견될 수 없는 확실성을 가지게 되었고, 그들이 그들의 개념을 가지고 계산하고 있다고 말해도 과언이 아니다."

4. 고전기 이후의 자연법

자연법으로서의 로마 사법私法의 측면은 유스티니아누스 황제의 입법작업에서 더욱 분명하게 드러난다. 유스티니아누스 황제는 많은 특수 로마적인 요소들을 폐지하였고(악취행위[mancipatio], 법정양도[in iure cessio], 가자家子의 재산보유무능력), 나아가 법정방식의 종류도 축소하였다(그는 보증은 신명信命보증[fideiussio]만을, 혼인은 자유혼만을, 그리고 단 한 가지 방식의 점용시효취득[usucapio]과 유증만을 남겨놓았다). 하지만 그는 고전기 이후에 이루어진 많은 부가물들을 고전기 텍스트 안에 포함시켰는데, 이는 이성

---

77 *Vom Beruf unserer Zeit f. Gesetzgebung u. Rechtswissenschaft*, 제3판의 29면(1840), 1892년 재판(再版)의 17면. 사비니의 마지막 문장은 그러나 고전기 법학자들의 직관적 방법을 정당하게 평가하지 않는다.

에 기반한 법의 확장을 시도했던 것이다. 그리고 이성(ratio)이 법규칙을 정식화定式化하거나 아니면 반대로 배제할 것을[78] 요구 또는 권고한 많은 텍스트들은 고전기 이후의 저작들로 드러났다.[79] 또한 법현상들의 "본성"(소권의 본성, 계약의 본성, 채무의 본성 등 [natura actionis, contractus, obligationis ...])과 관련한 고전기 이후의 고찰들도 여기에 속한

---

78 Ratio expostulat, ratio suadet, ratio non patitur. (이성이 요구하고, 이성이 권고하며, 이성이 용인하지 않는다.)

【역주】 이러한 표현이 사료상 사용된 예는 아래와 같다.

D.5.3.36.5 Paul. 20 ad ed.

Fructus intelleguntur deductis impensis, quae quaerendorum cogendorum conservandorumque eorum gratia fiunt. quod non solum in bonae fidei possessoribus naturalis ratio expostulat, verum etiam in praedonibus, sicut Sabino quoque placuit.

D.26.7.38.pr. Pap. 12 quaest.

Si plures tutelam non administraverint et omnes solvendo sint, utrum, quia nullae partes administrationis inveniuntur, electioni locus erit an ut eiusdem pecuniae debitores excipere debebunt periculi societatem? quod magis ratio suadet.

D.46.1.70.5 Gai. 1 de verb. oblig.

Id quod volgo dictum est maleficiorum fideiussorem accipi non posse non sic intellegi debet, ut in poenam furti is, cui furtum factum est, fideiussorem accipere non possit (nam poenas ob maleficia solvi magna ratio suadet), sed ita potius, ut qui cum alio cum quo furtum admisit, in partem, quam ex furto sibi restitui desiderat, fideiussorem obligare non possit, et qui alieno hortatu ad furtum faciendum provectus est, ne in furti poena ab eo qui hortatus est fideiussorem accipere possit. in quibus casibus illa ratio impedit fideiussorem obligari, quia scilicet in nullam rationem adhibetur fideiussor, cum flagitiosae rei societas coita nullam vim habet.

Inst.1.10.pr.

Iustas autem nuptias inter se cives Romani contrahunt, qui secundum praecepta legum coeunt, masculi quidem puberes, feminae autem viripotentes, sive patres familias sint sive filii familias, dum tamen filii familias et consensum habeant parentum, quorum in potestate sunt. nam hoc fieri debere et civilis et naturalis ratio suadet in tantum, ut iussum parentis praecedere debeat. unde quaesitum est, an furiosi filia nubere aut furiosi filius uxorem ducere possit? cumque super filio variabatur, nostra processit decisio, qua permissum est ad exemplum filiae furiosi filium quoque posse et sine patris interventu matrimonium sibi copulare secundum datum ex constitutione modum.

D.42.6.3.1 Pap. 27 quaest.

Quid ergo, si bonis fideiussoris separatis solidum ex hereditate stipulator consequi non possit? utrum portio cum ceteris heredis creditoribus ei quaerenda erit an contentus esse debebit bonis, quae separari maluit? sed cum stipulator iste non adita fideiussoris a reo hereditate bonis fideiussoris venditis in residuum pro misceri debitoris creditoribus potuerit, ratio non patitur eum in proposito summoveri.

79 *Voc. Jur. Rom.* 5.16에서의 전거 및 이것들에 관해서는 Beseler, *Beiträge* V (1931)을 참조.

다.[80] 그러므로 중세 이탈리아에서 로마 사법私法을 부활시켜 이를 프랑스, 스페인, 영국, 그리고 종국에는 독일에까지 전하였거나 혹은 전하려고 시도했던 사람들이, 로마법 안에서 일종의 자연법, 즉 '쓰여진 이성'(ratio scripta)을 보았고, – 바로 그러한 이유로 – 그것의 실제적 적용에 우호적이었던 것은 결코 놀라운 일이 아니다. 무엇이 단순히 당대에만 가치가 있는 것이고 무엇이 시대를 초월한 가치가 있는 것인지를 판단하기 위해서는, 고전기 법학이 분리를 위해 기교적으로 세워놓은 경계들을 제거하고, 법문헌 외의 원사료의 도움을 받아 로마의 생활여건들을 참조하여 로마법 전반을 세밀히 고찰하는 작업이 필요하다.[81]

VII. 19세기 독일법학에서의 분리 원리

1. 보통법학의 자연법적 경도

로마 법학의 분리 원리는 근대 법학에 어느 정도 영향을 주었는데, 주로 19세기 독일에서 그러하였다. 여기서도 사법은 공법으로부터 준별되었다.[82] 사법私法, 특히 로마 사법의 교설敎說에 있어 로마 법률가들이 보여주었던 자연법을 지향하는 경향이 다시 등장하였다. 이것은 역사법학파였음에도 불구하고, 아니 오히려 지도적 학자들에게 두드러

---

80 소권의 본성(natura actionis)에 관하여는 Longo, *Studi Scialoja* I, 607면 이하 및 *Bull*. 17, 34면 이하. Collinet, *Études hist. sur le droit de Justinien* I, 192 이하. 추가 문헌으로는 Guarneri Citati, *Indice*, 4면(actionis natura)을 보라. 계약의 본성(natura contractus)에 관하여는 Rotondi, *Scritti* II, 159 이하; Collinet, 전게서. 추가 문헌으로는 Guarneri Citati, 22면(contractus natura)을 보라. 채무의 본성(obligationis natura)에 관해서는 Albertario, *Bull*. 25, 25. 또한 Pringsheim, *Atti del Congresso 1933*, Roma I, 474 이하 및 *Studia et Documenta* I (1935); Guarneri Citati, 28면(natura, naturalis) 및 Albertario, "Sul concetto di ius naturale", *Rend. Lomb*. 57 (1924), 168면 이하; *Introduzione* 124; Koschembahr-Lyskowski, *Studi Bonfante* III, 467(자연의 이치[naturalis ratio]에 관해서).

81 몸젠이 페르니체에게(*Reden und Aufsätze*, 204): "당신에게는 다음과 같은 생생한 인식이 있는데, 그것은 로마법은 사실상 로마인들의 법이었다는 것과 그것은 로마인들의 특유한 문명화의 일부로서의 로마국제, 즉 공화정과 제정 양자 모두와의 관련하에서만 완전히 이해될 수 있다는 것입니다."

82 Hedemann, *Fortschritte des Zivilrechts im 19. Jahr*. II/1 (1930), 312, 226면 이하.

졌다. 예링의 탁월한 표현[83]에 의하면, “법학적 변증법이란, 실정법에 논리의 후광을 부여하는 것으로, 이는 법학적 사고의 자율성을 가능한 한 관철하고 실정법도 논리적 법학의 진리의 이상적인 수준으로 고양시키고자 하는 것이다.” 타당하게도 예링은 당시의 독일법학이 “로마법을 덮고 있는 논리의 광채에 현혹되어” 있음도 인정하였다. 푸흐타 Puchta 및 그 후계자들과 같은 로마법 연구자들이 일정한 로마법적 개념들을 유일하게 가능한 것으로 서술하면서 이와 다른 것들(가령 직접 대리, 채권양도, 무권리자로부터의 소유권 취득, 차임지급 등과 같은 토지와 병존하는 작위의무 등[84])을 불합리한 것으로, 법리의 체계(ratio iuris)와는 상충되는 것으로서 구성 불가능한 것으로 거부하였던 방식은,[85] 실로 로마 법학의 정통주의를 연상시킨다.

2. 전형적 법률행위 내용의 무시 및 근대 법률사실연구, 법에 대한 정치·경제적 취급의 소홀, 공법의 분리, 라반트와 기이르케

비법적 요소들은 로마 법학에서와 마찬가지로 독일 법학에서도 고찰 대상에서 배제되었다. 단순히 관습적인 것은 논의에서 배제되었는데, 특히 그에 관한 주된 연구가 이루어지던 사법私法에서 그러하였다. 거래문서들(토지매매계약, 주택임대차계약, 해상운송계약 등)의 전형적 내용이나 실제 사건에 대한 법제도들 및 법원리들의 전형적인 적용에 관한 것들은 거의 또는 전혀 관심을 끌지 못하였다. 독일에서는 20세기 들어서 법적 사실들에 대한 연구가 법학의 한 분과로 도입되기 전까지는 이런 방법에 대한 아무런 변화도 일어나지 않았다.[86] 법이 규율하기로 의도된 생활관계들, 필요성, 특히 법

---

83 III/1, 309면.

84 【역주】 독일어판에는 소유자저당권(Eigentümerhypothek)이 더 있다.

85 이 학파와 관련하여 Jhering, III/1, 310면 및 Landsberg, *Gesch. d. deutsch. RechtsW.* III/2, 453면; W. Schoenfeld, “Puchta und Hegel”, *Rechtsidee und Staatsgedanke, Festgabe für J. Binder* (1930) 참조. 또한 G. Husserl, *Rechtsgegenstand* (1933), 4면 주 12도 참조.

86 Eug. Ehrlich, *Freie Rechtsfindung u. freie Rechtswiss.* (1903), 33면 이하; Martin Wolff, *Jur. Wochenschr.* (1906), 697면 이하; Segall, *Arch. f. BürgR.* 32, 410 이하; Eltzbacher, *Grossberliner Mietverträge* (1913); A. Nussbaum, *Die Rechtstatsachenforschung* (1914); *Beiträge zur Kenntnis des Rechtslebens*, herausg. v. Nussbaum (1926년 이후).

이 충족시키려는 경제적 필요성, “법에 있어서의 목적(Zweck im Recht)”, 이 모든 것들도 19세기 사법학자私法學者들에 의하여 너무나 오랫동안 외면되었다. 예링은 이러한 경향을 강력히 비판하였고, 점진적 변화가 일어났다.[87] 하지만 공법 영역에서는 로마의 분리 방식이 라반트(Paul Laband, 1838-1918)의 『국법(*Staatsrecht*)』에서 또 다른 대성공을 구가하였다. 법을 정치, 경제 그리고 사회적 생활관계로부터, 정치 · 경제적, 윤리적 그리고 종교적 관점과 지향으로부터 준별하는 그의 저작은, 비록 저자 자신은 학문적으로 말하자면 게르마니스트였지만, 진정한 로마법의 계보에 있다. 기이르케(Otto Friedrich von Gierke, 1841-1921)는, 라반트의 이 책에 대한 (아직도 일독할 가치가 있는) 소개에서[88] 진정으로 게르마니스트적인 총체적 관점의 필요성을 훌륭하게 개진하였다.[89] 서로 통하는 두 대표자들에게 있어서 로마법의 원리들과 게르만법의 원리들이 이처럼 대립하는 일은 거의 없었다.

---

87 Müller-Erzbach, *Deutsches Handelsrecht* (1921), iii면: “법은 그 규율대상인 생활관계에 대한 지식으로부터만 이해될 수 있다는 진리가 상식으로 되기 시작했다(!)”

88 *Schmollers Jahrb. f. Gesetzgebung, Verwaltung u. Volkswirtschaft* 7 (1883)을 보라. 특히 1113면 이하 및 1190면 이하. 이에 관해서는 Triepel, *Staatsrecht u. Politik*, 특히 7면 이하(Berliner Rektoratsrede, 1926)를 참조.

89 이와 함께 다이시(Dicey)의 영국헌법에 관한 기술(*Introduction to the Study of the Law of the Constitution*, 제8판, 1923)을 참조. 그곳에서는 명시적으로 비법적인 헌법 관행도 포함한다(22면 이하 및 413면 이하). 이에 관해서는 H. Savelkouls, *Das englische Kabinettssystem* (1934), 특히 383면 이하.

04 추상화

시민법상 모든 정칙定則[1]은 위험하다.
- 야볼레누스, D.50.17.202.

일반 개념들과 커다란 불분명함은 항상 엄청난 재앙을 야기하는 도상道上에 있다.
- 괴테, 『잠언과 성찰』

I. 사안판결과 추상적 법규칙

처음에는 '사례'가 있었다. 그러나 개별 사례에서의 모든 판단은 그러한 사례가 재발한다면 같은 방식으로 판단될 것이라는 확신과 의도를 가지고 내려진다.[2] 새로운 사례와 앞선 사례가 세부적인 모든 면에서 일치하기란 불가능하므로, 모든 판단은 개개의 사례가 판단된다는 사실뿐만 아니라, 사례의 어떤 특별한 상황을 무시하는 추상화 과정에 의하여 그 사례 자체로부터 추상적인 원칙이 도출된다는 사실도 함축한다. 이러한 추상화의 결과가 언어로 정식화될 수 있기 전에 종종 하나 이상의 단계가 요구된다.[3]

II. 로마적 태도: 추상화에 대한 주저

추상화 과정에서의 첫 번째 단계는 세계의 다른 여러 민족들도 일찍이 쉽게 진입하였다. 즉, 모세법, 함무라비법, 그리스법, 게르만 만족법전蠻族法典(leges barbarorum), 13세

---

1 여기서의 정칙(定則, definitio)은 법리칙(法理則, regula)과 동의어이다. Krüger, 141 주 11; Heumann/Seckel, v. Definitio.

2 Cardozo, *Nature of the Judicial Process* (1921, 제8판 1932), 21면 및 33면.

3 이러한 사실은 민수기 27장에서 전형적으로 명료하게 서술된다(요건: 1절에서 5절; 판결: 6절에서 7절; 그로부터 발전된 추상적 법규범: 8절에서 11절).

기 게르만 법서들, 12표법 등을 일견해 보면 이 사실이 밝혀진다. 그러므로 만일 추상적인 형태로 자신들의 법을 정식화하려는 로마법률가들의 능력과 의지에 관한 의문이 생긴다면, 그것은 단지 추상의 정도에 관련될 수 있을 뿐이며, [기원전 5세기 중반의] 12표법 시대만 해도 단순히 개별사례들을 결정하거나 선례를 수집하는 단계는 이미 한참 지난 상태였다.

추상화가 문제가 되었을 때 로마인들이 얼마나 극단적으로 주저했는지는 로마법 사료들을 얼핏 보아도 충분히 알 수 있다.[4] 추상화에 대한 로마인들의 태도가 언제나 동일하지 않았다는 것은 사실이다. 즉, 공화정 마지막 세기에는 고전기보다도 더욱 추상에 기울어져 있었고 고전기 이후 비잔틴시기에 재차 고전기보다는 추상에 기울어졌다. 그러나 18세기 법학(자연법학)이나 19세기 독일 법학과 비교해 본다면 로마법학은 대체적으로 그러한 과정에 대한 거부감이 나타난다. 이러한 태도는 결코 원시적 무능력을 나타내는 것을 의미하지는 않고 – 고전기 법학은 헬레니즘 학문의 위대한 역동기에 발전하였다[5] – 과도한 추상화에 내재하는 위험을 명확히 인식하고 있었던 데에 기인한다.[6] 법에서 모든 일반 개념들과 규칙들은 재앙을 불러일으킬 수 있는데, 왜냐하면 법규칙을 형성할 때 현실에서 발생할 수 있는 모든 가능한 복잡성을 예견하는 것은 불가능하기 때문이다.

III. 소권법적 취급

이러한 로마법상의 기본 원칙들은 몇 가지 방식으로 나타난다.

---

4 Bryce, *Studies in History and Jurisprudence* II (1901), 172 이하("The Methods of Legal Science"). 지나치게 옹호하는 견해로 Chiazzese, *Introduzione*, 191면 이하, No. 83.

5 Walter Otto, *Kulturgeschichte d. Altertums* (1925), 104면.

6 본장 서두에서의 인용문(야볼레누스)을 보라. 다음이 이어진다: "왜냐하면 전도(顚倒)될 수 없기가 거의 불가능하기 때문이다(parum est enim, ut non subverti posset)." 아마도 parum은 rarum일 것이다. 어쨌든 그 의미는 명확하고 고전기 법의 태도와 일치한다.

1. 고전기의 태도

고전기 법률가들은 여전히 사법私法을 실현하는 데 필요한 법적 구제수단의 관점에서 사법을 이해하고 다루었다(소권, 항변, 특시명령[interdictum], 원상회복[in integrum restitutio]).[7] 종종 반복되곤 하는 "고전기 법학자들은 사법私法을 소송의 관점에서 다룬다"는 말은 정확하지 않다. 즉, 원칙적으로, 전술하였듯이,[8] 그들은 증거를 조사하는 법관의 관점에서 법을 다루지 않는다. 고전기 법학은 결코 소송법 자체가 아니라 소권을 고찰한다. 법의 광범한 영역 중에서도 법학은 고시상告示上 제시된 권리구제수단, 특히 소권에 한정된다. 정무관이 보장한 구제수단을 부여할 때의 요건들과 그로부터의 효과가 논의된다. 정무관의 고시상 제시되지 않은 권리구제를 허여해야 하는지 여부 및 그 요건에 관하여, 특히 준소권(actiones utiles)을 부여해야 하는지에 관하여는 제안이 이루어진다. 예컨대, 금전채무자의 이자지급의무 유무가 [실체법적인 채권총론에서의] 이행지체에서 논의되지 않고, 매도소권(actio venditi)을 다루면서 (그 경우 "무엇이 소송으로 되었는가[quid venit in iudicium])"라는 물음, 즉 "심판인이 무엇을 판결할 수 있고 판결해야 하는가"를 다루면서) 이행지체의 경우 매수인의 이자지급의무도 함께 다루고 있는 것이다. 이러한 태도는, 다음과 같은 메이틀랜드(Frederic William Maitland, 1850-1906)의 말로 특징지어지는 중세 영국법학의 태도와 비견될 수 있을 것이다.[9]

> "법적 구제수단, 소송절차, 이것들이 학생들에게 가장 중요한 주제이다. 이것을 완벽하게 안다면 실체법 지식은 저절로 알게 된다. 권리의 본질이 아닌, 소송영장訴訟令狀(writs)[10]의 본질이 학습 주제로 되어야 한다. … 우리의 선조들도 그렇게 생각하였다."

---

7 이에 대하여 다음 문헌을 참조: Biondi, "Diritto e processo nella legislazione di Giustiniano", *Conferenze per il XIV. centenario delle Pandette* (Milano, 1913), 129면 이하.

8 전술한 36면.

9 *Select Essays in Anglo-American Legal History* II (1908), 549면.

10 Pollock and Maitland, *History of English Law* II, 558 이하를 보라.

2. 고전기 이후에도 동일

이러한 소권법적 지향은 고전기 이후에도, 그리고 유스티니아누스의 입법에서도 물론 포기되지 않았는데,[11] 비록 절차법의 완전한 변화로 인하여 그것을 유지하는 것이 심각한 혼란을 야기하였음에도 그러하였다. 고전기 이후 비잔틴 시대에 대하여 메이틀랜드의 말을 빌릴 수 있을 것이다(실제로는 근대 영국법을 언급하고 있다):[12] "소송의 형식을 우리가 매장하였으나 그것들은 아직도 무덤에서 우리를 지배하고 있다." 소권법으로부터 실체법을 추출해내는 일은 비잔틴 시대의 법률가들보다 훨씬 더 유능한 사람들이라 하여도 몇 년 내에 달성할 수 있는 일이 아니었을 것이다. 19세기 독일 보통법조차도 그러한 일을 완성하는 데 성공하지 못하였다.

그러나 여기에서 과장에 유의해야 한다.[13] 어떤 법분야는 고전기 법률가들에 의하여 소권의 관점에서 다루어지지 않는다(예컨대 소유권의 득실 이론, 문답계약법, 솔가권率家權의 취득과 상실, 노예해방, 유언작성 등).

Ⅳ. 추상적 정의定義에 대한 거부감

추상적 정식화를 로마인들이 꺼렸다는 사실은 법적 개념 정의定義에 대한 기피에서도 나타난다.[14]

1. 전문용어의 결여

개념 자체는 의식적 또는 무의식적으로 로마인들의 법적 논의에 깔려 있었지만, 로마인들이 특정한 기술적 용어를 가지지 않았던 중요한 개념들은 매우 많았다.

---

11 Wenger, *Institutionen d. röm. Zivilprozessrechts*, 278면 주 8에 인용된 문헌을 보라. 또한 가령 Kunkel, *SZ* 49, 160 주 2; Biondi, 전게서, 165면 이하도 보라.

12 *Equity, also the Forms of Action at Common Law* (1909), 296면.

13 사견(私見)으로는 Biondi, "Diritto e processo", *Conferenze etc.*, 150면에 의하여 과장되었다: "Il diritto classico è tutto un sistema di actiones (고전기법은 전부 소권법체계이다)."

14 Savigny, *Beruf*, 29 (Repr. 18); Arnold, 91; Pringsheim, "Beryt u. Bologna", *Festschr. f. Lenel* (1921), 251면 이하; Wenger, *Von der Staatskunst der Römer* (1925), 12면; Biondi, *Prospettive*, 29.

그리하여 권리능력을 가진 존재라는 의미에서 '권리능력'과 '법인격'이라는 용어가 없었다. 즉 persona는 인격, 인간 등을 의미하였으며, 그래서 '노예의 인격'(persona servi)이라는 말도 있었다.[15] 이 용어는 그 밖에 더 이상의 법적으로 기술적인 의미를 지니지 못하였다.[16] 법률행위(negotium은 그 의미가 훨씬 넓었다[17]), 의사표시(declaratio voluntatis나 voluntatem declarare는 고전기 이후의 표현이다[18]), 계약(contractus와 무방식의 약정[pactum]은 그 의미가 더 좁았다[19]), '행위능력'(고전기 법학자들은 각종 교설을 논할 때마다 일정한 법적 행위를 할 수 있는 능력에 관한 논의를 반드시 포함해야만 했다[20]) 등에 해당하는 용어가 없었다. 수많은 판결들의 기초가 되었던, '물권物權'과 같이 매우 중요한 개념도 그 명칭을 한 번도 가지지 않았다.[21] 역권役權(servitus)이라는 용어는 고전기 이후의 비잔틴 법에서야 비로소 그 용어가 인정되었다. 고전기 법에서의 역권은 지역권地役權만을 의미했으며 지역권과 인역권人役權 모두를 총칭하는 집합 개념은 없다.[22] 고전기 법학자들은 또한 '채무'에 해당하는 용어가 없다. 즉, obligatio는 그 의미가 더 좁다.[23]

---

15 가령 Gai.1.48 이하.

16 persona에 관해서는 Schnorr v. Carolsfeld, *Geschichte der jur. Person* I (1933), 52 이하.

17 Kunkel, § 48; Siber, *Röm. PrR.* § 123.

18 이에 관해서는 Steinwenter, *Studi Bonfante* II, 425 주 20.

19 Siber, 전게서, § 72와 그곳에 인용되고 있는 문헌; Kunkel, § 49.

20 단지 Gai.2.80 이하(양도), 3.106 이하(문답계약)를 보라; Ulp. D.13.6.1.2 (사용대차), D.16.3.1.15 (임치), D.19.1.13.29 (매매) 등.

【역주】 D.13.6.1.2 Ulp. 28 ad ed. [사용대차]

Impuberes commodati actione non tenentur, quoniam nec constitit commodatum in pupilli persona sine tutoris auctoritate, usque adeo ut, etiamsi pubes factus dolum aut culpam admiserit, hac actione non tenetur, quia ab initio non constitit.

D.16.3.1.15 Ulp. 30 ad ed. [임치]

An in pupillum, apud quem sine tutoris auctoritate depositum est, depositi actio detur, quaeritur. sed probari oportet, si apud doli mali iam capacem deposueris, agi posse, si dolum commisit: nam et in quantum locupletior factus est, datur actio in eum et si dolus non intervenit.

D.19.1.13.29 Ulp. 32 ad ed. [매매]

Si quis a pupillo sine tutoris auctoritate emerit, ex uno latere constat contractus: nam qui emit, obligatus est pupillo, pupillum sibi non obligat.

21 로마인들에게 'ius in re'라는 용어는 "물권"을 의미하지 않는다. Windscheid, I, § 38 주 4; § 165 주 1.

22 Kunkel, § 83; Siber, § 59.

23 Siber, § 69; Kunkel, § 100.

2. 정의定義의 결여

많은 개념들의 경우 그 용어는 있지만 그것에 대한 정의는 없다. 교육적이고 현학적인 방식을 선호한 비잔틴 법률가들은 정의定義에 애착을 가지고 있었기 때문에 정의를 결하고 있는 것이 편찬자들의 소위所爲라고 할 수는 없을 것이다. 이것은 그들의 『학설휘찬』 제50권 제16장의 표제 "용어의 의미에 관하여(De verborum significatione)"만 보아도 알 수 있다.

가이우스는, 그의 『법학원론』에서 볼 수 있듯이, 정의定義를 거의 사용하지 않는다(예컨대 Gai.3.89, 90, 139, 142, 148, 155 참조). 예를 들면 중요하고도 난해한 개념인 "소권(actio)"에 관한 정의가 없다. 소권에 관하여 기술한 제4권은 곧바로 소권의 종류(genera actionum)부터 시작된다. 그러한 점은 유증에 관한 서술이 유증의 정의 없이 유증의 종류부터 시작하는 것과 같고(Gai.2.192), 유언법이 유언의 정의 없이 유언의 종류부터 시작하는 것과 같다(Gai.2.101). 다른 저술가들도 소권을 정의한 것으로 보이지 않는다. 켈수스의 유명한 정의定義인 "소권이란 자신에게 귀속하여야 할 것을 소송으로 추급하는 권리에 다름 아니다(nihil aliud est actio quam ius quod sibi debeatur iudicio persequendi)"는 확실히 고전기의 산물은 아니다(이 정의는 예컨대 소유물반환청구소송[vindicatio]이나 선결소송[praeiudicium]에는 해당되지 않는다. Gai.4.44).[24] 그런데 비잔틴 법률가들은 명백히 이것보다 더 좋은 정의를 발견하지 못하였고,[25] 『학설휘찬』의 장명 "채권채무관계 및 소권에 관하여(De obligationibus et actionibus, D.44.7)"(D.44.7.51)와 『법학제요』의 장명 "소권에 관하여(De actionibus)"(Inst. 4.6.pr.)하에서 이 정의를 사용하지 않을 수 없었다. 그리고 소유권(dominium)에 관한 정의도 없다. 자주 인용되는 정의인 "소유권은 물건을 지배하는 권리로, 그에 기하여 소유자는 그 물건을 임의로 처분할 권능이 있다"는 로마법 사료에서는 찾지 못할 것이다.[26] – 또한 사료에는 악의(dolus)(악의소권[actio de dolo]은

---

24 이에 관하여는 Wenger, *Röm. Institutionen d. röm. Zivilprozessrechts*, 13면; Binder, *Prozess und Recht* (1927), 56면. 위 언명(言明)의 진정성에 반대하는 견해로는 Ebrard, *SZ* 38, 329 주 4에 인용된 문헌 및 Biondi, "Diritto e processo", *Conferenze etc.*, 176면 이하를 보라. 고전기 이후의 소문헌인 『소권론(*De actionibus*)』(*SZ* 14, 89)은 소권에 관한 어떠한 정의도 포함하고 있지 않다.

25 Biondi, 176면에서는, 고전기 법학자들은 소권(actio)에 관한 일반적인 정의를 내릴 수 없었다고 하는데, 이것은 지나친 주장이다.

26 Gierke, *DPR* II, 348 주 2에서 언급된 것과 같이 그것은 "로마적 관념으로부터 도출"된 것도 아니다.

제외), 과실(culpa), 계약(contractus), 역권(servitus), 혼인지참재산(dos), 상속인(heres), 솔가권率家權(potestas), 수권手權(manus), 고권高權(imperium) 등에 관한 정의가 없다. 아마 고전기 법학자들이 그러한 정의를 내리려고 하지 않았기 때문일 것이다.

3. 고전기의 불완전한 정의定義

그럼에도 불구하고 사료에서 일정한 개념에 대한 정의가 나온다. 이러한 정의들은 명백히 부분적으로 고전기 이후의 개작에 의하여 종종 매우 불완전하게 내려진 것이다. 그러나 의심의 여지 없는 고전기의 정의定義가 발견된다 하더라도, 정의에 관한 한 그것이 로마 법률가들의 강점은 아니었다는 사실을 알게 된다.

키케로는 어떻게 (악의소권에서의) '악의'가 동 소권의 창안자인 갈루스Aquilius Gallus에 의하여 정의되는지 말해 준다: "그에게 악의가 무엇인지 질의되었을 때, 어떤 일이 가장假裝되면서 다른 일이 행하여지는 것이라고 해답하였다(cum ex eo quaereretur, quid esset dolus malus, respondebat, cum esset aliud simulatum, aliud actum)." 즉, 그는 악의(dolus)를 악의적 가장假裝, 악의적 기망으로 정의하였다.[27] 아퀼리우스는 그의 새로운 소권으로써 실제로는 단지 악의적 기망만을 포함하려고 했을 수도 있다. 그 경우에는 그의 정의는 키케로의 칭찬을 받을 만하다.[28] 그러나 이후의 법학에서 그 정의는 너무 협애한 것으로 밝혀졌다. 즉, 악의는 타인에게 손해를 가하는 모든 종류의 악의적 행위를 포함하였다. 이러한 발전과정을 기술하고 있는 『학설휘찬』 텍스트는 고전기 이후의 주석에 의하여 손상되었다.[29] 그러나 이러한 주석을 제외한다고 해도 라베오의 새로운 정의는 극도의 장황함과 그 자체가 정의를 요하는 언어들의 사용으로 인하여 불만족스러운 채로 남아있다.

D.4.3.1.2[30]: "세르비우스는 악의를 다음과 같이 정의하였다. 어떤 것이 가장假裝되면서 다른

이에 관하여는 후술하는 167면.

27 Pernice, *Labeo* II/1, 209면; Partsch, *SZ* 43, 249면 이하.

28 *De off.* 3.14.60: "hoc quidem sane luculente, ut ab homine perito definiendi (이것은 실로 전문가에 의하여 정의된 것처럼 충분히 훌륭하다)."

29 Beseler, III, 97; 베젤러는 "posse ... circumveniatur"도 역시 부진정한 것으로 본다. 아마도 그가 옳을 것이다.

30 [본문 중] D.4.3.1.2 Ulp. 11 ad ed.

것이 행하여질 때 [타인을 기망하기 위한 간계이다]. 그러나 라베오 <가로되,> 가장행위가 없어도 어떤 이가 속임을 당하는 것이 가능하다. 그리고 [그러한 가장행위를 통하여 자기 또는 타인의 재산을 돌보고 보호하는 자들이 그렇게 행하듯이,] 악의 없이도 무엇인가가 행하여지면서 다른 무엇인가가 가장될 수도 있다고 한다. 그리하여 그 자신은 다음과 같이 정의한다: 악의란 타인을 속이고, 오류에 빠뜨리고, 기망하는 데 사용되는 모든 교활함, 속임수 및 간계이다. …"

–방식서의 구성부분에 대한 정의(Gai.4.39 이하)도 언제나 성공적이지는 못하였다. "Intentio [= 청구취지표시] est ea pars formulae, qua actor desiderium suum concludet." 이 문장은 "원고가 자신의 청구 내용을 **포함시키는** 방식서의 부분"을 의미할 수 없다.[31] 그러나 만일 "원고가 자신의 청구 내용을 **한정시키는** 방식서의 부분"이라고 번역된다 하더라도(융커Juncker에 따를 때),[32] concludere의 애매한 의미 때문만이 아니라 청구원인사실표시(demonstratio)와의 대조가 분명하게 밝혀져 있지 않은 사실 때문에 그 번역도 반박되어야 한다. – "Demonstratio est ea pars formulae, quae principio ideo inseritur, ut demonstretur res, de qua agitur. (청구원인사실표시란 소제기되고 있는 물건이 명시되기 위하여 방식서의 앞부분에 삽입되는 방식서의 부분이다.)" 그러나 소유물반환청구소송(rei vindicatio)의 청구취지표시(intentio)인 "Si paret fundum Cornelianum, de quo agitur, A^{i} A^{i} esse ex iure Quiritium (소제기되고 있는 코르넬리우스 토지가 로마시민법에 기하여 원고의 것임이 판명되는 경우)" 중에서 "소제기되고 있는 물건(res de qua agitur)" 부분에서는 분명히 청구원인사실도 표시되고 있다. 혼인에 관한 "훌륭한" 정의(Modestinus D.23.2.1)[33]는 그리스의 모범을 본받아 발전된 것이었다.[34] 플로렌티누스

Dolum malum Servius quidem ita definit: [machinationem quandam alterius decipiendi causa,] cum aliud simulatur et aliud agitur. Labeo autem <ait> posse et sine simulatione id agi, ut quis circumveniatur; posse et sine dolo malo aliud agi, aliud simulari, [sicuti faciunt, qui per eiusmodi dissimulationem deserviant et tuentur vel sua vel aliena]. Itaque ipse sic definit: dolum malum esse omnem calliditatem fallaciam machinationem ad circumveniendum fallendum decipiendum alterum adhibitam. ...

31 Juncker, "Die Gaianische Definition der Intentio", *Studi Riccobono* II (1932), 327면 이하; Siber, *Atti del Congresso*, 1933, Roma I, 428.

32 Juncker, 337.

33 Mod. D.23.2.1: Nuptiae sunt coniunctio maris et feminae et consortium omnis vitae, divini et humani iuris communicatio. (혼인은 男과 女의 결합으로 全생애의 공동체이고, 신법(神法)과 인법상(人法上)의 통교(通交)이다.) [최병조 역]

34 Plato, *Leges*, 6.15.23; Aristotle, *Eth. Nikom.* 8.12.1162a, 16; Isocrates, *Nicocless* 40; Walter G. Becker, *Platons Gesetze und das griech. Familienrecht* (1932), 32면; Lanfranchi, *Stud. et Doc.* II (1936), 150

(D.30.116.pr.)[35]와 모데스티누스(D.31.36)[36]에 의한 유증에 관한 두 가지 정의는, 유증에 관한 고전기의 정의가 아니고 단지 물권적 유증(legatum per vindicationem)에 관한 정의일 뿐이다.[37] 고전기 법학자들은 유증에 대한 정의를 전혀 가지지 않은 것으로 보인다.[38] 물권적 유증에 관한 고전기의 정의들이 유증 전반에 적용되면서, 그 정의들은 부정확해졌다.

고전기 이후의 정의定義들

파울루스가 채무(obligatio)에 관하여 내린 유명한 정의(D.44.7.3.pr.)는 고전기 이후에 만들어진 것이다. "채무의 본질은, 어떤 유체물을 우리 것으로 또는 역권을 우리 것으로 만드는 데 있는 것이 아니라, 우리에게 어떤 것을 주거나 또는 하거나 또는 보장하도록 타인을 구속하는 데 있다(Obligationum substantia non in eo consistit, ut aliquod corpus nostrum aut servitutem nostram faciat, sed ut alium nobis obstringat ad dandum aliquid vel faciendum vel praestandum)."[39] 급부청구소권(condictio)에 관한 정의(Gai.4.5)[40] 또한 부진정한 것으로 보인

참조. 그 정의(定義)는 Bonfante, *Corso* I, 193; Solazzi, "Consortium omnis vitae", *Annali Macerata* 5 (1929)에서는 부진정한 것으로 본다. Albertario, *Studi* I (1933), 181면 이하에서는 (타당하게도) 진정한 것으로 본다.

35 **【역주】** D.30.116.pr. Flor. 11 inst.
Legatum est delibatio hereditatis, qua testator ex eo, quod universum heredis foret, alicui quid collatum velit.

36 **【역주】** D.31.36 Mod. 3 pand.
Legatum est donatio testamento relicta.

37 Wlassak, *SZ* 31, 207; Biondi, "Appunti intorno alla donatio mortis causa" (*Annali Perugia*, 1914), 별쇄본 22면.

38 전술한 50면에서 지적된 바와 같이 가이우스『법학원론』에서는 그것이 없다.

39 Perozzi, *Le obligazioni Romane* (1903), 8면 주 1; *Istituzioni* II (제2판, 1928), 15면; Marchi, "Le definizioni romane dell'obligazione", *Bull.* 29 (1916), 1 이하; 추가 문헌이 인용되어 있는 Albertario, "Le definizioni dell'obligazione Romana", *Raccolta di scritti in onore di F. Ramorino*, 391면 이하를 보라. Inst.3.13.pr.에서의 정의(定義)도 불만족스럽다(necessitate solvendae rei는 그 의미가 너무 좁다. 종결어는 위치가 잘못되었는데, 그것은 adstringimur 앞에 와야만 한다. 이에 관하여는 Marchi, 32면 이하를 참조. 지배적인 견해는, 유스티니아누스『법학제요』에서만 전해지는 이 정의(定義)를 진정한 것으로 본다: Perozzi, *Ist.* II, 11과 그곳에서 언급하고 있는 문헌들. Albertario는 타당하게도 그것을 부진정한 것으로 본다(전게서).
【역주】 Inst.3.13.pr.
Nunc transeamus ad obligationes. obligatio est iuris vinculum, quo necessitate adstringimur alicuius

다.[41] 소권(actio)의 정의에 관해서는 이미 언급하였다. 키케로는 진정한 공화정기의 정의들을 전해준다(*Topica*, 4.24: 경계지[ambitus]; 5.27: 유체물[res corporalis]과 무체물[res incorporalis]; 5.28: 양도[abalienatio]; 5.29: 상속재산[hereditas]과 씨족원[gens]). 이 정의들은 명백히 법률가들의 저작으로부터 취해졌던 것이며, 저자[= 키케로]가 서술한 것처럼(1.5) 기억에 의지하여 기록된 것이 아니다.[42] D.47.2.1.3의 절도(furtum)에 관한 정의는 분명히 고전기 이후에 편집된 것이었다. "절도란 물건 자체에 의하거나 또는 물건의 사용이나 점유에 의하여 이득을 얻기 위한 물건의 사해적 저촉抵觸이다. 즉 자연법상 금지된 것을 저지르는 것이다(Furtum est contrectatio rei fraudulosa lucri faciendi gratia vel ipsius rei vel etiam usus eius possessionisve; quod lege naturali prohibitum est admittere)."[43] D.7.1.1의 용익역권(ususfructus)에 관한 유명한 정의[44]에 대해서도 충분히 이의가 있을 수 있다.[45] D.46.2.1.pr.[46]의 경개(novatio),[47] D.39.6.1.pr.[48]의 사인증여(donatio mortis causa)도 마찬가지이다.[49]

---

solvendae rei secundum nostrae civitatis iura.
(이제 채무로 넘어가 보자. 채무란 법의 사슬인데, 그 구속으로 인해 우리가 우리나라의 법에 따라 타인에게 어떤 것을 변제할 의무를 부담한다.)

40 【역주】 Gai.4.5
Appellantur autem in rem quidem actiones vindicationes, in personam vero actiones, quibus dari fierive oportere intendimus, condictiones.
(그런데 실로 대물소권은 vindicatio [물건청구소권]라고 부르고, 주는 급부 내지 하는 급부할 의무 있음의 취지의 청구를 하는 대인소권은 condictio [급부청구소권]라고 부른다.)

41 Beseler, *Tijdschrift* 10, 169 이하; Siber, 전게서.

42 Immisch, "Wirklichkeit und Literaturform", *Rhein. Mus. f. Philologie*, N.F. 78 (1929), 113면 이하를 보라.

43 Huvelin, *Études sur le furtum* I (1915), 783; Donatuti, *Rend. Lomb.* 56 (1923), 356면의 주; Albertario, *Stud. et Doc.* II (1936), 160; *Thes. Linguae Lat.* 6/1, 1266면에 따르면 "fraudulosa"는 모든 라틴문헌 중에서 이곳에서 단 한 번만 나온다. 고전기 법학자들은 비일상적 단어를 사용하지 않으므로(후술할 91면 주 74), 이것은 수정을 암시한다. 이견: Kübler, *Conferenze*, 111면 및 Berger, *Studi Riccobono* I (1933) 597 주 46. 또한 Kunkel, § 157도 참조.

44 【역주】 D.7.1.1 Paul. 3 ad Vitell.
Usus fructus est ius alienis rebus utendi fruendi salva rerum substantia.
(용익역권이란 타인의 물건을 그 실체를 보존하면서 사용 · 수익하는 권리이다.)

45 Ebrard, *SZ* 38, 329의 문헌을 보라.

46 【역주】 D.46.2.1.pr. Ulp. 46 ad Sab.
Novatio est prioris debiti in aliam obligationem vel civilem vel naturalem transfusio atque translatio, hoc est cum ex praecedenti causa ita nova constituatur, ut prior perematur. novatio enim a novo nomen accepit et a nova obligatione.
(경개란 구채무의 다른 채무로의 이전 및 변경인데, 여기서 다른 채무는 시민법상 채무이든 자연채무이든 불

V. 법규칙의 추상적 정식화에 대한 거부감

일반 개념에 대해서뿐만 아니라 법규칙의 추상적 정식화에 대한 거부감도 있었다.

1. 제정법상 결의론적 방식

로마법에서의 이러한 거부감은 때로는 매우 과도한 세세함으로 귀결된다. 그리하여 예컨대 수로水路에 관한 퀸크티우스법(lex Quinctia de aqueductibus. 기원후 9년, Bruns, No. 22)은 수로에 대한 "손해"나 "배상"이라는 일반적 · 포괄적 표현보다는 상이한 종류의 손해와 배상에 관한 지루한 목록을 선호하고 있다.

> 누구든지 [수로를] 악의로 천공하거나 파괴하거나, 천공이나 파괴를 교사 · 방조하거나, 물이 로마시로 가고, 낙하하고, 흐르고, 관통하고, 인수引水될 수 없도록 악화시킨 자 … 및 그것들 중에 어떤 것을 한 자는, 그 모두를 수리하고, 복구하고, 원상회복하고, 건축하고, 세우고, 올리고, 철거하는 데 드는 비용을 배상하라.[50]

문한다. 이것은 선행하는 원인에 기하여 새로운 원인이 발생되어서 앞선 것이 소멸되는 때 이루어진다. 경개(novatio)라는 용어는 "novum", "신채무"로부터 취한 것이다.)

47 tranfusio atque translatio. 어째서 용어가 두 가지인가? 이 개소에 대한 상세는 Perozzi, *Ist*. II, 46의 주 및 Siber, *Naturalis obligatio* (1925), 33면을 보라.

48 【역주】 D.39.6.1.pr. Marcian. 9 inst.
Mortis causa donatio est, cum quis habere se vult quam eum cui donat magisque eum cui donat quam heredem suum.
(사인증여는 증여자가 수증자보다는 자신이 가지기를 원하고, 또 자신의 상속인보다는 수증자가 가지기를 더 원하는 경우이다.)

49 vult 앞에 magis가 없다(Inst.2.7.1.에서는 추가됨); habere는 목적어가 없다. 만약 rem을 보충한다면, 수증자에게 물건이 인도된 경우, 문장의 전반부는 분명히 틀렸다.
【역주】 Inst.2.7.1
Mortis causa donatio est, quae propter mortis fit suspicionem, cum quis ita donat, ut, si quid humanitus ei contigisset, haberet is qui accepit: sin autem supervixisset qui donavit, reciperet, vel si eum donationis paenituisset aut prior decesserit is cui donatum sit. ...

50 [본문 중] "Quicumque ... dolo malo foraverit ruperit foranda rumpendave curaverit peioremve fecerit, quo minus eae aquae earumve quae queat in urbem Romam ire cadere fluere pervenire duci ... et qui quid eorum ita fecerit, id omne sarcire reficere restituere aedificare ponere tollere demoliri damnas esto ..."

살인범에 관한 코르넬리우스법(기원전 81년. Bruns, No. 13)은 살인미수나 예비·음모를 처벌하려는 의도에서 제정되었으나 역시 과감하게 추상적인 정식을 취하기보다는 또 한 번 장문의 목록을 작성하였다.

법정관은 … 사람을 살해하거나 절도행각을 벌이기 위하여 무기를 가지고 배회한 자, 사람을 살육한 자, 그의 악의로 그것이 발생한 자 … 누구든지 사람을 살해하기 위하여 독약을 제조하고, 판매하고, 매입하고, 소지하고, 양도한 자의 사형死刑에 관하여 사문査問하도록 ….[51]

영국 제정법과의 비교

영국 제정법에 채용된 방식도 유사하다. 예컨대 1925년의 통합법(Consolidation Act, 15 & 16 Geo. V, c. 49) 37을 보라. 즉, "커먼로상 원고 또는 형평법상 원고가 형평법상의 부동산권(equitable estate) 또는 권리에 대한 권원있음을 청구하는 경우, 또는 날인증서, 증서, 계약서에 대하여, 또는 원인이나 주요사실에서 커먼로상 피고 또는 형평법상 피고에 의하여 주장된 여하한 권리, 권원, 청구에 대하여 형평법상의 이유에 기한 구제를 청구하는 경우, 또는 전에는 형평법원에 의하여만 부여될 수 있었던 법적 권리에 기초한 구제수단을 청구하는 경우, 법원이나 판사는 커먼로상 원고 또는 형평법상 원고에게, 유사한 목적을 위하여 적절하게 제기된 소송이나 절차에서, 전에는 대법관부 재판소(Court of Chancery)에 의하여 부여되어야 했던 것과 동일한 구제를 부여하여야 한다." 38은 다음과 같다: "피고가 형평법상 부동산권이나 권리에 대한 권원있음이나 구제를 청구하는 경우" 등. 입법자는 커먼로와 형평법에 동일하게 적용되는 추상적 규칙의 정식화를 꺼리는 것으로 보인다.

---

51 [본문 중] "Is praetor ... uti quaerat ... de capite eius, qui cum telo ambulaverit hominis necandi furtive faciendi causa, hominemve occiderit, cuiusve id dolo malo factum erit ... quicumque venenum malum hominis necandi causa fecerit vendiderit emerit habuerit dederit."

【역주】 D.48.8.1.pr.-1 Marcian. 14 inst.

Lege Cornelia de sicariis et veneficis tenetur, qui hominem occiderit: cuiusve dolo malo incendium factum erit: quive hominis occidendi furtive faciendi causa cum telo ambulaverit: quive, cum magistratus esset publicove iudicio praeesset, operam dedisset, quo quis falsum iudicium profiteretur, ut quis innocens conveniretur condemnaretur. **1.** Praeterea tenetur, qui hominis necandi causa venenum confecerit dederit: quive falsum testimonium dolo malo dixerit, quo quis publico iudicio rei capitalis damnaretur: quive magistratus iudexve quaestionis ob capitalem causam pecuniam acceperit ut publica lege reus fieret.

번역은 최병조, 로마법·민법논고(1999), 287면 이하 참조.

2. 법학 문헌상의 결의론적 방법, 공화정기의 학설과 사례모음집, 퀸투스 무키우스와 세르비우스에 의한 법학 교설의 추상적 정식화

법학 문헌의 태도는 특히 더 특징적이다. 그것은 학설과 사례의 수집으로부터 시작한다.[52] 키케로는 불평하기를, "논의는 끝없는 사례들로 세분되고 어떠한 추상적인 요약도 찾아볼 수 없다"고 한다.[53] 그는 이러한 종류의 글쓰기를 인정하지 않았다. "심지어 당사자들의 실명이 독자들에게 그대로 알려진다."[54] 그러나 공화정 마지막 세기에, 아마도 그리스의 영향일 테지만, 법이론의 추상적 정식화 경향은 주목할 만하다. 그것은 퀸투스 무키우스(Quintus Mucius Scaevola, pontifex, 주활동시기: 기원전 140-82)로부터 비롯되었는데, 비록 우리에게 전해지는 네 개의 학설휘찬 개소에 있는 그의 저서 『정의定義 편록(*liber ὅρων*)』은 매우 의심스러운 형태로 보이긴 하지만 말이다.[55] 키케로는 또한 세르비우스의 법리칙法理則(regulae)의 정식화에 대한 노력을 명시적으로 언급하는데,[56] 그의 기술에 상당한 과장이 있다 하여도[57] 또한 일말의 진실도 포함하고 있다.

---

52 전술한 37면 주 66도 보라.

53 *De leg*, 2.19.47: "Sed iuris consulti, sive erroris obiciundi causa ... sive ... ignoratione docendi ... saepe, quod positum est in una cognitione, id in infinitum [이것은 infinitam으로 읽어서는 안 됨] dispertiuntur. (그러나 법률가들은, 혼란에 빠뜨리려는 이유이든 … 또는 가르치는 자의 무지에 의해서든 … 종종 한 가지 개념에 놓여있는 것을 무한히 분류한다네)." *Brutus*, 41.152 참조.

54 *De or*. 2.33.142: "Video enim in Catonis et in Bruti libris nominatim fere referri, quid alicui de iure viro aut mulieri responderint (나는 카토와 브루투스의 책에서, 누군가에게 남편 또는 아내의 권리에 관하여 해답한 것들이 거의 실명으로 언급되고 있음을 본다)."

55 Lenel, *Paling*. I, 762; Bremer, I, 50 및 130; H. Krüger, *Studi Bonfante* II, 336.

56 *Brutus*, 42.152.

【역주】 hic Brutus: Ain tu? inquit. Etiamne Q. Scaevolae Servium nostrum anteponis? Sic enim, inquam, Brute, existimo, iuris civilis magnum usum et apud Scaevolam et apud multos fuisse, artem in hoc uno; quod numquam effecisset ipsius iuris scientia, nisi eam praeterea didicisset artem quae doceret rem universam tribuere in partis, latentem explicare definiendo, obscuram explanare interpretando, ambigua primum videre, deinde distinguere, postremo habere regulam qua vera et falsa iudicarentur et quae quibus propositis essent quaeque non essent consequentia.

57 퀸투스 무키우스를 의도적으로 뒤에 둔다. Krüger, 67 참조.

겔리우스, 『아티카 야화夜話』 6.15: “라베오는 『12표법 주해』 제2권에서, 옛법률가들에게 있어서 절도에 대한 판결이 가혹하며 엄격하였다고 기술하였고, 역축役畜을 [약정 내용대로] 사용하기로 수령한 것과 다른 용도로 몰았던 자는 절도의 배상책임도 있다고 브루투스가 말하곤 하였다고 한다. 정해진 장소보다 더 멀리 끌고 간 자도 마찬가지이다. 그리하여 퀸투스 스카이볼라는 『시민법 주해』 제16권에서 다음과 같은 말을 써넣었다. “보존을 위하여 공여된 것을 사용한 경우, 또는 사용을 위하여 수령한 것을 수령한 것과 다른 일을 위하여 사용한 경우, 절도의 책임이 있다.”[58]

이 보고는 최종적·추상적 규칙이 퀸투스 무키우스에 의하여 최초로 정식화되었다는 사실을 보여준다. 브루투스의 이야기는 여전히 합의된 목적을 초과하여 사용된, 빌린 역축(iumentum)에 관한 것이었다. 발레리우스 막시무스(티베리우스 치세)를 통하여 우리에게 우연히 전수된 원 사례도 그가 제시하였는지도 모른다(Valerius Maximus 8.2.4): “어떤 자가 (알바 언덕에 있는) 아리키아로 가기 위하여 말 한 필을 빌렸다. 그런데 그는 로마시를 관통하여 로마시의 가장 먼 언덕까지 나아갔고, 그리하여 절도의 죄책을 지게 되었다.”[59]

D.24.3.66.pr. 야볼레누스 『라베오 유고집 발췌주해』 제6권: “현금 이외에 혼인지참재산으로 가지고 있는 재산에 대하여 남편은 고의와 과실을 책임져야만 한다고 세르비우스는 말한다. 이것은 푸블리우스 무키우스의 견해이다. 즉 그는 그락쿠스의 처妻 리킨니아의 사건에서 언명한바, 그락쿠스가 피살된 소요[= 기원전 121년] 중에 혼인지참재산에 속하는 물건이 멸실된 경우, 가로되, 그락쿠스 탓으로 그 소요가 일어났으므로 리킨니아에게 배상되어야만 한다.”[60]

---

58 [본문 중] Gellius, 6.15: “Labeo in libro de duodecim tabulis secundo acria et severa iudicia de furtis habita esse apud veteres scripsit idque Brutum solitum dicere, et furti damnatum esse, qui iumentum aliorsum duxerat, quam quo utendum acceperat; item qui longius produxerat quam in quem locum petierat. Itaque Q. Scaevola in librorum, quos de iure civili composuit, XVI verba haec posuit: Quod cui servandum datum est, si id usus est, sive quod utendum accepit, ad aliam rem atque accepit usus est, furti se obligavit.”

59 **【역주】** Valerius Maximus, *Facta et Dicta Memorabilia*, 8.2.4: Multus sermo eo etiam iudicio manauit, in quo quidam furti damnatus est, qui equo, cuius usus illi Ariciam conmodatus fuerat, ulteriore eius municipii cliuo uectus esset. quid aliud hoc loci quam uerecundiam illius saeculi laudemus, in quo tam minuti a pudore excessus puniebantur?

60 [본문 중] D.24.3.66.pr. Iav. 6 ex post. Labeonis.
In his rebus, quas praeter numeratam pecuniam doti vir habet, dolum malum et culpam eum praestare

여기에서는 세르비우스가 추상적 규칙을 최초로 정식화하였다 (라베오에 따르면) 이러한 정식은 푸블리우스 무키우스(Publius Mucius Scaevola, 기원전 133년 집정관 역임)의 견해와 일치하지만 후자(무키우스)에 의하여 만들어진 것은 아니었다. 즉, 무키우스는 사례를 꼼꼼하게 세부적으로 기술하고 자신의 결정을 보고하는 데에 자신을 한정시켰는데, 이 모두는 키케로에 의하여 기술된 옛법률가들의 방식과 일치한다.[61]

공화정기의 법리칙法理則법학, 고전기에 지배적인 결의론적 방법

대부분의 '강단규칙', 즉 고전기 법학자들에 의하여 '옛법률가들의 법리칙(regulae veterum)'으로 전수된 이러한 법언法諺들이 이 시기에 만들어졌다. 그러나 이러한 앞서 언급한 바와 같은 '법리칙법학法理則法學(maxim-jurisprudence)'이라는 결과에 대하여 과도한 중요성이 부여되어서는 안 된다.[62] 대체로 매우 기초적인 규칙들만이 그 시기에 추상적 정식으로 만들어졌으며, 고전기에는 이러한 노력들이 매우 신중하게만 진행되었다.[63] 고전기의 입문용 저서들에서, 사비누스의 『시민법 주해 3권(*libri tres iuris civilis*)』도 그중 하나인데, 추상화의 방법이 추구되었다. 그러나 그것과는 별도로 전통적인 결의론적(casuistic) 방법도 사용되었다. 해답(responsa), 질의(quaestiones), 서한(epistolae)의 광범한 모음집은 – 다소간 축약되고 변형되었지만 – 저술가들이 법률고문 또는 법학교사로서 다룬 사례들을 포함한다. 그런데 각각을 연결하는 이론적인 텍스트는 없다. 고시나 사비누스의 『시민법 주해』에 대한, 우리가 대개 "주해"라고 부르곤 하는 위대한 저작들, 특히 율리아누스의 『학설집(*digesta*)』, 폼포니우스, 파울루스, 울피아누스의 『고시주해

---

oportere Servius ait. Ea sententia Publii Mucii est; nam is in Licinnia Gracchi uxore statuit, quod res dotales in ea seditione, qua Gracchus occisus erat, perissent, ait, quia Gracchi culpa ea seditio facta esset, Licinniae praestari oportere.

statuit이나 ait 중 하나는 삭제되어야만 한다.

61 전술한 57면 주 54.

62 Jörs, *Röm. Rechtswissenschaft* I (1888), 283면 이하; Pringsheim, "Beryt u. Bologna", *Festschr. f. Lenel* (1921), 246.

63 Pringsheim, 245 이하.

(*libri ad edictum*)』와 『사비누스 주해(*libri ad Sabinum*)』도 이상하게도 결의론적이다. 그것들 모두는 – 오늘날의 주석서와 같이 – 실제 또는 가상의 사례들을 이용하여 추상적 원리들을 설명하지 않는다. 오히려 그 저작은 법규칙이 발생하는 일련의 사례들로 이루어져 있고, 그러한 사례들로부터 정식定式의 형태로 추상화되지는 않는다. 저자들은 일련의 사례로부터 이론적 추론을 전혀 하지 않는다. 즉 그들은 "단지 병렬적이고 일목요연한 유추의 결합"에 자신을 한정시킨다.[64] 물론 예외도 있지만,[65] 그러나 추상적 정식화를 일관되게 회피하는 결의론적 방법이 고전기에 지배적으로 유지된다.

고전기의 입문용이 아닌 법문헌에 대단히 특징적인 이러한 방법에 대하여는 설명할 필요가 거의 없다. 예컨대 비교적 길고 제법 완전한 울피아누스 『고시주해』(레넬의 원문복원, 614번 = D.9.2.7.1-8; 9; 11.pr에서 5.)의 개소를 살펴보자.[66] 여기에서 울피아누스는 노예살해가 살해자와 노예의 신체적 접촉에 의한 것인 때에만 아퀼리우스법(lex Aquilia. 기원전 286년)으로 규율된다는 것을 보여주려 한다. 만일 사망이 다른 방식으로 야기되었을 때에는 그 법이 직접 적용되는 것이 아니라 법정관이 유추에 의하여 구제수단을 부여한다. 이러한 규칙들은 인용된 사례들로부터 나타나고 있으나 그것이 명시적으로 표현되어 있지는 않다. 켈수스가 제6항에서 주어진 일반규칙을 정식화하는 데까지 나아간 사실은 충분히 놀랍지만,[67] 그러나 "살해하다(occidere)"는 명백히 "사인死因의 제공(causam mortis praestare)"에 대한 일례이고 그것과 대립되는 것이 아니라는 사실을 볼 때 그다지 효과적이지는 않다. 1인 이상이 관여하는 경우와 관련된 뒤따르는 고찰에서는, 과실상계의 문제도 논의되는데, 역시 엄격히 결의론적 노선을 따르고 있다. 편찬자들은 아마도 이 개소에서 원전에 있었던 어느 하나의 사례를 생략하였을지는 모르지만, 그들이 과도할 정도로

---

64 Max Weber, Kap. 7, § 1, 395면; Betti, "Diritto rom. e dogmatica odierna", § 3, *Arch. giur.* 99 (1928); Biondi, *Prospettive*, 29 참조.

65 그러나 매우 자주 이러한 예외들과 이러한 추상적 정식들은 고전기 이후의 것이다.

66 위 개소는 후술할 68면 이하에서 다시 나온다.

67 **【역주】** D.9.2.7.6 Ulp. 18 ad ed.
Celsus autem multum interesse dicit, occiderit an mortis causam praestiterit, ut qui mortis causam praestitit, non Aquilia, sed in factum actione teneatur. unde adfert eum qui venenum pro medicamento dedit et ait causam mortis praestitisse, quemadmodum eum qui furenti gladium porrexit: nam nec hunc lege Aquilia teneri, sed in factum.

선호하였던 이론적으로 진술된 원리들을 생략하지 않았음은 명백하다. 이 원리들은 원사료에는 없었다.

고전기 이후의 추상적 정식, 고전기 이후의 "법리칙"법학

고전기 이후에는 추상적 원리들에 보다 관대하였고, 고전기 법률가들의 텍스트에 있는 다수의 추상적·이론적 규칙들은 이 시기에 기원하였다. 강단규칙들도 새로운 후원자를 만났는데 『학설휘찬』 마지막 장의 표제 "법리칙에 관하여(De regulis iuris)"는 고전기 이후의 비잔틴 "법리칙법학"의 기념비이다.[68] 그러나 고전기의 전통은 너무나도 강했으며, 그 이후 시기의 힘은 방대한 양의 고전기의 결의론적 문헌을 이론에 복속시키기에는 너무나도 약했다.

Ⅵ. 체계화 시도

1. 로마적 체계

로마법률가들이 추상화에 대하여 강력하게 반대하고 있다는 것을 고려하면, 법체계의 문제가 그들에게 거의 관심을 끌지 못했다는 사실은 별로 놀랍지 않다.[69]

무키우스 체계, 사비누스 체계

다시 한 번 말하지만, 퀸투스 무키우스가 체계화를 시도한 첫 번째 법률가였다. 즉 그의 저서 『시민법 주해』는 시민법에 관한 최초의 체계적 저술이었다.[70] 이 저작은 확실히, 전문가의 견해들과 사례들을 비체계적으로 모아 놓은 기존의 저작들로부터의 커다란 진전이었다. 그러나 그것은 근본적인 개념하에 모든 소재가 분류와 배열에 의하여

---

68 Pringsheim, 247 이하; Schulz, *SZ* 50, 227.

69 이에 관해서는 La Pira, *Bull*. 42 (1934), 336면 이하.

70 Krüger, 64. 우리는 12표법의 체계도, 『삼부법서(*Tripertita*)』의 체계도 모른다: Krüger, 59.

착착 맞아떨어진다는, 현대적 체계 개념을 부분적으로밖에 충족시키지 못한다.[71] 그럼에도 불구하고 그것은 무키우스의 동시대인들뿐만 아니라 대체로 고전기에도 만족스러운 것이었다. 사비누스가 그의 『시민법 주해 3권』에서 선택했던 편제가 고전기 법상 주된 시민법체계가 되었던 것은 사실이지만, 이것은 무키우스의 체계를 기본으로 삼고 일부에 있어서만 그것을 변형한 것에 불과하였다.[72] 사비누스 체계는 뒤이은 시민법에 대한 방대한 주해작업에서 유지되었다. 새로운 법형성이 고려되어야 하는 경우에 구체계는 삽입과 부가에 의하여 확장되었다.[73] 사비누스 학파로부터 사법私法의 기초적인 서술을 위한 체계가 도출되었는데, 그것의 원래 형태는 발견되지 않았지만,[74] 가이우스 『법학원론』에서 나타나고 있다. 시민법(ius civile)과 명예관법(ius honorarium)을 연결하려는 이 첫 시도는 그 자체로 주목할 만하지만, 체계는 아직 자의적[75]이고 불완전하다.[76] 다른 입문용 고전기 저작들은 이 체계로부터 상당히 벗어났으나, 체계화에 있어서는 주목할 만한 진전은 없었다.[77]

고시 체계

고전기에 이러한 것들과 대비될 수 있는 유일한 체계는 고시告示체계이다. 고시에서 주제들이 제시되는 순서 – 몸젠은 한때 이것을 "무질서"라고 불렀다[78] – 는 레넬의 재구성에 의하여 해명되었다.[79] 평이하고 단순한 고시의 원래의 구상이 후대의 추가[80]와

---

71 체계에 관해서는 Krüger, 65; Lenel, *Paling*. II, col. 60; Lepointe, *Q. Mucius Scaevola* (1926), 53면 이하 및 130면을 보라.

72 사비누스 체계에 관하여는 Krüger, 164; Lenel, *Paling*. II, col. 1257; 그리고 Frezza, "Osservazioni sopra il sistema di Sabino", *Riv. it. per le scienze giur*. N. S. 8 (1933)을 보라.

73 Krüger, 164 주 7.

74 Krüger, 209.

75 혼인법, 질권법, 점유법이 없다. 요물계약에서는 소비대차만이 언급된다. 채무의 소멸이 계약채무와 불법행위채무 사이에 위치한다. 등.

76 Krüger, 208 이하.

77 Krüger, 141에서 인용된 레넬의 원문복원(*Palingenesia*) 중에서의 입문용 저술들을 보라.

78 *Jur. Schr.* I, 164.

확대해석[81]에 의하여 불명료해졌다. 심지어 율리아누스판 고시[역주: 영구고시록]도 체계면에서는 명작은 못 된다. 그럼에도 불구하고 명예관법(ius honorarium)을 좀 더 나은 독자적인 편제로 서술하려는 시도는 없었다. 고래古來의 고시체계는 유지되었으나, 법률가들이 전통적 시민법(ius civile) 외에 다루려 하는 모든 것을 포함하기 위하여 고시체계는 확장되었다.[82]

학설집 체계

고시체계는 삽입에 의하여 그리고 무엇보다도 법률, 원로원의결, 황제의 칙법을 다루는 제2부를 부가함으로써 확장되었다. 그것이 이른바 "학설집 체계"[83]인데, 그것을 고전기 법학자들은, 해답집과 질의록의 경우에서와 같이, 고시에 대한 해석이 의도되지 않았을 경우에도 자주 사용하였다.

고전기 이후의 체계화

고전기 이후에도 체계화에 대한 이러한 시도는 큰 진전이 없었다. '가이우스 법학원론 체계'는 확장되어서 『위僞울피아누스 초록』에서 유지되었고,[84] 또한 유스티니아누스 『법학제요』의 기초를 형성하였다. 『위僞파울루스 의견록』,[85] 그레고리우스, 헤르모게니

---

79 *Edictum perpetuum*, 제3판(1927). 율리아누스 이전의 고시에 관하여는 E. Weiß, *SZ* 50, 249.

80 그리하여 가령 "원상회복에 관하여(De integrum restitutionibus)" 제하에 강박으로 인한 원상회복이 나중에 삽입되었고(Schulz, *SZ* 43, 221 이하), 그리하여 그 다음에 나오는 "성년자들이 원상회복되는 사유들(Ex quibus causis maiores XXV annis in integrum restituuntur)"은 그 의미를 상실하였는데, 왜냐하면 성년자들이 이제 강박을 이유로 하여서도 원상회복될 수 있기 때문이다(Schulz, 전게서, 222).

81 "사무관리에 관하여(De negotiis gestis)"라는 제목은 원래는 소송상의 사무에만 관련되었는데(Lenel, *Edict*., 32면). 확장해석에 의하여 이러한 제목의 체계적 지위가 이해할 수 없게 되어 버렸다.

82 이에 관하여는 전술한 31면 이하 참조.

83 켈수스와 율리아누스의 『학설집』을 따라서 그렇게 불렀다. 이 체계에 관하여는 Krüger, *Geschichte*, 143 및 *SZ* 7, 2면, 94면 이하; Lenel, *Paling*. II col. 1255; H. Krüger, *SZ* 37, 313.

84 Krüger, 248; Schulz, *Die Epitome Ulpiani* (1926).

85 Schulz, *SZ* 47, 39 이하; Scherillo, "L'ordinamento delle sententiae di Paolo", *Studi Riccobono* I, 41 이하.

아누스의 칙법모음, 테오도시우스, 유스티니아누스 『칙법전』[86] 그리고 유스티니아누스 『학설휘찬』[87]까지도, 이것들은 모두 곳곳에서 새로운 삽입과 보론補論에 의하여 확장되었으나, 모두 '학설집 체계'에 기반을 두었다.

2. 체계화의 예

퀸투스 무키우스의 분류, 가이우스 『법학원론』

퀸투스 무키우스도 법현상의 분류(genera), 예컨대 후견(tutela)의 종류, 점유(possessio)의 종류 등을 정립함으로써 그의 체계의 다양한 범주들 내에서 소재의 체계적 배열을 시도하였다.[88] 후대의 저술가들도 이 작업을 계속하였다.[89] 이러한 구별들(distinctiones) – 이것들은 실로 볼로냐의 '구별문헌'의 선구자이다[90] – 은 최소한 부분적으로나마 법학 저작들에 영향을 주었다. 그리하여 가이우스는 유증법을 유증의 분류(genera legatorum)에 따라,[91] 계약법은 계약의 분류(genera contractuum)에 따라 논하고,[92] 그리고 무키우스 자신도 동일한 방식으로 그의 분류를 사용하였음에 틀림없다. 그러나 고전기 저작들에서는 마지막 세부적인 부분에까지 관철되는 엄격한 체계화는 없다. 가이우스 『법학원론』에서도, 분류된 배열에 대한 시도가 분명히 있었지만, 상당한 정도의 방만함이 있다. 일정 부분이 종종 편의적인 정식들에 의하여 앞부분과 느슨하게 연결되어 있는데, 연결에 대한 그리고 그 문제를 왜 그러한 특수한 위치에서 다루는지에 대한 실질적인 이유가 제시되지 않는다.[93] "Nunc transeamus ad obligationes (이제 채무로 넘어가보자)."(Gai.3.88).

---

86 Krüger, 319, 327, 387 이하.

87 Krüger, 377 이하.

88 Krüger, 64.

89 사료가 지금은 *Voc. Jur. Rom.* II, 987의 'genus' 항목에 일부 취합되어 있다. Jolowicz, 421 이하도 참조.

90 Seckel, "Distinctiones glossatorum", in *Berliner Festschrift f. Martitz* (1911), 285면. Pringsheim, *Beryt u. Bologna*, 220 이하.

91 2.192 이하.

92 3.89 이하.

93 상세는 Krüger, 208 이하.

"Tollitur autem obligatio ... (그런데 채무는 …로 해소된다)." (Gai. 3.168: 계약상 채무와 불법행위로 인한 채무 간의 연결도 없이 갑자기). "Nunc admonendi sumus agere nos aut nostro nomine aut alieno, ... (이제 우리는 우리 또는 타인 명의로 우리가 소를 제기할 수 있음을 유의해야만 한다. …)." (Gai. 4.82: 왜 이러한 교설이 부가적 성질의 소권[actiones adiecticiae qualitatis]과 가해자위부소권加害者委付訴權[actiones noxales] 다음에서 다루어져야 하는지에 대한 이유가 제시되지 않은 채). "Videamus nunc quibus ex causis is cum quo agitur vel hic qui agit cogatur satisdare (이제 어떠한 소송에서 피고 또는 원고가 담보제공 의무가 있는지 살펴보자)."(Gai. 4.88) 등. il y a beaucoup de "puis" dans cette histoire! (이 역사서 안에는 많은 "그리고 나서"가 나온다)

입문용이 아닌 방대한 저작들에서 각각의 논의들 간의 연결은 더 느슨하고 방만하다. 각각의 개별 소재들에 대한 관심은 매우 강하지만, 그것들의 연결에 대하여는 명백히 적은 가치만이 부여되었다. 이것은 물론 특히 좁은 의미의 결의론적 문헌 즉, 해답집, 질의록, 토론집, 서한집에서 그러하다. 여기에서 어떠한 체계적인 배열이 선호되는 한, 어쨌든 '학설집 체계'가 일반적으로 채택된다. 그러나 이 체계의 다양한 표제하에서 개별 소재는 주의를 기울이지 않은 채로 배열되고, 선택된 지도 원리들과 조화를 이루는 방법론적 구성은 전혀 문제되지 않는다.

예컨대 D.26.7.39에 수록된 파피니아누스 『해답집』으로부터의 장문의 개소를 참조하라.[94] 확실히 편찬자들이 중간에 있는 개소들을 삭제하였으나, 그 삭제된 부분이 연결을

---

94 【역주】 D.26.7.39 Pap. 5 resp.
Tutores, qui post finem tutelae per errorem officii durantes rerum administrationem retinuerunt, nominum paternorum periculum, quae post pubertatem adulescentis idonea fuerunt, praestare cogendi non erunt, cum actionem inferre non potuerunt. **1.** Curator a patre testamento datus impuberis negotiis se per errorem immiscuit: postea a praetore tutoribus aliis datis periculum futuri temporis ille, qui postea nihil gessit, non praestabit. **2.** Qui se negotiis impuberis non iure tutor datus secundum patris voluntatem immiscuit, errore comperto tutorem a praetore constitui consultius petet, ne forte, si rem coeptam deseruerit, fraudis vel culpae causa condemnetur. non idem servatur, si quis ultro negotium alienum gesserit, cum satis abundeque sufficiat vel in una specie per amici laborem domino consuli. **3.** Heres institutus, qui non habuit substitutum, priusquam hereditatem adiret, quam impuberi restituere debuit, vita decessit: cum hereditas in italia esset,

보여주는 추상적 규칙이 아님에는 틀림없다. 왜냐하면 제3항 내지 제5항의 완전성은 베를린 단편에 의하여 보장되기 때문이다. 만일 파피니아누스가(제5항에서) "후견에 관하여(De tutelis)"(!)라는 표제 하에서 실제로는 미성숙자보좌인(curator impuberis)[95]을 다룬 것

---

scriptus autem heres in provincia vita decessisset, tutores provincialium rerum culpae nomine condemnandos existimavi, si causam testamenti non ignorantes utilitatem impuberis deseruerunt: nam hereditatis in provincia fideicommisso restituto causam quidem iuris expediri potuisse, rerum autem administrationem ad eos recidere debuisse, qui tutelam in italia suscepissent. **4.** Adversus tutorem, qui pupillum hereditate patris abstinuit, actionem denegari non oportet creditori, qui cum ipso tutore contraxit, quamvis tutor pecuniam in rem impuberis verteret. **5.** Curatores adulescentis mutui periculi gratia cautionem invicem sibi praebuerunt et in eam rem pignora dederunt: cum officio deposito solvendo fuissent, irritam cautionem esse factam et pignoris vinculum solutum apparuit. **6.** Tutor datus adversus ipsam creationem provocavit: heres eius postea victus praeteriti temporis periculum praestabit, quia non videtur levis culpa contra iuris auctoritatem mandatum tutelae officium detrectare. **7.** Rerum provincialium tutores in urbe causas appellationis impuberum agentes, rerum italicarum curatores ut impuberibus constituantur, ad officium suum revocare debent: alioquin si prius in provinciam redierint, dolum aut culpam eorum in ea quoque parte recte iudex conveniet. **8.** Patruus testamento fratris filio tutor datus cum in italia domicilium haberet, tam italicarum rerum quam provincialium administrationem suscepit atque ita pecuniam ex venditionibus romae refectam in provinciam traiecit et in calendarium pupilli convertit: tutor in locum eius romae substitutus administrationem pecuniae, quae non pertinet ad tutelam suam, suscipere non cogitur. **9.** Curatores testamento vel tutores inutiliter dati neque decreto praetoris confirmati negotia gesserunt. vice mutua periculum praestare coguntur, cum officium sponte citra iuris adminiculum iniverint et qui fuit idoneus, decretum praetoris curatores vel tutores constituentis implorare debuerit. **10.** Tutoribus idoneis diem functis vice mutua periculum ad heredes eorum non redundat, quod non habuit locum officio tutelae manente. **11.** In eum, qui tutelam gerere noluit, post ceteros qui gesserunt actionem utilem tutelae dari placuit. quod tamen ex tutela non pervenit ad eos, qui se negotiis miscuerunt, sed communi neglegentia perit, citra substitutionis ordinem aequaliter omnium periculum spectat. **12.** Tutores pubere pupillo constituto litem appellationis inchoatam iussu consulum ob notitiam rei perfecerunt: cum iudicatum persequi non potuerunt, periculo culpae non subiciuntur. **13.** Ab eo, qui restitutionis auxilio non iuvatur, quaestio culpae tutorum conventione remitti potest, nec donatum, sed transactum videtur. **14.** Neglegentiae tutorum periculo nominum, quae pater usuris maioribus fecit, adscripto pupilla quidem actionem calendarii praestare cogitur, exactas autem usuras tutelae tempore citra ullam compensationem retinet. **15.** Adulescens tutoribus conventis, a quibus totum servari non potuit, adversus curatores, qui tutelam ad se neglegentia non transtulerunt, integram actionem retinet: neque enim tutelae iudicio consumptum videtur, quod alterius officii querellam habuit. **16.** Tutor, qui tutoris idoneum heredem convenire pupilli nomine noluit, damni vicarius substituitur, ut is, qui non idoneum tutelae tempore suspectum facere supersedit. **17.** Tutelae iudicium ideo differri non oportet, quod fratris et coheredis impuberis idem tutelam sustineat. **18.** Quod de peculio servi actoris, quem adulescens postquam res suas administrare coepit manumisit, retinuit aut retinere potuit, in ratione reddenda curatori per iudicem accepto feretur.

이라면,[96] 이것은 특히 명백히 그러한 저작들에서 취해졌던 자유로운 서술방식을 보여주는 것이다.

기원후 2세기의 체계성이 더 강한 저작들도 소재의 편제에 관하여 그다지 큰 관심을 두지 않는다. 2세기의 주요한 저작이자 로마법학 전체를 통틀어 주요한 저작인 율리아누스 『학설집』은 위에서 기술된 편의적이고 여유 있는 방식에 따라 구성된다. 이를 위하여 유스티니아누스 『학설휘찬』에서 길게 연결된 개소들을 참조해보라.[97] 즉, 오늘날의 의미에서의 명확한 편제나 사전의 기획에 따른 진행은 없다. 저자의 기획을 보여주는 연결문들이 없다. 전체 기획을 볼 수 있을 정도로 긴 개소들에 있어서도 편찬자들이 일부 삭제하였다고 추정해야 하는 것이 맞지만, 편찬자들이 기본체계를 보여주는 개소들을 보존시켰음은 확실하다. 3세기에 체계화는 약간의 진전을 이룬 듯 보인다. 즉, 울피아누스와 파울루스의 『고시주해』에서의 상당히 길게 연결된 개소들은 이러한 방향으로의 발전의 자취를 담고 있다. 그럼에도 불구하고 편제는 많은 개선의 여지를 남긴다.

울피아누스의 서술방식

울피아누스 『고시주해』로부터의 다음 개소들을 살펴보자(D.9.2.7.1-8; 9.pr.-4.; 11.pr.-5.). (Lenel, *Paling*. Ulp. 614)[98]

---

95 【역주】 후견인이 있는 피후견인들(pupilli)도 예외적인 경우 (후견인과 별도로) 보좌인을 둘 수 있었다. 이러한 보좌인은 후견인의 신청으로 후견인의 책임하에 정무관이 선임한다(curator adiunctus, actor, adiutor). 이러한 보좌인은 − 후견인의 해임사유는 아닌 − 후견인의 노쇠나 장기의 질병의 경우 또는 피후견인의 재산이 많거나 격원지에 재산이 소재할 때 선임되었다. 유스티니아누스 법에서는 부가된 보좌인은 독립적인 제도로 되어 관선으로 되었고, 후견인은 부가된 보좌인의 행위에 책임을 지지 않았다(D.27.10). Berger (1953), s.v. Curator impuberis (pupilli)

96 이에 관하여는 Lenel, *SZ* 35, 182.

97 예컨대 D.41.3.33 (Iul. 44 dig.); D.41.4.7 (Iul. 44 dig.); D.45.1.56 (Iul. 52 dig.); D.46.3.34 (Iul. 54 dig.)

98 이하의 라틴어원문의 영어번역은 E. Grueber, *The Roman Law of Damage to Property* (1886)를 기초로 삼았으나, 일부 수정을 하였다.
【역주】 한글 대역은 라틴어 원문에 대한 번역이다.

D.9.2.7 Ulpianus 18 ad edictum.

1. 'Occisum' autem accipere debemus, sive glaudio sive etiam fuste vel alio telo vel manibus (si forte strangulavit eum) vel calce petiit [vel capite vel qualiter qualiter].[99]

2. Sed si quis plus iusto oneratus deiecerit onus et servum occiderit, Aquilla locum habet; fuit enim in ipsius arbitrio ita se non onerare. Nam et si lapsus aliquis servum alienum onere presserit, Pegasus ait lege Aquilia eum teneri ita demum, si vel plus iusto se oneraverit vel neglegentius per lubricum transierit.

3. Proinde si quis alterius impulsu damnum dederit, Proculus scribit neque eum qui impulit teneri, quia non 'occidit', neque eum qui impulsus est, quia damnum iniuria non dedit [secundum quod in factum actio erit danda in eum qui impulit].[100]

4. Si quis in colluctatione vel in pancratio, vel pugiles dum inter se exercentur alius alium occiderit [si quidem in publico certamine alius alium occiderit], cessat Aquilia, quia gloriae causa et virtutis, non iniuriae gratia videtur damnum datum. [Hoc autem in servo non procedit, quoniam ingenui solent certare; in filio familias vulnerato procedit. plane si cedentem vulneraverit, erit Aquiliae locus, aut si non in certamine servum occidit, nisi si domino commitente hoc factum sit; tunc enim Aquilia cessat.][101]

D.9.2.7 울피아누스 『고시주해』 제18권.

1. 어떤 자가 [노예를] 검劍, 곤봉, 기타 무기로 또는 손이나(예컨대 교살의 경우) 발[머리 기타의 방법으]로 가격한 경우, 우리는 '살해됨'을 인정하여야 한다.

2. 그런데 과부하過負荷인 어떤 자가 짐을 내던져서 노예를 살해한 경우, 아퀼리우스법이 적용된다. 왜냐하면 그는 자신의 판단에 따라 그렇듯 많은 짐을 부담하지 않을 수 있었기 때문이다. 즉 어떤 자가 넘어지면서 타인의 노예를 짐으로 압사壓死시킨 경우에도, 페가수스 가로되, 그가 과부하過負荷하거나 매우 과실있게 미끄러운 곳을 지나간 경우에만 그는 아퀼리우스법상 책임진다.

3. 그러므로 어떤 자가 다른 자로부터 떠밀려서 가해한 경우, 프로쿨루스는 기술하기를, 민 사람은 그가 '살해'를 한 것이 아니기 때문에, 그리고 밀린 사람은 불법가해행위를 하지 않았기 때문에 책임지지 않고, [이에 따라서 사실소권이 민 사람을 상대로 부여되어야 할 것이다].

4. 어떤 자가 씨름이나 격투에서 또는 권투선수들이 연습 도중에 일방이 상대방을 살해한 경우 [실로 공개시합에서 일방이 상대방을 살해한 경우에] 아퀼리우스법은 적용되지 않는데, 왜냐하면 손해가 영예와 용맹을 위하여 가해진 것이지, 불법을 위하여 가해진 것이 아니라고 인정되기 때문이다. [그런데 이것은 노예의 경우에는 적용되지 않는데, 왜냐하면 생래자유인이 시합을 하는 것이 상례이기 때문이다. 부상당한 가자家子에게는 적용된다. 물론 굴복한 자를 상해한 경우 또는 시합이 아닌데 노예를 살해한 경우에는 아퀼리우스법이 적용되는데, 다만 주인이 일임하여 이것을 행한 경

우에는 그러하지 않다. 왜냐하면 그 경우에는 아퀼리우스법이 적용되지 않기 때문이다.]

5. Sed si quis servum aegrotum leviter percusserit et is obierit, recte Labeo dicit lege Aquilia eum teneri, quia aliud alii mortiferum esse solet.

5. 그러나 만일 어떤 자가 병든 노예를 가볍게 타격했는데 노예가 사망한 경우, 라베오가 타당하게 가로되, 그는 아퀼리우스법상 책임을 진다. 왜냐하면 사람마다 치명적인 것이 다르곤 하기 때문이다.

6. Celsus autem multum interesse dicit, 'occiderit' an mortis causam praestiterit, ut qui mortis causam praestitit, non Aquilia sed in factum actione teneatur. Unde adfert eum, qui venenum pro medicamento dedit et ait causam mortis praestitisse, quemadmodum eum qui furenti gladium porrexit: nam nec hunc lege Aquilia teneri, sed in factum.

6. 그런데 켈수스는 가로되, "살해하는 것"과 사인死因을 제공하는 것은 큰 차이가 있어서, 사인을 제공한 자는 아퀼리우스법에 의하지 않고 사실소권에 의하여 책임을 져야 한다. 그리하여 그(켈수스)는 약藥 대신 독毒을 준 자를 [예로] 들어 말하기를, 광인에게 검劍을 준 자와 같은 방식으로 사인을 제공한 것이라고 한다. 왜냐하면 이 사람도 아퀼리우스법에 의하지 않고 사실소권에 의하여 책임을 지기 때문이다.

7. Sed si quis de ponte aliquem praecipitavit, Celsus ait, sive ipso ictu perierit aut continuo submersus est aut lassatus vi fluminis victus perierit, lege Aquilia teneri, quemadmodum si quis puerum saxo inlisisset.

7. 그러나 어떤 자가 노예를 다리에서 추락시킨 경우, 켈수스 가로되, 그가 타격 자체에 의하여 죽은 것이든, 즉시 익사한 것이든, 지쳐서 물살의 힘에 압도되어 죽은 것이든 불문하고, 소년 노예를 바위에 부딪치게 한 자와 같이, 아퀼리우스법상 책임을 진다.

8. Proculus ait, si medicus servum imperite secuerit, vel ex locato vel ex lege Aquilia competere actionem.

8. 프로쿨루스 가로되, 의사가 미숙련으로 노예를 수술한 경우 임약賃約이나 아퀼리우스법에 기한 소권이 인정된다.

---

99 괄호 안의 문구들은 부진정함에 틀림없다. 그것들은 이상하고 또한 같이 다루어지는 사례들의 의미도 해친다.

100 마지막 문장은 부진정하다: Beseler, III, 156 및 Interp. Index. 또한 구성요건 부분(proinde ... dederit)도 축약되었을 가능성이 있다. 베젤러의 언급(*SZ* 50, 31)은 설득력이 없다.

101 "Hoc autem" 이하는 확실히 부진정하다(Interp. Index를 보라). "si quidem ... occiderit"도 아마도 부진정할 것이다. 공개시합(certamen publicum)과의 대조는 텍스트에 나타나지 않을 뿐더러 이 결정이 공개시합의 경우에서만 타당한지에 대한 어떠한 이유도 나오지 않는다.

D.9.2.9 Ulpianus 18 ad edictum.

D.9.2.9 울피아누스『고시주해』제18권.

pr. Item si obstetrix medicamenum dederit et inde mulier perierit, Labeo distinguit, ut, si quidem suis manibus supposuit, videatur 'occidisse': sin vero dedit, ut sibi mulier offeret, in factum actionem dandam, quae sententia vera est: magis enim causam mortis praestitit quam occidit.

서항. 또 산파가 약을 주었고 그 후에 여자노예가 사망한 경우, 라베오는 실로 산파가 자신의 손으로 직접 약을 투여한 경우에는 '살해한' 것으로 보아야 하지만, 여자노예가 자신에게 복용하도록 산파는 주기만 하였다면, 사실소권이 부여되어야 한다고 구별하였는데, 그 견해가 옳다. 왜냐하면 산파는 살해했다기보다는 사인死因을 제공한 것이기 때문이다.

1. Si quis per vim vel suasum medicamentum aliqui infundit vel ore vel clystere, vel si eum unxit malo veneno, lege Aquilia eum teneri, quemadmodum obstetrix supponens tenetur.

1. 어떤 자가 폭력 또는 설득으로 다른 이에게 구강 또는 관장으로 약을 투약한 경우, 또는 만일 독을 바른 경우, 그는 산파가 약을 투여한 경우와 같은 방식으로 아퀼리우스법상 책임을 진다.

2. Si quis hominem fame necaverit, in factum actione teneri Neratius ait.

2. 어떤 자가 노예를 아사餓死시킨 경우, 그는 사실소권에 의하여 책임을 진다고 네라티우스는 말한다.

3. Si servum meum equitantem concitato equo effeceris in flumen praecipitari atque ideo homo perierit, in factum esse dandam actionem Ofilius scribit: quemadmodum si servus meus ab alio insidias deductus ab alio esset occisus.

3. 승마중인 나의 노예를 네가 말을 흥분시킨 후 야성적으로 만들어서 강물에 빠지도록 하고 그로 인하여 노예가 사망한 경우에는, 사실소권이 부여되어야만 한다고 오필리우스는 기술한다. 나의 노예가 어떤 이에게 매복장소로 유인되어 다른 이에 의하여 살해된 경우와 마찬가지 방식으로 그러하다.

4. Sed si per lusum iaculatibus servus fuerit occisus, Aquiliae locus est: sed si cum alii in campo iacularentur, servus per eum locum tansierit, Aquilia cessat, quia non debuit per campum iaculatorium iter intempestive facere; qui tamen data opera

4. 그러나 놀이로 창던지기를 하던 사람들에 의하여 노예가 살해된 경우, 아퀼리우스법이 적용된다. 그러나 만일 다른 이들이 투창연습장에서 창던지기를 하고 있는데 노예가 그곳을 가로질러 간 경우에는 아퀼리우스법이 적용되지 않는데, 왜냐하면 부적절한 때에 투창

in eum iaculatus est, utique Aquilia tenebitur.[102]

연습장을 통행해서는 아니 되었기 때문이다. 그러나 고의로 노예에게 창을 던진 자는 아퀼리우스법상 책임질 것이다.

D.9.2.11 Ulpianus 18 ad edictum.

D.9.2.11 울피아누스『고시주해』제18권

pr. Item Mela scribit, si cum pila quidam luderent, vehementius quis pila percussa in tonsoris manus eam deiecerit et sic servi, quem tonsor radebat, gula sit praecisa [adiecto cultello]: in quocumque eorum culpa sit, eum lege Aquilia teneri. Proculus in tonsore esse culpam [et sane si ibi tondebat, ubi ex consuetudine ludebatur vel ubi transitus frequens erat, est quod ei imputetur: quamvis nec illud male dicatur, si in loco periculoso sellam habenti tonsori se quis commiserit, ipsum de se queri debere].[103]

서항. 또 멜라는 기술하기를, 어떤 사람들이 공놀이를 하고 있는데, 그 중 어떤 자가 공을 매우 세게 쳐서 이발사의 손에 공을 던져서, 이발사가 면도를 하고 있던 노예의 목이 [접촉하고 있던 면도칼에 의하여] 잘린 경우, 그들 중에서 과실있는 자는 누구든지 아퀼리우스법상 책임질 것이라고 한다. 프로쿨루스는 이발사에게 과실이 있다고 한다. [그리고 물론 관습상 공놀이를 하던 곳이거나 통행이 빈번한 곳에서 이발하였다면, 이발사에게 귀책될 만한 사정이 존재한다고 한다. 위험한 곳에 의자를 놓는 이발사에게 피해노예가 자신을 맡긴 경우에, 그 자는 자신을 탓해야만 한다는 것이 부당하지 않게 말해지더라도 그러하다.]

1. Si alius tenuit alius interemit, is qui tenuit, quasi causam mortis praebuit, in factum actione tenetur.

1. 한 사람이 노예를 잡고서 다른 사람이 잡힌 노예를 죽인 경우, [노예를] 잡은 사람은 사인死因을 제공한 자로서 사실소권에 의하여 책임진다.

---

102 이에 관하여는 Kunkel, *SZ* 49, 174 이하.

103 이에 관하여는 Beseler, *SZ* 43, 540; Kunkel, 전게서, 177; Beseler, *SZ* 50, 30. 위 개소는 편찬자들의 주석과 삭제로 인하여 망쳐졌다. “in quocumque ... teneri”도 아마도 부진정할 것인데, 그것들은 멜라의 실제 결정을 축약시킨 것이다. 그러나 私見으로는, 노예의 과실이 무관하며 사실상 과실상계의 문제가 아니라는 베젤러의 견해에는 반대한다. 만약 그렇다면 그는 또한 앞서 언급한 제4항도 전적으로 변형시켜야만 할 것이다.

2. Sed si plures servum percusserint, utrum omnes quasi occiderint teneantur, videamus. Et si quidem apparet cuius ictu perierit, ille quasi occiderit tenetur: quod si non apparet, omnes quasi occiderint teneri Iulianus ait et si cum uno agatur, ceteri non liberantur [nam ex lege Aquilia quod alius praestitit, alium non relevat, cum sit poena].[104]

2. 그런데 여러 명이 노예를 가격한 경우, 마치 모두가 살해한 것으로 책임지는지 살펴보자. 누구의 가격에 의하여 죽은 것인지가 분명한 경우에는 그가 살해한 것으로 책임진다. 그러나 불분명한 경우에는 모두가 살해한 것으로 책임진다고 율리아누스는 말하고, 그리고 1인에 대하여만 소가 제기된 경우에 나머지 사람들은 면책되지 않는데, [왜냐하면 아퀼리우스법상 1인이 배상한 것은, 그것이 징벌금이므로, 다른 이를 면책시키지 않기 때문이다.]

3. Celsus scribit, si alius mortifero vulnere percusserit, alius postea exanimaverit, priorem quidem non teneri quasi occiderit, sed quasi vulneraverit, quia ex alio vunere periit; posteriorem teneri quia occidit, quod et Marcello videtur et est probabilius.

3. 켈수스는 기술하기를, 어떤 이가 치명상을 입히는 가격을 하였는데, 그 후에 다른 이가 죽게 한 경우, 전자는 실로 살해한 것으로 책임지지 않고, 상해를 입힌 것으로 책임을 지는데, 왜냐하면 [노예가] 다른 부상으로 사망하였기 때문이라고 한다. 후자는 살해했으므로 책임을 지는데, 마르켈루스도 마찬가지 견해이며 이 견해가 더 개연적이다.

4. Si plures trabem eiecerint et hominem oppresserint, aeque veteribus placet omnes lege Aquilia teneri.

4. 여러 명이 들보를 던져서 노예를 압사壓死시킨 경우, 모두가 동등하게 아퀼리우스법상 책임을 진다는 것이 옛법률가들의 견해이다.

5. Item cum eo, qui canem irritaverat et effecerat, ut aliquem morderet, quamvis eum non tenuit, Proculus respondit Aquiliae actionem esse; sed Iulianus eum demum Aquilia teneri ait, qui tenuit et effecit, ut aliquem morderet: ceterum si non tenuit, in factum agendum.

5. 또 개를 자극하여 타인을 물게 한 자를 상대로, 비록 자신이 개를 데리고 있지는 않았다 하더라도, 아퀼리우스법상 소권이 있다고 프로쿨루스는 해답한다. 그러나 율리아누스는 개를 데리고 있으면서 타인을 물게 한 자만이 아퀼리우스법상 책임진다고 말한다. 반면 개를 데리고 있지 않은 경우 사실소권으로 제소해야 한다고 한다.

---

104 Interp. Index를 보라.

위의 텍스트들은 주석과 수정에 의하여 손상된 것이다. 편찬자들은 또한 중간 개소들을 삭제하였으며 남겨진 부분들도 축약시켰으나, 그것은 현재의 연결상태에서는 별로 중요하지 않다. 이와 같은 종합적인 개소에서는 체계적인 배열이, 의당 그래야하듯이, 눈에 띤다. 울피아누스는 아퀼리우스법 제1조의 "살해하다(occidere)"라는 용어를 다룬다. 이어지는 세 부분은 명확하게 구별될 수 있다. 첫 번째 부분에서 아퀼리우스법상 "살해하다(occidere)"의 의미를 정한다: 즉, "신체에 의하여 신체에 [직접적으로] 가해진 손해(damnum corpore corpori datum)"에 의한 살해이다(D.9.2.7.1-5).[105] 두 번째 부분에서는 단순한 "사망의 원인을 제공하는 것(causam mortis praestare)"의 사례에서 [사실소권(actiones in factum)을 부여함으로써] 아퀼리우스법의 확대적용을 다룬다(D.9.2.7.6-8; D.9.2.9.pr.-3). 마지막으로 세 번째 부분에서는 수인의 공동행위에 의한 살해를 다룬다(D.9.2.9.4; D.9.2.11.pr.-5). 여기에서는 가해자와 피해자의 공동행위,[106] 즉 과실상계(compensatio culpae)가 먼저 논의된다(D.9.2.9.4. 아마도 또한 D.9.2.11.pr.; D.9.2.9.4 이전의 논의의 시작 부분은 편찬자들에 의하여 삭제되었을 것이다). 그 다음에 여러 명의 가해자들의 공동행위가 다루어진다(D.9.2.11.1-5). 무엇보다도 첫 번째 부분에서 두 번째 부분으로 넘어가는 과정을 잘 살펴보라. 연결이 세심하지 않은 듯한 "그런데(autem)"에 의하여 이루어지고 있다. 울피아누스는 두 번째 부분을 켈수스의 정식定式과 함께 사례들로 시작하고 있다. 그 중에서 가짜 약 대신 독을 건넨 사안을 언급하면서, 울피아누스는 수술을 서투르게 한 의사의 사례를 추가하는데(D.9.2.7.8), 이것은 명백히 첫 번째 부분에 속한다. 라베오의 사례들에 있어서도 투약에 관한 문제가 있다(D.9.2.9.pr.-1). 사람을 아사餓死하도록 유기한 사례가 이와 결합될 때, 그 발상은 어떤 것[=독]을 교부함에 의한 살해와, 어떤 것[=음식]을 교부하지 아니함에 의한 살해가 유사하다는 것이다. 세 번째 부분에서 과실상계의 논의 다음에 이어지는 사례는 다음과 같다:

---

105 Gai.3.219.

【역주】 Ceterum placuit ita demum ex ista lege actionem esse, si quis corpore suo damnum dederit; ideoque alio modo damno dato utiles actiones dantur, velut si quis alienum hominem aut pecudem incluserit et fame necaverit, aut iumentum tam vehementer egerit, ut rumperetur; item si quis alieno servo persuaserit, ut in arborem ascenderet vel in puteum descenderet, et is si ascendendo aut descendendo ceciderit, aut mortuus fuerit aut aliqua parte corporis laesus sit. sed si quis alienum servum de ponte aut ripa in flumen proiecerit et si suffocatus fuerit, hic quoque corpore suo damnum dedisse eo, quod proiecerit, non difficiliter intellegi potest.

106 Kunkel, 전게서, 177 주 3.

(i) 한 사람이 노예를 잡고 다른 사람이 그 노예를 죽인 경우(D.9.2.11.1). (ii) 여러 명이 함께 가격한 경우(D.9.2.11.2). (iii) 여러 명이 가격하였으나 동시가 아닌 경우(D.9.2.11.3). (iv) 여러 명이 들보를 투척한 경우(D.9.2.11.4). (v) 개로 하여금 사람을 공격한 경우(D.9.2.11.5). 여기에서 (i)에서 (iii)까지는 제대로 되어 있다. 그러나 (iv) 사례는 여기에 속하지 않고 (i)이나 (ii)에 속한다. 여기에서는 단지 "신체에 의하여 신체에 [직접적으로] 가하여진 손해(damnum corpore corpori datum)"가 있는지의 여부만이 문제가 될 수 있다. 그러나 이 질문은 만일 1인이 들보를 투척하여도 마찬가지 문제이다. 단지 일반적으로 타인을 살해할 정도의 강한 힘이 필요하기 때문에 수인이 필요하다는 이유만으로 그 사례를 "수인數人의 공동행위"라는 표제 하에서 다룬다는 것은 그럴 수 있겠지만 너무 단순하다. (v) 사례는 더욱더 첫 번째 내지 두 번째 부분에 속한다. 개로 하여금 공격하게 하는 1인의 행위와 공격하는 개의 행위를 공동행위라 하여 수인數人의 공동행위와 같은 부분에서 다룬다는 것 역시 너무 단순하다.

이상에서 울피아누스는 주제를 체계적으로 배열하는 것을 나름 시도하고 있지만, 그가 다루는 사례들을 느슨하게 연결하는 방만한 방법을 배제하는 데에는 완전히 성공하지 못하였다는 사실을 보여준다.[107]

고전기 이후의 구별들과 범주들

고전기 이후 그 나름의 구별(distinctiones)과 범주들을 가지고 체계를 추구하는 이러한 노력은 계속되었으나,[108] 마찬가지로 체계수립에는 성공하지 못하였다. 그와 반대로 최종적인 발전은 체계적 연속성의 완전한 포기로 끝났다. 『칙법전』들에서는 칙법들이 다양한 표제 하에 연대순으로 배열된다. 유스티니아누스 『학설휘찬』에서는, 고전기 저작들이 방대하게 수집되어 발췌되었고, 이것이 개소들의 순서를 결정한다.[109] 이러한 종류의 법서를 위한 계획은, 자신을 개별 현상에만 한정시키고 체계적인 구분에 전혀 가치를

---

107 점유(possessio)와 점용시효취득(usucapio)에 관한 파울루스의 장문의 절(節)을 참조(Lenel, *Paling*. I, col. 1063 이하).

108 Albertario, *Introduzione* 111, 120 이하.

109 Krüger, *Geschichte*, 379면; Schulz, "Die Anordnung nach Massen als Kompositionsprinzip antiker Kompilationen", *Atti del Congresso* (1933), Roma II, 11면 이하. Genzmer (同 *Atti*), Bologna I, 350.

두지 않는 것에 익숙한 사람들로부터만 나오는 것이 가능했을 것이다. 거듭 우리는 유스티니아누스의 입법작업이 얼마나 철저하게 로마적인가를 알 수 있다.

키케로의 법체계에 대한 추구

키케로는 이러한 로마의 법률가들의 근본적인 태도를 타당하게 기술하였는데 – 추상화에 대한 거부감과 저작에서 나타나는 전반적으로 비체계적이고 결의론적 방법 – 특히 그가 자신의 법학의 이상을 언급하는 부분에서, 그 자신도 말한 바와 같이, 법률가들의 그것과 정면으로 대립하였을 때 그러하였다. 그의 견해에 따르면 법학은, 유類와 종種의 다수의 구분이 있고, 명확한 정의定義와 추상적인 법규칙들로 이루어진 섬세하고 질서잡힌 체계적 구조를 수립해야 한다.[110] 이것이 그가 그의 저작에서 추구했고[111] 비전문가인 그가 지나치게 단순하게 구상했던 "법을 체계적으로 학문화하는 것(in artem redigere)"이다. 로마의 법률가들은 이러한 혹평에 대하여 정중한 침묵으로 대응하였으며 그(키케로)의 계획을 실현시키려는 시도는 꿈도 꾸지 않았다. 이것이 그 자체로 키케로에 대한 적절한 논박은 되지 못한다. 지배적인 결의론적 방법이 법과 법학을 "난해하고 불명료하게" 만들었다는 것은 의문의 여지 없는 사실이다.[112] 그러나 그럼에도 불구하고 고전기 법학자

---

110 *De or*. 1.42.190; *Brutus*, 42.152. 이에 관하여는 La Pira, *Bull*. 42 (1934), 338면 이하.

【역주】 Cicero, *De Oratore* 1.42.190:

... si enim aut mihi facere licuerit, quod iam diu cogito, aut alius quispiam aut me impedito occuparit aut mortuo effecerit, ut primum omne ius civile in genera digerat, quae perpauca sunt, deinde eorum generum quasi quaedam membra dispertiat, tum propriam cuiusque vim definitione declaret, perfectam artem iuris civilis habebitis, magis magnam atque uberem quam difficilem et obscuram.

(왜냐하면 이미 오래 전부터 내가 생각하고 있는 바를 하는 것이 내게 허용되거나, 아니면 다른 누군가가 나에게 장애가 생겨서 그 일을 맡거나 나의 사후에 그 작업을 해내든, 먼저 모든 시민법을 극소수의 유(類)개념으로 가르고, 다음으로 이들 유개념들의 말하자면 지체(肢體)들을 분할해내며, 그런 다음 그것들 각각의 고유한 의미를 정의(定義)를 통하여 명시하는 작업을 한다면, 그대들은 시민법의 완벽한 법학을 가질 것인바, 다루기 어렵고 불투명한 것이 아니라 위대하고 풍성한 법학말일세.) [번역은 최병조, 비교법문화론, 578면]

111 이 소실된 저작에 관하여 Dirksen, *Hinterlassene Schriften* I, 1 이하; Krüger, 85; Schanz, I, 527; Stroux, *Atti del Congresso 1933* I, 125 이하.

112 키케로는 "difficilem et obscuram"이라고 말한다. Austin, *Lectures on Jurisprudence* (5th ed. by R. Campbell), I, 58을 보라.

들의 방법이 더 과학적인 방법은 아닐지라도 '더 법학적인' 방법이 아닌가? 로마법률가들은 여기에서 다시 그들이 순종純種의 법률가라는 사실을 보여주었던 것은 아닌가?[113] 한 가지는 확실하다. 법이 동적이며 투쟁적이라는 사실을 밝혀준 결의론적 방법이[114] 엄격한 이론 체계에서는 전혀 달성될 수 없는 생기와 신선함을 고전기 법문헌에 제공하였다는 사실이 바로 그것이다. 바로 이러한 방법 덕분에 로마의 법학 저술들은 그 특유한 자극력과 함께 지도원리들을 숨김으로써 생성되는 능동적인 공조에 대한 촉진력을 얻게 되었는데, 바로 그것이 요컨대 후대의 법학에 항상 매혹에 찬 경탄을 불러일으키는 속성인 것이다.

113 사비니의 예리한 고찰을 보라(*Beruf.*, 30, 신판은 18).

114 Kierulff, *Theorie des gem. Zivilrechts* I (1839), 156면.

05 단순성

요컨대 작품은 원하는 대로 하라. 하지만 단순하고 통일적이어야 한다.
- 호라티우스, 『시학』 23행.

영국법을 연구하다가 로마법의 연구로 방향을 돌리면, 당신은 혼돈과 어둠의 제국으로부터 비교하자면 질서와 광명의 지역으로 보이는 세계로 탈출하는 것이다.
- 오스틴, 『법학강의』 I, 제5판(1911, 로버트 켐벨 편집본), 58면.

I. 로마의 원리: 단순성, 게르만법의 복잡성 · 다종성과의 대조

"북쪽으로부터 이탈리아로 온 사람에게 세계는 갑자기 더 분명하고, 간단하고, 그리고 이해하기 쉽게 보인다." 하인리히 뵐플린(Heinrich Wölfflin, 1864-1945)은 『이탈리아와 독일의 형식감』(1931)이라는 자신의 책을 이렇게 시작한다.[1] 그리고 그 책의 '위대함과 단순함'이라는 장에서 그는 차이점을 다음과 같이 표현하고 있다:[2] "차이를 만드는 것은 바로 위대함 속의 단순함이다. 전체는 전혀 다종다기하거나 복잡한 것이 아니라 몇몇의 명확하고 확실한 주제들로 환원될 수 있다. 뉘른베르크의 크라프트Adam Krafft가 만든 웅장한 성체감실聖體龕室이나 나아가 세발두스 무덤과 같은 미로처럼 복잡한 형식들을 만들어 낸 상상력은 이탈리아인의 것이 아니다." 이러한 심오한 통찰은 예술의 영역에만 해당하는 것이 아니다. 그것들은 또한 로마법과 게르만법 사이에 존재하는 본질적인 차이를 서술하고 있다. 누구든지 중세 게르만법 세계에서 로마법 세계로 오면, 법세계가 갑자기 보다 분명하고 단순하며 이해할 수 있게 보인다. 한편에는 미로와 같이 복잡한

---

1 9면.

2 157면.

형태를 가진 다종다기하고 복잡한 게르만법이 있고, 다른 한편에는 위대함 속의 단순성을 가지고 있으며 아울러 몇몇의 명확하고 확실한 주제에 제한된 로마법이 있다. 중세 게르만법은 중세 로마법과 비교되어야만 한다는 점과, 기원전 1-2세기와 더욱이나 당연하게도 고전기 법 시대의 로마는 그 '중세시대'[역주: 3세기 후반부터의 비속법 시대를 의미함]를 한참이나 뒤로 하고 있다는 점을 변명으로 삼아서는 안 된다. 대조를 통하여 현상 자체를 보다 분명하게 인식할 수 있기 위해서는 문화의 다른 단계로부터 취해진 현상을 서로 비교하는 것도 확실히 '가능'은 하다. 그러나 그 경우에는 그러한 현상들을 야기한 민족성 간의 대조에 관한 결론을 내리는 일은, 특히 세심한 주의가 요구되어야만 한다. 그러나 우리의 경우 두 민족들 간에는 진정으로 분명한 차이가 존재한다. 영국과 같이 로마법의 방해 및 영향을 거의 받지 않은 채 중세에서 근대에 도달한 게르만법은 위에서 언급한 특징들을 충실하게 지니고 있다. 로마법학교에서 양성된 대륙법학자들에게 영국법은 다종다기하고, 복잡하고, 난해한 것으로 보인다.[3] 그렇지만 이것이 폄하하는 것은 아니다. 북쪽 사람들의 눈에는 이탈리아 르네상스의 건축과 미술의 선명함과 웅장한 단순함이 공허하게 보이는 것이 당연할지도 모른다.[4] 그리하여 게르만법의 다종다기함, 복잡함과 – 그와 대조되는 – 로마법의 명료한 단순성은, 한편으로는 게르만법에 반대하는 논거가 되지도 않고, 다른 한편으로는 로마법에 찬성하는 논거가 되지도 않는다. 그렇지만 다음의 사실들은 남아있다. 즉, 로마법의 본질적인 특징이 확인되었다는 것이다. 다양함이나 변화친화적이 아닌 단순성, 복잡함이 아닌 단순성, 명확하고 확실한 몇몇 주제로의 환원 – 이러한 것들이 진정한 로마법의 원리들이다. 이것은 공화기 및 고전기에 추구되었고 대부분 달성되었다. 로마법 사료들을 깊이 연구하는 사람들은 누구나 윤곽들을 처음 보았을 때만큼 간단하지만은 않다는 인상을 받을 것이다. 단순함과 분명한 윤곽을 추구하는 로마인의 노력은 다른 원리들과 교차되어 있다. 앞 장에서 서술한

---

3 본장의 서두에 제시된 오스틴과 같이 (로마법을 공부한) 영국인들에게조차도 그러하다. 오스틴이 특정 주제(동산과 부동산)에 대하여만 관련시키고 있는 것이 사실이지만, 이것이 그의 견해를 일반화시켜도 무방하다.

4 Wölfflin, 157 참조.

로마인들의 결의론적 경향은, 선명한 체계성과 추상적 원리들에 대한 서술을 어렵게 한다. 다음 장에서 논의될 전통 원리들 또한 다루기 힘든 복잡한 구조에 이바지하고 있다. 무엇보다도, 고전기 이후의 비잔틴 시기가 이러한 경향에 대한 대량의 파괴를 야기했음을 기억해야 한다. 즉, 유스티니아누스의 법전편찬에 의한 고전기 법문헌의 해제 및 덧칠과 유스티니아누스의 신칙법 제정 – 종종 불충분하게 고안되었거나 또는 적어도 불충분하게 정식화된 – 이 로마법의 본체를 복잡하고 다루기 힘든 것으로 만들었다. 그러나 이러한 형태의 로마법조차도 게르만 세계에 비하면 명료하고 단순하다는 인상을 주었다. 만약 기본개념들을 고수한다면, 많은 세부적인 내용들 속에서 길을 잃지 않도록 주의하고, 또 절망적으로 혼란스러운 소재들(예컨대 반反유언 유산권[bonorum possessio contra tabulas]과 배륜背倫유언의 소[querela inofficiosi testamenti]와 같은 유언 처분의 제한과 같은)을 별론으로 한다면, 이러한 인상은 타당한 것이다.

II. 사법상私法上 로마법의 원리

1. 법제도의 개발과 적용에 있어서의 절용성

이하에서는 각론적으로 단순성이라는 로마법의 원리를 추적해 보고자 한다.[5] 이 원리는 특히 사법私法의 영역에서 분명히 드러나는데, 거기에서는 법제도들의 발전 및 적용과정에 있어서 엄격한 때로는 거의 강제적이라 할 수 있을 정도로 절용성節用性의 원리가 관찰된다.[6] 하나의 법제도가 여러 목적에 봉사해야 했다. 상이한 형태의 생활관계가 동일한 법규칙에 따라야만 했다.

로마사법私法은 단지 두 종류의 인적 단체만을 알고 있었다. 조합(societas)과 사단이 그것이다. 게르만 단체법상의 풍부함과 다양성은 로마인들에 의해서는 전혀 추구되지 않았던 것이다. 단 한 가지 형태의 공유관계(communio)가 존재했는데, 이것은 공동상속

---

5 상세는 Jhering, III/1, 176면 이하 참조. 그러나 예링은 그 문제를 본질적으로 다르게 다룬다.

6 예링은 "법적 절용성"(III/1, 236면 이하)을 다른 견지에서 다룬다(해석법학과 예방법학의 관점에서만).

인들이나 동업자들과 여타의 우성공유偶成共有(communio incidens)였다. 그리고 단일한 소유권만이 존재했다. 토지소유권과 동산소유권 간에는 원칙적으로 구별이 없었다. 비록 고전기 법상 악취물握取物(res mancipi)과 비악취물非握取物(res nec mancipi) 간에 구분이 있기는 하였고, 속주로 된 지방 토지가 특별한 규율대상으로 되기는 하였으나, 이러한 차이점들도 유스티니아누스 치세에서는 사라졌다. 그 대상이 토지이든 동산이든, 점유질이든 비점유질이든 하나의 질권만이 있었다. 채권법상 임약賃約(locatio conductio: 임대차, 고용, 도급의 총칭), 절도(furtum)와 침욕侵辱(iniuria)의 경우들에서의 과감한 축약과 통일화는 주목되어야만 한다. 고용과 임대차 사이에 아무런 구분이 행해지지 않았다. 도급과 고용, 그리고 임대차가 동일한 유형의 계약으로 합쳐졌다. 절도(furtum)는 그 어원이 보여주듯,[7] 원래 단지 보관의 침해, 즉 동산을 취거取去(= 운반)하는 것만을 의미했다. 인위적으로, 게다가 그 기원을 거스르면서까지 "절도"라는 용어는 횡령도 포함하는 것으로 확장되었다. 비록 실패하기는 했지만, 사비누스[주활동시기: 20-60]는 부동산 점유를 박탈하는 것도 절도로 다루려고 하였다.[8] 원래 침욕侵辱(iniuria)은 신체침해만을 의미하였으나, 고전기 법에서는 그 개념은 모든 고의적인 인격침해를 포함하게 된다. 고전기 법상 그리고 나아가 유스티니아누스법상의 부당이득 사안에서의 이득반환청구소권(condictio)은 이질적인 사안들을 포함하는데, 이와 같은 현상은 아마도 오직 로마에서만 창안될 수 있었을 것이다. 친족법에서는 부부재산제가 여기에서 언급되어야만 한다. 공화정기와 고전기 법은 두 종류만을 알고 있었다. 즉 수권혼(manus혼)의 경우 처妻는 재산무능력이었고,[9] 자유혼의 경우 별산제 및 남편의 단독소유로 되는 혼인지참재산(dos) 제도가 적용되었다. 이미 고전기에는 혼인지참재산제도만이 실무상 존재했는데, 유스티니아누스법에서 수권혼이 폐지되면서 그것이 또한 법적으로 유일한 것이 되었다. 이것을 거의 경구警句가 되어 버린[10] 미로같이 복잡한 게르만의 혼인재산법과 비교해 보라. 독일 민

---

7 Mommsen, *StrafR*. 733.

8 Mommsen, 740; Siber, § 89.

9 처(妻)가 보유하고 취득한 모든 재산은 남편의 단독소유로 된다.

10 Neubauer, *Das in Deutschland geltende eheliche Güterrecht* (제2판, 1889) 및 *Motive zum Familienrecht*

법전조차도 무려 다섯 가지 제도를 알고 있는데, 이러한 대단히 복잡한 제도들을 공부한 사람이라면 다시금 로마법을 공부하게 되었을 때 로마법의 단순함과 명료성에 관한 설명이 필요치 않을 것이다. 마지막으로 상속법과 관련하여 로마시민법은 무유언의 경우에 단 한 가지 상속제도만을 알고 있었다. 두 번째 제도가 명예관법(ius honorarium)상 발전되기는 했으나(무유언 유산권[bonorum possessio sine tabulis]), 유스티니아누스는 두 가지 제도를 그의 신칙법집 118에 통합시켰다. 이것과 게르만 무유언상속제도의 방대한 분량은 대조적이다.[11] 고전기 법은 단 한 가지 방식의 정규방식 유언만을 인정하였는데, 공적公的 유언(소집된 민회에서의 유언[testamentum calatis comitiis]과 출정을 앞둔 군인의 유언[testamentum in procinctu])이 초기에 폐지되었고, 오직 악취행위 방식의 유언만이 남게 되면서 그렇게 되었다.[12] 여기에서도 명예관법이 "법정관법상의 유언"(의依유언 유산권[bonorum possessio secundum tabulas])을 발전시켰고,[13] 고전기 이후 법은 다시금 두 가지 유형의 공적 유언을 만들었는데(황제재가유언[testamentum principi oblatum]과 공부公簿등록유언[testamentum apud acta conditum]),[14] 이는 사적私的 유언제도가 기원후 첫 3세기 동안의 고도로 발전된 문화에서만 전적으로 적합하였기 때문이다. 고전기 법이 유일하게 인정한 특별방식 유언은 군인유언이었다. 이어서 네 가지 방식의 특별방식의 유언이 고전기 이후 법에서 발전되었다.[15] 마지막으로 실제 상속 사안에서, 로마법은(군인유언을 우대한 단 하나의 예외만 인정), 언제나 오직 하나의 유언만이 존재한다는 원리

---

d. BGB, 134면 주를 참조.

11 Stobbe-Lehmann, *Deutsch. Priv. R.* 5, § 289 이하.

12 Gai.2.101-3.

13 Kunkel, § 201; Buckland, 284; Jolowicz, 255.

14 Kunkel, § 202.

【역주】 C.6.23.19.pr.-1 Honor./Theodos. (a. 413)

pr. [Testamentum principi oblatum] Omnium testamentorum sollemnitatem superare videatur, quod insertum mera fide precibus inter tot nobiles probatasque personas etiam conscientiam principis tenet. 1. [Testamentum apud acta conditum] Sicut igitur securus erit, qui actis cuiuscumque iudicis aut municipum aut auribus privatorum mentis suae postremum publicavit iudicium, ita nec de eius umquam successione tractabitur, qui nobis mediis et toto iure, quod nostris est scriniis constitutum, teste succedit.

15 Siber, § 112; Buckland, 286면.

를 굳게 고수하였다. – 두 번째 유언은 유언자에 의하여 완전히 그리고 법률상(de iure) 첫 번째 유언을 없애버린다: "아무도 두 개의 유언을 남기고 사망할 수 없다(nemo cum duobus testamentis decedere potest)."[16] 오늘날 민법전상의 상이한 제도들에 의하여 당사자들과 법관들에게 강요되는 성가시고 때로는 어려운 쪽모이(patchwork) 같은 상속제도는[17] 단순성과 명확성을 추구하는 로마인들에게는 맞지 않았을 것이다.[18]

이러한 통합화 시도는 때때로 다른 경향에 의해 차단되었다는 것이 인정되어야만 한다. 고전기 법상의 세 가지 방식의 보증제도(금전신용 위임[mandatum pecuniae credendae][19]을 포함하면 네 가지)는 거의 필요가 없었다. 그러나 그것들은 계속하여 발전하였고, 로마인의 보수적인 성향은 그것들이 불필요하게 되었을 때에도 옛 방식들(서약보증[sponsio]과 신약信約보증[fidepromissio])을 폐기하는 것을 꺼렸다.[20] 다른 한편 부인婦人후견(tutela mulierum), 미성숙자 후견(tutela impuberum)과 미성년성숙자 보좌(cura minorum)는 상당한 이유로 인해 상호 간 신중하게 구별되었다. 여러 형태의 다양한 유증들도 유언자의 처분 자유의 필요성에 부합하는 것이었다. 유스티니아누스는 이러한 많은 고전기 법상의 구별을 폐지하였고(그는 단지 한 가지 형태의 보증제도인 신명信命보증만을 보존시켰다), 부인婦人후견을 없앴으며, 유증법을 통합시켰고,[21] 심지어 신탁유증(fideicommissa)을 유증에 융합시켰다.[22] 통합과 단순화를 위한 노력의 측면에서는 그는 고전기 법률가들의 진정한 계승자였다.

---

16 Siber, 346; Kunkel, § 201; Buckland, 330. 그러나 이 법규칙의 정식은 고대의 것이 아니다.

17 프랑스 민법전 제1036조, 이탈리아 민법전 제920조, 독일 민법전 제2258조, 스위스 민법전 제511조. 그러나 오스트리아 민법전 제713조는 로마법과 유사하다. 또한 *Motive zum BGB* (Mugdan, *Materialien* V, 161)도 참조.

18 Dernburg, *Pand.* III, § 57.

19 **【역주】** 어떤 사람으로 하여금 제3자에게 금전을 대부하도록 하는 지시(mandare alicui ut credat). 이는 위임인 측에게 그러한 거래로부터 발생하는 손실에 대해 수임인을 보증할 채무를 발생시켰고, 그에 따라 그러한 위임(mandatum qualificatum; '신용위임')은 위임인을 수임인의 보증인으로 만들었다.

20 후술할 95면 이하 참조.

21 Inst.2.20.2: "ut omnibus legatis una sit natura."

22 Inst.2.20.3: "necessarium esse duximus omnia legata fideicommissis exaequare, ut nulla sit inter ea differentia."

2. 간결함에 대한 로마인들의 정서, 명쾌하게 한정된 정의로서의 법개념 사용, 혼합적 표현의 회피

전술한 법제도 정립에 있어서의 절용성의 지향과 아울러 법개념을 강력하고 예리하면서 명확하게 정의定義된 대조개념으로 표현하고자 하는 노력과 혼합된 형태를 피하고자 하는 노력이 나타난다. 이러한 것은 간결함을 지향하는 로마인의 정서와도 부합한다.

사단과 조합(societas)은 상호 간에 훌륭한 대조개념이고 여전히 그러한데, 게르만법학자들의 과장된 언명은 제쳐두고서라도 그러하다.[23] 로마법은 이러한 두 개의 단체 형태가 혼합된 형태를 알지 못한다.[24] "소유와 점유는 아무런 공통점도 없다."[25] 점유특시명령에서 점유할 권리에 기한(ex iure possidendi) 항변의 배척은 소유와 점유 준별의 엄격함을 특히 명확하게 보여준다. 이와 대조적으로 게르만법상의 게베레gewere는 중간적 법형상이다.[26] 두 개의 거대한 대척 – 물권과 채권 – 사이에 중간자는 없다. (채무자 이외의) 제3자에게 효력 있는 채권은,[27] 특정한 제3자에게 효력이 없거나 단지 대가변상청구권으로서만 효력 있는 물권과[28] 마찬가지로 로마법상 알려지지 않았다. 법률행위는 유효

---

23 로마의 단체는 현대적 의미에서의 법인은 아니고 합수(合手, Gesamthand)이다. Beseler, *SZ* 45, 188; Schnorr v. Carolsfeld, *Geschichte d. jur. Person* I, 203 및 320 주 3. Mitteis, I, 342 이하, 345는 게르만법상의 단체관념(Genossenschaft)이 로마인들에게 낯설지 않았다는 것을 보여주었다.

24 유스티니아누스법에 이르러서야 조합이 명시적인 계약조항에 의하여 조합원의 탈퇴에도 존속하게 되었다. Windscheid, *Pand.* II, § 408 주 19; Siber, § 207.

25 "Nihil commune habet proprietas cum possessione": D.41.2.12.1; 이 규칙은 고전기 이후의 "법리칙 법학"(전술한 60면) 때까지 정식화되지 않았지만(Beseler, *SZ* 45, 479), 그것이 담고 있는 원리는 고전기의 것이다.

26 게베레 소송은 순수한 점유소송이 아니다: Gierke, *DPR* II, 203면 이하. Holtzendorff-Kohler, I, 226 이하도 보라.

27 그러한 법형상으로 가령 독일민법 제556조 제3항, 제604조 제4항, 제571조, 제822조. 오래된 보통법상의 관행인 대물권(對物權, ius ad rem)(Dernburg, *Pand.* II, § 3 말미; Gierke, *DPR* II, 610)도 고전기 법은 알지 못하였다. 고전기 이후의 법에서는 그와 같은 경향이 다소 나타난다: Mitteis, I, 88 (구판); Klingmüller, *SZ* 44, 211 이하; Beseler, *SZ* 50, 66 이하. (비고전적인) 대물적 기재소권(actio in rem scripta)에 대하여는 후술할 86면 주 46 참조.

28 로마인들은 대가변상청구권(Lösungsrecht)을 동방 민족법에서 발견하기는 하였다. 고전기 이후법은 그 영향을 전적으로 피하지 못하였다. 대가변상청구권에 관하여는 Martin Wolff, *Sachenrecht* (9. Bearb. 1932), § 68 iv; 고대법에 대하여는 Felgenträger, *Antikes Lösungsrecht* (1933)을 보라. Felgenträger에서

이거나 무효였다. 상대적 무효는 고전기 법에는 알려지지 않았다.[29] 물권의 내용에 채권을 포함시키지 않기 위한 주의도 기울여졌다. 토지와 병존하는 (차임지급 등의) 작위의무는 이러한 이유로 거부되었고, 용익권자의 의무를 발생시키기 위하여는 특별한 문답계약(용익역권자의 담보문답계약[cautio usufructuaria])[30]이 필요하였는데, 이는 점유질채권자의 의무를 발생시키기 위하여 특별한 "요물계약"이 요구되었던[31] 것과 마찬가지이다. 소유권과 타물권他物權(iura in re alena) 사이의 중간 형태 – 자기 물건에 대한 제한물권(소유자 역권, 소유자 질권) – 는 로마인들에게 알려져 있지 않았다. 약혼은, 게르만법과 대조적으로,[32] 혼인의 효력이 전혀 없었고,[33] 단지 장래의 혼인체결에 관한 계약이었다. 다른 한편 혼인의 모든 법적 효력은 혼인체결과 동시에 뒤따랐다. 게르만법상에 포함된, 혼인의 효력은 동거[34]나 자子의 출산 후에[35] 발생한다는 생각은 거부되었다.[36] 혼인과

언급되지 않는 비고전적인 대가변상청구권은 D.30.109.1을 보라. 이에 관하여는 Beseler, *SZ* 50, 66.
【역주】 D.30.109.1 Afr. 6 quaest.
Heres, cuius fidei commissum erat, ut mihi fundum aut centum daret, fundum Titio vendidit: cum electio ei relinquitur utrum malit dandi, ut tamen alterum solidum praestet, praetoris officio convenire existimo, ut, si pecuniam Titius offerat, inhibeat fundi persecutionem. ita enim eadem causa constitueretur, quae futura esset si alienatus fundus non fuisset, quando etiam adversus ipsum heredem officium praetoris sive arbitri tale esse deberet, ut, si fundus non praestaretur, neque pluris neque minoris quam centum aestimaretur.

29 아일리우스-센티우스법(lex Aelia Sentia)에 위반한 노예해방은 무효이다(Schulz, *SZ* 48, 259). 부부간 증여도 무효이다(Siber, *SZ* 53, 107, 109 이하 참조).

30 **【역주】** 용익역권자가 자신의 의무를 이행하고 용익역권자로서의 권리를 남용하지 않을 것을 용익역권이 설정된 물건의 소유자에게 보장하는 것을 내용으로 하는 문답계약(D.7.9).

31 이에 관하여는 Jhering, III/1, 194. 독일민법전상 그러한 의무들은 법규정 자체에서(ipsa lege) 물권으로부터 발생한다[법정채권관계 성립]. 채권법상 질권계약(contractus pigneraticius)은 없다. 이것은 게르만법관념과 일치한다: Gierke, *DPR* II, 613 이하.

32 Stobbe-Lehmann, *Deutsches Pr.R.* IV, 19; Volterra, "Per la storia dell'accusatio iure mariti vel patris", *Studi Cagliari* 17 (1928), 48면 주도 보라.

33 약혼 중의 성적 성실 위반 행위는 간통이 아니다: Coll.4.6.1과 그에 관한 Volterra, 전게서, 별쇄본 48면 및 50면, 그리고 "L'adulterum della sponsa", *Studi Bonfante* II, 111 이하. Bonfante, *Corso* I, 228은 만족스럽지 못하다.

34 Stobbe-Lehmann, 32, 44, 47 이하.

35 Stobbe-Lehmann, 137 이하.

36 "Nuptias non concubitus, sed consensus facit"(혼인은 동거가 아니라 합의가 만든다): D.35.1.15 (= D.50.17.30). 이 규칙도 고전기 이후의 '법리칙법학'의 산물이지만(Levy, *Hergang der röm. Ehescheidung*,

비혼인. 이것은 로마인들이 약화시키기를 원치 않았던 강력한 대조개념인 것이다. [적법한 혼인이 아닌] 내연內緣(concubinatus) 개념도 아우구스투스 입법의 인위적 창안물이었다.[37] 상속법상 무유언상속과 유언상속은 분명하고도 양립할 수 없는 대조개념을 구성하였다. "아무도 일부는 유언으로 일부는 무유언으로 사망할 수 없다(nemo pro parte testatus pro parte intestatus decedere potest)." 상속인으로서의 상속과 유증 간의 대조는 매우 확연하였다. 상속인의 경우 유언자의 전재산이 그에게 법률상 당연히(ipso iure) 상속시로부터 승계되었다. 수유자는 상속인(들)을 상대로 하는 청구권이나, (물권적 유증[per vindicationem]의 경우에는) 상속인 측에 대한 소송 없이 그에게 이전된 소유권을 가졌는데, 다만 특정물유증이거나 유언상속인이 존재했던 경우에만 그러하였다. 특정재산상속인(heres ex re certa)[38]과 피상속인의 재산 일부를 각각 별개의 상속인이 상속하는 것은[39] 거부되었다. 상속인은 상속채무에 관하여 책임이 있었으나, 수유자는 그렇지 않았다. 가능한 타협책은 상속인의 책임이 상속재산 자체나 그 가치로 제한된다는 것이었을 것이다. 그러나 주지하듯이, 상속재산목록작성의 특전(beneficium inventarii)에 의하여 상속인에게 책임제한의 가능성을 부여한 최초의 사람은 유스티니아누스였다.

물론 로마법에서도 일정한 혼합된 법적 구성물이 있었다는 사실은 부정할 수 없다. 푸블리키우스 소권(actio Publiciana)[40]은 점유소권이었으나 이와는 별도로 소유물반환청구소권(rei vindicatio)처럼 취급되었다. 노예에 준하는 상태에 있는(in mancipio: 솔가권率家權에 복속하는) 가자家子는 공법상으로는 자유인이었으나 사법상으로는 비자유인이었다.[41]

---

70), 그럼에도 불구하고 우리의 목적을 위하여 사용될 수 있다.

37 Kunkel, § 178; Siber, § 44; Buckland, 128 이하.

38 M. David, *Studien zur heredis institutio ex re certa* (1930); Beseler, *Studi Riccobono* I (1932), 294면.

39 게르만 상속법상 특별승계에 대하여는 Gierke, in Holtzendorff-Kohler I, 290; Stobbe, *Handbuch* V (1885), 5면 이하.

40 **【역주】** 악취물의 소유권양도에 필요한 악취행위를 하지 않았거나, 양도인이 소유자가 아니었기 때문에 소유권취득을 할 수 없었던 자가 제3자로부터 점유를 침탈당한 경우, 마치 점용시효취득이 완성되어 소유자가 된 것처럼 의제하여 보호하였던 법정관법상의 소권.

41 Mommsen, *Jur. Schr.* III, 5 이하; Bonfante, *Corso* I, 136 이하; Buckland, 134; Jolowicz, 244.

미성숙자를 위한 상속인 보충지정(substitutio pupillaris)은 부父의 상속인지정이기도 하면서 동시에 미성숙 자子의 상속인지정이기도 하다.[42] 포괄신탁유증(fideicommissum hereditatis)은, 트레벨리우스 원로원의결(SC. Trebellianum, 기원후 56년)[43] 및 페가수스 원로원의결(SC. Pegasianum, 기원후 73년경)[44]에 따르면 상속인으로서의 상속과 수유자로서의 상속 간의 절충형이다.[45] 그러나 이러한 경우들은 고전기 법에서는 비교적 드물다. 다른 한편으로 고전기 이후와 특히 유스티니아누스 치세[527-565]에는 혼합형태로의 결정적 성향을 발전시켰다. 제3자를 상대로 효력이 있는 대인소권(actio in personam)의 의미에서 대물적 기재소권(actio in rem scripta)은 고전기 이후의 산물이다.[46] 유스티니아누스법상 점유할 권리로부터 파생된 항변들이 때로는 점유소송에서 허용되었다.[47] 혼인지참재산소권

---

42 Kunkel, § 204; Siber, § 114 말미; La Pira, *Studi Bonfante* III, 273 이하; Buckland, 300.
【역주】 로마의 유언 관행상 미성숙자에 대한 상속인 보충지정(substitutio)은 두 가지로 나뉘어진다. 하나는 "상속인지정된 미성숙자가 상속인이 되지 않으면 보충상속인이 (나의) 상속인이 되어라"라고 지정하는 것이고 (substitutio vulgaris 방식: A가 상속인이 되지 않으면 B가 상속인이 되어라), 다른 하나는 "미성숙자가 상속인이 되는데 성숙기 전에 사망하면 보충상속인이 (미성숙자의) 상속인이 되어라"라고 지정하는 것이다(substitutio pupillaris 방식).

43 **【역주】** 포괄신탁유증은 상속인에 대하여 상속재산의 전부 또는 일부를 일정 기간 후 또는 사망시에 수익자에게 이전할 것을 신탁함으로써 성립하는데, 원수정 초기에 만들어졌다. 상속인은 그 의무를 이행하기 위하여 상속재산 매매의 문답계약(stipulationes emptae et venditae hereditatis)을 수익자와 체결한다. 이 경우 수탁상속인은 상속채무를 이행하여도 수익자가 무자력인 경우에는 구상권을 행사할 수 없게 되므로, 이 위험을 면하게 하기 위하여 트레벨리우스 원로원의결은 수익자에게 상속인의 지위(heredis loco)를 가지게 하고, 그 결과 상속인이 또는 상속인에 대하여 제기하는 소권은 수익자에 대하여 또는 수익자가 준소권으로서 행사할 수 있게 된다.

44 **【역주】** 페가수스 원로원의결은 수탁상속인의 상속거절을 막기 위하여 유언에 따라 신탁수유자에게 이전해야 할 신탁유증의 1/4을 보유할 권리를 수탁상속인에게 부여하였다. 유스티니아누스 황제는 트레벨리우스 원로원의결로 다시 복귀하였다.

45 Kunkel, § 227; Siber, § 116; Buckland, 351.

46 제3자를 상대로 한 강박원인소권(actio metus causa)은 고전기의 것이 아니다: Schulz, *SZ* 43, 240 이하; Lenel, *Edict*. 111. 그것의 고전기성을 정립해보려는 G. Maier의 시도(*Prätorische Bereicherungsklagen*, 91면 이하)는 사견(私見)으로는 성공적이지 못하다. 현재로서는 Beseler, *Studi Albertoni* I, 425; Kaser, *Krit. Vierteljahrsschrift* 3. F. 27 (1934), 87면; Kunkel, § 161을 보라. 제3자를 상대로 하는 폭력 또는 은비에 의한 공사복구의 특시명령(interdictum quod vi aut clam)도 고전기의 것이 아니다. Schulz, 전게서, 255 이하. 마찬가지로 제3자를 상대로 하는 우수방제소권(actio aquae pluviae arcendae)도 고전기 이후의 것으로 보인다: Beseler, III, 93 이하 및 IV, 282. 이견: Bonfante, *Corso* II/1, 449.

47 D.43.16.12 및 D.41.2.20 그리고 이 개소들에 관한 Pernice, *SZ* 19, 96 이하.
【역주】 D.43.16.12 Marcell. 19 dig.

(actio dotis)은 성신소권誠信訴權(actio bonae fidei)임에도 불구하고 문답계약소권(actio ex stipulatu)으로, 즉 고전기 법상의 처妻재산반환청구소권(actio rei uxoriae)과 역시 고전기 법상의 처妻재산담보문답계약(cautio rei uxoriae)에 기한 문답계약소권(actio ex stipulatu)의 혼합물(rei uxoriae actio in ex stipulatu actionem transfusa)로 해석되었다.[48] 징벌금소권(actio poenalis)과 물物추급소권(actio reipersecutoria) 사이에 혼합소권(actio mixta)이 있는데,[49] 이것은 일부는 징벌금소권이었고, 일부는 손해배상청구 소권이었다. 다른 많은 혼합형태들이 언급될 수 있을 것이다.[50]

3. 방식주의의 단순화 기능

마지막으로 문답계약과 유언의 형식주의도 단순성을 추구한 요소 중의 하나임이 분명하다. 고전기 법률가들은 상속인지정을 위하여 어떠한 제정법에도 규정된 바 없는 특별한 형식을 요구하였는데, 그 안에는 언제나 "상속인(heres)"이라는 단어가 포함되어 있어야만 했고,[51] 이로써 오늘날 예컨대 독일민법전(제2087조)[52]에서 발생할 수 있고 또

Colonus eum, cui locator fundum vendiderat, cum is in possessionem missus esset, non admisit: deinde colonus vi ab alio deiectus est: quaerebatur, quis haberet interdictum unde vi. dixi nihil interesse, colonus dominum ingredi volentem prohibuisset an emptorem, cui iussisset dominus tradi possessionem, non admisit. igitur interdictum unde vi colono competiturum ipsumque simili interdicto locatori obstrictum fore, quem deiecisse tunc videretur, cum emptori possessionem non tradidit, nisi forte propter iustam et probabilem causam id fecisset.

D.41.2.20 Marcell. 19 dig.

Si quis rem, quam utendam dederat, vendiderit emptorique tradi iusserit nec ille tradiderit, alias videbitur possessione dominum intervertisse, alias contra. nam nec tunc quidem semper dominus amittit possessionem, cum reposcenti ei commodatum non redditur: quid enim si alia quaepiam fuit iusta et rationabilis causa non reddendi, non utique ut possessionem eius interverteret?

48 C.5.13.1 Iust. (a. 530).

49 Siber, 225 및 그곳에 인용된 문헌; Albertario, *Introduzione*, 124.

50 이에 관하여는, Berger, "Interdicta mixta", *Onoranze al Prof. Simoncelli* (1915), 173면 이하 및 *SZ* 36, 198 이하, 217 이하. *RE*, col. 1615의 'Interdictum' 항목. 또한 전술한 83면 주 27 및 주 28 참조.

51 Gai.2.117.

【역주】 Sollemnis autem institutio haec est: Titius heres esto; sed et illa iam conprobata videtur: Titium heredem esse iubeo; at illa non est conprobata: Titium heredem esse volo; sed et illae a plerisque

실제로 발생하는 의문을 제거하였다. 다양한 유증의 종류 중 유언자에 의하여 의도된 것이 무엇인지는, 마찬가지로 유언작성에 있어서 사용된 정식定式으로부터 드러났다.[53] 문답계약 체결시 양 당사자의 참석의무는 [계약내용에 관한 당사자 간의] 오해를 극히 드물게 만들었고, 의사표시의 해석, 불합의 및 착오에 관한 복잡한 문제들을 뒤로 밀어낼 수 있었다.[54] 고전기 이후에는 단순성과 명확성을 증진시키는 것으로서의 방식의 기능이 더 이상 인정받지 못하였다.[55]

III. 공법

단일국가의 추구, 애향심과 분리주의 불허

공법에 관해서는 몇 마디면 충분하다. 로마의 국헌체계는 세 개의 중요하고 분명히 구별되는 기둥 위에 있었다. 즉 정무관, 민회, 원로원(원수정기에는 황제, 원로원, 그리고 정무관). 로마국헌체계의 과도한 단순성은, 국가의 관행이 국법(헌법)과 구별되는 경우 완전히 명확해진다.[56] 어떠한 경우에도 힘차고 때로는 과격하기까지 한 로마인들의 단일국가를 향한 투쟁은 매우 중요한 의미를 가졌다. 로마국이란 지리적으로는 로마정무관의 고권高權(imperium) 하에 있는 영토를 말하는데,[57] 단일 국가였고 이것을 계속 유지하였

---

inprobatae sunt: Titium heredem instituo, item heredem facio.

52 **【역주】** 독일민법 제2087조 [재산, 지분과 개별 목적물의 출연]

(1) 피상속인이 그의 재산이나 그의 재산의 지분을 피지명인에게 출연한 때에는, 피지명인이 상속인으로 표시되지 않은 경우에도 처분을 상속인지정으로 본다.

(2) 피지명인에게 개별 목적물만이 출연된 경우, 명백하지 않으면 그가 상속인으로 표시된 때에도 그가 상속인이 되어야 한다는 것을 인정하여서는 아니된다.

[이진기 편역, 한국 · 독일 민법전 상속편, 박영사(2019)]

53 Gai.2.193 이하.

54 이러한 이유에서 이와 같은 중요한 문제들이 사료상 불완전하게 다루어진다.

55 상속인지정에 있어서의 형식주의는 콘스탄티누스 황제에 의하여 폐지되었는데(C.6.23.15), 이에 대하여는 Siber, 114. 유증에 있어서의 형식주의도 동 황제에 의하여 폐지되었다(C.6.37.21). 문답계약과 관련하여서는 Kunkel, § 56을 언급하는 것으로 충분할 것이다. 후술할 249면을 보라.

56 Jhering, II, 280.

다. 로마제국은[58] 실제로는 로마국과, 자유롭지만 (국제법에 의해서가 아닌) 로마헌법에 의하여 로마국에 연합되는 로마국의 자유 동맹국으로 구성된 연방국가였다.[59] 그러나 이탈리아 동맹(라틴 동맹)은 동맹시 전쟁[기원전 91-88] 이후에 로마국에 병합되었다. (라틴 자치시들을 포함한) 이탈리아반도 밖의 자유시自由市들(civitates liberae)은 정치적 중요성이 없었거나 적어도 점차로 상실해갔다. 안토니누스 칙령(Constitutio Antoniniana. 기원후 212년. '카라칼라 칙령'이라고도 함)에 의하여 그들도 역시 단일한 로마국에 흡수되었다. 로마국 내에서는 로마국의 단일성과 자족성을 위태롭게 할 만한 어떠한 힘도 허용되지 않았다. 그리하여 아무도 로마 시민권과 다른 국가의 시민권을 동시에 취득할 수는 없었다: "우리 시민은 아무도 두 개의 시민체에 속할 수 없다(duarum civitatum civis noster esse nemo potest)."[60] 게다가 지방 자치시 정부가 상당한 정도로 허용되었지만 정치적 분리주의는 성장할 수 없었다. 특히 속주화된 지방에 대한 애향심이나 분리주의는 살아남을 수 없었다.[61] 지방의회는[62] 존재했으나(확실히 안토니누스 칙령[기원후 212년] 당시까지는), 지방 전체를 대표하지 못하였으며, 특히 그중에서도 지방의 로마시민공동체는 통상

---

57 Mommsen, *StaatsR*. III/1, 688면 이하 및 826면.

58 로마인들은 이에 대한 확립된 용어가 없다: Mommsen, 전게서, 826. 몸젠은 용어법을 혼용한다: 826면과 656면에서는 "Reich"라는 용어를 우리 본문의 의미로 사용하지만, 688면에서는 "römisches Reich"라는 표현으로 "로마국"을 의미한다.

59 오늘날 국가론의 의미에서; 그 법적 지위에 관하여는 Mommsen, 653 이하, 665를 보라.

60 Cicero, *Pro Balbo*, 11.28. 대륙법률가들은 "아무도 일부는 유언으로 일부는 무유언으로 사망할 수 없다(nemo pro parte testatus pro parte intestatus decedere potest)"와 "아무도 두 개의 유언서를 가지고 사망할 수 없다(nemo cum duobus testamentis decedere potest)"는 규칙을 떠올린다. 문헌: Mommsen, *StaatsR*. III, 48면 및 699면; Pais, "Cittadinanza romana e cittadinanza attica", *Dalle guerre puniche a Cesare Augusto* (1918), 349면 이하; Stroux-Wenger, "Die Augustusinschrift auf dem Marktplatz von Kyrene", *Abh. d. Bayr. Akad. d. Wiss*. 34 (1928), 57면.

61 v. Arnim, *Leben u. Werke des Dio v. Prusa*, 117면; Paul L. Strack, *Untersuchungen zur römischen Reichsprägung* II (1933), 141.

62 지방의회에 관해서는 Marquardt, *Röm. Staatsverwaltung* I (제2판), 503 이하; Mommsen, *Röm. Geschichte* V, 86; Dessau, *Geschichte d. röm. Kaiserzeit* II/2, 494면; *RE*, 803면 이하의 Kornemann이 심도 있게 집필한 'concilium' 항목 및 Mommsen, *Ges. Schr*. V, 552 이하의 미완 논문; Larsen, "The Position of Provincial Assemblies", *Classical Philology* 29 (1934), 209면. 또한 Bryce, *The Ancient Roman Empire and the British Empire in India* (1914), 30면; *Cambridge A. H.* 10, 220, 605.

배제되었다.[63] 그러나 안토니누스 칙령 이후에도, 지방의회가 지방 전체(확실히 지방자치시도 포함)의 대표를 포함하게 되었지만, 지방의회는 관료제의 상대로서는 매우 적은 권한만을 취득하였다. 지방 로마인들은, 그들이 그러한 지방자치시 시민으로서 살지 않았던 한, 조직은 되었으나 그들의 회집(conventus)은 정치적 중요성을 전혀 갖지 못하였다.[64] 지방에 거주하는 로마인들은 로마 민회에서의 투표도 사실상 배제당했는데, 투표권이 로마시에서만 행사 가능했고, 지방에서는 불가능했기 때문이다.[65] 이러한 단일국가 내의 통일적인 법은 단지 로마시민만을 위한 것이었고, 거의 예외 없이 이들을 위한 것이었다.[66] 카라칼라(Caracalla, 재위: 211-217)의 시민권의 일반적 부여는 제국 내에서의 형식적 법통일을 초래하였다. 이것은 확실히 기원후 2세기 이후의 로마의 경향에 부합하는 것이었지만, 더 나은 시기의 위정자들이라면 카라칼라의 고압적인 횡포를 피하였을 것이고 그와 동시에 그의 칙령이 당장 초래하였을 혼란도 피하였을 것이다.[67]

Ⅳ. 단순성과 명료성을 추구하는 로마적 표현으로서 로마법상의 개념

민회법률의 문체, 원로원의결 및 고시의 문체, 고전기 법문헌의 문체, 칙법의 문체, 유스티니아누스 칙법의 문체

끝으로 단순성과 명료성을 추구하는 로마인들의 노력이 표현된 로마법의 문체들을 일별하고자 한다. 우리가 다루고 있는 시기에 민회에서 통과된 로마 법률들의 문체는, 명료한 사고의 표현은 오직 세세하고 장황한 정식화를 통해서만 달성될 수 있다고 생각

---

63 따라서 몸젠은 전술한 미완논문 553면과 555면에서 Kornemann, 812에 반대한다.

64 이러한 회집(conventus)에 관하여는 *RE*, col. 1180면 이하에 있는 Kornemann이 집필한 'conventus' 항목을 보라.

65 이러한 중앙집중화의 정치적 불이익에 대하여 M. Gelzer, *Gemeindestaat und Reichsstaat in der röm. Geschichte* (Frankfurter Univ.-Rede 1924), 16면을 보라.

66 예외: 자치시법, 도백(道伯)의 지방특별규칙, 황제입법에 의한 지방특별규칙; 가령 Gai.1.185와 195; 1.20; 2.31; 3.121a, 122.

67 Mitteis, *Reichsrecht und Volksrecht*, 159 이하 참조.

했던 당시의 소심한 법학에서 비롯하였다.[68] 공화정 말기의 보다 자유로운 법학에는 다른 법률용어법이 더 적절하였을 것이다. 그러나 – 보수적인 성향에 기인하였든 아니면 민회에서 통과된 제정법이 법학에서 단지 적은 역할만 하였기 때문이든[69] – 로마법률가들은 법률안의 초안작성을 서기들(scribae)에게 계속 맡겨두었는데,[70] 그들은 장식적 문체를 포기하려고도 하지 않았을 뿐더러 그렇게 할 수도 없었다. 원로원의결과 더욱이 법정관 고시에서는 단순성과 명료성으로 전환하는 조짐이 나타나는데,[71] 무엇보다도 고전기 말까지의 모든 법문헌들의 문체는 단순성, 통일성과 단일성에 대한 로마인들의 성향을 충실하게 반영한다.[72] 이 문체는 – 오늘날에는 반론의 여지가 없는 것으로 생각될 만큼 – 공화정 말기와 제정기의 언어적 인위성을 기본적으로 반대하고, 명료성, 단순성과 명확성에 결정적 강조를 두고 있는 특수한 문체이자, 학술적 문체이다.[73] 고전기 법률가들의 특유한 어휘들이 이와 부합한다. 로마법률가들은 잘 사용되지 않거나,[74]

---

68 예로 전술한 55면. 가장 근사(近似)한 것으로는 영국제정법의 형태이다: Bryce, *Studies* (전술한 3면 주 6) II, 329 이하; Allen, 286.

69 전술한 9면 이하를 보라.

70 내가 아는 한 이에 대한 직접적인 증거는 없지만(Cicero, *De leg*. 3.20.46은 여기에 해당하지 않는다), 우리는 그렇다고 상정해야만 하는데, 왜냐하면 그렇지 않다면 법률에서 사용된 문체가 그와 같이 일관적일 수 없기 때문이다. 이러한 서기들(scribae)은 (키케로가 때때로 경멸적으로 부르는) 필사가들(librarii)이 아니지만, 중세적 의미에서 "Urkundsbeamten der Geschäftsstelle" 또는 "Schreiber"일 것이다. 그들은 평판이 좋은 신사이고(Cic. *In Verr*. II 3.78, 182 이하), 때로는 자신을 iuris prudentes라고 불렀다. Mommsen, *StaatsR*. I, 346 이하 참조. 영국의 법안작성자들(draftsmen)에 대하여는 Allen, 287면 참조.

71 물론 그 문체는 완전히 통일적이지는 않은데, 왜냐하면 의결 및 개별 고시는 다른 시대에 기원하기 때문이다.

72 이에 대하여 다음 문헌을 참조: Zimmern, *Geschichte des röm. Privatrechts* I (1826); Schulz, *Einführung*, 58; Albertario, *Introduzione*, 50 이하.

73 Beseler, *Tijdschrift* 10, 162 이하; Seckel, *Das röm. Recht und seine Wissenschaft*, 9면. Kalinka, *SZ* 47, 319 이하에도 불구하고, 나는 *Einführung in das Studium der Digesten* (1916), 43면에서 논한 것 중 아무것도 철회하지 않는다. 후속 연구가 그곳에 서술된 것을 완전하게 확증시켰다. Quintilian, *Inst*. 5.14.34 및 11.2.41은 법률가 어법의 독자성을 명시적으로 강조한다.

74 malitas라는 단어는 모든 라틴문헌 중에서 딱 한 번만 나온다(D.4.2.5). fraudulosus도 마찬가지이다(D.47.2.1.3). 두 개소들은 모두 수정되었다. 전자에 대하여는 Schulz, *SZ* 43, 182면을, 후자에 대하여는 전술한 54면 주 43을 보라. per eminentiam은 Epit. Ulp. 11.3에서만 나온다. 이에 대하여는 Schulz, *Epit. Ulp*., 35면.

고어체이거나[75] 잠시 유행하는[76] 단어와 구절들을 배제할 뿐만 아니라, 고급라틴어의 일부를 형성하는 비법률 문헌에서는[77] 관행적으로 사용되는 단어와 구절들도,[78] 언어에서조차도 절용성節用性을 추구하던 고전기의 경향으로 인하여, 그들에 의하여 전적으로 또는 가능한 한 회피된다. 이러한 사실들을 밝힌 주된 공적은 베젤러(Georg Beseler, 1809-1888)에게 있다.[79] 아직 연구가 완전히 끝난 것은 아니고[80] 베젤러의 업적에도 비판이 가해질 것이 분명하지만, 그의 요지는 다툼의 여지없이 정확한 것이다: "하지만 단순하고 통일적이어야 한다(simplex dumtaxat et unum)' 이것이 여기에서도 고전기 법률가들의 표어이다." 『울피아누스 초록(*Epitome Ulpiani*)』[81]이 보여주듯이, 심지어 고전기 이후의 법률가들조차 고전기의 문체로부터 매우 서서히 멀어져갔다. 칙법의 문체는 아직까지 충분하게 연구되지 못하였다.[82] 그것은 고전기 법문헌의 문체와 동일하지는 않지만, 디오

---

75 공화정기 법률가 투베로는 고문체를 선호하였지만, 그러한 이유로 거부되었다(D.1.2.2.46: "sermone etiam antiquo usus affectavit scribere et ideo parum libri eius grati habentur").

76 예컨대 humanitas는, 키케로의 저술들 특히 그의 서한들을 살펴보면 매우 유행되는 단어였다. 고전기 법률가들은 그 단어를 전적으로 회피하였다: Guarneri Citati, *Indice*, v. "humanitas". 또한 후술할 208면을 보라.

77 Quintilian, *Inst*. 11.2.41은 법률가들이 선호하는 문체는 "일상 화법과는 상당히 먼(magis ab usu dicendi remota)"이라고 명시적으로 말한다.
【역주】 원저의 오식 두 건을 바로잡았다(Inst. 11.2.40→Inst. 11.2.41; discendi→dicendi).

78 배우자를 뜻하는 "coniux" (고급 라틴어)라는 단어는 법률가들에 의하여 회피되었다. 그 단어는 법률가들의 저술에서 딱 2번만 나온다: D.30.37.pr.(당사자 중 일방의 질의에서, 그러므로 법률가들의 문체로 여겨질 수 없다)와 D.7.8.12.5 (아마도 부진정)(Beseler, *Studi Bonfante* II, 63 주 6 참조). 거부를 의미하는 "repulsa"는 키케로가 딱 한 차례 법률가들의 저술에서 사용하였다: Fr. Vat. 294.2 (부진정)(Siber, *SZ* 53, 103). Beseler, *SZ* 56 (1936), 28 이하도 보라.

79 *Beiträge zur Kritik der römischen Rechtsquellen*, 1-5; *SZ, Tijdschrift voor Rechtsgeschiedenis*, 기념논문집들에 실린 다수의 논문들.

80 언젠가 고전기 법률가 용어법사전이 만들어져야 할 것이다. Guarneri Citati가 집필한 *Indice delle parole, frasi e costrutti ritenuti indizio di interpolazione nei testi giuridici romani* (1927) 및 *Studi Riccobono* I (1934), 710면 이하에 수록된 부록(supplemento)은, 그 제목이 보여주듯이 문헌모음이고 그 자체로 학문적 연구에 훌륭한 도움이 된다. 그러나 이 문헌은 비판적으로 검토되어야만 한다. 일부는 삭제되어야만 한다.

81 Schulz, *Epitome Ulpiani*, 12면.

82 이에 관하여는 Vernay, "Note sur le changement de style dans les constitutions impériales de Dioclétien à Constantin", *Études d'histoire juridique offertes à P. F. Girard* II (1913), 264면 이하; Krüger, *Geschichte*, 312; Albertario, "Da Diocleziano a Giustiniano", *Conferenze*, 324면.

클레티아누스 치세[284-305]까지 그리고 그 시기를 포함하여 거의 법문헌의 문체와 연관성이 있다. 이후에 콘스탄티누스[재위: 306-337]와 그의 후계자들 치세에는 칙법의 문체마저도 고전기의 전통을 깨고 과장되고 혐오스러운 수사학으로 나아갔는데, 문체면에서도 고전법으로의 회귀를 시도한 사람이 바로 유스티니아누스였다. 그의 칙법은, 비록 고전 라틴어로 되어 있지는 않지만, 눈에 띄게 단순하고 4세기와 5세기에 나온 칙법들에 비하여 덜 과장적이다.

06 전통

너무나 순간적인 것은 지나가게 내버려 두라!
너희들은 헛되이도 그런 것에서 충고를 찾고 있구나:
지나간 것 속에 유용한 것이 살아있고,
아름다운 행위 속에 영원히 전해진다.
그리하여 그 생동하는 존재는
이어지고 이어져서 새로운 힘을 얻는다;
변하지 않는 마음, 그것만이,
그것만이 인간을 영속하게 한다.
- 괴테.

I. 로마인들의 삶과 로마법상의 전통, 로마의 원리

전통은 로마인들의 삶 속에서 커다란 힘을 가지고 있다.[1] 진중함(gravitas)과 굳건함(constantia)은 로마인들의 근간이 되는 덕목이다.[2] 로마인들은 진지하면서도 즐거운 마음으로 부조父祖의 관습을 지키고, 그것들을 종종 원용하고, 선조들의 관습에 따를 때 그들은 안심하고 안정감을 느낀다.[3] 그리고 거기에서 벗어난다는 것은 미심쩍은 일이고, 로

---

1 (다른 모든 것을 대신하여) W. Kroll, *Kultur der ciceronischen Zeit*, 곳곳. 특히 I, Kap. 2 "Die Macht der Tradition"; F. Münzer, *Röm. Adelsparteien* (1920), 409면을 보라.

2 Cic. *Pro Sestio*, 67.141: "nos in ea civitate nati, unde orta mihi gravitas et magnitudo animi videtur. (우리는 진중함과 마음의 도량이 기원하는 것으로 내게 보이는 이 공동체에서 태어났다)". *Tusc*. 1.1.2 및 Mommsen, *Röm. Gesch*. V, 104. Liv. 30.7.6에 나오는 카르타고 원로원에서의 논의 주제: "tertia Romanae in adversis rebus constantiae erat. (세 번째는 역경들 속에서의 로마인들의 굳건함이었다)". 그에 대한 대조는 특히 그리스인들의 경박함(levitas)이다. 이에 대하여는 Kroll, I, 27 및 *Studien* (1924), 1면 이하.

3 Kroll, I, 40. Merguet의 키케로 사전에서 'mos' 항목을 보라. 키케로가 얼마나 조상의 관습을 끊임없이 언급하는지 주목하라.

마인들의 귀에 '새로운 일들을 갈구하는(novarum rerum cupidus)'이란 '혁명적'이라는 말과 거의 같은 소리로 들린다. 라틴인 수사학자들을 추방한 기원전 92년의 호구총감 고시는,[4] 로마인의 간결성과 명확성으로써, 이러한 근본적인 태도를 보여주고 있다.

> "새로운 종류의 학과를 가르치는 사람들이 있다는 사실이 우리에게 알려졌다 … 우리의 선조들은 자녀들이 배우기 원하는 것과 다니기 원하는 학교를 정해놓았다. 관습과 조종성규祖宗成規(mos maiorum)를 벗어나 생겨난 이 새로운 학과들은 마음에 들지도 않으며, 옳은 것으로 보이지도 않는다. …"[5]

로마인들의 이와 같은 보수적인 태도는 법의 영역에 특히 분명하게 나타난다.[6] (타키투스에 의해 전해지는) 가이우스 카씨우스 롱기누스C. Cassius Longinus가 원로원에서 행한 연설에서 나타난 관점은, 표현상 다소 과장이 있다손 치더라도, 일반적으로 로마의 법률가들이나 법형성에 관여하는 사람들의 것이라 보아도 무방하다.

> 원로원의원 여러분! 선조先祖들의 제도와 법률에 반反하여 새로운 원로원 결정이 제안되었을 때, 저는 누차 이 대열에 있었습니다. 제가 반대하지 않았던 이유는, 모든 일들에 관하여 장차 더 낫고 더 올바른 것으로 조치되어야 한다는 것을 의심하거나 변화된 것들이 개악이라고 의심하기 때문이 아니라, 오히려 옛 관습에 대한 지나친 애착으로 인해 나의 학문[= 법학]을 내세우는 것으로 보이지 않기 위해서였습니다.[7]

---

4 Bruns, *Fontes*, No. 67.

5 [본문중] "Renuntiatum est nobis esse homines, qui novum genus disciplinae instituerunt ... Maiores nostri, quae liberos suos discere et quos in ludos itare vellent, instituerunt. Haec nova, quae praeter consuetudinem ac morem maiorum fiunt, neque placent neque recta videntur. ..."

6 매우 적합한 것으로 Jhering, I, 69 이하 및 334 이하. Arnold, *Kultur*, 62.

7 [본문중] *Ann.* 14.43: "Saepe numero, patres conscripti, in hoc ordine interfui, cum contra instituta et leges maiorum nova senatus decreta postularentur; neque sum adversatus, non quia dubitarem super omnibus negotiis melius atque rectius olim provisum et quae converterentur in deterius mutari, sed ne nimio amore antiqui moris studium meum extollere viderer."

【역주】 로마시장 루키우스 페다니우스 세쿤두스(Lucius Pedanius Secundus)가 기원후 61년 노예에게 살해된 사건이 일어나자 실라누스 원로원의결에 따라 한 지붕 아래 있는 모든 노예(약 400명)를 사형에 처하려고 하자, 민중이 이는 너무나 가혹한 조치라며 소요를 일으키고, 원로원에서도 이에 동조하는 세력이 있었다. 대다수의 원로원 의원들은 종래의 법을 바꾸지 않는 데 찬성하였고, 이에 대하여 카시우스 롱기누스가 찬성파의 입장에서

마니교도들에 대한 디오클레티아누스 고시(Coll.15.3.2): “왜냐하면 일단 옛부터 제정되고 결정되어 자신의 상태와 행로를 유지하고 점占하고 있는 것을 개정하는 것은 중대한 범죄(!)이기 때문이다.”[8]

그리고 클라우디우스 황제의 선시宣示(Oratio Claudii)(Bruns, No. 52) v. 5도 참조.

로마인들은 법발전의 잔잔한 흐름에 급격한 변화를 주어 이를 중단시키는 시도를 결코 하지 않았다. 침착하지 못한 실험, 개혁의 열망 그리고 처음부터 다시 시작하는 것은 그들의 취향에 맞지 않았다. 법에 있어서의 폐단들은 결국에는 제거되었지만 망설이듯이 느긋하게 이루어졌는데, 왜냐하면 어떤 법체계가 일단 정립되면 그것에 대한 이유가 좋든 나쁘든 간에 그 체계를 포기한다는 것을 로마인들은 무척이나 어려워했고 못마땅하게 여겼기 때문이다. 로마인들은 외국의 법제도에 쉽사리 영향받지 않았다.[9] 로마인들이 세계를 두루 돌아다니고 각지의 사람들과 대화를 나누었어도 실상은 세계를 만유漫遊하는 여행가(globe-trotter)가 아닌 한 사람의 로마 시민으로 로마에 돌아왔다. 아주 드물게 외국법을 받아들이기는 했으나, 언제나 분명한 로마적 인상을 외제품에 각인시켰다.[10] 유효한 법을 폐지하는 것을 싫어했으며 차라리 “불사용되어” 실효[11]되게 하였다. 그리고 새로운 법규칙을 오래되거나 소멸중인 법과 나란히 두어 선택적으로 사용하였고, 이러한 방식으로 비교적 오래된 법의 불사용이 서서히 이루어졌다.[12] 한 걸음 한 걸음씩 천천히 그리고 기존법과의 긴밀한 연계 속에서 – 이렇게 법의 발전이 이루어졌다. 아우구스투스와 같은 진정한 로마인이 말한 “천천히 서둘러라(festina lente)”는[13] 또한

연설한 것이다. 결국 처형하는 쪽으로 결론이 났고, 이에 반대하는 시민들의 시위 속에서 어렵사리 형을 집행하였다.

8 [본문중] Maximi enim criminis est (!) retractare quae semel ab antiquis statuta et definita suum statum et cursum tenent ac possident.

9 그리하여 루쿨루스가 이집트에 방문했을 때, 플루타르코스는 가볼 만하다고 한(*Luc.* 2.6) 이집트의 명소들을 관광하지 않았다. Kroll, I, 130.

10 Albertario, *Introduzione*, 7 이하.

11 불사용되다(in desuetudinem venire) 또는 이와 유사한 구절. 이것은 현대 법학이론의 의미에서와 같은 관습법에 의한 폐기를 의미하지 않는다. 이에 대하여는 전술한 16면 이하 참조.

12 Siber, *SZ* 55 (1935), 147면 이하도 보라.

로마법사의 표어라고 보아도 좋을 것이다. 이와 같은 관성의 기저에는 다음과 같은 심오한 인식이 깔려있는데, 그것은 법은 법에 대한 항상적이며 불변인 의지를 선언하지 않으면 그 기능을 수행할 수 없다는 것과,[14] 법은 영감이 충만한 입법자의 머리에서 온전히 솟아나는 것이 아니라 공동체의 부단한 공조를 요구한다는 것이다. 노老 카토(Marcus Porcius Cato, 기원전 234년-기원전 149년)는 이러한 통찰을 다음과 같이 탁월한 명료성을 지닌 문구로 표현했다.

> 키케로, 『국가론』 2.1.2: "그[= 老 카토]는 다음과 같은 이유로 우리 시민체[= 로마]의 지위가 다른 시민체들보다 앞선다고 말하곤 하였습니다. 즉 다른 시민체의 경우에는 거의 개인들이 있었고, 그들 각인이 자신의 법률과 제도로써 자신의 나라를 세웠는데, 예컨대 크레타의 경우에는 미노스, 라케다이몬[= 스파르타]의 경우에는 뤼쿠르고스, 매우 자주 변화한 아테네의 경우에는 어떤 때는 테세우스, 어떤 때는 드라콘, 어떤 때는 솔론, 어떤 때는 클레이스테네스, 어떤 때는 기타 여러 사람들이 있었습니다. … 그런데 우리나라는 한 사람의 재능에 의해서가 아니라 많은 이들의 재능으로, 한 사람의 일생에 걸쳐서가 아니라 여러 세기와 세대에 걸쳐 세워졌습니다. 왜냐하면, 그가 말하였던바, 어떤 일도 놓치고 지나치지 않을 법한 그런 이가 언젠가 있었다고 할 정도의 재능이 존재하지도 않았고, 그리고 모든 재능이 한 사람에게 집중되어 실제의 경험과 오랜 기간 없이 모든 것이 파악될 만큼 단번에 예견할 수도 있지 않기 때문입니다."[15,16]

---

13 Sueton. *Aug*. 25.4. 후술할 178면 참조.

14 D.1.1.10.pr.: Iustitia est constans et perpetua voluntas ius suum cuique tribuendi (正義란 각자에게 그의 권리를 귀속시키려는 항상적이고 영속적인 의지이다). 여기에서 결정적인 단어들이 스토아의 정의(定義)에서는 빠지는데, 그것들이야말로 이 정의(定義)의 기초를 형성하는 것이다(v. Arnim, *Stoicorum veterum fragm*. III 3, Nos. 262, 263, 280). 그것들은 아리스토텔레스, 『니코마코스 윤리학』 1105a. 34를 연상시킨다. 공정함에는 다음과 같은 것이 속한다: "그가 확고하고 흔들리지 않게 행위할 수 있으면(βεβαίως καὶ ἀμετακινήτως ἔχων πράττειν). 아시아 속주총독 파울루스 파비우스 페르시쿠스(Paullus Fabius Persicus)의 고시도 참조(Dörner, Greifswald. phil. diss., 1935): ['Ecquidem cum semper in ea opinione fuissem imprimis eos magistratus, qui in provincias m]ittuntur, ea fide et c[*onstantia* munere suo fungi debere, ut et toti provinciae et singulis civitatibus ae]qualis et *perpetua* [non proprii modo anni *cura* praestaretur, tamen libentius me fateor convictum i]ndulgentissim[i et vere iustissimi principis admonitione qui ... id quoque gratificatus est, ut *suum cuique tribueretur*.'] 또한 Wenger, "Geisteswelt des Mittelalters", *Festschrift f. Grabmann*; Pohlenz, *Antikes Führertum*, 25면도 보라.

부정할 수 없는 사실은, 이러한 보수주의가 때로는 세세함으로 경도되었으며, 로마인들의 단순성과 명확성에 대한 추구에도 불구하고, 법체계가 개관할 수 없게 되고 복잡해지는 원인이 되었다는 것이다. 무엇인가를 정리하고 폐기하는 결정이 내려지지 않으면 결국에 가서는 매우 다른 발전시기에 존재하였던 법규칙이나 법제도가 병존하거나 아니면 이상하고 혼동스러운 방식으로 서로 혼합된 법규칙이나 법제도를 가지게 된다는 것은 자명하다.

전술한 근본적으로 보수적인 태도는 로마법사를 관통하여 놀라울 정도의 일관성을 보이며 유지되었다. 이는 공화정기, 원수정기, 그리고 이후 제정기의 로마인들을 지배하였다.[17] 심지어 유스티니아누스의 측근들 중에도, 그의 비로마적 개혁친화성에도 불구하고 보수적 태도가 우세하였고, 실로 『로마법대전』이야말로 로마 보수주의의 진정한 기념비라 할 수 있다.

---

15 [본문중] Cicero, *De re publica*, 2.1.2: “Is dicere solebat ob hanc causam praestare nostrae civitatis statum ceteris civitatibus, quod in illis singuli fuissent fere, qui suam quisque rem publicam constituissent legibus atque institutis suis, ut Cretum Minos, Lacedaemoniorum Lycurgus, Atheniensium, quae persaepe commutata esset, tum Theseus, tum Draco, tum Solo, tum Clisthenes, tum multi alii ... nostra autem res publica non unius esset ingenio, sed multorum, nec una hominis vita, sed aliquot constituta saeculis et aetatibus. Nam neque ullum ingenium tantum extitisse dicebat, ut, quem res nulla fugeret, aliquis aliquando fuisset, neque cuncta ingenia conlata in unum tantum posse uno tempore providere, ut omnia complecterentur sine rerum usu ac vetustate.”

16 Savelkouls, *Das englische Kabinettssystem* (1934), vii면: 다른 모든 헌법이 적어도 부분적으로는 살아있는 세대의 합리적 사고방식으로 설명될 수 있지만, 영국의 경우에는 이것이 전적으로 불가능하다. 모든 개별 제도와 그 상호작용은 역사적 발전의 숙성물이며 다시금 추동될 수 있는 역사적 발전의 결과물이다.

17 4세기 말 기독교도 시인 프루덴티우스(Prudentius)는, 유명한 이교도의 대표자인 심마쿠스(Symmachus)를 상대로 장문의 시를 썼고, 그의 보수주의를 비난하였다.

Contra Symmachum (Migne, *Patrolog. Lat*. 50.118 이하):

II. 69행: Allegat morem veterum; nil dulcius esse
Affirmat solitis ...

II. 334행: Quamquam si tantus amor est et cura vetusti
Moris, et a prisco placet haud discedere ritu ...

II. 309행: Quid mihi tu ritus solitos, Romane senator,
Objectas ... ?

II. 헌법상 로마법의 원리

1. 아우구스투스 치세의 국가재건

이제 로마법사의 각론에서 로마인들의 전통에 대한 충실함을 살펴보기로 하자.

헌법 관련해서는 독재관(dictator)과 호구총감의 역사를 예로 들 수 있는데, 이 두 관직은 폐지되지는 않았으나 점차 불사용되었다.[18] 그러나 무엇보다도 아우구스투스 치세[기원전 27-기원후 14]의 국가재건은 거의 눈에 띄지 않게 수행되었다.[19] 공화정과 새로운 군주정을 구별하는 명확하고 분명한 새로운 헌법은 나타나지 않았다. 반면에 새로운 헌정질서와 이전의 헌정질서를 연결시키기 위하여, 그리고 새로운 체계를 복구의 형태로 세우기 위하여 끊임없는 노력이 이루어졌다. 처음에는 원수(princeps)에게 특별한 권한을 부여하는 몇몇의 개별 제정법이 전부였다. 아우구스투스와 그의 조력자들이, 그것으로써 그들이 (절대군주정[dominatio]과는 반대되는) 자유국가(libera res publica)를 회복하였다고 선언하였을 때,[20] 이는 인민을 기만하려는 어리석은 시도가 아니라, 법적으로 볼 때는 말 그대로 진실이었다.[21] 로마 헌법상의 자유국가(libera res publica)는 현대 국가론상의 "공화국(republic)"과 동일한 것이 아니었다. 이 표현은 다양한 형태들을 허용하였고, 가령 술라(Lucius Cornelius Sulla, 약 기원전 138-기원전 78)에게 부여되었던 것과 같은[22] 광범위한 권한

---

18 Mommsen, *StaatsR*. II, 169 및 336 이하 참조.

19 이제 모든 것을 대신하여, Beseler, *Jur. Miniaturen* (1929), 151면 이하 및 *Studi Riccobono* I, 289 이하를 보라; Siber, "Zur Entwicklung der römischen Prinzipatverfassung", *Abhl. d. phil.-hist. Klasse d. Sächs. Akad. d. Wiss*. 42/3, 1933) 및 *SZ* 55 (1935), 146면 이하; Jolowicz, 제19장; *Cambridge A. H.* 10, 127 이하.

20 *Monum. Ancyr*. 34 (ed. E. Diehl, 제4판, 1930, Lietzmanns Kleine Texte 29/30): "rem publicam ex mea potestate in senatus populique Romani arbitrium transtuli". Velleius [티베리우스 측근] 2.89.3: "Finita vicesimo anno bella civilia, sepulta externa, revocata pax, sopitus ubique armorum furor, restituta vis legibus, iudiciis auctoritas, senatui maiestas, imperium magistratuum ad pristinum redactum modum, tantummodo octo praetoribus adlecti duo. Prisca illa et antiqua rei publicae forma revocata. ..." Beseler, 154도 참조.

21 Beseler, *Jur. Miniaturen*, 163: "아우구스투스의 헌법은 법적으로 그 기본이념에 따를 때 로마공화정이었다." 이것은 이제는 정설(定說)로 보아야 한다.

은 "자유국가"와 양립불가능하지도 않았다. 아우구스투스에 의하여 "자유국가"가 회복되는 것처럼 보였는데, 왜냐하면 민회와 원로원이 제 기능을 회복하였고 공화정기의 기존의 관직체계에도 별 영향이 없었기 때문이다. (이미 그 선례가 있었던) 원수元首에게 부여된 특별 권한들과 새로운 제국의 관리들은 단지 기존의 체계에 덧붙여졌을 뿐이다. 그 외의 모든 것은 일반적인 정치적 영향력에 맡겨졌는데, 그것이 새로운 제도를 번성시키고 구제도를 점차로 사라져가게 하였다. 관습은 서서히 원수元首의 특별한 권한을 신성화하였는데, 이 특별한 권한은 아우구스투스 치세에 일정 기간에만 부여되었지만, 티베리우스 치세[14-37] 때는 종신終身토록 부여되었다. 민회(comitia)의 입법기능은 아우구스투스 치세에는 여전히 정치적 실재성이 있었으나, 이후 서서히 사멸하였다.[23] 이것은 폐지되었던 것이 아니라 원수元首가 법률안을 민회에 제출하는 관행을 중단하고 정무관들이 점차 그것을 따르게 되자 사라지게 되었던 것이다. 또한 민회의 형사관할권도 실제로는 폐지되지 않았다. 그러나 이미 아우구스투스 치세에 어떠한 정무관도 민회에 의한 소송절차를 실행시키지 않았는데, 아마도 원수元首의 명命에 의한 것으로 보인다.[24] 아우구스투스 치세에 관직 선출은 민회의 수중에 여전히 있었다. 그러나 그의 유훈遺訓 중에서 그의 계승자는 아우구스투스가 그 실행을 거듭 주저하였던 개혁안을 찾아냈고, 그것은 그 후에 티베리우스에 의하여 실행되었다.[25] 즉 티베리우스는 관직 선출권한을 원로원으로 이전시켰는데,[26] 그렇지만 외형상으로는(pro forma) 여전히 민회의 의견을 구하였다.[27] 이와 같이 민회로부터 그 권한들을 빼내어 가는 전 과정은 천천히 그리고 거의

---

22 몸젠은 타당하게도 다음과 같이 말한다(*StaatsR*. II, 712): "술라의 독재관직은 [기원전 449년의] 발레리우스법에 합법적으로 기초되었다." 그러나 그보다 2면 앞의 710면은 타당하지 않다: "이러한 최고위 관직유형의 헌법위반적이면서 동시에 헌법합치적인 개념." Siber, 1면도 이러한 독재관직을 '헌법외적'인 것으로 기술하지만, 그것은 타당하지 않다. Beseler, 전게서, 151 이하 참조.

23 Mommsen, *StaatsR*. III/1, 345면 이하. 아우구스투스 이후의 법률(leges)에 관해서는 Rotondi, *Leges publicae populi romani*, 467면 이하 및 494면 이하를 보라.

24 Mommsen, *StaatsR*. III/1, 359 이하; *StrafR*. 174.

25 Velleius, 2.124.3: "primum principalium eius [i.e. Tiberii] operum fuit ordinatio comitiorum, quam manu sua scriptam divus Augustus reliquerat."

26 Mommsen, *StaatsR*. III/1, 348면.

부지불식간에 이루어졌다. 그리고 이 과정은 권력을 휘두르는 어떤 독재자에 의해 저질러진 권력의 탐욕과 그것의 행사로 인해 일어난 것도 아니었다. 민회가 점점 더 그 기능을 상실해 것은 제국 시민들 중 소수만이, 그것도 최선의 사람들이라고 볼 수 없는 자들만이 민회에 모이고 있었기 때문이다. 민회의 소집이, 즉 로마시에 직접 "회집"하여 투표권을 행사하는 것이 포기되고, 투표가 로마시 밖의 이탈리아와 지방들에서 실행될 수 있었더라면, 인민투표는 장기적으로 그 정치적 중요성을 유지하였을 것이다. 아우구스투스는 그가 이탈리아에 건설한 식민시植民市들에 거주지에서 투표하고 투표용지를 로마로 보낼 권리를 부여하였다.[28] 이러한 암중모색하며 망설이는 듯하는 조치는 전술한 가정의 방향으로 취해진 유일한 걸음이었다. 로마인들의 선조들이 모여서 신들의 도움으로 해결책을 내렸던 옛 신성한 장소였던 민회에서의 소집이 없는 인민투표는 보수적인 로마인들에게는 전적으로 있을 수 없는 일이었다.[29] 이에 비해 원로원의 권한은 영향을 받지 않았으며 심지어 증대하기도 했다. 아우구스투스와 티베리우스 그리고 이후 다시 트라야누스[재위: 98-117]와 마르쿠스 아우렐리우스[재위: 161-180]까지의 황제들은 국가의 중대사를 원로원과 공조共助하여 처리하려는 시도를 계속하였다.[30] 결국 원로원이 중요한 국가기관으로 실제로 기능하는지 여부는, 원로원의원들의 열정적인 활동, 능력 그리고 성실성에 달려있었다.[31] 이러한 자질들이 저하되자, 원로원은 순전히 장식적 기관

---

27 Mommsen, 349. 이제 투표는 아마도 환호로써 행해졌을 것이다. Dahlmann, *Hermes*, 68 (1933), 127면도 참조.

28 Sueton. *Aug*. 46: "iure ac dignatione urbi [= 로마시] quodammodo pro parte aliqua adaequavit [= 식민시들] excogitato genere suffragiorum, quae de magistratibus urbicis decuriones colonici in sua quisque colonia ferrent et sub die comitiorum obsignata Romam mitterent."

29 Mommsen, *Röm. Gesch*. II/4, 제7장(1874년 제6판 230면): "고대인들의 마음속에 자유헌법은 주권을 가진 인민이 민회에 직접 나타나는 것과 불가분적이다. 그리고 오늘날의 공화제적 헌법국가의 근본이념, 즉 인민주권이 대표들의 모임을 통하여 나타나야만 한다는 생각은 전적으로 근대적인 것이다."

30 아우구스투스의 경우에 Sueton. *Aug*. 54 및 55의 아름다운 장면을 보라. 티베리우스의 경우에는 Sueton. *Tib*. 30: "neque tam parvum quicquam neque tam magnum publici privatique negotii fuit, de quo non ad patres conscriptos referretur." 네로 황제(아마추어 가수)는 적어도 목소리가 쉬었다는 것을 주장함으로써 원로원에 결석하는 것에 대하여 변명하였다. Sueton. *Nero*, 41.

31 Tacitus, *Ann*. 1.74의 중요한 장면: 티베리우스가 원로원에서 자신이 투표한다고 표명하자, 그에 대하여

으로 퇴화되었다.[32]

2. 디오클레티아누스의 국가재건

디오클레티아누스[재위: 284-305]의 국가재건[33]도 이와 유사한 경로를 거쳤다. 그는 확실히 현저한 쇄신책을 도입했으나, 기원후 3세기 동안의 원수정기와 대비되는 전주정기가 그와 함께 시작되었다고 말하는 것은 역사의 단면을 과장하는 것이다. 디오클레티아누스와 그의 계승자들은 법적으로는, 세베루스나 카라칼라, 심지어 하드리아누스보다도 절대군주가 아니었다.[34] 디오클레티아누스의 칙법은 아우구스투스부터 네로에 이르기까지의 귀족정보다 더 민주적인 특징을 뚜렷이 가지고 있다. 외적 의례들과 칭호들이 이러한 사실을 모호하게 해서는 안 된다.[35] 원수정의 전통은 유지되었다.[36] 원로원의 중요성

한 원로원의원(그나이우스 피소)이 다음과 같이 답변한다. "몇 번째로 투표하려고 하십니까? 당신이 첫 번째로 하신다면, 어떻게 투표하는지 제가 알 것입니다. 마지막에 하신다면, 제가 무심코 당신에게 반대할까 두렵습니다." 이 장면은 아마도 티베리우스가 원로원의원들에게 "이런 노예스러운 영혼들"이라고 말한 이후일 것이다: Tac. *Ann.* 3.65: quotiens curia egrederetur, Graecis verbis in hunc modum eloqui solitum "o homines ad servitutem paratos!"; Aurel. Victor, *De Caes*. 37: Abhinc [기원후 276년경] militaris potentia convaluit ac senatui imperium creandique ius principis ereptum ad nostram memoriam [4세기 말], incertum, an ipso cupiente per desidiam, an metu seu dissensionum odio. 이 구절에 관하여는 Mommsen, *Abriss d. röm. StaatsR*. 360.

32 Mommsen, 전게서 및 *Ges. Schr*. VI, 423 이하; Karlowa, *Röm. Rechtsgesch*. I, 888 이하; Kübler, *Gesch. d. röm. R*. 332 이하.

33 Mommsen, *Abriss*. 347 이하; Kübler, 306 이하; E. Stein, *Geschichte des spätrömischen Reichs* I (1928), 98 이하; Ed. Schwartz, *Kaiser Konstantin und die christliche Kirche* (1913), 10면 이하; K. Stade, *Diokletian*, 66 이하; G. Segrè, *Atti del Congresso 1933*, Roma I, 214 이하.

34 Stein, 2면; Ed. Schwarz, 전게서; Kornemann, *Vom antiken Staat* (1927), 27면.

35 Stein, 101면; Hahn, *Das Kaisertum* (*D. Erbe d. Alten* VI, 1913), 50면; Kornemann, 전게서, 14 이하. 플리니우스가 자신의 서한에서 트라야누스 황제를 일관되게 "군주(君主, dominus)"라고 표현한 점이 상기되어야만 한다. 또한 Kreller, *Z. f. HandelsR*. 85, 361 및 그곳에 인용된 문헌 참조.

36 유스티니아누스는 여전히 자신이 아우구스투스 시대 이후 중단 없이 존재하였고, 그가 바라기를, 영원히 계속 존재할 "세 번째 제국"에 살고 있다고 확신하였다: Nov. 47 praef. (그는 첫 번째 제국은 아이네아스부터, 두 번째 제국은 로물루스와 누마로부터 여겼다)(... sive etiam tertia principia sumat quilibet imperii, Caesarem maximum et Augustum pium et ita rem publicam nobis inveniet hanc, quae nunc est, valentem, sitque immortalis ab illis proveniens!).

이 쇠퇴한 것은 디오클레티아누스 치세에 비롯된 것이 아니었는데, 아마도 슈타인(Ernst Stein)[37]이 타당하게 판단하는 바와 같이 "4세기의 정치적 성과는 새것의 창조에 있다기보다는 혼란스럽게 생겨난 옛것들을 체계적으로 정리하였다는 데 있다."

3. 이탈리아의 동고트제국

로마의 마지막 헌법적 산물인, 이탈리아의 동東고트 제국은 시사하는 바가 많다. 이탈리아에서 이미 정치적 실체로서 현존하고 있었던 게르만 왕국은 법적으로는 로마제국의 일부를 이루었고, 동고트의 왕은 비잔틴황제의 관리로서 광범한 권한을 갖는 군장관軍長官(magister militum)으로 보이도록 만들어졌다. 입법권이 로마황제에게 유보되어 있는 대신 게르만 왕에게는 고시권(ius edicendi)이 허여되었는데, 그러나 로마황제의 입법권은 동고트의 고시에 비하여 실제적으로 별 중요성을 갖지 못하였다.[38] 이러한 모든 것들은 아우구스투스가 택한 방법들과 상응하였다. 즉 아우구스투스는 호민관의 권한(tribunicia potestas), 원임집정관의 고권高權(imperium), 그리고 몇 가지 기타 개별적으로 부여된 권한으로 제국의 기초를 세웠던 것이다.

III. 절차법상 로마법의 원리

1. 형사절차

절차법의 역사에서도 마찬가지의 모습이 정확하게 나타난다. 상설사문회常設査問會(quaestiones perpetuae) 제도는 그 기원을 외국법으로부터 취하였을지 모르나,[39] 그 운영은 로마적이다. 상설사문회 제도는 천천히 한 걸음씩 각기 다른 시기에 별개의 법률들에 의해,[40] 개별 범죄와 범죄군을 처벌하기 위하여 도입되었는데, 공화정기에는 선택적 절

---

37 전게서, 2면.

38 이에 관하여는 경탄할 만한 몸젠의 "Ostgothische Studien", *Ges. Schr*. VI, 특히 457면 이하, 459면, 476면 이하.

39 Hitzig, *Die Herkunft d. Schwurgerichts im röm. Strafprozess*, 47면 이하; Lengle, 27.

차에 머물렀다. 이 제도와 나란히, 순전히 정무관이 주재하는 절차와 정무관-민회 절차가 허용되었다.[41] 그러나 점점 관리들은 상설사문회로 처벌을 넘겼고, 그리하여 상설사문회가 점차 정규절차로 되어갔고, 원수정기 하에서는 확고하게 자리매김했다.[42] 원수정 말기에 이르면, 경합하는 관할권을 가지는 황제 법정과 원로원 법정, 그리고 정무관 법정에 의하여 질식되어서 상설사문회 제도는 서서히 사라져갔다.[43]

2. 민사절차

민사절차의 경우에는, 아이부티우스법(lex Aebutia. 약 기원전 149-126)이 이른바 방식서소송(actiones formulae)이라고 하는 새로운 서면방식의 절차를 수립시켰는데, 이는 처음에는 법률소송방식(legis actiones)과 나란히 선택적 절차였다.[44] 그러나 이 옛 소송절차는 답답하고 위험스러웠음에도[45] 불구하고 여전히 고수되었고 심지어 자칭 진보주의자들에 의해 구식의 집기什器라는 조롱을 받아도 그대로 남아있었다.[46] 그러나 점차로 방식서소송절차가 밀고 들어왔다. 그리고 소송절차에 관한 아우구스투스의 입법은 이러한 발전을 확고히 하면서 방식서소송절차를 정규절차로 선언하고 옛 절차는 예외적인 경우에만 유지시킴으로써 일단락을 맺었다.[47] 그 후 방식서소송절차는 3세기 동안 유지되었는데, 비록 그 형식주의가, 19세기 법학자들이 우리로 하여금 그렇게 믿게끔 하려고 했던, 논리적이고 가소성可塑性 있는 법학의 주요 기념비가 아니었음에도 불구하고 그러하였다. 2세기와 3세기의 법학에 있어 이러한 형식주의는 효율적인 진보를 방해하는 일종의 엄격한 구속이었다. 서서히 방식서소송절차와 나란히 정무관에 의한 절차가 점차 생겨

---

40 Mommsen, *StrafR*. 190 이하.

41 Mommsen, *StrafR*. 150, 173 이하; Lengle, 18.

42 Mommsen, 186, 193; Lengle, 48 이하.

43 Mommsen, 219 이하.

44 Wlassak, *Röm. Prozessgesetze* I, 104; Wenger, *Institutionen d. röm. ZivilprozessR*. 20.

45 Gai.4.11, 30.

46 Cic. *Pro Murena*, 12.26.

47 Gai.4.30, 31.

나더니, 3세기 말에 이르면 옛 방식의 절차를 완전히 몰아내 버렸다. – 그 과정이 정확히 어떠했는지는 알려져 있지 않다. 이와 관련해서 우리가 거명할 수 있는 특별한 개혁법률은 없었다.[48] 그러나 이 새로 만들어진 정무관이 전담하는 민사절차조차도 연속성을 지니고 있었다. 즉 절차상의 양당사자주의와 서면형식이 유지되었고,[49] 방식서소송의 용어상 장치(apparatus)도 유지되었다 – 소권(actio), 항변(exceptio), 소권부여(actionem dare), 소권거부(actionem denegare), 쟁점결정(litis contestatio) 등. 이 모든 용어들은 유지되었지만, 다른 의미를 지니게 되었다. 그 용어들의 취지는 바뀌었지만, 어쨌든 보존되었다. 유스티니아누스도 그의 측근들도 달리 어찌할 수 없었다.[50] 특히 이 경우 전통에 대한 로마인들

---

48 Pernice, *SZ* 7, 103 이하; Wlassak, "Zum röm. Provinzialprozess", *Sitzungsber. d. Wiener Akademie d. Wiss*. 190.4. Abhandl. 1919), 11면, 29면 및 그곳에 인용된 문헌.

49 Wenger, *Inst. d. röm. ZivilprozessR*. 60 및 252 이하; Meyer-Levy, *SZ* 46, 276 이하, 284 및 그곳에 인용된 Wlassak의 저작들.

50 Wenger, 전게서, 256; Levy, *SZ* 49, 242 이하; Biondi, "Diritto e processo nella legislazione di Giustiniano", *Conferenze per il XIV. centenario delle Pandette* (Milano, 1913), 129면 이하, 165면 이하; Collinet, *Études historiques sur le droit de Justinien*, 4 ("La procédure par libelle"); *Études*, 제5권에서 콜리네는 유스티니아누스의 의미에서 소권(actio), 항변(exceptio)와 특시명령(interdicta)을 다룰 것이다. 고전기 이후에 actio는 실체법적 의미를 가지고, 즉 "소구가능한 청구권"으로 부여되는데, 이는 소권에 관한 비고전적 정의(定義)(D.44.7.51)에서 기술된 것과 같다(이에 관하여는 전술한 50면을 보라): Biondi, 전게서 176. 항변도 실체법적 의미를 가지고 부여된다. 고전기에 항변은 심판인에게의 유책판결권한부여에 대한 예외를 포함하는 방식서의 구성부분만을 의미한다(Gai.4.115 이하, 119). 고전기 이후에 그 표현은 또한 피고의 반대권리도 의미한다(Wenger, § 29, 280면). 따라서 exceptio pacti (또는 doli) bonae fidei iudiciis inest (성신소송에 내재하는 약정상(또는 악의의) 항변)와 같은 규칙들이 가능하게 되었는데, 이는 고전기 법에서는 원고의 주장에 대한 피고의 답변(contradictio in adiecto, 이는 방식서의 구성부분도 아니었고, 항변도 아님)을 구성하던 것이었다(이 문제에 관하여는 Biondi, *Iudicia bonae fidei*, 1면 이하; Beseler, *SZ* 45, 191). 고전기 이후에서야 매매에 있어서 미이행된 계약의 "항변"으로 언급된다. 고전기 법의 방식서상의 양신(良信, ex fide bona) 조항은 그러한 항변(방식서 구성부분의 의미에서 그리고 이것이 유일한 고전기의 의미이다!)의 삽입을 불필요하게 하였다. 고전기 법학자들은 매도소권(actio venditi)의 사례가 아니고 매수인이 문답계약으로 대금지급을 약속하였고 이에 기하여 제소되는 경우에 물품 미인도의 항변(exceptio mercis non traditae)을 논한다. D.19.1.25과 이에 관한 Lenel, *Paling*. I, 458 주 1은 매우 분명하다. D.21.2.68.pr. 및 Gai.4.126a도 마찬가지이다. D.44.4.5.4에서 etiam mercis 이후의 모든 것은 부진정하다. F. Haymann, *SZ* 41, 55; Beseler, *SZ* 45, 483. 고전기 이후의 의미에서의 쟁점결정(litis contestatio)에 관하여는 Wenger, § 28, 276면 이하; Collinet, *Études* IV, 215 이하; Levy, *SZ* 49, 242를 보라.

【역주】 D.19.1.25 Iul. 54 dig.

Qui pendentem vindemiam emit, si uvam legere prohibeatur a venditore, adversus eum petentem pretium

의 충실성이 법의 명료성을 심각하게 위협했다는 사실이 부인될 수 없다. 그러나 유스티니아누스의 『학설휘찬』을 명료하고 간결하게 비잔틴법의 용어로 번역하는 일은 훨씬 더 어렵다.[51]

Ⅳ. 사법私法에서의 보수적 성향

사법私法에 있어서의 보수성을 예를 들어 설명하는 것은 실제로는 불필요한데, 왜냐하면 이는 거의 모든 분야의 교설에서 규명될 수 있기 때문이다. 여기서는 몇 가지 예로 충분할 것이다. 시민법과 법정관법이라는 이중적 법체계는 고전기 전반을 통틀어 충실하게 유지되었다. 고전기 이후에서야 통일화가 시도되었으나, 유스티니아누스법에서조차 그러한 통일화 시도는 완전한 성공을 거두지 못했다.[52] 소유권 이전을 위한 형식행위인 악취행위握取行爲(mancipatio)도 법정관법상의 소유권을 인정하자 사실상 불필요한 것으로 되었다.[53] 그럼에도 불구하고 악취행위는 고전기 이후에도 상당한 기간 동안 보존

---

exceptione uti poterit "si ea pecunia, qua de agitur, non pro ea re petitur, quae venit neque tradita est". ceterum post traditionem sive lectam uvam calcare sive mustum evehere prohibeatur, ad exhibendum vel iniuriarum agere poterit, quemadmodum si aliam quamlibet rem suam tollere prohibeatur.

D.44.4.5.4 Paul. 71 ad ed.

Si servus veniit ab eo, cui hoc dominus permisit, et redhibitus sit domino: agenti venditori de pretio exceptio opponitur redhibitionis, licet iam is qui vendidit domino pretium solverit (etiam mercis non traditae exceptione summovetur et qui pecuniam domino iam solvit) et ideo is qui vendidit agit adversus dominum. eandem causam esse Pedius ait eius, qui negotium nostrum gerens vendidit.

51 이미 Mitteis (*SZ* 31, 393)는 유스티니아누스법에 대한 역사적 서술을 강력히 주장하였는데, 즉 그것이 동로마제국의 법전법으로서의 법전편찬이라는 점을 기초에 둔 법이라고 해야만 한다는 것이다. Collinet는 앞서 언급한 *Études*에서 이러한 일련의 문제들을 위한 과제를 해결한다.

52 Inst.2.10.3: Sed cum paulatim tam ex usu hominum quam ex constitutionum emendationibus coepit in unam consonantiam ius civile et praetorium iungi ... (그런데 사람들의 관습과 칙법의 개정에 의하여 점차 시민법과 법정관법이 하나로 조화롭게 결합하기 시작하면서 …). 이에 관하여는, 다른 모든 것을 대신하여 Riccobono, "Dal diritto romano classico al diritto moderno", *Ann. Palermo* (1915), 588면 이하; 同, in *Arch. f. Rechts- und Wirtschftsphilosophie* 16, 503 이하, 그리고 *Mélanges Cornil* II, 235 이하, 308, No. 32 (그곳의 '528'은 '588'로 되어야 한다).

53 **[역주]** 악취물(res mancipi)이 단순한 인도(traditio)에 의해서만 이전되고 그것의 소유권이전을 위하여 요구되는 격식행위 중 하나(악취행위, 법정양도)가 행해지지 않은 경우, 양수인은 시민법상 소유권을 취득할 수 없었고, 다만 그 물건을 그의 재산 중에(in bonis)만 가질 수 있었는데, 이는 법정관법상 보호받는 지위였다. 이때 점용시효

되었다.[54] 특징적인 것은 질권에 있어서 채권자들을 위한 소송법상 보호수단의 발전이다.[55] 원래는 점유질채권자만이 (점유소송을 통하여) 보호를 받았다. 그러고 나서 임차인이 반입한 재산(invecta et illata)에 대한 임대인의 비점유질권이 보호받았는데, 처음에는 단지 특시명령(interdictum Salvianum: 살비우스 특시명령)에 의하여만 보호를 받다가, 이후에는 대물소권인 세르비우스 소권(actio Serviana)에 의하여 보호를 받았다. 이후 세르비우스 소권은 다른 비점유질권의 경우에까지 확대되었고, 최종적으로 점유질에까지도 적용되게 되었다. 채권양도라는 법제도를 만드는 것은 가능하다고 여겨지지 않았다.[56] 채권양도에 대한 명백한 필요성을 만족시키기 위하여, 인위적인 임시변통에 의존해야만 했다 – 소송대리인으로서 양수인을 선임하는 것은 채권양도의 대용책으로 해석되었다. 전형적인 로마적 방식은, 양수인에게 준소권(actio utilis)이 부여되는 것이었는데, 처음에는 매도된 상속재산에 대한 채권의 경우에만 인정되었다가, 나중에는 모든 채권매매의 경우에, 유스티니아누스법에 이르면 모든 채권양도의 경우에 완전히 인정되었다. 어느 정도 예외가 있기는 하지만 직접대리 또한 거부되었는데, 사실 이 제도는 그리스법상 인정되고 있었고,[57] 직접대리 제도에 대한 필요성이 황제와 법률가에 대한 당사자들의 청원에서 끊임없이 제기되고 있었다. 그러나 정통주의가 그 길을 막아섰고, 그것은 인정되지 않았다.[58] 고전기 이후에 이르러서야 – 그때에도 단지 일부의 개별 사안에서만 – 제3자를 위한 계약[59]이 인정되었다. 유스티니아누스 치세에서 제3자를 위한 계약이 일반적으로 인정되게 되었는지 여부는 확인할 수 없다. 아마도 당시 통용되는 매매계약 서식조

취득(usucapio)의 요건을 갖추면 시민법상의 소유권을 취득할 수 있었다.

54 Collinet, *Études* I, 222 이하; Kunkel, § 54, 5; Kircher, *SZ* 32, 100; Ehrhardt, *SZ* 51, 126 이하; Hazewinkel-Suringa, *Mancipatio en Traditio* (세밀하게 연구된 Amsterd. Diss, 1931), 101 이하; Buckland, 240 이하; Jolowicz, 514.

55 이에 관하여는 Kunkel, §§ 91, 93, 94; Buckland, 472.

56 Kunkel, § 127; Bonfante, *Ist.* § 129 (말미); Perozzi, *Ist.* II, 186.

57 Kunkel, § 58.

58 다음의 칙답을 보라: C.4.12.3; C.4.26.7.3; C.4.27.1.pr.-1; C.4.50.6 및 7.

59 이에 관하여는, Siber, § 74; Rabel, *Grundzüge*, § 117; Taubenschlag, *Das röm. Privatrecht zur Zeit Diokletians*, 258.

항에 대한 공화정기 법률가들의 문리해석을 통하여 발생된 것으로 보이는[60] 추탈(evictio) 원칙도, 고전기 법학자들이 그것을 불만족스럽게 여겼음에도[61] 없어지지 않았고, 율리아누스[주활동시기: 125-170]처럼 큰 권위가 있는 법률가가 하나의 사안에서 추탈원칙을 깨보기도 했지만,[62] 추탈원칙은 여전히 유지되었다.[63] 상속법상 "한 번 상속인은 영원한 상속인(semel heres semper heres)"이라는 공화정기 원칙은 극복되기 어려웠던 것으로 보이는데, 후계상속(Nacherbschaft)의 필요성이 명백한 경우에도 그러하였다. 그 대용책으로 포괄신탁유증(fideicommissum hereditatis)이 활용되었는데, 이는 여러 가지 어려움과 인위성을 수반하는 제도였다.[64]

V. 법비판 및 법정책의 거부

고전기

로마인들의 보수주의가 낳은 또 다른 결과로 방법론적이며 체계적인 법비판과 법정책을 거부하였다는 점이 있다. 그 당시법의 많은 불완전한 점들을 보지 않고 지나쳤을 리 만무하지만, 순전히 부정적인 비판은 용납될 수 없는 것으로 생각되었고, 좋은 점을

---

60 고대의 대서인(代書人)들은 매도인에게 소유권이전의무가 있기를 원했으나, 소유권의 내용을 기술하는 것 외에 다른 것을 기술하는 것을 알지 못하였다: "uti frui habere possidere"(사용 · 수익 · 보유 · 점유) (Lex Antonia de Termessibus, v. 23-25 [Bruns, No. 14]에서도 그 표시는 그렇게 이해된다. Mommsen, *StaatsR*. III, 687 주 4). 후대의 법학은 그 문서를 법률용어화하였다: 즉 소유권이 아니고 frui habere possidere (수익 · 보유 · 점유)만을.

61 Rabel, *Haftung d. Verkäufers* I, 108 이하.

62 매도인의 고의(dolus)의 경우(D.19.1.30.1). 다른 약화로는 Kunkel, § 143, 4.
【역주】 D.19.1.30.1 Africanus 8 quaest.
Si sciens alienam rem ignoranti mihi vendideris, etiam priusquam evincatur utiliter me ex empto acturum putavit in id, quanti mea intersit meam esse factam: quamvis enim alioquin verum sit venditorem hactenus teneri, ut rem emptori habere liceat, non etiam ut eius faciat, quia tamen dolum malum abesse praestare debeat, teneri eum, qui sciens alienam, non suam ignoranti vendidit: id est maxime, si manumissuro vel pignori daturo vendiderit

63 Rabel, 113.

64 Kunkel, § 227; Siber, 362; Buckland, 351.

칭찬하다 보면 나쁜 점이 드러나게 되는 식의 긍정적 취지의 비판만이 행해졌다. 모든 법제도와 법규들의 장점들을 검토하고, 그것에 대한 찬반양론을 형량하여, 대안을, 특히 외국 법체계에서 도출된 다른 방법을 제안하는 실무나 모든 그와 같은 합리적 토론은 로마법학자들의 보수적인 성향에 의해 암묵적으로 거부되었다. 진정한 로마인이라면, "그러한 열정을 가진 비판이 떠돌고 있다면, 마음과 가슴속에 무엇인가 잘못된 것이 있다"(괴테, 『파우스트』)라고 느꼈을 것이다. 네라티우스[†110/115]는 일찍이 다음과 같이 말했다: "법으로 정립된 것들의 합리적 근거들이 조사되는 것은 합당하지 않다. 그렇지 않으면 확립된 것들 중 많은 것들이 전복된다[D.1.3.21]." 그 말로써 그는 진정한 로마법의 원리를 표현한 것이다. 그러므로 『로마법대전』의 편찬자들이 이 말을 본래의 문맥에서 분리시켜 『학설휘찬』 제1권 제3장에 넣음으로써 이 말에 근본적인 중요성을 부여했을 때, 그들의 행동은 타당한 것이었다.[65] 로마의 헌법에 관한 비판적 관찰에서 나온, 최선의 정체政體에 대한 논의는 아마도 그리스의 영향을 받아 이루어졌던 것으로 보이는데, 그나마 로마에서 문헌상으로는 오직 그리스인 폴리비오스의 책과[66] 로마인이기는 하였지만 모든 면에서 그리스 모델에 지나치게 의존했던 키케로의 책[67]에서만 나타난다. 아리스토텔레스 학파에서 연구되었던[68] 비교헌법연구도 로마인들에 의해서는 행해지지 않았다. 로마인들에게 플라톤의 『국가론(*Politeia*)』과 같은 정치체제상의 유토피아는 완전히 낯선 것이었다. 사법私法영역에서도 사료상 어느 곳에서든지 이러한 로마인들의 근본적인 태도를 추론해낼 수 있다. 극소수의 예외들을 제외하면, 기존의 법제도와 기본

---

65 D.1.3.20 Iul. 55 dig.
Non omnium, quae a maioribus constituta sunt, ratio reddi potest,
D.1.3.21 Ner. 6 membr.
et ideo rationes eorum, quae constituuntur, inquiri non oportet: alioquin multa ex his quae certa sunt subvertuntur.

66 특히 그의 『역사』 제6권, 제1장 이하.

67 『법률론(*De legibus*)』과 『국가론(*De re publica*)』에서.

68 158개의 헌법들이 비교되는 아리스토텔레스의 정체론(Πολιτεῖαι)에 관하여 Zeller, *Philosophie der Griechen* II/2, 제3판(1879), 105면. 단편을 제외하면 아테네 정체론(Πολιτεία 'Αθηναίων)만 전승된다.

적인 법규들의 이유에 대해서는 아무런 의문이 제기되지 않는다. 예를 들어, 악취행위握取行爲에 필요한 증인은 왜 반드시 5인이어야 하는가? 왜 아무도 자신이 가진 것 이상의 권리를 이전시킬 수 없는가? 왜 역권役權은 작위에 대하여는(faciendo) 설정될 수 없는가? 왜 임차인은 점유자가 아닌가? 채권양도, 직접대리, 제3자를 위한 계약은 왜 허용되지 않는가? 왜 매매에서는 추탈원칙이 통용되고 있는가? 왜 물물교환(permutatio)은 낙성계약이 아닌가? 왜 "한 번 상속인은 영원한 상속인(semel heres semper heres)"이라는 법리가 존재하는가? 기타 등등. 누구든 이와 비슷한 질문을 한 보따리는 더 덧붙일 수 있을 터인데, 이와 같은 질문들 중 어느 것도, 법률가들에 의해서 논의되고 대답되기는커녕, 질문조차 되지 않았다. 플라톤의 『법률론』, 심지어 테오프라스투스(Theophrastus, 기원전 371년경-기원전 287년경)의 『비교사법론比較私法論』[69]조차도 로마에는 전혀 영향을 주지 못했다. 비록 가이우스[주활동시기: 150-180]가 이따금 법규들의 근거에 대해 질문을 제기하고 이것 또는 저것이 불충분한 고찰로부터 나왔다는 점을 지적하면서,[70] 그리고 심지어 약간의 비교법적 시도도 하고 있지만,[71] (그 개소들이 진정한 것이라 하더라도) 그것은 단지 그의 예외적인 입지에 대한 또 하나의 증거에 지나지 않는다.

고전기 이후

그러나 고전기 이후에는 그리스의 영향이 법분야에서도 확장되고 전통이 약화되면서 고전기 법규칙들 중 일부가 불가해한 것으로 되자,[72] 법비판이 나타나기 시작했다.

---

69 그의 저작 중 계약을 다루는 부분이 Stobaeus, *Flor*. 44.22에서 전해진다. Hermann-Thalheim, *Lehrb. d. griech. Rechtsaltertümer* (1895), 146면에는 번역문도 있다.

70 Gai.1.190의 진정성에 반대하는 견해로는 Beseler, V, 2 및 Solazzi, *Glosse a Gaio*, 187; Gai.2.78에 관하여는 Beseler, V, 3; Gai.2.232에 관하여는 Beseler, V, 4; Gai.3.79에 관하여는 Beseler, 전게서; Gai.3.98에 관하여는 Beseler, 전게서; Gai.4.24에 관하여는 Beseler, 전게서; Gai.4.20.

【역주】 Gai.4.20: Quare autem haec actio [= legis actio per condictionem] desiderata sit, cum de eo quod nobis dari oportet, potuerimus aut sacramento aut per iudicis postulationem agere, valde quaeritur.

71 전술한 37면의 주 71과 그곳의 문헌을 보라.

72 Schulz, *SZ* 50, 248.

법규들에 근거를 제시하려는 시도가 이루어지고[73] 그것들이 적어도 의문시되었던 것이다.[74] [중세] 볼로냐 학파의 'quare [왜, 무엇 때문에] 문헌'의 단초임이 틀림없다.[75] 이러한 움직임은 유스티니아누스의 개혁입법과 더불어 최고조에 이르렀다. 그러나 이것이 비잔틴 법학의 비판적 성향에 영향받은 것이라는 점은 어디에서도 명시적으로 언급되지 않았으므로, 심지어 유스티니아누스의 개혁법률들도 로마 법률가들이 그들의 프로그램에 법비판과 법정책을 포함시키지 않았다는 인상을 남긴다. 그리하여 볼로냐 학파에서 자연법 시기에 이르기까지의 후대의 법률가들도 실증주의적인 입장을 취하게 되었다.

---

73 우리의 사료에서 부진정한 이유제시문의 수는 대단히 많다. Schulz, *Einführung*, 22 참조. 베젤러의 'ratio' 항목(*Beiträge* V)에 따라서 ratio가 "이유"를 의미하는 개소들과 또한 직접의문문으로서 cur (= 왜)가 있는 개소(Beseler, II, 85 이하, V, 10) 및 그에 대한 답이 주어지는 개소들을 살펴보라. 또한 방금 앞의 주에서 인용된 가이우스 개소들도 보라. Albertario, "Elementi postgaiani nelle ist. di Gaio", *Rend. Lomb.* 59 (1926); Betti, *Arch. giur.* 100 (1928), 59면.

74 (단지 수사학적이지는 않은) 질문이 제기되지만 그에 대한 답이 없는 개소들로, 예컨대 D.2.14.7.6 (이에 관하여는 Beseler, II, 86; V, 10); D.6.2.1.1-2 (이에 관하여는 Beseler, 88).

【역주】 D.2.14.7.6 Ulp. 4 ad ed. [R. De pactis]

Adeo autem bonae fidei iudiciis exceptiones postea factae, quae ex eodem sunt contractu, insunt, ut constet in emptione ceterisque bonae fidei iudiciis re nondum secuta posse abiri ab emptione. si igitur in totum potest, cur non et pars eius pactione mutari potest? et haec ita Pomponius libro sexto ad edictum scribit. quod cum est, etiam ex parte agentis pactio locum habet, ut et ad actionem proficiat nondum re secuta, eadem ratione. nam si potest tota res tolli, cur non et reformari? ut quodammodo quasi renovatus contractus videatur. quod non insuptiliter dici potest. unde illud aeque non reprobo, quod Pomponius libris lectionum probat, posse in parte recedi pacto ab emptione, quasi repetita partis emptione. sed cum duo heredes emptori exstiterunt, venditor cum altero pactus est, ut ab emptione recederetur: ait Iulianus valere pactionem et dissolvi pro parte emptionem: quoniam et ex alio contractu paciscendo alter ex heredibus adquirere sibi potuit exceptionem. utrumque itaque recte placet, et quod Iulianus et quod Pomponius.

D.6.2.1.1-2 Ulp. 16 ad ed. [R. De publiciana in rem actione]

Merito praetor ait "nondum usucaptum": nam si usucaptum est, habet civilem actionem nec desiderat honorariam. 2. Sed cur traditionis dumtaxat et usucapionis fecit mentionem, cum satis multae sunt iuris partes, quibus dominium quis nancisceretur? ut puta legatum

75 Gai.2.54, 55; 3.79에서의 의심스러운 'quare 개소들' 및 그에 관한 Beseler, V, 3 이하. Gai.4.20도 아마도 고전기 이후일 것이다. 볼로냐의 'quare 문헌'에 관하여는 Seckel-Genzmer, *Gedächtnisschrift für Seckel* (1927), 1면 이하; Genzmer, *Atti del Congresso 1933*, Bologna I, 422를 보라.

19세기 법실증주의

19세기로 접어들면서 자연법론의 쇠퇴는 다시금 보수적 법실증주의자들 측에 승리를 안겨주었는데, 글뤽(Christian Friedrich Glück, 1755-1831)은 1825년에 법률가들의 임무를 다음과 같이 평이하면서도 분명하게 요약하였다[76]: "일단 여전히 유효한 것으로 승인된 법률들에 대하여 판단하는 것은 매우 부적절한 일이다. 오히려 우리는 그것들에 따라서 말해야만 하는 것이다." 그리고 빈트샤이트(Bernhard Windscheid, 1817-1892)『판덱텐 교과서』 최종판에는 다음과 같은 구절이 있다[77]: "무엇이 사물의 본성에, 거래의 필요에 부합하는가에 관하여 다양한 견해가 있을 수 있다. 중요한 것은 우리가 생각하고 있는 것이 아니라 입법자가 그것에 관하여 생각했던 것이다." 고전주의적 보수주의가 여기에서 다시 고양되어, 기괴하고 거의 반反고전주의적인 실증주의로 되어버렸다.

Ⅵ. 법사학의 부재

고전기 법학자들의 역사적 관점의 부재

로마의 보수주의는 또한 로마처럼 법학이 고도로 발전했던 곳에서 법사학法史學 연구가 전혀 부재했던 이유를 설명해준다.[78] 법사학은 연구대상이 되는 사건들로부터 어느 정도 떨어져 있다는 느낌을 전제로 한다. 일반 역사의 경우 그러한 거리감은 불필요한데, 애국심을 고양하고, 진기하고 호기심을 끄는 사건들에 대한 즐거움을 누리거나 전달하려고 하는 한 그러하다. 본질적으로 법사法史에서는 이러한 것들이 없다. 한편으로 현재는 과거와 근본적으로 다르다는 것과 다른 한편으로 현재는 역사적 발전에 의해 과거

---

76 *Erläuterung d. Pand.* 27, 452.

77 *Pand.* I, § 22 주 8. 이에 대하여 Kipp가 기술한 이견을 표시한 주석은 법학사(法學史)적으로 흥미롭다: "우리는 법형성에 대한 우리의 장래의 공동연구도 의식적으로 주시하고 또한 우리(즉 우리 법률가들!)를 위하여 공연하게 요구할 용기를 가져야만 한다."

78 Dirksen, *Über die Spuren historischer Kritik und antiquarischer Forschung in den Schriften d. röm. Juristen* (Versuche zur Kritik u. Auslegung d. Quellen 1823, No. 5); Puchta, *Cursus der Institutionen* I (1841), § 102.

와 연결되어 있다는 것을 의식하지 않는 한, 법사학에 호감과 관심을 가진다는 것은 거의 불가능하다. 이러한 역사적 "거리"감은 본원적인 것이 아니다. 중세의 『슈바벤 법감法鑑(*Schwabenspiegel*)』의 저자가 순진하게도 자기 시대를 제시함에 있어서 로마법을 포함시켰다는 점, 그래서 그에게는 공동보증인 사이의 분별의 이익(beneficium divisionis)의 장본인이 "많은 국법을 제정한 하드리아누스라는 이름의 군주(ein meister, heizet Adrianus, der des landrehtes vil gemacht hat)"로,[79] 법률가 마르켈루스Marcellus가 "많은 좋은 국법들을 제정하도록 왕들에게 조력했던 국법의 대가大家(ein meister von landrehte, der half den künigen vil guter landrehte machen)"로,[80] 그리고 여성의 제소신청(postulatio) 능력 없음에 관한 법정관 고시가 저자에게는 제후회의에서 국왕이 결정한 규칙으로 보였다는 것[81]은 놀라운 일이 아닐 것이다. 그러나 그리스 학문의 밝은 빛을 받았던 고전기 법학자들에게 이러한 역사적 거리감이 전혀 없었다는 점은 실로 주목할 만하다. 로마인들에게는 자신의 조상들과 밀접히 연결되어 하나로 되어있다는 의식이 지배적이었다.[82] 더 이상 적용되지 않아 구식이 되어 버린 법은 쉽게 잊혀졌고, 법률가들이 아니라 호기심 많은 수집가들만이 그것에 관심을 가졌다. 반면 유효한 법은 불가분의 하나의 동일체로 여겨졌다. 그리고 역사 단계상의 차이는 보이지 않았거나 무시되었고, 오래된 법규들은 의식적 혹은 무의식적으로 개조되거나 통합되거나 시대에 맞게 변용되었다. 그러므로 기원후 1세기에서

---

79 Cap.9.1 (ed. Gengler, 2nd ed. 1875).

80 Cap.56.

81 Cap.203: "Daz verwohrte in allen ein edeliu romerin, diu heiz Cafrania, diu vor dem gerihte ze rome also missebarte, daz si in also grozen zorn kom, daz si den künic (!) beschalt ... Do nam der künic die gewanheit ab mit der fürsten rate ze einem hove, daz dehein frowe nimer me fürspreche mac gesin. ..." (이 권리는 모든 여성들이 상실당했는데, 카프라니아라는 이름의 로마 귀족여성이 로마 법정에서 매우 나쁘게 처신하였는바, 화를 내고 왕을(!) 비방하였기 때문이다. … 그 이후에 왕은, 여자는 결코 변호인이 될 수 없다는 것을 제후회의에서 결의하였다.)

82 여기에서 거듭 로마와 영국의 정신적 유연성(類緣性)을 볼 수 있을지도 모른다: Savelkouls, *Das englische Kabinettsystem* (1934), vii면: "영국인들은 그들의 역사를 단일체로서 경험한다. 그들에게는 수백 년 전의 일들이, 우리에게 수십 년 전의 일보다 더 강력하게 존재와 사고에 있어서 현재한다. 과거는 현재로 생생하게 밀고 들어온다."

3세기까지의 법문헌 안에서 법 전체는 – 12표법, 옛 시민법, 고시법, 칙법, 그리고 원로원의결 – 일체로 제시되었고, 원근법 없이 동렬에 놓여졌다. 법사학적인 고찰이나 역사적 발전이라는 것은 거의 찾아보기 힘들다.[83]

앞의 내용을 예증을 위해서는 몇몇 예들로 족할 것이다.

먼저 겔리우스Gellius가 구성한 한 장면을 보자(『아티카 야화』 16.10) – 이것은 예를 들어 『노년론(*De senectute*)』과 『우의론(*De amicitia*)』같은 키케로의 대화편과 마찬가지로 역사적 진실을 거의 담고 있지 않다.[84] 겔리우스는 엔니우스(Quintus Ennius, 기원전 239-기원전 169년)의 작품이 낭독되고 있는 광장에서 빈둥거리는 사람들 사이에 앉아있다고 상정된다. 한 시구에서 "proletarius(무산자無産者, 최하층 시민)"라는 단어가 나오자, 그 의미를 놓고 토론이 벌어진다. 겔리우스는 그 무리들 중에서 시민법을 잘 아는 자신의 지인을(ius civile callentem, familiarem meum) 보고, 그에게 proletarius의 정의定義를 묻는다. 그러자 그는, 자신은 법률가이지 문법학자가 아니라는 이유로(se iuris, non rei grammaticae peritum esse) 대답을 거절한다. 겔리우스는 지인의 그와 같은 이유제시에 대해, 그렇다면 12표법에 나오는 proletarius의 의미는 알고 있지 않느냐고 반문한다. 그 법률가 지인은 그러자 곧바로 급히 다음과 같이 외친다: "만약 내가 이탈리아 원주민들의 법을 공부했더라면, 그 단어의 의미를 알아야 했을 것이네. 하지만 12표법의 케케묵은 내용들 모두가(omnis duodecim tabularum antiquitas) 오랫동안 사용되어오지 않은 터라, 나는 그것에 신경 쓸 필요도 없다네. 나는 현행법에만 관심을 가지면 된다네(studium scientiamque ego praestare debeo iuris et legum vocumque earum quibus utimur)." 결국 사람들은 지나가는 한 유식한 시인(doctus poeta)에게 물어보아야만 했고, 그러자 그가 설명을 해준다. 여기서 겔리우스의 법률가 지인이 누구인지 그리고 겔리우스가 어떤 출처를 통해 이 장면을 서술하였는지 하는 것들은 중요하지 않다. 어쨌든 이 사료는 법률가들 사이에 역사적 관심이 결여되어있다는 점에 대한 아주 좋은 증거이다. 또한 침욕侵辱(iniuria)에 대한 라베오[주활동시기: 기원전 25-기원후 10/11]의 고찰들도 아주 중요하다. 12표법은 신체침해를 규율하고 있는데, 그것이 경미한 경우 25아스의 징벌금소권을 부여하였다.[85] 법정관 고시는 모든 침욕의 경우에

---

83 이것이 O. Spengler, *Untergang des Abendlands* II, 71에서 과장된 관찰의 진정한 핵심이다.

84 전술한 54면의 주 42를 보라.

85 Bruns, *Fontes*, 29면(XII. Tab.8.2).

심판인이 재량으로 배상액을 정하는 징벌금소권(actio iniuriarum aestimatoria: 침욕평가소권)을 약속하였고, 또한 그와 관련하여 몇몇의 다른 명시적으로 규정된 침욕 사안의 경우에도 유사한 징벌금소권을 약속하였다.[86] 라베오는 『12표법주해』에서 12표법상의 이 규정을 논한다(Gellius, 20.1.13). 25아스도 상당한 금액을 의미하였던 초기에는 정액 징벌금에 대한 소권이 적절하였는데 아스as의 가치 저하로 이후에는 그 규정이 의미를 상실하였다고 말하는 대신, 라베오는 징벌금액이 너무 낮게 정해졌다는 이유로 12표법의 규정을 "승인하지 않고(non probat)", 루키우스 베라티우스Lucius Veratius가 따귀를 때린 이야기를 하면서 다음과 같이 결론을 맺는다: "그러므로 법정관은 12표법을 제거하고 평가소권(actio aestimatoria)을 창안하였다." 동일한 라베오는 자신의 『고시주해』에서 명백하게 "De iniuria"(침욕에 관하여)라는 표제하에 이 특별고시를 다룬다: "훼욕의 일반적 금지고시(Ne quid infamandi causa fiat)." 그는 법정관이 이러한 특별조항을 둔 이유를 묻는데,[87] 왜냐하면 침욕평가소권(actio iuiuriarum aestimatoria)을 약속한 첫 번째 일반고시로도 이러한 특수사례(명예훼손)가 처리되기 때문이다. 즉 명예훼손도 침욕의 한 유형인 것이다. 라베오는 이 특별고시가 불필요하다고 하면서, 법정관은 단지 명확하게 하는 것을 의도했음이 분명하다고 주장한다. 그런데 정확한 설명은 다음과 같다:[88] 즉, 12표법상의 침욕은 단지 신체침해에만 관한 것이다. 그러므로 법정관이 침욕평가소권을 창안했을 때, 법정관은 단지 신체침해의 경우에만 소권을 부여했다. 이후에, 아마도 직후에, 신체침해에만 해

---

86 Bruns, 227.

87 D.47.10.15.26. 이 텍스트는 손질된 것으로 보이지만(Beseler, IV, 231), 내용적으로 라베오가 다른 것을 말했다고 할 수 없다. 그런데 왜 그가 바로 이 고시의 불필요성을 제기하였는지는 이해되지 않는다. 이 논리에 따르면 가령 고성비방(convicium)에 관한 고시도 불필요할 것인데, 왜냐하면 라베오에 따르면 고성비방(convicium)은 침욕(iniuria)에 해당되기 때문이다(D.47.10.15.3: Convicium iniuriam esse Labeo ait.). 아마도 라베오가 그렇게 말했을 것인데, 왜냐하면 울피아누스가 제3항과 같은 단문으로 서술하지는 않았을 것이기 때문이다.

【역주】 D.47.10.15.26 Ulp. 77 ad ed.

Hoc edictum supervacuum esse Labeo ait, quippe cum ex generali iniuriarum agere possumus. sed videtur et ipsi Labeoni (et ita se habet) praetorem eandem causam secutum voluisse etiam specialiter de ea re loqui: ea enim, quae notabiliter fiunt, nisi specialiter notentur, videntur quasi neclecta.

(이 법정관고시는 쓸데없다고 라베오는 말한다. 우리는 침욕의 소로써 일반적으로 소구할 수 있기 때문이다. 그러나 또한 라베오 자신도 (그리고 실상이 그러한바) 법정관이, 동일한 이유에서, 또한 이 건에 관하여 특별히 명하기를 원했던 것으로 인정한다. 왜냐하면 주목할 만하게 일어나는 것들은 특별히 언급되지 않으면 소홀시된 것으로 생각되기 때문이다.)

88 Pernice, *Labeo* II/1, 23면 이하.

당되었던 첫 번째 고시에는 포섭되지 않았던 특별한 사안에 대한 소권이, 이 소권과 나란히 마련되었다. 시간이 더 지나서 침욕 개념이 확대되어 "침욕에 관하여(De iniuriis)" 표제하의 모든 가능한 경우를 포함하게 되었고, 그래서 결국에는 인격에 대한 모든 고의적 침해가 침욕에 포함되었고, 그래서 사실상 특별고시는 불필요하게 되었다. – 이러한 일련의 사고과정이 라베오에게는 전혀 나타나지 않았다. 그는 고시들을 시간 순서에 따라 살펴보고 역사적 관점에서 특별고시를 설명할 생각을 하지 않았다. 그는 고시상의 구제수단들은 서로 병존하는 것으로 본다. 그것들은 전체로서 하나를 구성한다. 그것들은 '단일'한 법정관이 만든 것이다. 그 이후의 시기에도 또한 때로는 산발적인 역사적 고찰만이 발견된다. 고대 가家공동체로부터 기원한 가내상속인家內相續人(suus heres)의 법적 지위에 관한 설명은 D.28.2.11; Gai.2.157을 보라.[89] 군인유언의 연혁에 관하여는 D.29.1.1.pr.[90]을, 해방노예의 재산에 관한(de bonis libertorum) 고시의 역사는 D.38.2.1.[91]에

---

89 【역주】 D.28.2.11 Paul. 2 ad Sab.

In suis heredibus evidentius apparet continuationem dominii eo rem perducere, ut nulla videatur hereditas fuisse, quasi olim hi domini essent, qui etiam vivo patre quodammodo domini existimantur. unde etiam filius familias appellatur sicut pater familias, sola nota hac adiecta, per quam distinguitur genitor ab eo qui genitus sit. itaque post mortem patris non hereditatem percipere videntur, sed magis liberam bonorum administrationem consequuntur. hac ex causa licet non sint heredes instituti, domini sunt: nec obstat, quod licet eos exheredare, quod et occidere licebat.

Gai.2.157

Sed sui quidem heredes ideo appellantur, quia domestici heredes sunt et vivo quoque parente quodam modo domini existimantur; unde etiam si quis intestatus mortuus sit, prima causa est in successione liberorum. necessarii vero ideo dicuntur, quia omni modo, velint nolint, tam ab intestato quam ex testamento heredes fiunt.

90 좋은 텍스트가 아님!

【역주】 D.29.1.1.pr. Ulp. 45 ad ed.

Militibus liberam testamenti factionem primus quidem divus Iulius Caesar concessit: sed ea concessio temporalis erat. postea vero primus divus Titus dedit: post hoc Domitianus: postea divus Nerva plenissimam indulgentiam in milites contulit: eamque Traianus secutus est et exinde mandatis inseri coepit caput tale. caput ex mandatis: "Cum in notitiam meam prolatum sit subinde testamenta a commilitonibus relicta proferri, quae possint in controversiam deduci, si ad diligentiam legum revocentur et observantiam: secutus animi mei integritudinem erga optimos fidelissimosque commilitones simplicitati eorum consulendum existimavi, ut quoquomodo testati fuissent, rata esset eorum voluntas. faciant igitur testamenta quo modo volent, faciant quo modo poterint sufficiatque ad bonorum suorum divisionem faciendam nuda voluntas testatoris".

91 이 개소는 – 울피아누스의 것인지 여부를 불문하고 – 세르비우스에게로 연원하는데, 그는, 우리가 다른 사료들로부터 알고 있듯이, 고사(古事)에 관심이 있었다(그는 한때 변론가였다); Lenel, *Paling.*, Servius, Nos. 2와 3을 보라.

있다. 그 밖에 법률가들이 말해줄 수 있는 것은 어떠한 고시상의 구제수단이 아무개에 의하여 도입되었다는 것뿐이고,[92] 공공도서관에서 조사해낼 수 있는 것 이상의, 고대 고시들에 관한 정확한 연구라고 할 것이 없다.[93] 폼포니우스의 『법학편람』[94]에 있는 역사적 기록의 빈약한 모음도 그 분량이 얼마 되지 않는데, 심지어 (우리는 그것을 믿지 않지만) 그 짧은 글이 진정으로 그가 쓴 것이라 해도 그러하다. 가이우스는 한 번 더 특별한 위치를 점한다. 그는 상당한 분량으로 역사적 관심을 표명한다. 가이우스는 그의 호언적豪言的인 수사학적 도입부를 둔[95] 『12표법주해』[96]에서 법사法史 지식이 필수적이며

【역주】 D.38.2.1 Ulp. 42 ad ed.

Hoc edictum a praetore propositum est honoris, quem liberti patronis habere debent, moderandi gratia. namque ut Servius scribit, antea soliti fuerunt a libertis durissimas res exigere, scilicet ad remunerandum tam grande beneficium, quod in libertos confertur, cum ex servitute ad civitatem Romanam perducuntur. 1. Et quidem primus praetor Rutilius edixit se amplius non daturum patrono quam operarum et societatis actionem, videlicet si hoc pepigisset, ut, nisi ei obsequium praestaret libertus, in societatem admitteretur patronus. 2. Posteriores praetores certae partis bonorum possessionem pollicebantur: videlicet enim imago societatis induxit eiusdem partis praestationem, ut, quod vivus solebat societatis nomine praestare, id post mortem praestaret.

92 Weiß, *SZ* 50, 255.

93 Gellius, 11.17 및 이에 관한 Weiß, 256.

94 D.1.2.2 Pomp. l. s. enchirid.

95 중세시대와 마찬가지로, 고대에도 도입부는 때로는 저작 자체와는 다른 (상당히 수사학적) 문체로 쓰였다: Beseler, *Tijdschrift* 10, 164 주 1. G. Engel, *De antiquorum ... proemiis* (Marb. phil. diss., 1910). 『황제재산관련 법규훈령집(*Gnomon idiologi*)』의 수사학적 도입부에 관하여는 Graf Üxküll-Gyllenband의 주석, 8면(*Aegyptische Urkunden aus den staatlichen Museen zu Berlin. Griechiche Urkunken* V. Band, 2. Heft, 1934)을 보라. 중세시대 도입부의 수사학적 문체에 관하여는 Seckel, *SZ* 21, 330을 보라. 가장 좋은 예가 아쪼(Azo)가 집필한 『칙법대전(Codex-Summa)』의 과시적인 도입부인데, 그는 그것을 본콤파뇨(Boncompagno)로 하여금 자신을 위하여 집필하게 했었다(Seckel, 전게서; Genzmer, *Atti del Congresso 1933*, Bologna I, 410).

96 D.1.2.1 Gai. 1 ad l. XII tab.

Facturus legum vetustarum interpretationem necessario prius ab urbis initiis repetendum existimavi, non quia velim verbosos commentarios facere, sed quod in omnibus rebus animadverto id perfectum esse, quod ex omnibus suis partibus constaret: et certe cuiusque rei potissima pars principium est. deinde si in foro causas dicentibus nefas ut ita dixerim videtur esse nulla praefatione facta iudici rem exponere: quanto magis interpretationem promittentibus inconveniens erit omissis initiis atque origine non repetita atque *illotis ut ita dixerim manibus* protinus materiam interpretationis tractare? namque nisi fallor istae praefationes et libentius nos ad lectionem propositae materiae producunt et cum ibi venerimus, evidentiorem praestant intellectum.

법사法史 없는 해석은 "씻지 않은 손으로"[= 아무런 준비 없이] 일하는 것과 마찬가지라고 단언하고 있을 뿐만 아니라,[97] 자신의 『법학원론』에 실제로 역사적 내용들을 포함시키기도 한다. 유언의 역사, 특히 동형행위에 의한 유언(Gai.2.101 이하), 전가문소권前加文訴權(actio praescriptis verbis)의 역사(Gai.4.133), 금전유책판결(condemnatio pecuniaria)의 역사(Gai.4.48), 법률소송(legis actiones)의 역사 등이 그것이다.

유스티니아누스의 역사적 관점의 부재

유스티니아누스와 그의 측근들은 여전히 고전기의 전통에 구속되어 있었다. 『학설휘찬』 같은 작품을 만들겠다는 – 300년에서 500년 묵은 법학에서 추출하여 하나의 '법규집'을 만들어 낸다는 – 계획은, 그러한 법학의 역사적 한계를 간과하고, 고전주의 법학을 "과거"의 법학이 아니라 '현재'의 법학, 즉 비잔틴 법학과 일체를 이루는 것으로 보는, 그런 법률가들의 머릿속에서나 나올 법한 것이었다. 그들에게 있어 울피아누스[주활동시기: 190-223]로부터 율리아누스[주활동시기: 125-170]까지의 거리는 비잔틴의 '영웅들'로부터의 거리보다 멀리 떨어져 있지 않아 보였던 것이다.

VII. 로마법사 및 로마법학사에서의 시대성 구분의 부재

결국 이 모든 것은 로마법사에서의 시대구분의 부재를 보여준다. 우리가 서술의 편의상 공화정기, 원수정기, 전주정기라고 관례적으로 시대구분한 것은 일정한 현상을 지나치게 강조한 것이며,[98] 한 군데 속하는 것들을 따로따로 떼어놓은 것이다. 테오도르 몸젠(Theodor Mommsen, 1817-1903)이 자신의 작업을, 로마법의 일정한 부분영역의 체계적 서술과 이러한 체계 내에서 종단면상의 개별 교설敎說에 대한 역사적 서술에 한정시켰던 것은 우연이 아니다. 그는 이와 같은 방법을 로마 헌법뿐 아니라 로마 형법 그리고 형사절차법 분야에서도 사용했다. 실제로 그렇게 하는 것이 그 주제를 다루는 데 있어 유일하게 적절한 방법이다.

---

97 "Illotis ut ita dixerim manibus ... (말하자면 씻지 않은 손으로)."

98 전술한 100면과 103면을 보라.

로마법학자들에서의 개성의 결여, 사비니의 "대체적 인격물"

로마법사 일반에 있어 시대성이 부재한다는 것은 로마법학사 각론에 있어서도 시대구분이 부재한다는 것과 조응되는데, 이는 아무리 저명한 법률가에 대해서라 할지라도 그를 학문적·법학적 개성을 갖춘 법률가로 파악하고 다른 법률가들과 예리하게 대조하는 일을 어렵게 만든다. "굉장한 찬사와 혹평을 함께 받은" 로마법학에 관한 사비니(1779-1861)의 서술(1814)은 이와 같은 사실을 간결하게 그리고 설득력 있게 잘 말하고 있다.

> 『입법과 법학에 관한 우리시대의 소명』(제3판), 29면과 157면: "이러한 (로마인의) 방법은 결코 위대한 한 명 또는 소수의 저술가의 배타적 소유물이 아니라, 오히려 모든 이들의 공동재산인데, 비록 이 방법이 그들 사이에 매우 다양한 정도로 성공적으로 분배되었지만, 그러나 그 방법은 어디서나 동일하다. 우리가 그들의 저작들을 완전히 우리 앞에 가지고 있다고 하더라도, 우리는 그 속에서 다른 종류의 문헌에서보다 훨씬 적은 개성을 발견하게 될 것인데, 그것들은 모두 어느 정도로 하나의 그리고 동일한 거대한 작업을 한 것이고, 『학설휘찬』 편찬의 밑바탕에 깔려 있는 그 관념은 그런 이유로 전혀 포기될 수 없는 것이었다. 그들의 모든 법문헌은 하나의 유기적 전체였다. (근대 법률가들의 전문용어를 사용하자면) 그 당시에 개별적 법률가들은 대체가능한 인물들(fungible Personen)이었다고 말할 수 있을 것이다."

"대체가능한 인물들"이라는 표현은 좀 심하지만, 전체적으로 그 특징화는 사비니의 평소와 같은 세밀함과 적확함을 갖추고 있다.[99] 물론 개개의 법률가들에 따라 서술방법과 사고의 독자성에 있어 차이점은 있다. 사비니도 이 점을 부인하고 있지는 않으며 오히려 그 사실을 강조하고 있다. 어떤 법률가의 언어적 특유성들을 모아보거나,[100] 개개 법률가에

---

99 이곳과 동지(同旨): Lenel in Holtzendorff-Kohler, I, 359; Arangio-Ruiz, *Corso di storia del diritto Rom*, 265 이하; Chiazzese, *Introduzione*, 168, No. 75; Biondi, *Prospettive*, 30. 반대설에는 가령 Bekker, *SZ* 6, 77.

100 이런 의미에서 옛저작들은 낡았다: Kalb, *Roms Juristen nach ihrer Sprache dargestellt*; Schulze, *SZ* 12, 100 이하; Costa, *Papiniano* I, 257 이하; Zimmern, *Gesch. d. röm. PrivR.* I (개별 법률가들이 나옴)에서 인용된 더 오래된 것에 대하여는 언급하지 않겠음. Kübler, *Conferenze per il XIV Centenario delle*

의해 주장된 학설들을 열거해보는 것도 가능할 수도 있지만, 그런다고 해서 로마 법률가들의 방법론에서 근본적인 변화를 찾아낼 수 있는 것도 아니며, 3세기 중반까지 법률용어들이 대체로 변하지 않고 남아있었다는 사실과 전적으로 학문적 개성은 거의 계발되지 않았다는 사실을 바꾸지 못한다. 16세기 이후 독일 법학에 나타난 역사적 단락은 로마 법학에서는 발견되지 않는다. 로마법학에서는, 뀌자스Cujas, 안톤 파베르Anton Faber, 도넬루스Donellus, 후고 그로티우스Hugo Grotius, 토마지우스Thomasius, 사비니Savigny, 예링Jhering, 오토 폰 기이르케Otto von Gierke, 빈트샤이트Windscheid, 브린츠Brinz, 요세프 코올러Josef Kohler와 같은 – 단지 몇 명만을 언급한 것이다 – 학문적 개성을 지닌 법학자들을 찾아내지 못할 것이다. 로마법학자들 중 그 누구도 자신의 선배들이나 후배들과 근본적으로 다른 것을 가르치지 않았으며, 사비누스 학파와 프로쿨루스 학파 간의 교설教說의 차이는[101] 옥스퍼드나 케임브리지 간의 그것보다는 근본적인 차이가 덜 하였다. "요컨대 그들 모두를 통틀어 '친족성'이 압도적이었고, 정확하게 말하자면, 그들은 단지 한 가지 특성을 가지고 있었다."[102] 개인주의적인 19세기는 이러한 개성의 부재를 로마법학의 결점으로 여겼고 – 당연히 헛되게도 – 그들이 존경해 마지않는 로마법 대가들에게서 이러한 결점들을 제거해내려고 했다. 그러나 확고한 도제식 전통에 묶여있던 그 소규모의 보수적인 로마 법률가 집단 안에서의 개성의 출현은 일종의 혁명적인 것으로 오히려

Pandette (Milano, 1913)에서 주장하는 것 같은 연구가 지속될 수도 있겠지만, 퀴블러와는 달리 사견(私見)으로는 그러한 연구가 대단히 성과있을 것이라 생각하지 않는다. 그곳에서 주장된 고전기 법률가들의 이러저러한 언어학적 특유성이라는 것들은 일반적으로 고전기 이후의 주석가들의 특유성이라는 것을 증명할 것이다. 가령 Beseler, *SZ* 51, 199; *SZ* 52, 58; *SZ* 56, 43; *Tijdschrift* 10, 240 참조.

101 근본적인 차이를 발견하려는 모든 시도는 성과가 없었다: Kübler, *Geschichte d. röm. Rechts*, 261면.

102 Goldsmith, *Vicar of Wakefield*, 제1장. 공화정기 연설가들과 관련하여 타키투스(*De or*. 25)는 메쌀라로 하여금 다음과 같이 말하게 한다: "Nec refert quod inter se specie differunt cum genere consentiant. ... omnes tamen *eandem sanitatem* eloquentiae prae se ferunt, ut si omnium pariter libros in manum sumpseris, scias, *quamvis in diversis ingeniis, esse quandam iudicii ac voluntatis similitudinem et cognationem*. ... (그들이 유(類)에 있어서 일치하지만 그들 상호 간에 종(類)에 있어서는 서로 다르다는 것은 중요하지 않다. … 그렇지만 그들 모두는 동일한 연설의 간결성을 보이고, 그리하여 당신이 그들 모두의 책을 동시에 손에 집어들더라도, 비록 재능에 있어서는 다양하나 판단과 의지에 있어서 일정한 유사성과 친족성이 있음을 당신은 알게 된다)." 이러한 비판은 로마 법률가들에게 적합하였을 것이다.

비난받아 마땅한 것으로 여겨졌을 것이다.[103] 그들은 개성이 하나의 거대한 정형 속에 침잠하기를 원했을 것이다.[104] 그러한 집단 내에서 유일하게 허용될 수 있었던 진보의 방식은 충적沖積(alluvio)[105]에 의하는 것뿐이었다(Gai.2.70).[106]

---

103 Ed. Norden, in Gerke-Norden, *Einleitung in die Altertumswissenschaft* I (제2판, 1912), 457면: "이로부터 저자들의 개성을 입증할 추가적인 요청이 따른다. 그 증거는 현대 문헌보다는 고대 문헌의 경우에 더 어려운데, 왜냐하면 전자의 경우에 개성적 특성의 전개에 훨씬 더 많은 자유가 부여되기 때문이다. 로마인들의 경우에 그것은 특히 더 어려운데, 왜냐하면 그들에게는 관행적인 문체의 강제성 때문에 그러하다" Jakob Burckhardt, *Der Cicerone*, 고대 조각의 서론 장(Gesamtausgabe, vol. 3, ed. by Heinrich Wölfflin 1933, 361면): "그리스인들은 그들의 예술가들에게서 현대적 의미의 독창성을 요구하지 않았는데, 즉 지속적인 주제의 변경과 재현방식의 변화를 요구하지 않았던 것이다. 만약 어떠한 특정한 주제에 최고 수준의 가능한 표현이 나타났다면, 이것은 수세기 동안 결정적인 것으로 남게 되었다. 표준적인 유형 또는 재현방식 및 … 표준적인 주제들이 창조되었던 것이다."

104 Nietzsche, *Wille zur Macht*, No. 783.

105 【역주】 수류(水流)에 의하여 강안(江岸) 토지에 점차 부가된 것. 토지소유자는 부가된 토양(accessio)의 소유권을 취득하였다.

D.41.1.7.1 Gaius 2 rer. cott.

Praeterea quod per alluvionem agro nostro flumen adicit, iure gentium nobis adquiritur. per alluvionem autem id videtur adici, quod ita paulatim adicitur, ut intellegere non possimus, quantum quoquo momento temporis adiciatur.

106 【역주】 Gai.2.70

Sed et id quod per alluvionem nobis adicitur, eodem iure nostrum fit; per alluvionem autem id videtur adici, quod ita paulatim flumen agro nostro adicit, ut aestimare non possimus, quantum quoquo momento temporis adiciatur; hoc est, quod volgo dicitur per adluvionem id adici videri, quod ita paulatim adicitur, ut oculos nostros fallat.

07 국민체

로마는 우리 모두의 공통의 조국이다.
-모데스티누스, D.50.1.33.

I. 국민체 개념[1]

"국민체國民體"란 자신을 정치적으로 독립된 공동체로 느끼고, 정치적 개체성을 가지며, 다른 정치적 공동체와 대비되는 사람들의 집단을 의미한다.[2] 국민체의식(국민체감정)은 바로 이러한 국민체형성적·정치적 개체의식과 그래서 그것과 함께 다른 정치적 공동체와 다르다는 존재의식으로 이루어져 있다. 국민체의식을 형성하는 중요한 요소는 언어 공동체이다. 그러나 이것은 본질적이지도 않고 필연적으로 있어야만 하는 것도 아니다. 본질적인 것은 위대한 정치적·문화적 운명공동체이고, 역사적 운명공동체이다. 그러한 공동체 안에서 독립적인 정치조직을 형성시키겠다는 의지가 생겨나면 국민체의식과 함께 또한 국민체가 태어나는 것이다. 국민체의식을 잃으면 국민체도 소멸한다. 새로운 역사적 운명은 종래의 역사적 운명을 잊혀지도록 하고, 국민체의 일부가 다른 국민체의 일부로 전환되거나 전체 국민체가 하나의 새롭고도 더 큰 국민체로 병합

---

1 **【역주】** 영어 nation, 독일어 Nation에 해당하는 역어로 기존에 "민족"이라는 용어가 관용(慣用)되었다. 그러나 "민족"이라는 번역어는 여러 가지 오해를 초래하고 있고, 특히 "민족"을 초월한 법적 결사체로서의 의미를 담지 못하고 있으므로, 여기서는 "국민체"라는 역어를 사용한다. 이 번역어 제안과 그 의미에 대하여는 최병조, 비교법문화론, 민속원(2018), 139면 참조(원 게재처: 서울대학교 법학, 제52권 제4호(2011. 12), 77면 이하).

2 이에 대하여 다음 문헌을 참조: F. Meinecke, *Weltbürgertum und Nationalstaat*, 1면 이하; Max Weber, *Wirtschaft und Gesellschaft*, 224 이하, 2. Teil, Kap. 3, § 4; 627면 이하, 3. Teil, Kap. 3, § 3; Mommsen, *Reden und Aufsätze*, 411 이하; Binder, "Fichte und die Nation", *Logos* 10 (1922), 75면, 275면 이하, 281면 이하 및 그곳에 인용된 문헌; Carl Schmitt, *Verfassungslehre* (1928), 231면; H. O. Ziegler, *Die moderne Nation* (1931); Ed. Ziehen, *Hist. Z.* 110 (1934), 496면 이하; McDougal, *The American Nation* (1935).

되는 것을 초래할 수 있다. "국민체"라는 단어의 의미가 혈연공동체를 지시하고 있는 것일지라도, 그리고 실제로 국민체 자체 내에 적어도 그 핵심이 혈연공동체여야 한다는 다소 분명한 관념이 종종 존재한다 하더라도, 인종적 단일성이나 관련성은 국민체라는 개념을 형성하는 데 필요하지도 않고 충분하지도 않다.

II. 라틴국민체, 이탈리아국민체, 로마통치권 국민체

우리의 연구에 의하면 라티움의 거주민들이 하나의 국민체를 형성하였다. 원래의 라틴동맹이 구성되어 있었다 하더라도, 그것은 그들이 함께 속했던 라틴공동체 구성원이라는 소속감에 기초하였다. 그러한 소속감이 이후의 라틴동맹 또는 더 정확하게 말하자면 로마와 라틴공동체들 간의 동맹조약 체계를 활성화시켰다. 점차 이탈리아국민체는 라틴국민체와 병존하며 발전하였다. 여기에서 결정적 요인은 그들이 함께 경험한 제2차 포에니전쟁[기원전 218-201]이었다. 이탈리아국민체는 마침내, 독일국민체가 슐레스비히-홀슈타인족族이나 하노버족族을 흡수했던 것 같이, 라틴국민체를 흡수하였다. 제정기 첫 두 세기에 이탈리아국민체는 그 자체가 로마의 통치권(imperium)의 지배를 받는 국민체로 흡수되었다.[3] 그 시민체(civitas)는 로마-이탈리아국민체와는 이미 오래 전부터 일치하지 않았고 로마-이탈리아국민체에 속하지 않았던 시민의 숫자가 이제 점점 많아졌으며 더욱 중요해졌다. 그들의 새로운 공동의 소속감은, 상이하면서도 다양한 성원成員으로 구성된 이러한 인적 집단에서 발전하였다. 그들은 자신들이 로마인이라는 사실에 자부심을 느끼면서 통합되었고, 주문呪文 "나는 로마시민이다"는 시킬리아[4]나 유대 지방[5] 모두에서 유효하였는데, 왜냐하면 "안전을 위해서는 로마인인 것만으로도 충분"했기 때

---

3 타당한 문헌으로 Jüthner, *Hellenen und Barbaren. Aus der Geschichte des Nationalbewußtseins* (Das Erbe der Alten VIII, 1923), 85면: "인종적 구별은 희미해졌고, 옛 국민체의식도 해소되었으며 그 자리에는 새로운 '국민체'의식이 자리 잡았고, 국가 소속감이 형성되었다." Bryce, *The Ancient Roman Empire and the British Empire in India* (1914), 3면, 39면 이하, 68면 이하 등도 마찬가지이다.

4 Cic. *In Verr*. II 5.57.147: "illa vox et imploratio "civis Romanus sum", quae saepe multis in ultimis terris opem inter barbaros et salutem tulit. ..."; 5.64.165도 마찬가지이다.

5 사도행전 22:25 이하.

문이다.[6] 거의 그들은 자신들이 피를 나눈 형제라고 생각하였다. "실로 전체 로마시민의 피는 결합되어 있다고 보아야만 한다(nam civium Romanorum omnium sanguis coniunctus existimandus est)."[7] 그리고 난 후 제국의 성원들에게는 이러한 범위를 넘어서는 새로운 공통의 역사적 경험이 있었는데, 그것은 제국의 행정이다. 이러한 점은 새로운 공동운명의식을 공고히 만들었다. 황제는 제국 내에서 보편적으로 존경받는 시혜자施惠者이며 인류의 아버지가 되었다.[8] 공화정 말기에 있었던 정복자적 지배자는 점점 드물어졌고, 아우구스투스[재위: 기원전 27년-기원후 14년]와 티베리우스[14-37]의 일단一團의 관리들이 그 자리를 대신하였다. 교육에 의해서만 로마인이 되었던 속주의 귀족들은 원로원의원과 고위 관리가 되었다.[9] 상당한 탄압과 함께, 로마 정부는 환영받는 것들을 제공하였다 – 헬레니즘 문화, 예술, 문학, 학교는 물론이고, 상하수도, 공중목욕탕과 극장, 포장된 도로와 확립된 법이 그것이었다.[10] 제국에 대한 애착감과 헌신감은 필연적인 결과였다.[11]

---

6 Aristides (기원후 2세기 연설가), εἰς Ρώμην (로마시 찬가), § 100: εἰς ἀσφάλειαν ἐξαρκεῖ Ρωμαῖον εἶναι (*Opera*, ed. Keil, II, 1898).

7 Cic. *In Verr*. II 5.67.172.

8 예컨대 기원전 9년의 프리에네(Priene) 비문을 보라. Dittenberger, *Orient. Graeci Inscr*. II (1905), No. 458, 35행: "τὸν Σεβαστὸν, ὃν εἰς εὐεργεσίαν ἀνθσώπων ἐπλήρωσεν ἀρετῆς ἡ Πρόνοια ὥσπερ ἡμεῖν καὶ τοῖς μεθ' ἡμᾶς σωτῆρα πέμψασα τὸν παύσαντα μὲν πόλεμον κοσμήσαντα δὲ πάντα (… 아우구스투스, 인류의 행복을 위한 덕(arete)을 부여받은 자, 평화를 가져오고 전세계를 질서잡기 위하여 우리와 우리 자녀에게 보내진 자)": 이후에 Philo, *Leg. ad Gaium*, 21: 아우구스투스는 혼돈으로부터 질서로 이끌었고, 그는 평화의 수호자(ὁ εἰρηνοφύλαξ)이다. Dio Chrys. Περὶ Βασιλείας Or. III. c. 5 이하는 황제를 인류의 구원자이자 보호자로 부른다. Pausanias 8.43.6은 안토니누스 피우스 황제를 인류의 아버지라고 부른다(πατὴρ ἀνθρώπων καλούμενος). 더 많은 예들이 다음에 나온다: Ludwig Hahn, *Das Kaisertum* (Das Erbe der Alten VI, 1913), 8면 이하, 19면 이하, 24면 이하; Max Mühl, *Die antike Menschheitsidee in ihrer geschichtlichen Entwicklung* (Das Erbe der Alten, 2. Reihe XIV, 1928), 79면 이하, 102면 이하. Wilhelm Weber, *Zur Geschichte der Monarchie* (1919), 7면 이하도 참조.

9 이에 관하여는 Dessau, *Hermes* 45 (1910), 22면 이하; W. Weber, *Zu der Inschrift des Julius Quadratus* (Abh. d. Preuss. Akad. d. Wiss., Phil.-hist. Kl., 1932), No. 5, 68면 이하.

10 Aristides는 "모든 곳이 체육관, 분수, 강당, 신전, 공예, 학교로 가득 찼다"라고 말한다(εἰς Ρώμην § 97: πάντα δὲ μεστὰ γυμνασίων, κρηνῶν, προπυλαίων, νεῶν, δημιουργιῶν, διδασκαλείων). 군주정의 복지정책에 관하여는 Hahn, 8면 이하를 보라. 새롭게 발견되는 모든 문서가 그것을 다시금 보여주는데, 예컨대 키레네 소재 아우구스투스 비문(ed. Wenger-Stroux, "Die Augustusinschrift auf

로마가 “조국”이 된 것이다: “공통의 조국, 로마(Roma communis patria).”[12] 이 새로운 국민체가 언어공동체를 가지지 못했던 것은 사실이지만, 그러나 동부에서는, 서부의 교양인들 사이에서도 사용되었던 그리스 보통어(코이네)[13]가 도움이 되었다. 서부에서는 라틴어가 공용어가 되었다.[14] 그 외에는, 로마적 방식이 그러하듯이, 실용적으로 단일한 문화표준이 목표되었고 또한 달성되었다. 트리어의 직물공이 모젤 강둑에 가족 납골당으로 세웠던 이겔의 석주묘石柱墓(Igel column)가 광범한 제국의 변방에까지 반복되어 나타나고 있었던 것과 같이,[15] 모든 곳에서 같은 물건들이 발견되었고, 같은 책이 읽혔으며, 같은

---

dem Marktplatz von Kyrene”, *Abh. d. Bayr. Akad. d. Wiss*. 34 (1928))을 보라. 몸젠의 견해(*Römische Geschichte* V, 4면)가 여전히 유효하다: “아프리카의 농경지, 모젤강가의 포도밭, 뤼키아 산지와 시리아 사막변경에 있는 번성하는 정착지에서 제정기의 업적이 찾아지고 발견될 수 있다. 심지어 오늘날에도 동부와 서부 모두 제정기가 좋은 통치의 정점이었던 많은 지역이 존재한다. 최고정점은 아닐지라도, 그러한 통치는 그 전에도 그 이후에도 이루어진 적이 없었다. 만약 주(主)의 천사가, 세베루스 안토니누스가 다스리던 영토를 그 당시와 지금을 비교하고자 한다면, 그리고 두 시기 중 언제 더 큰 지성과 인정으로 다스려졌는지 그리고 로마제정기 이후로 도덕과 행복이 일반적으로 증대되었는지 아니면 감소되었는지를 정하고자 한다면, 천사의 판단이 오늘날의 쪽을 들어줄지는 대단히 의심스럽다.” Fuchs, *Augustin*, 197. 한편 W. E. Heitland, *Last Words on the Roman Municipalities* (1928), 64면 이하는 너무 비관적이다.

11 많은 예들이 Hahn, 24 이하 및 Mühl, 81; F. Klingner, *Die Antike* III (1927), 24면 이하에 있다.

12 Plinius, *Hist. nat*. 3.5.39: “Italia una coniunctarum gentium in toto orbe patria (전 세계에서 하나로 결합된 조국 이탈리아)”; Mommsen, *StaatsR*. III/1, 781면 주 1 참조. De Ruggiero, *La patria nel diritto pubblico Romano* (1921), 70면 이하. Aristides의 언명은 Schönbauer, *SZ* 51, 323을 보라. Wilhelm Weber, 전게서, 69 및 95; Bryce, *The Ancient Roman Empire and the British Empire in India* (1914), 41면: “로마시가 제국이 되었고, 제국은 로마가 되었다. 국민체적 독립은 회한이 없었는데, 왜냐하면 동부는 이탈리아인 지배자가 등장하기 전에 이미 탈국민체화되었고, 서부의 부족들은 비록 자유를 위하여 선전(善戰)했던 자들이지만 진정한 국민체적 삶에 도달하지 못하였는데, 히스파니아와 갈리아 및 브리타니아인들은 속박된 삶을 살고 있었다. 3세기에 갈리아인, 히스파니아인, 판노니아인, 비티니아인, 시리아인들은 각각 자신을 로마인이라고 불렀고, 실제로 로마인이었다. 제국의 이익이 그들의 이익이었고, 제국의 영광은 그들의 영광이었으며, 마치 그들이 카피톨리움 언덕의 그늘에서 태어난 것과 같았다.” H. v. Armin, *Leben und Werke des Dio v. Prusa*, 117 이하. Claudian, *De consulatu Stilichonis* (d. 400) (ed. Birt, *Mon. Germ. hist. Auct. antiquiss*. X), 3.136 이하: “cuncti gens una sumus (우리는 하나로 결합된 민족이다)”; Rutil. Namatianus, *De redito suo* (c. 416), 1.63: “Fecisti patriam diversis gentibus unam (당신은 다양한 민족들로 하나의 조국을 만들었습니다).” Fuchs, *Augustin*, 162 이하도 참조.

13 **【역주】** 기원전 5세기 후반에 사용된 표준 그리스어. 신약 성서가 이 언어로 기록되었다.

14 Bryce, 40 및 65.

연극이 공연되었고, 같은 건축모델이 사용되었으며,[16] 같은 신에게 예배하였다. 제국의 문화는 모든 곳에서 번성하였다. 원수정기의 첫 두 세기 동안에 지방의 개별 문화는 전혀 발전하지 못하였거나 매우 미미한 정도로만 발전하였다. 재능있는 지방민들, 예컨대 퀸틸리아누스, 마르티알리스, 세네카,[17] 법률가 율리아누스와[18] 울피아누스[19] 등은 수도 로마로 이주하였고 그곳에서 로마의 위대한 공통의 문화발전의 흐름에 합류하였다.[20] 유사한 효과가 – 물론 일반적인 경향에 의하여 그 나름으로 영향을 미친 – 세계시민적 인도주의 철학 사상에 의하여 얻어졌고,[21] 후대에는 기독교에 의하여 얻어졌다: "나는 [세상의] 한구석을 위해서 태어난 것이 아니고, 나의 조국은 여기 전세계이다",[22] 그는 "세계시민"[23]이다. 이러한 철학적 · 수사학적 표현은 과장이다. 여기서의 "세계"의 의미와 사람이 소속감을 느끼는 "세계"란, "사람이 사는 [문명화된] 땅(οἰκουμένη γῆ)", 즉 로마제국의 문화세계이다.[24] 제정기의 첫 두 세기에 형성된 이 새로운 국민체 – 로마제국 – 은 그러므로 절대로 단지 국민체의 "창백한 그림자"가 아니다.[25] 더욱이 탈국민체화 경향에 의하여 제정기가 지배되었다고 서술할 수는 없다[26] – 이는 세계국민체라는 의미를 완전히

---

15 Dragendorff-Krüger, *Grabmal v. Igel* (1924), 93면; Drexel, *Mitteilungen d. deutsch. arch. Inst. Röm. Abt.* 35 (1920), 27면 이하; Rostovtzeff, *Social and Economic History*, 534.

16 이러한 표준화에 대하여는 Rostovtzeff, *Social and Economic History*, 166; Bryce, 66.

17 히스파니아 출신; 기타 히스파니아 출신들은 Mommsen, *Röm. Gesch.* V, 69면을 보라.

18 아프리카 출신(후술할 147면 주 131를 보라); 다른 아프리카 출신들은 Mommsen, 656면을 보라.

19 시리아 출신.

20 Wilhelm Weber, 전게서.

21 Jüthner, 17 이하, 48 이하, 그러나 무엇보다도 Mühl의 책 전체가 여기에서 즉시 참조되어야만 한다. Kaerst, *Geschichte des Hellenismus* I (제3판, 1927), 87면; II (제2판, 1926), 87면, 119면 이하, 289면.

22 Seneca, *Epist.* 28.4: "Cum hac persuasione vivendum est: non sum uni angulo natus, patria mea totus hic mundus est (이러한 확신을 가지고 살아가야 합니다: 나는 [세상의] 한구석을 위해서 태어난 것이 아니고, 나의 조국은 여기 전세계이다)."

23 '세계시민(κοσμοπολίτης)'이라는 말은 Diogenes에게로 소급한다: Diog. *Laert.* 6.63.

24 Jüthner, 50 이하; Kroll, I, 7; Kaerst, *Die antike Idee der Ökumene* (1903); Tellenbach, *Reichsgedanke*, 7면 이하.

25 동지(同旨): Mommsen, *Reden und Aufsätze*, 417면.

26 동지(同旨): 특히 Max Mühl, 위에서 언급한 문헌, 특히 83면 이하. 예링이 그의 책을 시작하면서 펼

오해한 것이리라. 이 시기는, 1871년 독일제국수립으로 프로이센, 바이에른, 슈바벤 등의 국민체들이 독일로 흡수되었다는 점에서 탈국민체화하였다는 것과 유사한 의미로, "탈국민체화"하였다.[27] 이탈리아의 국민체감정은, 아우구스투스 치세에서 마지막으로 고조된 이후에, 제국에 대한 애국심에 그 자리를 내어주면서 소멸하였다.[28] 이것이 바로 제국을 수 세기 동안 유지시킨 것이다. – 동부지역은 말할 것도 없고 – 히스파니아, 갈리아, 브리타니아 그 어느 지역도 로마제국과 로마국민체에 대한 충성을 포기한 적이 없었다.[29] 결국 로마제국의 멸망을 초래한 것은, 국민체의식의 결여가 전혀 아니었고, 국민체역량의 결여였던 것이다.

III. 로마의 역사적 사명

군사적 · 법적 우위에 기반한 특별한 운명의 자각

특유한 운명의식과 역사적 사명의식은[30] 완전히 자각된 국민체의식의 일부를 구성한

친 논지(*Geist* I, 1면 이하)는 유지될 수 없다: "로마의 세계사적 사명을 한 마디로 요약한다면, 보편성의 사고를 통한 국민체성 원칙의 극복이라 할 것이다." 국민체의 개념에 "피가 같고 말이 같음, 공통의 신전과 제의, 동종의 관습(ἐὸν ὅμαιμόν τε καὶ ὁμογλωσσον καὶ θεῶν ἱδρύματά τε κοινὰ καὶ θυσίαι ἤθεά τε ὁμότροπα)"(Herodot. 8.144)을 요구할 수 없다.

27 Bryce, 70: "결국 로마는 독자적인 역사를 가지기를 그치고 … 완전히 로마제국에 융합된다. 이것은 로마뿐만 아니라 이탈리아의 경우에도 상당한 정도로 타당하다. 이탈리아는 많은 속주들을 두었으나 그 자신도 하나의 속주화된다. … 베스파시아누스 치세부터 동고트족의 테오도릭 치세에 이르기까지 이탈리아의 역사는 제국의 한 부분의 역사일 뿐이다." 이에 관하여 Albertario, "Sui testi Romano-classici che annoverano l'Italia fra le provincie romane", *Riv. di philologia e di istruz. class*. N. S. V (1927); Siber, *Atti del Congresso 1933*, Roma I, 424 주 22. 로마제국에 대한 교부(教父)들의 긍정적인 입장에 관하여는 Tellenbach, *Reichsgedanke*, 9를 보라.

28 Mommsen, *Reden und Aufsätze*, 424: "큰 국민체로의 진입은 그 대가를 치른다; 하노버인들, 헤센인들 그리고 우리 슐레스비히-홀슈타인인들이 지금(1880) 그에 대한 대가를 치러야 하며, 그리고 우리는 그로써 우리가 우리 자신의 것 중에서 일부를 내줘야 한다는 것도 잘 알고 있다. 우리는 그것을 우리 공통의 조국에 치르고 있다."

29 Mommsen, *Röm. Geschichte* V, 76 및 177; Bryce, 69.

30 Max Weber, *Wirtschaft und Gesellschaft* III, 제3장 § 3, 629면.

다. 그것은 일정한 역사적 임무가 어떤 국민체에게 맡겨졌다고 느끼는 것인데, 이는 그 국민체의 특유성에 부응하여 그리고 그러한 특유성의 함양에 의해서만 실행할 수 있는 임무인 것이다. 로마인들은 그들의 명확하고 편견 없는 감각으로 자신들의 능력의 한계를 잘 알고 있었으며, 이러한 한계를 기꺼이 다른 이들에게 드러냈다. 예술과 철학(오늘날에는 "순수학문"이라 불러야 할 것이다)에 관련된 모든 분야에서의 그리스 정신의 우월함은 로마에서 찬사를 받았으며 시기함 없이 인정받았다.[31] 호라티우스(Quintus Horatius Flaccus, 기원전 65년-8년)는 다음과 같은 유명한 시구를 썼는데,

> 정복당한 희랍이 거친 승자를 정복하여 들판의
> 라티움에 예술을 가져오니 …[32]

이는 특히 국민체감정이 강렬했던 시기에 쓴 것으로, 그는 이것이 국민체적 감수성을 해치지 않을까 하는 우려 없이 그렇게 쓸 수 있었다. 그 시구가 역사적 진실을 포함하고 있다는 사실은 잘 알려져 있다. 로마인의 자긍심은 위와 같은 자인自認으로 상처받지 않았다. 로마의 자긍심은 군사적 우위에 대한 의식과[33] 사회질서, 특히 법에 있어서의 특유한 실천적 재능[34]에 기반하고 있었다.[35] 이러한 분야에서 로마인이 항상 쇼비니즘으

---

31 이외에도 Horatius, *Ars poet.* 323행; Cic. *Brutus*, 73.254: "vincebamur a victa Graecia (우리는 정복당한 그리스에 의하여 정복당했다)"; Cic. *Ad Q. fratrem*, 1.1.28: "non enim me hoc iam dicere pudebit ... nos ea quae consecuti sumus, iis studiis et artibus esse adeptos, quae sint nobis Graeciae monumentis disciplinisque tradita (나는 지금 이것을 말하는 것이 부끄럽지 않을 것이다 … 우리는 우리가 얻은 것들을 저 학문과 기술로써 습득한 것으로, 그 학문과 기술은 그리스의 문헌들과 가르침들에서 우리에게 전수된 것이다)." 상세는 Kroll, "Römer und Griechen", *Studien* (1924), 1면 이하. 또한 Plin. *Ep.* 8.14 및 이에 관하여 Zucker, *Philologus*, 84 (1928), 209면 이하.

32 *Epist.* 2.1. 156행.
Graecia capta ferum victorem cepit et artes
Intulit agresti Latio ... [김남우 역, 『호라티우스의 시학』(2019)]

33 Kroll, I, 24. 예컨대 Cic. *Tusc.* 1.1.2.

34 Cic. *Tusc.* 1.2.5: "In summo apud illos honore geometria fuit itaque nihil mathematicis illustrius: at nos metiendi ratiocinandique utilitate huius artis terminavimus modum. (희랍인들에게 기하학은 더없이 존중받았으며, 따라서 수학자만큼 존경받던 사람도 없었다. 그러나 우리 로마는 측량과 계산의 유용성으로 기하학의 범위를 제한하였다)." [김남우 역, 『투스쿨룸 대화』(2022)]

로부터 자유로웠던 것은 아니었다 – 그들은 그리스법을 "혼란스럽고 로마법과 비교할 때 거의 가소롭다"고 말하고,[36] 우월한 지위에서 그리스의 국헌을 멸시하고,[37] 피라미드의 불필요한 과시성 또는 그리스인들이 말하는 세계의 불가사의 등을 경멸적으로 언급하면서 자신들의 기념비적인 수로시설을 찬양한다.[38] 공화정기의 마지막 두 세기에 서서히 로마인들에게 로마의 "숙명적인 사명의 전설"을 생기게 했던 것이 바로 이러한 정서였는데,[39] 무력과 법률에 의하여 세계제국을 조직하고 지도하는 로마의 임무와, 로마-헬레니즘 문화가 제국의 모든 구성원들에게 이롭게 발전되어야 하는 토대로서 "로마의 평화(pax romana)"[40]를 창출하고 보장하는 임무가 그들의 역사적 사명이었다. 베르길리우스(Publius Vergilius Maro, 기원전 70년-19년)는 그의 유명한 『아이네이스』에서 이 전설을 다음과 같은 장중한 시구로 표현하였다.

> 다른 자들은 청동을 두들겨 살아 숨쉬는 것 같은 형상들을
> 만들어 내고 (나는 그렇게 믿는다) 대리석에 살아있는 얼굴을
> 이끌어낼 것이며, 다른 자들은 탁월한 웅변으로 변론할 것이며,

---

35 일정한 다른 자질들이 이에 상응되었다: 진중함(gravitas), 굳건함(constantia), 마음의 도량(maginitudo animi), 정직함(probitas), 신의(fides); Cic. *Tusc*. 1.1.2; *De or*. 3.34.137.

36 Cic. *De or*. 1.44.197: "quantum praestiterint nostri maiores prudentia ceteris gentibus, tum facillime intellegetis, si cum illorum Lycurgo et Dracone et Solone nostras leges conferre volueritis. Incredibile est enim, quam sit omne ius civile praeter hic nostrum inconditum ac paene ridiculum. (우리의 조상들께서 법학에서 다른 민족들보다 얼마나 앞섰는지를, 당신이 뤼쿠르고스, 드라콘과 솔론의 법률들과 우리의 법률들을 비교해보기를 원한다면, 당신은 쉽게 알게 될 겁니다. 즉 우리의 시민법을 제외한 모든 시민법이 얼마나 혼란스럽고 거의 가소로운지가 믿을 수 없기 때문입니다)." 또한 1.45.198; *Tusc*. 1.1.2; *Pro Flacco*, 7.15 이하도 참조.

37 Cic. *Tusc*. 전게서.

38 Frontin. *De aquaeductu*, 16: "Tot aquarum tam multis necessariis molibus pyramidas videlicet otiosas compares aut cetera inertia sed fama celebrata opera Graecorum! (다량의 물을 보내는 필수적인 거대구조물과 확실히 아무런 일도 하지 않는 피라미드, 기타 유명하기는 하나 무용한 그리스인들의 건축물들을 비교해보라!)"

39 同旨: Max Weber, *Wirtschaft und Recht*, 전게서.

40 "Pax romana": 이에 대하여 다음 문헌을 참조: H. Fuchs, *Augustin*, 162 이하, 182 이하; Hahn, *Kaisertum*, 26; Tellenbach, *Reichsgedanke*, 12.

또 다른 자들은 하늘의 운동을 막대기로 추적하며
언제 별들이 뜰 것인지 예언해 줄 것이다.
로마인이여, 너는 명심하라. (이것이 네 예술이 될 것이다.)
권위로써 여러 민족들을 다스리고, 평화를 관습화하고,
패배한 자들에게는 관용하고, 교만한 자들은 전쟁으로 분쇄하도록 하라.[41]
(6.847 이하)[42]

이와 같은 단호한 제국적·법적 사명감은[43] 로마인에게 항상 유지되었다.[44] "무력과

---

41 [본문 중] Excudent alii spirantia mollius aera –
credo equidem – vivos ducent de marmore voltus;
orabunt causas melius, caelique meatus
describent radio, et surgentia sidera dicent:
tu regere imperio populos Romane memento –
haec tibi erunt artes – pacique imponere morem,
parcere subiectis et debellare superbos.
[번역은 천병희 역, 숲(2004)에 따랐음]

42 이에 대하여 다음 문헌을 참조: Ed. Norden, *P. Vergilius Maro Aenaeis*, Book VI (제3판, 1926), 334면 이하; Kroll, I, 7 이하, 122 주 14 및 주 18, 123면 주 21; Fuchs, *Augustin*, 203 이하; Gernentz, *Laudes Romae* (Rostocker Diss., 1918). 제정기의 전체 기획이 이미 카이사르의 편지에 나타난다(*Bell. civ*. 3.57.4: quietem Italiae, pacem provinciarum, salutem imperii. 이탈리아의 안정, 속주들의 평화, 제국의 안녕)

43 이와는 반대로 중세 독일의 발터 폰 데어 포겔바이데(Walther von der Vogelweide)는 유명한 시구에서 국민체적 자긍심을 다음과 같이 표현하였다: "나는 많은 나라들을 보았다(Ich hân lande vil gesehen)" (56.14 Lachm.). 이것은 특별한 윤리적 자질을 가진 것에 대한 확신에 기인한다("tiuschiu zuht gât vor in allen; tugent und reine minne, swer die suochen wil, der sol komen in unser lant", "게르만 문화가 가장 뛰어나다; 덕과 진정한 사랑을 찾는 자는, 우리나라로 오라")

44 특히 명확한 것으로는 Plinius, *Hist, nat*. 3.5.39: "Italia ... terra omnium terrarum alumna eadem et parens, numine deum electa, quae caelum ipsum clarius faceret, sparsa congregaret, imperia ritusque molliret et tot populorum discordes ferasque linguas sermonis commercio contraheret ad conloquia, et humanitatem hominibus daret, breviterque una coniunctarum gentium in toto orbe patria fieret (이탈리아 ... 모든 땅을 동시에 기르시는 어버이, 신들의 뜻으로 선택되어 하늘 자체를 밝게 만들고 흩어진 것들을 결집시키고, 제국들과 의식들을 순치시키며, 허다한 인민들의 불화와 조악한 언어를 통상(通商)을 통해 이야기하도록 거래를 맺고, 인간들에게 인도주의를 제공하고, 요약컨대 전세계에서 하나의 결합된 조국이 되게 하였다)." 중요한 증거로 아리스티데스의 『로마시 찬가』도 있다. 상세는 Schönbauer, *SZ* 51, 322 이하.

법률.” 이 정식定式은 종종 후대에도 로마인의 임무가 언급되었을 때 다시 나타났고,[45] 유스티니아누스는 그의 칙법들의 도입부에서 그러한 표현을 사용하기를 즐겼다.[46]

IV. 로마법의 발전요소로서 로마국민체 감정

1. 로마시민과 로마국민체, 외인(peregrinus)

이제 로마법 발전의 한 요소로서 로마인의 국민체감정을 살펴보도록 하자.

일찍부터 “외인外人(peregrinus)”이라는 법형상은 로마시민이라는 법형상에 뚜렷하게 대립되어 있었다. 기원전 3세기 이래로 로마법은 이러한 외인을 세 집단으로 나누어 설명하였다. 즉, 로마국에 속하는 외인, 단지 제국구성원인 외인, 제국에도 속하지 않는 외인이 그것이었다. 첫 번째 집단은 통상적인 속주 지방민들처럼, 로마정무관의 직접적인 통치권(imperium)하에 있는 외인들로 구성된다. 두 번째 집단은 로마와 영구 동맹을 맺고 그리하여 국제법상으로는 독립을 상실한 외인공동체의 구성원들로 구성된다.[47] 세 번째 집단은 로마제국의 경계 밖에 있는 기타 모든 외인으로 구성된다. 이 세 집단들의 법적 지위는 “소극적인 면에서” 동일하였다 – 즉 모두 로마시민이 아니었다. 이것은

---

45 Aurel. Victor (콘스탄티누스 치세), *De Caesaribus*, 41.17: “Quod sane populus Romanus aegerrime tulit, quippe cuius armis legibus clementi imperio quasi novatam urbem Romam arbitraretur.” 리바니오스의 테오도시우스 대제 헌정사, *Op*. IV, 7면, 1 (ed. Foerster): οἶμαι δὴ πάντας ἀνομολογῆσαι δύο ταῦτα τῶν τὴν ἀρχὴν ἡμῖν συνεχόντων εἶναι τὰ μέγιστα, τήν τε τῶν ὅπλων ἰσχὺν καὶ τὴν τῶν νόμων (저는 그러니까 모든 사람이 나라를 우리를 위하여 부지(扶支)하는 것들 중 두 가지가, 즉 무기의 힘과 법률의 힘이 가장 큰 것이라는 데 동의한다고 생각합니다). III, 477면, 14 이하. ἐλαύνων γὰρ σὺ τοὺς πολεμίους καὶ νόμοις καινῖς εὖ ποιεῖς τοὺς ἀρχομένους (그대는 전쟁을 수행하면서 또한 새로운 법률들로써 다스림을 받는 자들을 잘 교화하고 있기 때문입니다). Claudian, *De consulatu Stilichonis* (ed. Birt, *Mon. Germ. hist. Auct. antiquiss*. X), 3.136: “armorum legumque parens.” 또한 Fuchs, *Augustin*, 194도 보라.

46 Const. imperatoriam maiestatem pr.; Const. Deo auctore pr.; Const. summa rei publicae pr.; Nov. 24.pr. 로마 “제국” 관념의 부활로 이러한 표현도 다시 살아났다: E. Kantorowicz, *Kaiser Friedrich II* Ergänzungsband (1931), 77면.

47 전술한 88면.

– 그로부터 파생되는 모든 결과와 함께 – 특히 로마국에 속하는 외인에게도 적용되었다. 그들은 – 법적으로는 허용되지 않았으나 – 그들 자신의 지방 정부도 가졌고, 제국의 입법이 그들의 문제에 간섭하지 않는 한 자신들의 법률하에 살았지만, 그러나 민회, 원로원, 정무관직, 그리고 공화정기에는 군단에서의 군복무에서도 배제되었다.[48] 원래 라틴국민체에 속하지 않는 사람은, 예외적으로 로마시민권이나 라틴인의 지위를 취득하지 않았다면, 모두 외인이었다. 엄밀하게 말하여 라틴인은 한 번도 외인(peregrinus)이라고 지칭된 적이 없는데,[49] 왜냐하면 그가 비록 비시민이었지만 동일한 국민체에 속하는 비시민이었고 그러므로 "외인"은 아니었기 때문이다.[50] 라틴동맹체제의 연방적 성격은[51] 그 체제가 국민체적 기반에 근거함을 분명히 보여준다. 그러나 로마국과 로마제국은 처음에는 국민체국가로 형성된 것이 아니었다. 지배국민체에 속하지 못한 인민집단은 로마국과 제국의 행정에 있어서의 모든 지분 – 지방의 자치정부는 별론으로 하면 – 이 거부되었다.

---

48 Mommsen, *Ges. Schr.* VI, 20 이하, 30 이하, 34면; Marquardt, *Röm. Staatsverwaltung* II (제2판, 1884), 540면.

49 Mommsen, *StaatsR.* III, 598. 라틴공동체를 알지 못하고 이에 대하여 몸젠이 놀라움을 표했던(*StaatsR.* III, 625면 주 1) Gai.1.79의 결론은 안토니누스 칙령(Constitutio Antoniniana) 이후에 집필되었음이 분명하다.

【역주】 Gai.1.79

Adeo autem hoc ita est, ut ex – (2 ½ vv.) – non solum exterae nationes et gentes, sed etiam qui Latini nominantur; sed ad alios Latinos pertinet, qui proprios populos propriasque civitates habebant et erant peregrinorum numero.

50 심지어 외인공동체들이 라틴법에 복속된 이후에도 이것이 유지된다.

51 Mommsen, 627 이하; Kübler, *Gesch. d. röm. R.* 114 이하; Steinwenter, 'ius Latii' 항목, in *RE*; Lübker, 'colonia' 항목, 'socii' 항목, in *RL* 참조. 라틴인은 로마 영토에 거주할 권리와 로마의 토지를 취득할 권리를 가진다. 시민권의 취득은 용이하게 되었는데, 라틴인은 주소를 로마시로 이전하거나 라틴공동체에서의 지방관직에 임명되거나 라틴공동체의 원로원의원이 됨으로써 로마시민권을 취득할 수 있었다. 심지어 라틴인은 로마시민권이 없더라도 로마 민회(comitia)에서의 투표권도 가진다. 라틴인은 로마 사법(私法)도 이용할 수 있다(통상권commercium; 이에 관하여는 물론 Wlassak, *SZ* 28, 114 이하). 물론 이러한 "라틴인권"의 등급화도 가능하다. 상세는 이미 언급한 문헌을 보라. 본문에서 사용된 표현("연방국가적 성격")에 관하여는 비스마르크 헌법(1871) 제3조("gemeinsames Indigenat"), 바이마르 헌법(1919), 제17조 및 제110조 참조.

동맹시 전쟁(기원전 91-88)의 결과

이탈리아인의 국민체감정이 성장함에 따라 이탈리아공동체의 법적 지위는 라틴인의 법적 지위[52]에 근접하게 되었고, 그러다가 동맹시 전쟁의 결과 이탈리아인 전체가[53] 시민권을 부여받았다. 이와 함께 많은 로마시민들은 다시 한 번 국민체를 형성하였고, 그 결과 로마-이탈리아 국민체가 법적으로 성립되었다.

혼인 및 자녀에 관한 아우구스투스의 입법

이러한 상황이 유지되어야 한다는 것이 아우구스투스가 바라던 바였다. 혼인 및 자녀에 관한 그의 입법은[54] 이탈리아 국민체의 보존과 강화를 의도하였다. 노예해방에 대한 그의 입법적 제한과[55] 시민권부여에 대한 일반적 유보는 인종적 온전성을 보존하기 위한 것이었다.[56] 그러나 인구정책에 관련된 이 모든 조치는 실패할 운명이었다.[57] 시민권부여에 관한 아우구스투스의 유훈은 실행가능하지 않았으며 일찍이 포기되었다.[58]

---

52 Mommsen, *StaatsR*. III, 644 이하, 682, 689, 691, 694, 715. Beloch, *Der italische Bund* (1880).

53 포강(-江) 피안 지역은 그러나 49년이 되어서야.

54 이에 대하여 다음 문헌을 참조: Kübler, *Geschichte*, 238 이하; Kunkel, § 159; Buckland, 291; 이견(異見): Schiller, 'Lex Papia Poppaea' 항목, in *RE*.

55 Kübler, 241 이하; Kunkel, § 41 (말미); Buckland, 79.

56 Sueton. *Aug*. 40.3: "Magni praeterea existimans sincerum atque ab omni colluvione peregrini ac servilis sanguinis incorruptum servare populum, et civitates Romanas parcissime dedit et manumittendi modum terminavit (그 밖에도 모든 외인과 노예의 피와 섞이지 않도록 순수하고 오염되지 않게 인민을 보존해야 한다고 생각한 그는, 로마시민권을 극도로 인색하게 부여하였고, 해방되는 노예의 한도를 정하였다)." 유훈에서도 아우구스투스는 그의 후계자에게 시민권의 부여에 인색할 것을 권고하였다: Dio Cass. 56.33. Schönbauer, *SZ* 49, 398 이하; *Cambridge A. H*. X. 208, 429 이하도 참조.

57 Tacitus, *Ann*. 3.25: "nec ideo coniugia et educationes liberum frequentabantur, praevalida orbitate (따라서 결혼과 자녀양육이 흔하지 않게 되고, 부모나 배우자가 없는 일이 다반사였다)." 이러한 실패에 대한 (다양한) 이유들은 여기에 속하지 않는다.

58 여기에서 티베리우스(재위: 14-37)는 평소와 같이 아우구스투스의 정책을 고수하였다. 클라우디우스(41-54) 이후에 그것은 포기되었다: Dio Cass. 60.17.5 이하; Seneca, *Apocol*. 3.3; Voigt, *Jus naturale*, 2.786 이하; Friedländer-Wissowa, *Darstellungen aus der Sittengeschichte Roms* I (1919), 105면. 실제 사건으로 플리니우스가 트라야누스 황제에게 보낸 서한을 보라(그는 자신의 친우와 지인들을 위한 시민권을 청하였고 이를 부여받게 된다). 황제의 다른 친우들도 다르게 행하였을 것 같지는 않다. Plin.

카라칼라 칙령, 제정후기의 외인

"더 많은 이탈리아인"을 포함하는 새로운 국민체, 즉 로마의 통치권(imperium)에 복속하는 국민체가 법적 승인을 요구하였다. 이러한 발전은 212년에 카라칼라[재위: 211-217]에 의한 시민권의 일반적 부여로 종결되었다.[59] 일찍이 동맹시 전쟁 후의 이탈리아국민체처럼, 이제는 로마의 통치권에 복속하는 국민체가 법적 승인을 얻었다. 로마제국 내의 비시민들은 확실히 계속 존재하였으나, 이는 항복외인降伏外人(peregrini dediticii)[60]과 유니우스 라틴인(latini Juniani)[61]이라는 인위적 범주들이 유스티니아누스 시대까지 유지되었기 때문이 아니라,[62] 다수의 야만적인 변방 족속들이 제국국민체의 문화적 수준에 근접할 때까지는 외인外人에 머물렀기 때문이다.[63] 마침내 게르만족이 로마제국 내로 유입하자, 제국 내에서 영구히 정주하면서 제국에 흡수된 거대한 새로운 외인 집단이 발생하게 되었다.[64] 마지막까지 국민체와 시민의 일치라는 로마의 원칙은 유지되었다.

출생 및 해방에 의한 시민권 취득

로마법은 출생과 해방에 의한 시민권 취득의 문제에 관하여 비상할 정도의 무관심을 보여주었다. 시민과 외인 간의 혼인은, 외인이 어느 인종에 속하는지를 불문하고, 금지되

Ad Traian. Ep. 5, 6, 7, 10, 11, 106, 107.

59 이 칙령에 대한 최근 저술에 대한 참조는 다음으로 충분하다: Schönbauer, *SZ* 51, 277 이하; *SZ* 54, 337; Stroux, *Philologus* 88, 272 이하. 안토니누스 칙령(Constitutio Antoniniana)이 일정한 인적 집단에게 시민권을 배제하였는지 여부(Stroux에 의하면 항복외인(peregrini dediticii)의 경우 그러하였다고 함, 이에 관하여는 후술할 136면)는 여기에서는 무관한 문제이다. 제한적 시행규정이 있었을 것임이 분명하다.

60 Kübler, *Geschichte*, 242 및 후술하는 136면. 카라칼라 칙령 또는 그 시행규정이 이 집단에도 시민권을 부여하였더라도, 이것은 새롭게 정해진 것인데, 왜냐하면 아일리우스-센티우스법(lex Aelia Sentia)이 아직 폐지되지 않았기 때문이다.

61 Kübler, 243. 시민권 칙령 당시에 있었던 모든 라틴인이 로마시민권을 취득하였지만, 유니우스법(lex Iunia)은 폐지되지 않았고, 그래서 새로운 유니우스 라틴인들(latini Iuniani)이 생겨날 수 있었다.

62 C.7.5 (R. De dediticia libertate tollenda.; C.7.6 (R. De latina libertate tollenda et per certos modos in civitatem romanam transfusa).

63 Mommsen, "Ostgoth. Studien", *Ges. Schr.* VI, 467 이하; Kübler, *Gesch.*, 228면 주 2.

64 Mommsen, 전게서, 465 이하, 469.

지 않았다. 그러한 혼인은, 비록 통혼권通婚權(ius connubii)이 없는 경우에는 로마법상 혼인의 모든 법적 효과를 발생시키지는 않았지만, 그래도 유효하였다.[65] 오랜 기간 동안 종모법從母法이 적용되었고, 그리하여 외인外人과 혼인한 로마 여자의 자子는 로마시민이 되었다. 공화정기의 마지막 세기에 하나의 법률이 시행되기 전까지는 그들은 외인이라고 선언되지 않았다.[66] 370년경 발렌티니아누스[재위: 364-375]에 의하여 시행된 로마인과 만인蠻人 간의 혼인을 사형으로써 금압한 법률은 예외적이다.[67] 로마인 모母의 비적출자非嫡出子[= 비적법혼에서 태어난 자子]는 부父가 외인이더라도 항상 로마시민권을 취득하였다. 로마시민이 소유하는 노예가 해방에 의하여 시민권을 취득했다는 사실은 주목할 만한데, 해방 문제에 개입하거나 바람직하지 않은 자가 로마시민의 영역으로 진입하는 것을 막을 수 있는 권한이 국가에 어떤 방식으로든 부여되지 않았던 것이다. 해방된 노예는 제한된 권리를 가지는 시민이었지만,[68] 그의 자子의 법적 지위는 더 우대받았고[69] 그의 손자는 완전한 시민이 되었으며,[70] 할아버지가 해방노예였다는 사실은 손자의

---

65 Kunkel, § 171, 2; § 172, 1; Kunkel, 'matrimonium' 항목, *RE*. col. 2263; Buckland, 105면.

66 Epit. Ulp. 5.8은 기원전 마지막 세기의 미니키우스법(lex Minicia)을 다룬다.
【역주】 Epit. Ulp. 5.8.
Conubio interveniente liberi semper patrem sequuntur: non interveniente conubio matris conditioni accedunt, excepto eo, quod ex peregrino et cive Romana peregrinus nascitur, quoniam lex Minicia ex alterutro peregrino natum deterioris parentis condicionem sequi iubet.
【역주】 미니키우스법(Lex Minicia, 기원전 90년경 제정). 서로 다른 신분의 부모로부터 출생한 아이는 그중 더 낮은 신분을 취득하는 것으로 정하였다. Berger (1953), 해당 항목 참조.

67 C.Th.3.14.1.
【역주】 CTh.3.14.1. Valentin./Valens AA. ad Theodosium mag. equitum.
Nulli provincialium, cuiuscumque ordinis aut loci fuerit, cum barbara sit uxore coniugium, nec ulli gentilium provincialis femina copuletur. Quod si quae inter provinciales atque gentiles affinitates ex huiusmodi nuptiis exstiterint, quod in iis suspectum vel noxium detegitur, capitaliter expietur.
〈Dat. V. kal. Iun. Valentin. et Valente AA. conss.〉

68 Mommsen, *StaatsR*. III, 420 이하. 해방노예는 모든 국가와 교회의 공직, 기사계급 및 원로원으로부터 배제되었고, 민회(comitia)에서의 투표권도 없었으며, 두호인(=옛 주인)의 가내관할권에 속하였으며 각종 노역제공의무가 있었다.

69 그들도 또한 공직, 원로원 및 공마(公馬, equus publicus)로부터 배제되었다. 그들의 법적 지위는 제정기에 개선되었다. 예컨대 Mommsen, 452을 보라.

70 Mommsen, 422.

법적 지위에 어떠한 영향도 끼치지 못하였다. 제정초기의 입법[71]에서는 해방을 좀 더 어렵게 만들었으나,[72] 완전히 자격미달자인 경우에만 해방노예에 대한 시민권을 거부하였다.[73] 아마도 원래는 라틴인 노예나 적어도 이탈리아인 노예들만을 대상으로 한 이 규정은,[74] 국민체적 역량에 대한 완전한 자각에 있어서의 호방한 관용으로써 유지되었고, 고대 정치인들의 주목을 받았다. 한니발의 동맹자인 마케도니아의 필립 5세는 비문

---

71 **【역주】** 푸피우스-카니니우스법(lex Fufia Caninia, 기원전 2년)은 유언자에게 속한 노예의 수와 유언으로 해방할 수 있는 노예의 수 사이의 비율을 정함으로써 유언에 의한 노예해방을 제한하였다. 그리고 기원후 4년의 아일리우스-센티우스법(lex Aelia Sentia)은 채권자 또는 두호인을 사해하기 위한 노예해방을 금지하고, 주인이 20세 미만이며 노예가 30세 미만인 경우의 해방을 원칙적으로 인정하지 않았으며, 중죄를 범한 노예는 해방에 의하여 항복자의 지위만을 취득시켰다. 본서, 242면도 참조.

72 전술한 134면 주 55에 언급된 아우구스투스의 입법을 보라.

73 아일리우스-센티우스법(lex Aelia Sentia)은 시민권이 부여되지 않고 국가에 속한 외인 지위가 부여되는 일정한 해방노예의 목록을 포함하고 있다: "ut eiusdem condicionis liberi fiant cuius sunt peregrini dediticii" (Gai.1.13). 동법상 peregrini dediticii라는 표현은 전술한(132면) 의미에서 "국가에 속하는 외인"만을 의미할 수 있다. 동법은 이러한 외인들이 한편으로 시민권을 얻는 것도 다른 한편으로 로마국으로부터 이들이 배제되는 것도 원하지 않았다. 따라서 유일하게 가능한 방법은 이들을 항복외인(peregrini dediticii) 집단에 포함시키는 것이었다. 타국에 속하는 외인에 비하여 이들의 지위가 열악한 것은 동법(확실히 Gai.1.27, 아마도 1.26도) 또는 그 해석(Gai.1.25)에서 기인한 것이었다. 그러나 고전기 이후에 dediticius 또는 peregrinus dediticius는 특히 아일리우스-센티우스법상의 peregrinus dediticius를 의미하였고(Epit. Ulp. 1.14; Coll.4.3.4 [Kübler 판본에 따르면 4.3.3]; PS.4.12.6; Epit. Gaii 1.1.pr., 3, 4), 이것이 안토니누스 칙령에서의 그 용어의 의미일 수도 있다. Albertario, *Introduzione*, 3. 'peregrinus dediticius'에 대한 다른 모든 해석들은 사견(私見)으로는 타당하지 않은데, 특히 최근의 Stroux, *Philologus* 88, 288 이하가 그러하다(아일리우스-센티우스법은 'peregrini dediticii'라는 용어를 사용함에 있어 이미 법적으로 승인된 집단을 지칭하고 있음이 분명하다. Gai.1.14에서 언급된 집단은 어떠한 예외적인 법적 지위를 가지지 않았다. Gai.1.14는 나아가 후대의 삽입이다. Gai.1.15의 ergo는 Gai.1.13에 직접 연결된다. 타당하게 Kniep, *Der Rechtsgelehrte Gaius*, 38 및 Gai.1.5에서 그렇게 보고 있다).

【역주】 Gai. 1.13-15

Lege itaque Aelia Sentia cavetur, ut qui servi a dominis poenae nomine vincti sunt, quibusve stigmata inscripta sunt, deve quibus ob noxam quaestio tormentis habita sit et in ea noxa fuisse convicti sunt, quique ut ferro aut cum bestiis depugnarent traditi sunt, inve ludum custodiamve coniecti fuerint, et postea vel ab eodem domino vel ab alio manumissi, eiusdem condicionis liberi fiunt, cuius condicionis sunt peregrini dediticii. 14. Vocantur autem peregrini dediticii hi, qui quondam adversus populum Romanum armis susceptis pugnaverunt, deinde victi se dediderunt. 15. Huius ergo turpitudinis servos quocumque modo et cuiuscumque aetatis manumissos, etsi pleno iure dominorum fuerint, numquam aut cives Romanos aut Latinos fieri dicemus, sed omni modo dediticiorum numero constitui intellegemus.

74 이 제도에 대한 몸젠의 해석(*StaatsR*. III, 131 주 1)은 타당하지 않다.

碑文에서 현전하는 한 편지에서[75] 그것을 언급하면서 그것이 로마가 가진 힘의 중요한 원천이라고 단언하였다. 해방된 노예로써 로마는 시민들의 수를 증가시켰을 뿐만 아니라 다수의 식민시植民市를 건설할 수 있었다.[76]

2. 로마법의 국민체적 발전의 문제

이제 로마법 발전의 국민체적 발전 문제로 전환해 보면,[77] 그 문제는 간단히 서술될 수 없음을 알게 되는데, 심지어 제1장 서론에서 제시한 우리의 계획에 따라[78] 불명확한 초기시대 및 12표법과 그것의 그리스 원형[79]은 별론으로 하고, 논의의 주제를 기원전 2세기 이후부터로 제한하더라도 마찬가지이다. 착오는 진실보다 더 단순하다(error veritate simplicior). 다음과 같은 몇 가지 요소들을 분리하여 고찰하여야 한다.

1. 다양한 시대
2. 외국의 영향에 대하여 다양한 방법으로 반응한 여러 법분야들
3. 외국법, 외국 학문(수사학을 포함하는 철학), 국제적인 교류와 그와 관련된 관습들의 영향
4. 병행현상들과 그 영향. 유사한 현상이 병행한다는 사실만으로 영향이나 계수의

---

75 Dittenberger, *Sylloge* (제3판) II, No. 543; Dessau, *Inscr. Lat.* II/2, No. 8763. 이에 대하여 다음 문헌을 참조: Mommsen, *Ges. Schr.* IV, 49 이하, 52; M. Gelzer, *Hermes* 68, 146.

76 Dionys. Halic. 4.23도 참조.

77 상세는 무엇보다도 De Francisci, "L'azione degli elementi stranieri sullo sviluppo e sulla crisi del diritto romano", *Arch. giur.* 93 (1925), 157면 이하; Arangio Ruiz, *Corso di storia del dir. rom.* (1931), 264면 이하; Chiazzese, "Nuovi orientamenti nella storia del diritto romano", *Arch. giur.* 103 (1930), pass.; Partsch, *Aus nachgelass. und kleineren verstreuten Schriften* (1931), 346면 이하. 이 문제는 1933년 로마 학회에서 자세하게 논의되었다(*Atti del* Congresso, Roma I (1934)에 수록되어 있는 De Francisci, Kübler, Senn, Stroux, Segrè, Weiß, San Nicolò, Taubenschlag의 글을 보라. Albertario, *Introduzione*, 7 및 96 이하; *Cambridge A. H.* IX, 869도 보라).

78 전술한 4면.

79 이에 대하여는 Mitteis, I, 15 이하; Krüger, 14; Schanz, I, 33; Pais, *Storia crit. di Roma* II, 269 이하; Bonfante, *Histoire de droit rom.* I, 특히 제10장, no. 5; Arangio Ruiz, *Corso di Storia*, 55면 이하; De Francisci, *Storia* I, 209 이하, notes 30-31; *Arch. giur.* 전게서, 165 이하; Weiß, 전게서, 249면; Taubenschlag, 전게서, 284; Jolowicz, 107.

증거는 아닌데, 국민체 간의 밀접한 관계만으로 그들 각각의 법제도들의 일정한 유사점을 설명하기에 충분치 않은 그리스인과 로마인의 경우에는 특히 그러하다.[80]

(a) 기원전 2세기부터 기원후 2세기말까지의 시기

우선 기원전 2세기부터 기원후 2세기 말까지의 시기를 살펴보도록 하자.

이 시기에 관하여는 제켈Emil Seckel의 말을 빌릴 수 있을 것이다.[81] "로마의 법발전은, 외국의 소재나 외국의 관념의 수용에 거의 영향을 받지 않고, 주로 국민체적으로 진행되었다." 로마-이탈리아의 국민체감정과 내재적인 법적 우월의식의 강화로써,[82] 외국의 영향에 저항하려는 의지와 저항력이 특히 법의 영역에서 성장하였다. 반면에 이 문제에 관한 로마의 태도는 결코 단일하지 않았다. 수많은 사정들이 유동적이었던 공화정기에는 로마의 법률가들과 정치인들이 원수정기의 고전기 정통법률가나 정치인들보다 외부의 영향에 대하여 훨씬 더 개방적이었다.[83] 살루스티우스(Gaius Sallustius Crispus, 기원전 86년-34년)가 카이사르의 입을 빌려 표현한, 우월한 지위에서 나오는 세계시민정신으로 충만한 말("우리의 조상들은 자긍심이 그다지 높지 않아 외국의 제도를 모방하였다. 만일 친구이건 적敵이건 그들이 가진 것이 유용하게 보이면, 우리의 조상들은 국내에서도 열심히 그것을 추구하였다. 그들은 그것을 시기하기보다는 모방하였다")은,[84] 상세한 검토에 의하여 확인될 수 있는 바와 같이, 공화정기의 마지막 150년 동안에 달성한 태도를 정확히 반영하고 있다. 원수정기는, 아마도 아우구스투스의 친국민체적 성향의 영향하에서인지, 이 점에 있어서 훨씬 더 유보적이다.

---

80 Koschaker, *SZ* 49, 194 이하 참조.

81 *D. röm. Recht und seine Wissenschaft im Wandel der Jahrh*. Berliner Rektoratsrede (1920), 8면; Partsch, 348도 마찬가지이다.

82 전술한 129면을 보라.

83 이러한 인상은 Kunkel, *SZ* 48, 722 및 Weiß, 전게서, 252에서도 공유된다.

84 *Catil*. 51.37: "neque [maioribus nostris] superbia obstabat, quo minus aliena instituta, si modo proba erant, imitarentur. ... quod ubique apud socios aut hostis idoneum videbatur, cum summo studio domi exsequebantur: imitari quam invidere bonis malebant."

그리스-헬레니즘법의 영향

이 시기의 그리스-헬레니즘법에 대한 로마법의 태도를 살펴보면[85] 로마의 지방행정법 특히 조세와 경제 관련 법의[86] 예외적 지위가 현저한 특성을 보인다. 이 점에서 로마인들은 – 시킬리아를 정복함으로써 처음으로 – 초유의 문제점에 직면하였는데, 이때 로마인들은 자국의 전통에 얽매이지 않았고 그리하여 개별 속주에서 그들이 발견한 헬레니즘 행정법을 수용하거나 강력한 영향을 받는 것을 용인하였다. 이에 관한 실례들은 시킬리아의 히에론 법(lex Hieronica),[87] 비파스카Vipasca(오늘날 포르투갈의 알후스트렐)의 광산령鑛山令,[88] 이집트의 토지 등기제도[89] 등이다.[90] 로마행정법에 관한 논문이 존재하지 않는 한(이는 로마법학계에 절실하게 필요한 부분이다), 이 문제에 관한 전체적인 조망은 불가능하다. 형법과 형사소송법의 영역에서의 그리스법의 영향은 거의 나타나지 않는다.[91] 상설사문회 절차의 기원이 그리스법에 대한 착상에 있었다는 것은 가능한 이야기이지만 증명되지는 않는다.[92] 여하튼 어떠한 경우에도 그것은 그대로 수용되지 않았

---

85 이에 대하여 다음 문헌을 참조: Mitteis, *RP* I, 17 이하; Weiß, 전게서, 250; Taubenschlag, 전게서, 284 이하; Jolowicz, 415 이하.

86 Mitteis, 전게서; De Francisci, *Arch. giur*. 93, 175 이하.

87 Rostowzew, *Studien zur Geschichte des Kolonats*, 229 이하, 236.
【역주】 lex Hieronica: 시라쿠사의 왕이 된 참주 히에론(Hieron) 2세가 제정한 이 법률은 공공 토지의 임대와 토지세에 관하여 규율하고 있으며 로마가 시킬리아를 정복한 이후에도 효력이 있었다. 키케로의 베레스 소추연설에서 언급된 바 있다.

88 Schönbauer, *SZ* 46, 211 이하를 보라.

89 Mitteis-Wilcken, *Grundzüge u. Chrest*. I/1, 205면.

90 Cichorius (*Röm. Studien*, 1922) 21면 이하는 바쿠스신神 축제(바카날리아)에 관한 원로원의결(SC de Bacchanalibus)이 프톨레마이오스 필로파토르(Ptolemaios Philopator)의 영(令)에 영향을 받았다고 한다. 가이우스 그락쿠스의 양곡법(lex frumentaria)에 관한 그리스 모델은 Cichorius, 24.

91 아우구스투스의 간통금압법상 도입된 가부(家父)가 친딸의 간부(姦夫)를 현장에서 살해할 수 있는 권리(Mommsen, *StrafR*. 624)는, Mitteis (I, 18)에 따르면, 솔론과 드라콘의 법으로부터 가져온 것이라고 한다. 미타이스는 그의 주장을 단지 D.48.5.24.pr.의 말미에만 근거하고 있다("et hoc est quod Solo et Draco dicunt ἐν ἔργῳ"). 그러나 이 몇 단어가 진정한 것인지는 의심스럽다. 그 단어들은 훨씬 더 명확하게 표현된 그리스 법률에는 없는 것으로 보인다: Pernice, *SZ* 17, 191; Beauchet, *Droit privé de la rép. Ath*. I, 234 이하; Hruza, *Beitr. zur Gesch. d. griech. und röm. Familienrechts* II (1894), 76면 주 9. Mitteis, 21도 참조.

다. 마지막으로 사법私法과 민사절차법에 관하여 방식서절차가 그리스적 발상發想에서 비롯되었을 수도 있으나[93] 그 적용상의 세부사항은 모든 곳에서 로마적 특성을 지니고 있다.[94] 사법私法에서도 확실하게 내지는 개연적으로 그리스법에서 유래된 법규칙은 거의 없을 뿐더러, 그나마도 근본적인 것들이 아니다.

미타이스(*Rom. PrivR.* I, 18 이하)는 몇 가지 예를 수집하였다. 포함되지 말아야 할 것들까지 포함되어 있긴 하지만, 작성된 목록은 간략하다. 안토니누스 피우스[재위: 138-161]가 도피소(asylum)로 도망한 노예는 만일 그의 주인으로부터 학대를 당하였다면 매각될 수 있다고 규정했을 때,[95] 황제가 모를 리 없었던 그리스법에 알려졌던[96] 이 규정은, 그리스법으로부터 수용한 것이라고 말할 수 있다.[97] "로도스법(lex Rhodia)의 계수"의 경우 로도스의 법 내지 규범 전체가 수용된 것이 아니었다는 사실은 크렐러Kreller에 의하여 증명되었다.[98] 벵어Wenger[99]는, 최근에 발견된 프톨레마이오스영令에서 "만일 자신의 소유 아닌 토지 위에 건축한 자는 소유권을 상실한다"고 규정한 점을 언급한다. 그러나 이로부터, 로마법상의 "지상물은 토지에 속한다(superficies solo cedit)"는 법규칙이 그리스법으로

---

92 동지(同旨): Hitzig, *Die Herkunft des Schwurgerichts im röm. Strafprozess* (1909).

93 Naber, *Tijdschrift voor Rechtsgeschiedenis* I, 240 이하, 245. Bertolini, "Appunti didattici di dir. rom.", Ser. 2, *Il processo civile* I (1913), 216면; Wenger, *Inst. d. röm. Zivilprozessrechts*, 20면 주 6a. Jolowicz, *Atti del Congresso* (1933), Bologna II, 59 이하 및 *Hist. Introduction*, 223도 참조.

94 백인회 법정과 전재산위부(cessio bonorum)가 그리스 모델로부터 차용했다는 주장(Mitteis, I, 21)은 추정일 뿐이다.

95 Gai.1.53

【역주】 Sed hoc tempore neque civibus Romanis nec ullis aliis hominibus, qui sub imperio populi Romani sunt, licet supra modum et sine causa in servos suos saevire: nam ex constitutione sacratissimi imperatoris Antonini qui sine causa servum suum occiderit, non minus teneri iubetur, quam qui alienum servum occiderit. sed et maior quoque asperitas dominorum per eiusdem principis constitutionem coercetur: nam consultus a quibusdam praesidibus provinciarum de his servis, qui ad fana deorum vel ad statuas principum confugiunt, praecepit, ut si intolerabilis videatur dominorum saevitia, cogantur servos suos vendere. et utrumque recte fit: male enim nostro iure uti non debemus; qua ratione et prodigis interdicitur bonorum suorum administratio.

96 Pernice, *SZ* 17, 178; Mitteis, I, 18.

97 Pernice와 Mitteis의 전게서도 마찬가지이다.

98 *Z. f. Handelsrecht* 85, 257 이하, 357 이하, 367.

99 *Philologus* 88, 254면 이하, 357면 이하, 367면.

부터 수용되었다는 결론이 도출될 수는 전혀 없을 것이다 – 벵어도 그렇게는 하지 않았다 –. 고전기 법학자들이 이러한 법규칙을 위해서 세르비우스나 라베오를 원용한다면[100] 이것은 그 법규칙을 추상적 정식화한 것뿐이지 그 규칙 자체에 해당하는 것은 아니다. 또한 그리스법이 침욕평가소권(actio iniuriarum aestimatoria)의 모델을 제공했다고 주장된다.[101] 그러나 이것도 증명될 수 없다. 라베오가 이 소권의 "iniuria"를 그리스어로 "깔봄(hybris)"이라고 서술했더라도,[102] 그것이 차용되었다는 것이 증명되는 것은 아니다. 만일 라베오가 그 소권이 그리스로부터 수용되었던 것이라고 믿었다면, 겔리우스에 의하여 보고된 그 자신의 서술에서 그렇게 말하였을 것이고,[103] 매우 흥미있는 이 사실을 겔리우스가 숨기지는 않았으리라는 것은 거의 확실하다. 가해자위부효 침욕소권(actio iniuriarum noxales)의 경우 그리스의 영향이 인정될 수 있으나, 그 텍스트는 수정된 것이다.[104] 저당권이 그리스로부터 수용되었다는 것은 오늘날에는 더 이상 주장될 수 없는

---

100 Paul. D.41.1.26.pr.

【역주】 Sed si meis tabulis navem fecisses, tuam navem esse, quia cupressus non maneret, sicuti nec lana vestimento facto, sed cupresseum aut laneum corpus fieret. Proculus indicat hoc iure nos uti, quod Servio et Labeoni placuisset: in quibus propria qualitas exspectaretur, si quid additum erit toto cedit, ut statuae pes aut manus, scypho fundus aut ansa, lecto fulcrum, navi tabula, aedificio cementum: tota enim eius sunt, cuius ante fuerant.

Ulp. D.43.17.3.7

【역주】 Sed si supra aedes, quas possideo, cenaculum sit, in quo alius quasi dominus moretur, interdicto uti possidetis me uti posse Labeo ait, non eum qui in cenaculo moretur: semper enim superficiem solo cedere. plane si cenaculum ex publico aditum habeat, ait labeo videri non ab eo aedes possideri, qui kruptas possideret, sed ab eo, cuius aedes supra kruptas essent. verum est hoc in eo, qui aditum ex publico habuit: ceterum superficiarii proprio interdicto et actionibus a praetore utetur. dominus autem soli tam adversus alium quam adversus superficiarium potior erit interdicto uti possidetis: sed praetor superficiarium tuebitur secundum legem locationis: et ita Pomponius quoque probat.

101 Hitzig, *Iniuria* (1899), 71면; Partsch, *Arch. f. PapForsch.* 6, 60 이하.

102 Coll.2.5.1은 좋지 않은 텍스트이다. Albertario, "Da Diocleziano a Giustiniano", *Conferenze*, 330 주 1도 보라.

【역주】 Coll.2.5.1.

Generaliter dicitur iniuria omne, quod non iure fit: specialiter alia est contumelia, quam Graeci ὕβριν appellant, alia culpa quam Graeci ἀδίκημα dicunt, sicut in lege Aquilia damnum iniuriae accipitur, alia iniquitas et iniustitia, quam Graeci ἀδικίαν vocant. Nam cum praetor non iure adversum nos pronuntiat, iniuriam nos accepisse dicimus: unde apparet non est verum, quod Labeo putabat, apud praetorem iniuriam ὕβριν dumtaxat significare.

103 Gellius, 20.1.13 (전술한 116면).

데, 로마법학상 'hypotheca'라는 용어가 고전기 이후에서야 처음 등장했다는 사실이 이제는 확인되었기 때문이다.[105] 파르취Partsch는 안찰관 고시告示의 그리스기원론을 주장하였다.[106]

국제 관습의 영향

국제적인 헬레니즘 거래관행은 로마법에 좀 더 영향을 미쳤을 것이다. 로마의 거래문서[107]는 명백히 상당한 정도로 그리스의 문서양식에 의존해 있다. 그런데 문서실무관행은 법규칙의 확립을 초래하였다. 그러한 예로는, '온전한 보유(habere licere)'로의 매도인의 책임제한,[108] 로도스법의 고려,[109] [이탈리아 밖의 지방 부동산에 대한] 무방식약정과 문답계약에 의한(pactionibus et stipulationibus) 역권설정,[110] 임차인이 반입한 물건(invecta et illata)에 대한 임대인의 권리[111] 등이 있다. 로마의 은행제도 관련해서도 그리스의 영향은 명백하다.[112]

---

104 D.47.10.17.4 및 이에 관한 Lenel, *Edict.*, 402면; Biondi, *Actiones naxales*, 163; De Visscher, *Tijdschrift* 9, 39 (= *Études de droit romain* (1931), 330면 이하) 및 그곳에 인용된 문헌.

【역주】 D.47.10.17.4 Ulp. 57 ad ed.

Cum servus iniuriam facit, maleficium eum admittere palam est: merito igitur sicuti ex ceteris delictis, ita et ex hoc iniuriarum noxalis actio datur. sed in arbitrio domini est, an velit eum verberandum exhibere, ut ita satisfiat ei qui iniuriam passus est: neque erit necesse domino utique eum verberandum praestare, sed dabitur ei facultas praestare ei servum verberandum aut, si de eo verberibus satis non fiat, noxae dedendum vel litis aestimationem sufferendam.

105 Kunkel, § 94; Siber, 125 주 1.

106 전게서, 347은 그리스법의 영향을 과대평가한다.

107 Steinacker, *Die antiken Grundlagen der frühmittelalterlichen Privaturkunde* (1927), 66면 이하 및 170면.

108 전술한 109면 주 60.

109 Kreller, 전술한 141면 주 98을 보라.

110 Gai.2.31 및 그에 관한 Kunkel, § 86; Siber, 110.

【역주】 Gai.2.31

Sed haec scilicet in Italicis praediis ita sunt, quia et ipsa praedia mancipationem et in iure cessionem recipiunt. alioquin in provincialibus praediis sive quis usumfructum sive ius eundi agendi aquamve ducendi vel altius tollendi aedes aut non tollendi, ne luminibus vicini officiatur, ceteraque similia iura constituere velit, pactionibus et stipulationibus id efficere potest, quia ne ipsa quidem praedia mancipationem aut in iure cessionem recipiunt.

111 Mitteis, *RP* I, 19면의 말미.

그리스 철학 및 수사학의 영향

마지막으로 수사학을 포함한 그리스 철학의 로마법에 대한 영향에 관하여는,[113] 아직 어느 하나 확실하게 말할 수 있는 것이 없다. 공화정기 마지막 세기에 있었던 추상적이고 체계적으로 법을 기술記述하는 것에 대한 추구는[114] 확실히 그리스의 영향에 기인한다. 특정한 법이론의 발전은 아마도 철학적 교설教說에로도 소급될 수 있을 것이다. 그러나 지금까지의 연구들은 많은 경우 충분히 비판적이지 못하였다.[115] 텍스트를 비판적으로 검토해보면, 때때로 이러한 철학적 착상의 수용이 고전기 이후가 되어서야 이루어졌다는 사실을 알게 된다.

유언자가 제정신이 아니었다는 구실(color insaniae)에 기하여 배륜유언背倫遺言의 파기를 정당화하는 관념은 확실히 그리스 수사학으로부터 왔지만,[116] 그러나 그것은 고전기 이후가 되어서야 로마법에 편입되었다.[117] 법률과 법률행위의 해석에 관한 수사학자의 교재나 수사학교에서 이루어졌던 논의들, 특히 문언과 의사(verba et voluntas)의 의미는 확실히 법률가들에 의하여 주목받았으며, 그들의 사고를 촉진시키는 효과가 있었다. 그러나 수사학자들은 이러한 문제들을 검토하도록 법률가들을 촉진하는 것 이상은 할 수도 없었고[118] 하지도 않았다.[119] 스토아 철학으로부터 도출된 "강박당하였으나 원하였

---

112 Mitteis, 전게서, 20면(추가적 예와 함께).

113 이에 대하여 다음 문헌을 참조: Sokolowski, *Die Philosophie im Privatrecht* I (1902), II (1907); J. Stroux, *Summum ius summa iniuria* (이탈리아어 번역 및 *Annali Palermo* 12, 639면 이하의 Riccobono의 서문; 이에 대한 논평으로 Levy, *SZ* 48, 668 이하; Albertario, *Studi Bonfante* I, 631 이하의 문헌과 함께); Kübler, "Griech. Einflüsse auf die Entwicklung der röm. Rechtswissenschaft gegen Ende der republikanischen Zeit", *Atti del Congresso internaz. di diritto Romano*, Roma (1933) I, 81 이하, 84면의 오래된 문헌목록; Stroux, 위의 *Atti* I, 113 이하; F. Senn, 위의 *Atti* I, 101 이하; Albertario, *Introduzione*, 111 이하.

114 전술한 56면 이하, 61면 이하 참조.

115 Kunkel, *SZ* 48, 722도 참조.

116 v. Woeß, *Das röm. Erbrecht u. d. Erbanwärter* (1911), 178면 이하; Beauchet, *Histoire du droit privé de la rép. Ath.* II 38 이하.

117 Beseler, *Studi Bonfante* II, 82; Schulz, "Überlieferungsgeschichte der Responsa des Cervidius Scaevola", *Symbolae Friburg, in hon. O. Lenel*, 197면.

118 수사학자들은 문언보다는 의사에 중점을 둘 것을 결코 가르치지 않았다. 이 경우 평소와 같이 그들은 양방향으로 입론하기(disputare in utramque partem)를 선호하였는데, 이것은 카르네아데스가 그의 유명

다(coactus volui)"라는 표현은 고전기 이후의 기원을 두고 있는 것처럼 보인다.[120] 동일한 것이 D.4.2.5와 같은 정의定義에도 적용된다: "모든 외포畏怖가 아니라 중대한 해악에 대한 외포를 "강박"으로 인정하여야 한다고 라베오는 말한다("Metum" accipiendum Labeo dicit non quemlibet timorem sed maioris malitatis)."[121] "중대한 해악에 대한 외포(timor maioris malitatis)" = φόβος μειζόνων κακῶν (아리스토텔레스, 『니코마코스 윤리학』 3.1 [1110a]). 가공加工에 의한 소유권취득 이론은 대부분 철학적 이론의 영향하에 있다.[122] 착오론[123] 등도 마찬가지이다.

한 선전 연설에서 하루는 정의(正義)에 찬성하여 그 다음 날에는 정의(正義)에 반대하여 연설한 것과 같다(Kübler, 전게서, 82면). 개별사건에서 변론가가 문언에 대한 고수를 추천하였는지 아니면 의사에 대한 고려를 하였는지 여부는, 그가 법률가로부터 자문받은 내용에 달려있거나 아니면 단순히 그의 의뢰인의 이익에 의존한다. 변론가는 진실과 정의를 추구하기보다는 의뢰인의 승소에 관심이 있는데, 의뢰인이 나쁜 사건을 가져오더라도 그러하다(Gellius, 1.6: "turpe est rhetori, si quid in mala causa (!) destitutum atque inpropugnatum relinquat"). 변론가는 그것이 성공적일 경우 거짓말을 할 수도 있다(Gellius, 전게서; Quint. *Inst. or*. 2.17, 18, 21, 23, 26 이하). 연설가는, 법률가와는 달리, 진중함과 신실함을 갖춘 범접할 수 없는 인물(sanctus vir gravitate ac fide praeditus)이 아니기 때문이다. 쿠리우스 송사에서(Kunkel, § 49; Jolowicz, 200) 연설가 크랏수스가 내심에 대한 고려를 하였고 법률가 스카이볼라는 문언을 고수하였다는 사실은 변론가들의 태도에 관하여 어떠한 것도 보여주는 바가 없다. 만약 크랏수스가 상대방 측을 변호하였다면, 그는 문언에의 고수에 대하여도 마찬가지로 유창하게 변론하였을 것이다. 이러한 수사학적 논의는 법률행위 해석에 관한 법률이론의 기초가 결코 될 수 없는데, 왜냐하면 그러한 이론은 타당한 판결을 내리기 위한 지침이지 어느 쪽으로든(in utramque partem) 지껄이고 논쟁하는 것이 아니기 때문이다. 그러나 그러한 논쟁이 그 문제를 법률적으로 다룸에 있어서 법률가의 사고를 촉진할 수는 있다.

119 이것은 Stroux가 다루지 않은 학설휘찬 전승에서 나타난다. 이는 쿠리우스 송사(causa Curiana)에서의 판결이 과감한 결정이었고, 결코 공화정기나 고전기 법학을 대표하지 않는다는 것을 보여준다. Beseler, *Tijdschrift* 10, 190면의 말미 및 *SZ* 53, 14, 그리고 대체로 Levy, *SZ* 48, 675는 타당하다.

120 D.4.2.21.5 및 이에 관한 Schulz, *SZ* 43, 180 이하; Beseler, *SZ* 44, 362.
【역주】 D.4.2.21.5 Paul. 11 ad ed.
Si metu coactus adii hereditatem, puto me heredem effici, quia quamvis si liberum esset noluissem, tamen coactus volui: sed per praetorem restituendus sum, ut abstinendi mihi potestas tribuatur.

121 Schulz, 전게서, 182. 'malitas'라는 단어는 전체 라틴어 중에서 여기에서만 나온다(Beseler, *SZ* 53, 21도 참조).

122 Kunkel, § 73.

123 Beseler, *Byzant.-Neugriech. Jahrb*. I 343; Lenel, *Arch. f. d. ziv. Prax*. 123, 173 이하. 오래된 문헌으로: Sokolowski, I, 238 이하; Ehrlich, "Ulpians οὐσία-Theorie", *Studi Scialoja*.

동방법의 영향

이 시기에 로마법이 그리스-헬레니즘법에 대한 확고한 독자성을 유지했다는 사실은 동방-헬레니즘법에 대한 태도에서도 훨씬 더 강하게 해당된다.[124] 우리가 살펴보는 이 시기에 이러한 일군一群의 법이 어떤 방법으로든 로마법에 영향을 미쳤다는 사실은 증명될 수 없다. 특히 유대-탈무드 법학은 로마법에 전혀 영향을 끼치지 못하였다.[125] 양 법체계가 일방의 타방에 대한 의존성을 보여주는 유사성이 있으나, 이 점에서 로마법은 유대법에 영향을 주었지만[126] 그 반대는 아니었던 것이다.

(b) 세베루스 황조 시기

기원후 2세기 말까지 로마법은 – 사소한 예외를 제외하면 – 로마-이탈리아국민체의 법으로 나타났다. 세베루스 황조[193-235] 하에서 변화가 있었는가? 오스발트 슈펭글러(Oswald Spengler, 1880-1936)의 『서양의 몰락』에서는 다음과 같은 놀라운 주장이 나온다.

> 제2권 78면: "고전기 법률가들은 모두 아람인이었다." 82면: "라틴어로 쓰여진 법사法史는 160년 이후에는 아라비아 동방에 속한다. … 고전기 법률가들(160-220) 중에 파피니아누스, 울피아누스, 파울루스는 모두 아람인이었다. 울피아누스는 자랑스럽게 자신을 가리켜 튀루스Tyrus 출신의 페니키아인이라 하였다. 그러므로 그들은 서기 200년 직후 미쉬나Mischna를 완성한 히브리의 랍비들(Tannaim)[127]과 동일한 민족 출신이다." 83면: "오늘날 누구도 수많은 칙령에서 나타난 동방적인 성격을 의심하지 않는다." 79면 이하: "시민권의 일반적 부여는 "아람인" 카라칼라에게서 기원한다."

---

124 이에 대하여 다음 문헌을 참조: San Nicolò, *Atti del Congresso 1933*, Roma I, 255 이하.

125 Carusi, "I rapporti tra diritto romano e diritti greco-orientali", *Scritti della facoltà giur. di Roma in onore di A. Salandra* (1928), 175면은 이것이 가능하다는 입장으로 보인다.

126 Krüger, *Geschichte*, 129. 미쉬나의 저자인 예후다(R. Jehuda)는 일견 그리스어는 알았던 것으로 보이지만, 라틴어는 몰랐다. 그와 로마 황제 "안토니누스"와의 친분은 아마도 꾸며진 이야기일 것이다. Strack, *Einleitung in d. Talmud* (1908), 97면. 고대의 교회법 절차조차도 탈무드법에 영향을 받지 않았다: Steinwenter, *SZ* 54 (Kan. Abt.), 86면 이하. 탈무드법에 미친 로마법의 영향: Jost, *Geschichte der Israeliten* IV (1824), 239면 이하. Wenger, *Arch. f. Rechts- u. Wirtschaftsphil*. 14 (1920/1), 117면 이하도 참조.

127 Strack, 84 이하.

(사료에 대한 진지한 연구에 기반하지 않은) 이러한 서술들은 진실과는 정반대이다.[128] 2세기에서 3세기의 전환기에 동방이 서방[129]에 일정한 영역에서, 특히 종교영역에서 영향을 주기 시작했던 것은 사실이다. 그러나 이 영향은 로마정신의 고유한 창조물인 법의 영역에서는[130] 저항에 부딪혔다. 세베루스 황조하에서 로마법에 대한 동방의 영향을 보여주는 어떠한 흔적도 없다.

셉티미우스 세베루스[재위: 193-211]는 아프리카에서 로마인 부모 밑에서 태어났지만, 그의 가족은 로마 문화로부터 소외되어 있었다.[131] 그의 두 번째 부인 율리아 돔나는 시리아 에메사Emesa의 태양사제의 딸이었다.[132] 그렇다면 그녀는 태생적으로 아람인이어서 그녀의 아들 카라칼라를 '아람인'이라 부르는 것도 가능할 것이다. "고전기 법률가들은 모두 아람인이다"라는 슈펭글러의 서술은 아마도 아래에서 언급되는 세 사람에게만 해당하는 말일 것이며, 그렇다 하더라도 그 사실이 증거사료로 지지되지는 않는다. 파피니아누스(주활동기간: 170-212)의 시리아 기원설은 단지[133]『황제열전(*Historia Augusta*)』, 카라칼라 편, 8에 있는 기록에 기반한 것이다: "어떤 이들이 말한 바와 같이, 파피니아누스는 세베루스 황제와 절친했고, 또한 두 번째 부인을 통하여 인척관계에 있었다는 사실이 기억으로 전해진다(Papinianum amicissimum fuisse Imperatori Severo et, ut aliqui loquuntur, adfinem etiam per secundam uxorem, memoriae traditur)." 그러나 만일『황제열전』과 같은 신빙성 없는 사료가 무엇인가를 불명확한 것으로 전하고 있다면 그 사료를 기초로 더 이상의 추론을 하는 것은 바람직하지 않다. 파울루스(주활동시기: 175-230)의 출신에 관하여는 알려진 바가 전혀 없다.[134] 울피아누스(주활동시기: 190-223)는 슈펭글러가 주장하듯이 페니키아인임

---

128 Spengler에 대한 반대로 San Nicolò, 276; Steinwenter, *Hist. Z.* 152, 115.

129 Kornemann, *Staaten* (1934), 14면과 문헌; Viktor Ehrenberg, *Ost und West* (1935), 35면 이하를 보라.

130 C. Longo, *Storia del diritto rom.* (1933), 236면 이하.

131 L. Hahn, *Das Kaisertum*, 41; Fluss, 'Severus (Septimius)' 항목, in *RE*. col. 1944. 가장 위대한 고전기 법학자 살비우스 율리아누스도 아프리카에서 태어났다: Mommsen, *Ges. Schr*. II, 2. Wilh. Weber, *Hermes* 50, 52에서는 부당한 의심이 제기된다.

132 G. Herzog, 'Julia Domna' 항목, in *RE.* col. 929.

133 Krüger, 220, 224 주 84; Reusch, *Der hist. Wert d. Caracallavita* (1931), 53면.

134 Krüger, 227; Berger, 'Julius Paulus' 항목, in *RE*. 동부에서는 "파울루스"라는 이름이 흔치 않았다는 점(Dessau, *Hermes* 45, 352면)에서 동방 출신으로 보기 어렵다.

을 자랑스럽게 말하지 않는다. 그는 D.50.15.1.pr.에서 단지 튀루스Tyrus에서 태어났음을 말하고 있다("Tyriorum colonia, unde mihi origo est": 나의 출신지인 튀루스인들의 식민시植民市).[135] 만일 이로부터 그가 페니키아인임을 도출해 낼 수 있다면, 사도 바울은 그리스-로마 도시 타르소스Tarsos에서 태어났으므로[136] 분명히 그리스인이나 로마인일 것이다. 타르소스에는 유대 식민시들도 있었고, 튀루스에는 로마 식민시들도 있었다. 그러나 가장 중요한 사실은 울피아누스의 방법론이나 학설에서 동방 영향의 흔적을 찾는 것이 전혀 불가능하다는 것이다.[137] 파피니아누스와 파울루스의 경우에도 마찬가지이고, 그리고 세베루스 황조의 칙법들도 마찬가지이다. 이들에서는 어떠한 동방의 영향도 명확하지 못하다. 우리의 법률가들이 태생적으로는 이탈리아국민체에 속하지 않더라도, 빌헬름 베버Wilhelm Weber가 율리우스 콰드라투스Julius Quadratus에 관하여 쓴 글[138]은 그들 각각에게 그리고 그들 모두에게 적용된다: "그는 자신을 로마에, 로마의 기율(disciplina), 로마의 덕德(virtus), 로마의 영광(gloria)의 정신에 바쳤다. 그의 행동을 통하여, 그 자신은 물론 일생 동안, 이탈리아 태생이 아닌 사람도 이 정신에 도달하여, 그 안에서 모든 일을 성취할 수 있었음을 증명하였다."

(c) 카라칼라 칙령부터 디오클레티아누스 치세까지

카라칼라에 의한 일반적 시민권부여(212년)와 함께 로마법은 로마통치권 하에 있는 국민체의 단일법으로 고양되었다.[139] 단 한 번에 새로운 국민체를 위한 법의 통일이 카라칼라 목욕장과 같은 거대한 규모로 창출될 수 있었다.[140] 이것이 초래한 혼란, 특히 토착법이 완전히 발전한 제국의 동부에서의 혼란은, 아마도 15세기 독일에서의 로마법 계수에 의하여 초래된 혼란보다 덜 하지는 않았을 것이다.[141] 로마법은 아직 로마-이탈

---

135 origio는 여러 가지로 해석될 수 있다: Jörs, 'Domitius Ulpianus' 항목, in *RE*. col. 1436.

136 사도행전 21:39 ("나는 길리기아의 다소 출신의 유대사람으로, 그 유명한 도시의 시민입니다", ἐγὼ ἄνθρωπος μέν εἰμι Ἰουδαῖος Ταρσεὺς, τῆς Κιλικίας, οὐκ ἀσήμου πόλεως πολίτης.)

137 이른바 헤브라이즘에 대한 반대로는 Heineccius, "De Ulpiani icti hebraismis", *Opera* II (Genevae 1746), 707면 이하; Zimmern, *Gesch. d. röm. PrivR* I, 369.

138 전게 논문 111면.

139 예외로는 전술한 135면 주 60 및 주 61을 보라.

140 Stroux, *Philologus* 88, 279.

리아국민체법의 성격에 너무도 강하게 물들어 있었다. 그 형식에 있어서도 로마법은 외인들에게는 어려움을 주었는데, 일부는 언어면에서 그리고 일부는 제정법전이나 공식 법령집이 없었다는 점에서 그러하였고, 이것은 기원후 처음 두 세기에 많은 외인들이 법학교에서 로마법을 공부하였다는 것을 염두에 두더라도 다르지 않았다. 로마법의 현저한 로마-이탈리아적 성격을 완화하였다면 로마법의 수용이 더 쉽게 이루어질 수 있었을지도 모른다. 그러나 애초부터 그러한 일은 전혀 행해지지 않았다. 안토니누스 시민권 칙령(Constitutio Antoniniana)의 원대한 계획을 실행하기 위하여 비록 우리에게 알려지지 않은 시행령들이 발령되어졌음을 고려하여야 하지만, 로마의 중심부에서는 처음에는 어떠한 일도 거의 행해지지 않았다.[142] 디오클레티아누스 치세[284-305]에 이르러서야 활발한 조치들이 취해지기 시작하였다.[143] 그 후 진지하게 외인법을 억압하고 로마법을 로마제국의 국민을 규율하는 유일한 법으로 만들려는 시도가 있었다. 로마법의 강력한 주장자들이었던 고전기 법률가들은 침묵을 지켰지만, 마지막 고전기 법률가들의 제자들과 그 제자들의 추종자들이 제국의 요직을[144] 맡게 되었을 것이고, 그곳으로부터 전투를 수행해 나갔다. 오늘날 그 대부분이 전해지는 디오클레티아누스의 칙답들은,[145] 황제 관방官房이 카라칼라의 칙령에 저항하여 계속 존재하고 있었던 외인 국민체의 법들과 영웅적인 전투를 벌이고 있음을 보여준다. 황제 관방은 다수의 칙답을 통하

141 Mitteis, *Reichsrecht und Volksrecht*, 159 이하; Ferrini, "Lotte antiche e recenti contro il diritto romano", *Opere* IV, 413면 이하, 415면 이하; Taubenschlag, "Geschichte der Rezeption des röm. Privatrechts in Ägypten", *Studi Bonfante* I, 402 이하.

142 Mitteis, 161.

143 이에 대하여 다음 문헌을 참조: Ferrini, 421면; De Francisci, *Arch. giur*. 93, 187 이하; Taubenschlag, *Das röm. Privatrecht zur Zeit Diokletians* (1923) (Bulletin de l'Académie Polonaise des sciences et des lettres, Cracovie 1919-20), 141면 이하. 280면의 최종 결론은 타당하지 않다. 타당한 견해로는 Albertario, "Da Diocleziano a Giustiniano", *Conferenze per il XIV. centenario delle Pandette* (Milano, 1931), 323면 이하; Arangio Ruiz, *Corso di storia*, 273 이하; Felgenträger, *Antikes Lösungsrecht*, 9면 주 31; Stade, *Diokletian*, 66 이하; G. Segrè, *Atti del Congresso 1933*, Roma I, 214; Taubenschlag, 위의 *Atti*, 305 이하; Albertario, *Introduzione*, 96.

144 F. Hofmann, *Krit. Studien im röm. Recht*, 20 이하, 25; Krüger, 255.

145 디오클레티아누스에 관한 Taubenschlag의 저서를 보라. Albertario, *Introduzione*, 96 이하.

여 로마법을 전파하고 외인 국민체법의 '오류'들을 발본하려는 시도를 한다. 아마도 칙법의 적용을 용이하도록 291년에 사찬私撰된 『그레고리우스의 칙법모음』의 사료들도 그러할 것이다. 이 시기의 다른 문헌들, 예컨대 『울피아누스 견해록』, 『파울루스 의견록(*Paul. Sent.*)』, 『위僞 울피아누스 초록(*Regulae Ulpiani*)』[146]은 로마법을 짧은 형태로 발췌하여 비상심리절차에 변용한 것들인데, 이것들도 역시 독일에서 로마법 계수시기에 통속적인 로마법 관련 문헌에 필적할 만한 방식으로 로마법을 통속화하려는 시도를 보여준다.[147]

(d) 콘스탄티누스 치세(306-337)

콘스탄티누스의 즉위는 확연한 획을 긋는다.[148] "종전 법률의 쇄신자이며 교란자

---

146 대부분의 학자들은 위의 세 저작 모두 고전기 이후의 것으로 본다. 『울피아누스 견해록』에 관하여는 Rotondi, *Scritti* I, 453 이하를 보라. 『파울루스 의견록(*Paul. Sent.*)』에 관하여는 무엇보다 Levy, *SZ* 50, 272; 유감스럽게도 현재 또 다시 이견으로 제시된 Volterra, "Sull'uso delle sententiae di Paolo etc.", *Atti del congresso intern. di dir. rom.*, Bologna I, 162는 근거가 불충분하다. 『위僞 울피아누스 초록(*Regulae Ulpiani*)』에 관하여는 Schulz, *Die Epitome Ulpiani*, 18면. 세 저작 모두에 대하여는 Buckland, *The Main Institutes of Roman Private Law* (1931), 29면 이하. 이와 유사한 경향의 기타 위(僞)고전기 문헌의 위작들의 상당수가 이 시기에 속한다. 추가 연구가 요구된다.

147 Stintzing, *Geschichte d. populären Literatur d. röm.-kanon. Rechts in Deutschland* (1867); E. Seckel, *Beiträge zur Geschichte beider Rechte im Mittelalter* I (1898); *Zur Geschichte der populären Literatur d. röm. kanon. Rechts*.

148 이 점에 관하여는 일치하고 그리스-동방의 영향이 미친 정도에 관하여만 다투어진다. 이에 대하여 다음 문헌을 참조: Mitteis, *Reichtsrecht*, 204, 548 이하; Ferrini, 421; De Francisci, *Arch. giur.* 93, 192; Arangio Ruiz, *Corso di storia*, 276 이하; Ed. Schwartz, *Kaiser Konstantin und d. christl. Kirche*, 75면 이하; K. Stade, *Diokletian*, 68 이하; Albertario, *Il diritto privato romano nella sua formazione storica* (1927), 16 이하; "Da Diocleziano a Giustiniano", *Conferenze per il XIV Centenario delle Pandette* (Milano, 1913), 325면; Riccobono의 여러 저작, 특히 "Fasi e fattori dell'evoluzione del diritto romano", *Mélanges Cornil* II, 237 이하 및 303면 이하의 그의 저작에 대한 개관; "Storia del diritto antico e studio del diritto romano", *Ann. Palermo* 12, 특히 511면 이하; Carusi, "I rapporti tra diritto romano e diritti greco-orientali", *Scritti della facoltà giur. di Roma in onore di A. Salandra* (1928); San Nicolò, *Beiträge zur Rechtsgeschichte im Bereiche der keilschriftl. Rechtsquellen* (1931), 곳곳에('Röm. Recht' 색인항목을 보라); *Röm. und antike Rechtsgeschichte*, Prager Rektoratsrede (1931), 15면 이하; Koschaker, *SZ* 49, 192 이하 및 Nallino가 그곳(193면)에서 인용하는 문헌; Nallino, *Studi Bonfante* I, 203 이하; E. Levy, "Westen und Osten in der nachklass. Entwicklung des röm. R.", *SZ* 49, 230면 이하; Wenger, *Arch. f.*

(novator turbatorque priscarum legum)"[149]는 이제 더 이상 디오클레티아누스와 같은 '로마인'이 아니다. 동부지역은 이제 로마제국의 전체 국민의 법발전에 있어서 나름의 역할을 하게 될 "권리를 가지게 된다." 4세기와 5세기는 로마법의 국민체적 성격(로마-이탈리아 성격)이 상당히 약화되는 과정을 겪게 되는 시기이고, 그리스 내지는 심지어 동방의 법관法觀이 커다란 영향력을 행사하고 그리스 철학과 수사학이 다시 한 번[150] 로마법의 발전에 있어서 중요하게 된다. 다시금 로마법 자체가 이제 국민체적 특유성을 폐기하고 지방법에 체화된 법개념들에 적응하려는 경향을 보인다. 특히 시민법과 명예관법(ius honorarium)의 융합이 그렇다[151](이 융합은 방식서소송의 폐지 이후, 심지어 외부적 영향을 별론으로 하더라도, 로마법발전에 상당히 부합하는 것이었다). 그리고 법률행위에 있어서 엄격한 형식주의의 완화는[152] 특히 지방법체계상의 관념과 일치하지 않는 많은 것들을 제거한다. 4세기와 5세기의 법사法史는 대단히 복잡한 양상을 보인다. 오늘날 일부분이라도 당시의 법적 상태와 발전상을 명확하게 제시하는 것은 불가능하다 – 심지어 콘스탄티누스 칙법들에 관한 종합적인 논문도 없는 실정이다.[153] "쇠락과 퇴조의 시기"라는 표현이 비난을 함축하지는 않는다 하더라도, 이 시기는 너무 오랫동안 연구자들에 의하여 무시되어 왔다. 이 시기에 관한 분석은 하나 이상의 관점으로부터 계속되어야

PapForsch. 9, 106 이하, 258; De Zulueta, *Mélanges Fournier*, 802; Collinet, "Le Rôle de la doctrine et de la pratique dans le développement du droit romain privé au bas-empire" (1929)(= *Rev. Hist*. 1928, 551면 이하, 1929, 5면 이하); Felgenträger, 12 및 121 이하; Chiazzese, *Introduzione*, 265면, No. 112; G. Segrè, *Atti del Congresso 1933*, Roma I, 219 이하; Taubenschlag, 위의 *Atti*, 308 이하; Albertario, *Introduzione*, 97 이하. 개별 논문들이 자주 이 문제를 다루고는 있지만 그것들에 대한 참고문헌목록은 유용한 목적에 기여하지 못할 것이다. 그중에서 가장 최신의 것은: Koschaker, *Studi Riccobono* III, 361면 이하; Volterra, *Bull*. 41, 289 이하(모두 형제로의 입양[adoptio in fratrem]에 관한 것임); Felgenträger, 곳곳에.

149 Ammian, 21.10.8.

150 Kunkel, *SZ* 48, 722는 타당하다.

151 Riccobono, "Dal dir. class. al dir. moderno", *Ann. Palermo* (1915), 587면 이하 및 "La fusione del ius civile e del ius praetorium in unico ordinamento", *Arch. f. Rechts- und Wirtschaftsphilosophie*, 16, 503면, *Fasi e fattori*, 308, No. 32 (528은 588이 되어야 한다); Partsch, *SZ* 44, 559 이하.

152 Riccobono, "Storia del diritto antico e studio del diritto romano", *Ann. Palermo* 12, 522면 이하.

153 Mitteis, *Reichsrecht*, 548 (Beilage III "Die Gesetzgebung Konstantins")은 불충분하다.

한다. 수정비판 연구는 더 이상 고전기 저작들에 침투한 주석과 석의라는 잡초의 제거와 그러한 것들을 구축하는 데 한정될 수는 없다. 오히려 이 연구는 이미 발굴된 사료로부터 적어도 잠정적이나마 고전기 이후의 완전한 상像을 제시할 수 있도록 시도하여야 하는데, 이런 사료는 상당한 분량이 이용가능하다. 당장은 이 시기에 관하여 일반화를 삼가는 것이 바람직하다. "학문은 조급할 수 없다. 즉 학문은 관찰과 인내의 산물이다(La scienza non può essere intollerante; è figlia dell'osservazione e della pazienza)."[154] 다만 오늘날 다음의 세 가지만큼은 말할 수 있다. (1) 지방법의 로마법에 대한 영향을 이유로, 이 시기에 확실히 존재하였던 로마법의 자발적 발전이 간과되어서는 안 된다. (2) 동방의 법은, 심지어 이 시기에도 영향력을 거의 행사하지 못했던 것으로 보인다.[155] (3) 최종적 결과[156]는 로마제국 전체 국민을 위한 국민체법이라 기술될 수 있는 단일한 법의 총체이다.

(e) 유스티니아누스 치세(527-565)

유스티니아누스와 고전기 법학자들

유스티니아누스 치세는 4세기와 5세기에 행해졌던 노력을 단순히 지속하지만은 않았다. "유스티니아누스의 의고주의적擬古主義的 성향"이라는 표현은 아마도 그리 좋은 것은 아니었을 것이다.[157] 그러나 많은 것들이 사실이다. 유스티니아누스와 그의 조력자들은 고전기 법학자들에 대한 진정한 열정으로 충만해 있었고, 그것은 말로써만이 아니라 특히 진지한 작업으로 나타났다. 그들은 고전기의 주요 저작들을 읽고 그 요지를

---

154 Riccobono, *Fasi*, 241.

155 Koschaker, *SZ* 49, 194면(아마도 지나치게 회의적임).

156 임시적인 목록은, De Francisci, *Arch. giur*. 93, 202 이하 및 Riccobono, *Fasi*, 303 이하를 보라. Collinet, *Études hist. sur le droit de Justinien* I (1912)도 보라.

157 Pringsheim, "Die archaistische Tendenz Justinians", *Studi Bonfante* I, 551 이하; 이견(異見)으로는 Riccobono, "La verità sulle pretese tendenze arcaiche di Giustiniano", *Conferenze per il XIV. centenario delle Pandette* (Milano, 1931), 237면 이하; Berger, *Studi Ricconobo* I, 587 이하 및 *Atti del Congresso 1933*, Roma I, 39 이하; Jolowicz, 513; Albertario, *Introduzione*, 132.

이해하였다. 이렇게 얻어진 새로운 이해로써, 그동안 오해에 의하여 생겨난 수많은 변칙적인 것들을 철폐할 수 있었고, 무분별한 질문과 답을 제거할 수 있었으며, 고전기 법으로 복귀할 수 있었던 것이다.[158] 그러나 그 밖에도 우리는 그들이 고전기 법으로 가다가 곳곳에서 후퇴했던 것을 본다.[159] 다른 한편 그들은 많은 방면에서 4세기와 5세기에 시작된 발전을 지속시켰다는 점에서,[160] 모든 부분에 있어서 고전기 법으로 완전히 회귀하는 것은 그들에게 일어날 수 없었다. 그러나 유스티니아누스는 여기에서 다른 많은 개별 문제들에서처럼 중도中途를 선택하였다.[161] 그의 목적은 로마인 디오클레티아누스와 그리스인 콘스탄티누스를 매개하는 것이었다. 여기에 그의 업적의 약점이 있지만, 아울러 그것이 강점이기도 하다.

---

158 Schulz, *SZ* 50, 212 이하, 248.

159 Pringsheim, 573; Segrè, 전게서, 224. 언어면에서도 그들은 고전기 법학자들과 유사하지만(가령 콘스탄티누스와 비교하자면), 그들의 수준에 도달하거나 도달하려고 하지 않는다. 전술한 92면.

160 동지(同旨): 예컨대 가자(家子)의 재산보유능력의 문제에 대하여 Kunkel, § 185, 2, 3; Buckland, 279.

161 Albertario, *Introduzione*, 109.

08 자유

오! 자유라는 달콤한 이름이여! 오! 우리 시민체의 탁월한 법이여!
- 키케로, 『2차 베레스 소추연설』 5.63.163.

첫째는 자유, 그 다음에 영광.
- 바이런, 『차일드 헤럴드의 편력』 4.108.

I. 로마의 자유개념

로마의 자유개념에는 몇 가지 제한이 내재되어 있다. 그리하여 로마에서는 자유가 법이 기초하는 원리 중 하나가 될 수 있다.[1] 로마인에게 있어 "자유"란 결코 자기 마음대로 작위 또는 부작위할 수 있다거나 또는 제멋대로 사는 것을 의미하지 않았다.[2] 그리고

---

1 이에 대하여 다음 문헌을 참조: Jhering, II, 133 이하; 292 이하; Kroll, I, 10 이하; W. Chase Greene, *The Achievement of Rome* (1933), 186면 이하.

2 Aristotle, *Polit*. 6.2.7, 1317b: τὸ ζῆν ὡς βούλεταί τις (원하는 대로 사는 것); 5.9.22, 1310a: ἐλεύθερον δὲ τὸ ὅ τι ἂν βούληταί τις ποιεῖν (자유는 각자 원하는 대로 하는 것). 두 번째 구절에서 아리스토텔레스는 이러한 자유의 개념에 반대한다. 그는 계속하여 다음과 같이 기술한다: ὥστε ζῇ ἐν ταῖς τοιαύταις δημοκρατίας ἕκαστος ὡς βούλεται ... τοῦτο δ'ἐστὶ φαῦλον (그 결과 그런 극단적 민주정체에서는 각자가 마음 내키는 대로 살아가는 것이다 … 그러나 이것은 잘못이다). 그리고 이것보다 앞서: κακῶς ὁρίζονται τὸ ἐλεύθερον (그들은 자유의 개념을 잘못 파악하고 있다). 이와 함께 Hermann-Swoboda, *Lehrb. d. griech. Antiquitäten* I, Staatsaltertümer 3. Abt. (제6판, 1913), 105면 참조. 또한 von Arnim, *Stoicorum veterum fragmenta* 3, No. 354 이하. 이에 반하여 로마의 정의(定義)는 명백히 그리스 모델에 기초한 것으로 보인다; Florentin. D.1.5.4.pr: Libertas est (naturalis) facultas eius quod cuique facere libet, nisi si quid vi aut iure prohibetur (자유란, 힘이나 법에 의하여 금지되지 않는 한, 각자가 임의로 행할 수 있는 자연적 능력이다). 이것이 고전기의 정의(定義)가 아니라 하더라도, 우리의 목적에는 충분한 증거이다. (Naturalis는 Albertario, "Sul concetto di ius naturale", *Rend. Lomb*. 57 (1924), 176면에 의하여 삭제되었다). 아마도 이러한 수정은 'vi aut'를 삽입하게 하였을 것인데, 이에 대한 반대로는 Scialoja, *Teoria della proprietà* I (1928), 261.

로마인들의 경우 주인(dominus)에게 복속된 경우에만 부자유한 상태에 있다고 여겨졌는데, 그 경우 주인이 지배하는 자이고, 주인과의 관계에서는 자율권이 없었다. 그러므로 개인은 노예일 때 자유롭지 않았고, 인민 전체는 그 최고지위에 절대 군주가 있거나 외국의 지배하에 있는 경우에 자유롭지 않았다. 이러한 의미에서 "주인"이 없는 경우에 로마인들은, 그 정도에서는 차이가 있더라도, 개인으로서 그리고 인민으로서 자유로웠다. 그리하여 로마에서는 술라(Lucius Cornelius Sulla, 기원전 138년-78년)가 국가의 최고지위에 있었을 때조차도 자유국가(libera res publica)로 존재하였던 것이다. 로마국은 원수정하에서도 자유로운 공동체였는데,[3] 원수정은 전주정專主政이 아니었기 때문이다.[4] 아우구스투스는 자신의 『업적록(*Res gestae*)』에서 - 마치 자유신분소송(causa liberalis)에서 자유대변인(adsertor libertatis)와 같이 - 파당의 지배(dominatio)로부터 공동체의 자유를 다시 선언하였다는 것에 대하여 자부하고 있다: (Monumentum Ancyranum I) "나는 압제받는 공화국을 파당의 지배로부터 자유롭게 하였다(rem publicam dominatione factionis oppressam in libertatem vindicavi)".[5]

그러므로 어떤 공동체가 로마의 방위공동체에 가입함으로써 국제법상 주권을 상실당하였을 때조차도 로마인들은 그 공동체를 자유롭다고 불렀다. 왜냐하면 그러한 경우에도 로마의 최고권은 전주정이 아니었기 때문이다. 자유는 진정 로마적 개념인 것이

---

3 Beseler, *Jur. Miniaturen*, 163면; Bickel, *Bonner Jahrbücher*, 133 (1928), 27.

4 플리니우스는 트라야누스에게 보낸 서한에서는 "dominus"라고 하지만, 트라야누스를 칭송하는 연설(Panegyricus)에서는 그 호칭을 조심스럽게 피하였다. civium domini는 나쁜 황제들이고(cap. 88), 진정한 원수(元首, princeps)는 군주(dominus)에 대립한다. 가령 cap. 2: "non enim de tyranno, sed de cive, non de domino, sed de parente loquimur (참주가 아니라 시민에 대하여, 군주가 아니라 어버이에 대하여 우리는 이야기합니다)"; cap. 7: "non enim servulis tuis dominum ... sed principem civibus daturus es imperator" (황제 당신께서는 당신의 어린 종들에게 주인이 아니라 시민들에게 원수를 주려고 하십니다). 동일한 대조가 Tacitus, *Ann*. 1.9에서도 나타난다: "non regno tamen neque dictatura sed principis nomine constitutam rem publicam (왕권으로도 아니고 독재관직으로도 아닌 원수의 이름으로 세워진 공화정을)" 및 (의도적으로 문제를 곡해하며) 1.3: "Augustus subsidia dominationi (아우구스투스 자신의 지배체제를 보강하기 위해)"; 1.3 말미; 1.7: "ruere in servitium (노예상태로 떨어지다)". Mommsen, *StaatsR*. II, 760면 이하 참조.

5 이에 관하여 타당하게도 Bickel, 전게서, 25 이하, 27은 Mommsen, *Ges. Schr*. IV, 347 이하에 반대한다.

다: 그것은 명확하고 제한적이며 실천적-법적이면서 아마도 약간은 무미건조한 자유개념이다.

이러한 자유를 로마인들은 그들의 최대의 특권이라고 여겼으며[6] 오랜 기간 동안 이것을 고수하였다. 로마인들은 자유에 대한 추구가 국민체적 특유성이라고 생각하였다. 그들이 생각하기에, 다른 모든 나라는 속박상태를 견딜 수 있을지라도, 로마는 그럴 수 없었다.[7] 로마국은 그들에게 "자유의 낙원"으로 보였고,[8] 동방 군주들과의 투쟁에서 그들은 스스로를 자유의 투사라고 자부했던 것이다.[9]

II. 헌법상 자유원리

1. 왕정이 아님

로마의 자유원리는 우선 로마의 헌정사를 살펴보면 현저하게 나타난다. 공화정기와 고전기에 절대군주(regnum: 왕국)가 어느 정도로 격렬하게 거부되었는지를 서술하는 것은 불필요하다. 원수정도 왕정은 아니었다. 원수정의 창시자는 "존엄한 자(Augustus)"라는 칭호를 부여받았고, 사람들이 생각하였던 것 같이[10] 초대 로마'왕'이라는 호칭을 갖지는

---

6 Cic. *Ad Att*. 15.13.3: "... de libertate retinenda, qua certe nihil est dulcius (확실히 그보다 더 달콤한 것이 없는 자유의 유지에 관하여)." D.50.17.106: Libertas inaestimabilis res est (자유는 가액산정할 수 없는 것이다). 유스티니아누스는 Cic. *In Verr*. II 5.9.23과 동일한 것을 의미하고 있다: "haec quae vel vita redimi recte possunt, aestimare pecunia non queo (적법하게 석방되어질 수 있는 이것을 저는 금전으로 가액산정할 수 없습니다)."

7 Cic. *Phil*. 10.20: "Omnes nationes servitutem ferre possunt, nostra civitas non potest (모든 민족들이 노예상태를 견딜 수 있지만, 우리 시민체는 그렇게 할 수 없다)."

8 Cic. *De lege agraria*, 2.29: "in hac civitate, quae longe iure libertatis ceteris civitatibus antecellit (자유권에 있어서 다른 나라들보다 훨씬 우월한 이 나라에서)."

9 Livius, 45.18: "ut omnibus gentibus appareret arma populi Romani non liberis servitutem, sed contra servientibus libertatem adferre (그리하여 모든 민족들에게 분명한 것은, 로마인민들의 무기는 자유인에게 노예상태가 아니고 반대로 노예상태인 자들에게 자유를 가져다준 것으로)." 또한 Livius, 37.54.6 및 17도 참조. 이것은 리비우스가 그보다 앞선 텍스트(Polyb. 22.5.8 및 22.6)로부터 취하지 않았고, 그 자신이 덧붙인 것이다. Kroll, I, 125; M. Gelzer, *Hermes* 68 (1933), 145면 참조.

10 Sueton. *Aug*. 7.2: "Quibusdam censentibus "Romulum" appellari oportere, quasi et ipsum conditorem

않았다. 아우구스투스[재위: 기원전 27-기원후 14]와 티베리우스[재위: 14-37] 두 사람 모두, 심지어 호칭에 있어서[11] "군주(dominus)"라는 칭호를 거부했다는 사실은 의미하는 바가 크다. 공화정기와 원수정기 모두 시민들은, 지방자치공동체에서와 마찬가지로, 연방정부에서도 국가의사를 결정하는 데 참여했다. 통치와 행정에의 참여형태는 변화하였다. 민회는 공화정기 로마에서도 오래 존속하지 못하였고, 지방자치시에서도 마찬가지였던 것으로 보인다.[12] 이것은 물론 시민의 자유의 상당한 축소를 의미하였다. 그러나 당시에는 원수(princeps)조차도 절대군주가 아니었다. 원수정기에도 원로원과 원로원속주의 지사, 지방자치정부가 여전히 유지되었다. 동등한 시민권이 부여된다는 것과, 그리스 민주정의 자유가 요구하였던 것 같이, 최고권력은 누구라도 그것을 승계할 수 있다고 생각될 수 있도록 그 담당자의 교체를 허용한다는 것에 대하여 로마에서는 어떠한 의문도 없었던 것이다.[13]

"인간이 자유롭다는 징후 중 하나는 그가 타인에게도 자유를 부여한다는 것이다."[14]

---

urbis (어떤 사람들이 생각하기를 그를 "로물루스"라고 불러야만 하는데, 즉 그 자신은 로마의 창건자인 것이다)." 상세는 Scott, *Hermes* 63, 28.

11 아우구스투스에 대하여는 Sueton. *Aug*. 53: "dominumque se posthac appellari ne a liberis quidem aut nepotibus suis vel serio vel ioco passus est." 티베리우스에 관하여는 Sueton. *Tib*. 27: "'dominus' appellatus a quodam denuntiavit, ne se amplius contumeliae causa nominaret." Tacitus, *Ann*. 2.87: "acerbeque increpuit eos qui ... ipsumque 'dominum' dixerant." Dio Cass. 57.8.2: δεσπότης μὲν τῶν δούλων, αὐτοκάτωρ δὲ τῶν στρατιωτῶν, τῶν δὲ λοιπῶν πρόκριτός εἰμι [나는 노예들의 주인이고, 군인들의 사령관이며, 여타인들의 원수이다](라틴어로는: dominus sum servorum, imperator militum, ceterorum princeps.) 로마시는 도시국가(polis)로 남아있어야만 하는데, πόλις γὰρ οὐκ ἔσθ' ἥτις ἀνδρός ἐσθ' ἑνός [왜냐하면 한 남자에게 속하는 것이라면 도시국가가 아니기 때문이다](Sophocles, *Antigone*, v. 737).

12 로마시의 민회(comitia)에 관하여는 전술한 101면을 보라. 자치시 민회에 관하여는 Mommsen, *StaatsR*. III, 349.

13 Aristotle, *Polit*. 6.2.1, 1317b: ἐλευθερίας δὲ ἓν μὲν τὸ ἐν μέρει ἄρχεσθαι καὶ ἄρχειν. καὶ γὰρ τὸ δίκαιον τὸ δημοτικὸν τὸ ἴσον ἔχειν ἐστίν. (자유의 한 가지 징표는 교대로 지배하고 지배받는 것이다. 왜냐하면 민주정적인 정의(正義)는 [가치에 근거해서가 아니라 수에 근거해서] 동등한 몫을 갖는 것이기 때문이다.) [임성진 역]

14 Georg Simmel, *Logos* 11 (1923), 25면.

리비우스는 로도스 사절들의 입을 빌려 로마 공화정에 대하여 다음과 같이 말한다(37.54.6): "매우 강력한 사물의 본성이, 자유인인 우리가 타인의 자유신분소송도 제기할 수 있도록 우리를 풀어주었는데, 왕들은 자신의 통치권으로 모든 것이 예속되고 복속되기를 원한다(Nos rerum natura, quae potentissima est, disiungit, ut nos liberi etiam aliorum libertatis causam agamus, reges serva omnia et subiecta imperio suo esse velint)." 자유와 관련한 문장의 전반부는 리비우스의 창작이자 로마적 성찰이고, 그것은 그의 모델(Polyb. 21.22.8)에는 포함되어 있지 않다.[15]

2. 자유시민체들과 국가통제하의 외인공동체

그리스의 정치가들이 마키아벨리적 솔직함을 가지고 다른 동맹국에 대한 주도국의 권위를 '참주폭정'(tyrannis)이라 명명하고 그것을 약자에 대한 강자의 권리로 정당화한 것[16]과는 대비적으로, 로마인들은 자신들의 목표가 자유를 주는 것이라고 주장한다.[17] 경제적으로나 정치적으로 로마의 '자유'가 종종 이전의 군주정(dominatio)보다 덜 압제적이지 않았음은 분명한데,[18] 그럼에도 불구하고 '법의 민족'인 로마인들에게 그 차이는, 비록 자유인이 노예만큼 가난하거나 또는 더 가난할 수는 있었지만, 자유인 노동자와 노예 사이의 차이만큼이나 명백하였다. 법적 구별에 대한 감각을 가지지 못한 자들에게 로마인들은 여전히 이해할 수 없는 존재였다. 충분히 솔직하였지만 그 의미가 법적으로 제한된[19] 로마인들의 주장은, 그들에게는 위선이나 마찬가지였음이 분명해 보인다. 로마

---

15 폴리비오스(Polybius)는 단지 다음과 같이 말한다: φύσει γὰρ πᾶσαν μοναρχίαν τὸ μὲν ἴσον ἐχθαίρειν, ζητεῖν δὲ πάντας ... ὑπηκόους εἶναι σφίσι. ... (모든 군주정(일인정)은 본성상 동등한 것을 증오하고, 모든 사람들이 [중략] 자신들[군주]에게 복종하기를 추구한다. Polyb.21.22.8) [임성진 역]

16 Thucydides, 5.105; 3.37 및 이에 관한 Kaerst, *Geschichte d. Hellenismus* I (제3판, 1927), 75면. 괴테와 리머(Friedrich Wilhelm Riemer)의 대화에서 괴테가 한 말(Biedermann, *Goethes Gespräche* II, No. 1522, 제2판, 1909): "그리스인들은 자유의 친구였는데, 그렇다네! 그러나 각자는 자기 자신의 것에만 그렇다네. 그리하여 모든 그리스인들에게는 단지 발현될 기회만이 결여된 폭군이 잠재되어 있다네."

17 전술한 157면 주 9. Harder, *Hermes* 69 (1934), 67면 이하는 타당하다.

18 Kroll, I, 11. 실망한 "해방된" 자들은 아마도 그들의 족쇄만을 바꾸었을 뿐이라고 불평한다(Polyb. 18. 45).

19 예컨대 사람들은 아우구스투스가 자신의 국가재건으로 자신이 자유로운 공화정(libera res publica) – 법적으로는 완전히 타당한 언명(전술한 100면) – 을 회복하였다는 언명이 위선이라고 말한다.

인들이 자유시민체들(civitates librerae)이라 불렀던[20] 자치시들도, 비록 그러한 자유가 (앞에서 설명한 바와 같이 로마인들이 상정하는 자유의 필수적인 부분이라는 점에서) 제한되었고 정치적으로 의존적이었음이 명백하였다 할지라도, 로마인들의 감각으로는 진정 자유로웠던 것이다. 이러한 자치시들은 도백道伯의 통치로부터 면제되었고, 자신들의 영토와 재정자치를 포함하는 자치를 가지고 있었다. 자유시민체(civitas)와 로마 간의 입장의 차이는 원로원에서의 협상을 통하여 조정되었다. 이것이 로마인들에게 인식된 자유인데, 자유시민체에는 국제법상 주권이 없음에도 불구하고, 그리고 병력 동원, 세금 징수 및 물납이 이루어지고 있다는 사실에도 불구하고 그러하였다. 로마국에 복속되어[21] 도백道伯의 통치하에 있는 외인들의 공동체를 다스리는 체제도 절대군주체제는 아니었다. 그러한 지방 공동체들이 용어상의 엄밀한 의미에서 자유시민체들(civitates liberae)은 아니었지만, 그들은 그것들과 일정한 공통된 특징을 가지고 있었다 – ("자유시민체"와는 대조적으로) 도백道伯의 항시적인 통제와 개입에 복속되어 있는 것이 사실이지만, 그들은 고유의 영역, 고유의 법, 고유의 행정부를 가졌던 것이다. 이러한 외인공동체들이 자신들을 "자유롭다"고 여기고 그렇게 부른 것은 유의미하다.[22]

3. 시민적 자유의 쇠퇴, 특히 지방자치정부의 경우

어떻게 해서 이러한 시민적 자유가 점차 사라지게 되었는지는 여기에서 상론될 수 없다. 로마의 민회가 그 정치적 의미를 상실해 감에 따라[23] 실질적으로 제정기 초기에 소멸하였다는 사실 및 원로원의 영향력이 그 구성원들의 나태함과 심약함으로 인해 줄

---

20 이에 관하여 Mommsen, *StaatsR*. III, 645 이하, 687 이하; Marquardt, *Röm. Staatsverwaltung* I (제2판, 1881), 71 이하; A. Heuss, *Grundlagen*, 99 이하.

21 이 용어의 기저에 있는 관념에 관하여는 전술한 132면. 이러한 지방자치시의 법적 지위에 관하여는 Mommsen, *StaatsR*. III, 716 이하; Marquardt, 전게서, 80면 이하.

22 Cic. *Ad Att*. 6.1.15; Aristides, εἰς Ῥώμην (로마시 찬가), § 36 (ed. Keil); Mommsen, 744 이하; Marquardt, 83 이하. 몸젠(717 및 723)은 그들의 법적 지위를 'morari in libertate'에 비견하는데, 이는 시민법상 정해진 방식을 준수하지 않고 해방된 노예(법정관이 보호를 약속함)를 말한다(Kunkel, § 41).

23 전술한 101면 이하.

어들게 되었다는 사실 등은 이미 살펴본 바와 같다.[24] 지방자치시 정부의 운명도 비슷했다. 트라야누스 황제의 대관代官이었던 플리니우스(Gaius Plinius Caecilius Secundus, 기원후 61년-112년)의 절대적으로 신빙성 있는 보고들을 검토해 보면,[25] 어떻게 자치시 당국이 기능하였으며, 어떻게 그들이 수로水路를 황폐화시켰고 부식화시켰는지, 건물 신축공사가 불충분한 준비로 시작되고 미완공된 채 폐허가 되었는지, 얼마나 그들이 재정사무처리능력이 없었고 중앙정부로부터 지속적으로 원조를 구하였는지를 알 수 있다. 우리는 자치정부의 시대가 지나갔고 중앙정부에서 파견된 수탁受託관리의 시대가 도래하였음을 인정하지 않을 수 없다.[26]

플리니우스가 한 지인에게 보낸 매우 의미있는 편지가 있다(*Ep.* 7.18). 그의 지인은 한 자치시에 연례 축제를 위해 사용될 금액을 기부하기 원했고, 그것을 하기 위한 가장 좋은 방법을 플리니우스에게 물어보았다. 플리니우스는 다음과 같이 답했다: "자네가 그들에게 돈을 준다고? 낭비되지 않도록 염려해야 하네. 자네가 토지를 준다고? 관리하지 않고 방치되려고?(Numeres rei publicae summam? verendum est ne dilabatur. Des agros? ut publici neglegentur.)(!)

III. 사법상私法上 자유원리, 사법私法의 개인주의적 특성

로마의 자유원리는 사법私法 영역에서의 극단적 개인주의를 초래하였다. 사실 로마인들도 중세와 같은 속박적인 법의 시기를 겪었을 것이 사실이지만, 우리가 검토의 대상으로 삼는 기원전 2세기 초의 로마 사법私法의 개인주의적 특성은 의심할 여지가 없으며 또한 결코 부정되지 않았다.

---

24 Aurel. Vict. *De Caes*. 37.5 및 7; 전술한 102면을 보라.

25 Plin. *Ad Traian*. 23, 37, 39, 70, 90, 98. Liebenam, *Städteverwaltung im röm. Kaiserreiche*, 476 이하도 참조. 지방자치시의 부패에 대하여 발령한 아시아 속주총독 파울루스 파비우스 페르시쿠스(Paullus Fabius Persicus)의 고시(Dörner, Greifswald. phil. diss., 1935)도 보라.

26 동부지방시 재정감독관(curatores rei publicae)에 관하여는 Mommsen, *StaatsR*. II, 1081 이하; Marquardt, 83, 162, 228; Liebenam, 480 이하; Kübler, *Geschichte d. röm. R*. 221을 보라.

1. 사법상私法上 공동관계

이러한 특징은 특히 사법상 공동관계를 다룰 때 현저하게 나타나는데, 이에 대하여 로마 법률가들은 비우호적이었다. 독일 보통법상 격언인 "공동관계는 분쟁의 어머니(communio mater rixarum)"[27]가 이러한 태도를 정확하게 반영한다.

(a) 혼인공동체(부부관계)

예를 들어 부부관계는 극단적으로 개인주의적이었다(수권혼[manus혼]의 경우는 예외). 혼인과 이혼은 국가의 개입 없이 이루어졌다.[28] 이혼에는 아무런 제한도 없었다 – 심지어 당사자들 사이의 이혼 합의도 불필요하였고, 일방의 의사표시로도 충분했다. 법의 관점에서 일정한 사유가 있어야만 이혼을 가능하게 하는 특정한 사실이라는 의미에서의 '이혼사유' 또한 없었다. 이혼이 아무런 사유 없이 이루어졌다면 법적 불이익이 뒤따를 수도 있었지만, 어쨌든 혼인관계는 그러한 파탄의 법적 결과로 해소되었다. 로마법은 이러한 원칙을 고수하였고, 심지어 기독교제국 시기에도, 그리고 유스티니아누스 치세에도 그러하였는데, 비록 고전기 법률가들이, 이러한 법체계가 혼인이라는 기본적 법률관계의 존속과 관련하여 해로운 불확실성을 발생시킬 수 있었음을 이미 인식하고 있었음에도 그러하였다.[29] 혼인의 인법상의 측면(언제나 수권혼의 경우는 예외)은 법적으로 단지 약하

---

27 그것은 D.8.2.26 및 D.31.77.20에 대한 수정된 언명에 기초하여 만들어졌다.
【역주】 D.8.2.26 Paul. 15 ad Sab.
In re communi nemo dominorum iure servitutis neque facere quicquam invito altero potest neque prohibere, quo minus alter faciat (nulli enim res sua servit): itaque propter immensas contentiones plerumque res ad divisionem pervenit. sed per communi dividundo actionem consequitur socius, quo minus opus fiat aut ut id opus quod fecit tollat, si modo toti societati prodest opus tolli.
D.31.77.20 Pap. 8 resp.
"dulcissimis fratribus meis, avunculis autem tuis quaecumque mihi supersunt in Pamphylia Lycia vel ubicumque de maternis bonis concedi volo, ne quam cum his controversiam habeas". omnia corpora maternae hereditatis, quae in eadem causa dominii manserunt, ad voluntatem fideicommissi pertinent: ex isdem igitur facultatibus percepta pecunia et in corpus proprii patrimonii versa, item iure divisionis res propriae factae non praestabuntur, cum discordiis propinquorum sedandis prospexerit, quas materia communionis solet excitare.

28 Kunkel, §§ 175, 177; Buckland, 112; Jolowicz, 113, 239.

게만 나타났다. 성실의무, 성姓 및 주거공동체, 부부간 일정한 청구의 배제[역주: 대표적으로 부부간 증여는 무효], 자력한도의 특전(beneficium competentiae) 정도가 고작이었다.[30] 일상가사에 관한 계약을 체결할 아내의 권리도 없었으며, 아내를 부양할 남편의 의무도,[31] 아내가 남편을 위하여 노동할 의무도 없었다. 부부간의 상속법도 매우 미비했다.[32] 부부간의 재산공동체라는 관념은, 비록 이것이 로마 인민의 법감정에는 부합했을 것이지만, 전적으로 거부되었다.[33] 법적으로 (비수권혼의 경우에, 그리고 그러한 혼인만이 여기에서 문제된다) 남편의 재산은 남편에게만 귀속되었으며, 아내의 재산도 아내에게만 귀속되었다. 혼인을 했다는 사실이 양 당사자의 재산에 아무런 차이를 가져오지 않았다. 각자는 자신이 가진 재산의 단독소유자였으며, 그것을 임의로 처분할 수 있었고, 각자 제한 없이 완전하게 채무를 부담할 수 있었다. 아내측에서 남편에게 혼인지참재산(dos)을 설정할 법적 채무도 없었다.[34] 혼인지참재산이 설정되면, 남편은 혼인지참재산의 단독소유자가

---

29 Levy, *Hergang d. röm. Ehescheidung*, 86 이하. 이혼에 대한 처벌에 관하여는, Kunkel, § 177; Bonfante, *Corso* I, 257 이하; Buckland, 117; Jolowicz, 117.

30 Windscheid, *Pand.* III, §§ 490, 491; Bonfante, *Corso* I, 207면 이하.

31 부양의무에 관하여는 Windscheid, *Pand.* § 491 주 2 및 § 509 주 5; Bonfante, 211면. 아내의 노동의무는 도의적 의무(officium)에만 근거하고 있고, D.38.1.48.pr.도 그렇게 언급한다.

【역주】 D.38.1.48.pr. Hermog. 2 iuris epit.

Sicut patronus, ita etiam patroni filius et nepos et pronepos, qui libertae nuptiis consensit, operarum exactionem amittit: nam haec, cuius matrimonio consensit, in officio mariti esse debet.

32 Kunkel, §§ 197, 199, 4; Buckland, 368; Jolowicz, 257.

33 Columella, *De re rust.* praef. lib. xii: "Nihil conspiciebatur in domo dividuum, nihil quod aut maritus aut femina proprium esse iuris sui diceret; sed in commune conspirabatur ab utroque." 아내에 대한 장례연설(Bruns, *Fontes*, No. 126), 2.36 이하; 1.37 및 이에 관한 Mommsen, *Ges. Schr.* I, 415면; 네르바와 카씨우스는 남편 재산에 대한 아내의 절도(furtum)를 부정하였는데, "인생공동체가 말하자면 그녀를 소유자로 만들었기 때문이었다(quia societas vitae quodammodo dominam eam faceret"(D.25.2.1); Jhering, II 208.

【역주】 D.25.2.1 Paul. 7 ad Sab.

Rerum amotarum iudicium [=반출부부재산소권] singulare introductum est adversus eam quae uxor fuit, quia non placuit cum ea furti agere posse: quibusdam existimantibus ne quidem furtum eam facere, ut **Nerva Cassio**, quia societas vitae quodammodo dominam eam faceret: aliis, ut **Sabino** et **Proculo**, furto quidem eam facere, sicut filia patri faciat, sed furti non esse actionem constituto iure, in qua sententia et **Iulianus** rectissime est:

되었다. 단지 제정기 법상의 처분제한,[35] 혼인해소시 혼인지참재산반환의 법적 의무, 아내의 사망에 의하여 혼인이 해소된 경우에는 혼인지참재산반환청구권의 배제, 그리고 남편의 혼인지참재산의 일정비율에 대한 보유권,[36] 이 정도에서만 부부공동체 관념이 드러난다. 고전기 이후가 되어서야 재산공동체 같은 종류의 언급을 찾을 수 있다.[37]

(b) 사私단체

로마법상 사私단체법의 발전이 빈약하였다는 것은[38] 특히 의미가 있다. 수공업자 동업조합과 장의葬儀단체[collegia funeraticia]를 별론으로 하면, 사私단체의 수[39]는 확실히 적

---

34 도의적 의무(경친)에 근거한 혼인지참재산설정과 D.12.6.32.2에 관하여는 후술할 215면 참조.
【역주】 D.12.6.32.2 Iul. 10 dig. [일종의 도의관념에 적합한 비채변제로 보아 반환청구 부정]
Mulier si in ea opinione sit, ut credat se pro dote obligatam, quidquid dotis nomine dederit, non repetit: sublata enim falsa opinione relinquitur *pietatis causa*, ex qua solutum repeti non potest.

35 Siber, 303; Bonfante, *Corso* I, 329 이하; Buckland, 108.

36 Kunkel, § 182; Buckland, 109 이하. Riccobono, "Storia del dir. antico", *Annali Palermo* 12 (1928), 515면 이하도 보라.

37 Beseler, IV, 203 (D.23.3.75에 관하여) 및 무엇보다도 Albertario, "Subtilitas legum et moderamen naturalis iuris nel diritto dotale romano", *Rend. Lomb*. 58 (1925), 808면 이하, *Studi* I, 369 이하; "Interpolazioni in D.20.4.9.3", *Rend. Lomb*. 59 (1926); Riccobono, 전게서, 515 이하; Siber, 306면; H. I. Wolff, *SZ* 53 (1933), 297 이하.
【역주】 D.23.3.75 Tryph. 6 disp.
Quamvis in bonis mariti dos sit, mulieris tamen est, et merito placuit, ut, si in dotem fundum inaestimatum dedit, cuius nomine duplae stipulatione cautum habuit, isque marito evictus sit, statim eam ex stipulatione agere posse. porro cuius interest non esse evictum quod in dote fuit quodque ipsa evictionem pati creditur ob id, quod eum in dotem habere desiit, huius etiam constante matrimonio, quamvis apud maritum dominium sit, emolumenti potestatem esse creditur, cuius etiam matrimonii onera maritus sustinet.
D.20.4.9.3 Afr. 8 quaest.
Titia praedium alienum Titio pignori dedit, post Maevio: deinde domina eius pignoris facta marito suo in dotem aestimatum dedit. si Titio soluta sit pecunia, non ideo magis Maevii pignus convalescere placebat. tunc enim priore dimisso sequentis confirmatur pignus, cum res in bonis debitoris inveniatur: in proposito autem maritus emptoris loco est: atque ideo, quia neque tunc cum Maevio obligaretur neque cum Titio solveretur in bonis mulieris fuerit, nullum tempus inveniri quo pignus Maevii convalescere possit. haec tamen ita, si bona fide in dotem aestimatum praedium maritus accepit, id est si ignoravit Maevio obligatum esse.

38 매우 간략한 D.3.4 [R. Quod cuiuscumque universitatis nomine vel contra eam agatur]를 보라. 심지어 여기에서도 공법상 단체가 전면에 있다.

었다. 트라야누스 황제[재위: 98-117]가 민간의 자발적 소방대에 대한 인가를 거부하였다는 사실은, 직전에 발생한 큰 화재사건이 그러한 제도의 필요성을 보여주었음에도, 그리고 트라야누스 황제의 친우親友인 대관代官 플리니우스가 소방대 결사신청을 지지하였음에도[40] 그러하였다는 사실은, 그러한 사적 단체의 인가가 얼마나 드물었는지를 보여준다.[41] 단체와 관련한 황제의 정책이 정치적 이유의 영향을 받았다는 것은 사실이다. 그러나 정치적 소극성이 이 문제에 있어서 항구적이고 결정적인 역할을 하였다는 것은, 로마인들이 단체에 대하여 공감이나 친화성을 거의 느끼지 못하였다는 증거이다. 단체를 수단으로 한 자본집중이라는 위대한 생각은 로마인들에게는 결코 나타나지 않았다.[42]

(c) 조합

로마의 조합(societas)은 최소한으로만 조합원들을 구속하였다. 조합재산은 지분에 따른 조합원의 공동재산이었다. 각 조합원은 그의 관념상의 지분을 처분할 수 있었다.[43]

---

39 여기에서는 단지 이것들만을 언급하고, 전부 또는 일부 공법상 규율되는 단체는 아니다. 이것들에 관하여는 Rostovtzeff, *Social and Economic History of the Roman Empire*, 532.

40 Plin. *Ad Traian*. 33 및 34.

41 D.3.4.1.pr.: "... paucis admodum in causis concessa sunt (huiusmodi) corpora: (정해진 소수의 경우에만 (이와 같은) 단체가 허용되었다)" 서항의 텍스트는 원래의 형태로 있지 않지만(Interp. Index를 보라), 이 문장이 부진정하다고 할지라도(우리는 그렇게 믿지 않는다), 그럼에도 불구하고 그것은 위의 본문에 대한 증거를 제공해 주는데, 왜냐하면 그것의 내용 자체가 새로 만들어진 것이 아니기 때문이다. 비인가단체는 조합(societas)의 형태로만 존재할 수 있었다. Schnorr von Carolsfeld의 견해(*Geschichte d. jur. Person* I, 236 이하)는, 私見으로는, 통설을 뒤집을 정도는 아니다.

【역주】 D.3.4.1.pr. Gai. 3 ad ed. provinc.

Neque societas neque collegium neque huiusmodi corpus passim omnibus habere conceditur: nam et legibus et senatus consultis et principalibus constitutionibus ea res coercetur. *paucis admodum in causis concessa sunt huiusmodi corpora*: ut ecce vectigalium publicorum sociis permissum est corpus habere vel aurifodinarum vel argentifodinarum et salinarum. item collegia Romae certa sunt, quorum corpus senatus consultis atque constitutionibus principalibus confirmatum est, veluti pistorum et quorundam aliorum, et naviculariorum, qui et in provinciis sunt.

42 Rostovtzeff, 159.

43 구성원의 의사 없이 발생하는 우성공유(偶性共有, communio)의 경우와 동일한 방식으로: Kunkel, §

조합원 1인의 사망은 항상 조합을 해산시켰는데, 조합원의 두격감등頭格減等(capitis deminutio)이나 파산의 경우에도 마찬가지였다. 유스티니아누스 치세[527-565]에 와서야 그러한 경우에도 불구하고 조합의 존속이 조합계약상 약정될 수 있었다. 어떠한 경우에도 조합원은 자신의 지분이 상속된다고 약정할 수는 없었다.[44] 각 조합원은 언제든지 일방적 해지통고를 할 수 있었고, 반대약정은 효력이 없었다.[45] 나아가 그러한 통고는 당해 조합원의 탈퇴뿐만 아니라 전체 조합의 해산을 수반하였다.[46,47]

(d) 공동상속인

공동상속 역시 개인주의적으로 규율되었다. 공동상속인은 피상속인의 가분채무에 대하여 연대채무로가 아니라 그들의 상속분의 비율로 책임을 졌다: "채무액은 법률상 당연히 가분적이다(nomina ipso iure divisa sunt)."[48] 각 공동상속인은 상속재산에 속한 각 물건에 대한 자신의 지분을 처분할 수 있었고,[49] 공동상속인은 선매권도 가지지 않았다.[50] 공동상속인은 언제든지 상속재산의 분할을 요구할 수 있었는데, 피상속인의 처분도 공동상속인의 이러한 권리를 배제할 수 없었다.[51,52]

67.2; Siber, 71.

44 Siber, 206 이하; Kunkel, § 151.4; Buckland, 508.

45 그러나 부당한 통고를 한 자는 그로 인한 손해에 대한 책임이 있다(정당한 사유 없는 이혼의 경우에서와 같이, 전술한 163면 주 29를 보라); Dernburg, *Pand.* II, § 128; Kunkel, § 151.4; Buckland, 508면. 사료들은 곳곳에서 수정되었다.

46 유스티니아누스법에서는 조합계약이 통고한 조합원만의 탈퇴만을 정한 것으로 한다: Dernburg, Pand. II, § 128 주 14.

47 징세수급업자조합(societates publicanorum)은 여기에서 논하지 않는데, 왜냐하면 그것은 전적으로 사법상(私法上) 규율되는 것이 아니기 때문이다.

48 Kunkel, § 217; Siber, 399면; Korošek, *Die Erbenhaftung nach röm. Recht* I, 52 이하.

49 상속재산에 속하는 가분적 청구권은 즉시 가분채권으로 변경된다: Siber, 399.

50 도의적 의무(officium)에 의한 제한에 관하여는 후술할 175면을 보라.

51 Windscheid, *Pand.* III, § 608 주 4; Dernburg, *Pand.* § 176 주 2.

52 동일한 것이 이 시기의(기원전 2세기로부터) 형제상속공재단(兄弟相續共財團, consortium)에 적용된다: 이에 관하여는 Pernice, *SZ* 3, 66 이하; Kunkel, §§ 151, 204; Levy, *SZ* 54 (1934), 285면 이하; De Zulueta, *Journal of Roman Studies* 25 (1935), 19 이하; Lanfranchi, *Studia et Documenta* I (1935), 375면.

이러한 모든 "공동체"는 다음과 같은 동일한 원리로 구성되었다: 가능한 한 공동체를 적게 하라. 그리고 그것이 존재할 경우에는 가능한 한 의무를 적게 하라. 무엇보다도 각 구성원은 단체와 그 제한으로부터 언제든지 탈퇴할 자유가 있게 하라.[53]

2. 물권법

소유권 개념과 소유권질서

로마법상 소유권의 개인주의적 성질이 종종 다소 과장되게 지적되어왔다. 이제는 로마법상의 소유권 개념에 대하여 가해진 비난을 멈추게 할 때이다. 이것은 게르만법상 소유권 개념에도 정확히 마찬가지이다.[54] 소유권에 관한 근대 연구자들의 정의定義, 즉 소유권이란 "물건에 대한 무제한적 권리"[55]라는 정의는 잘못된 것이 사실이지만, 이것은 로마인들의 잘못이 아니다. 우리에게 알려진 고대 법사료 어디에서도 로마법상 소유권의 정의가 나오지 않으며,[56] 이것은 원래 존재했던 것이 유실되었기 때문이 아니라[57] 로마인들이 결코 그러한 정의定義를 정식화定式化하지 않았기 때문이라고 우리는 확실하

---

53 Diocl./Maxim. C.3.37.5 (a. 294): "In communionem vel societatem nemo compellitur invitus detineri." (아무도 의사에 반하여 공유나 조합으로 유지되도록 강제되지 않는다.) 유사하게도 공동소송인(consortium litis)은 적은 역할만 한다: Wenger, *Institutionen des röm. Zivilprozessrechts*, 80.

54 우리가 살펴보고 있는 시기(전술한 4면)의 로마법상 소유권에 대한 정의(定義)는 다음과 같을 것이다: "소유권이란 유체물에 대하여, 실제적 또는 잠재적으로 상대적으로 큰 권능을 부여하는 물권" 또는 가령 "법질서 또는 법률행위를 통하여 특별하게 제외되지 않는 한, 소유자에게 일반적으로 물건에 대한 모든 권능을 귀속시키는 유체물에 대한 권리." 게르만법상 소유권도 달리 정의될 수 없을 것이다. Gierke, *DPR.* II, 358, 360 및 Fehr, *Recht u. Wirklichkeit* (1927), 188면은, 사견(私見)으로는 타당하지 않다. Molitor, *Festschrift f. Alfred Schultze* (1934), 35면 및 Blomeyer, *Festschrift f. Hübner* (1935), 7면은 타당하다.

55 Gierke, 348 주 2. 소유권을 정의하려는 시도에 관하여 다음 문헌을 참조: Scialoja, *Teoria della proprietà* I, 255 이하; Bonfante, *Corso*, II/1, 190면 이하를 보라. Hedemann, *Fortschritte des Zivilrechts im 19. Jahrhundert*, II/1, 119면, 313면 이하; Molitor, 33 이하; G. Husserl, *Rechtsgegenstand* (1933), 175면 이하도 참조.

56 Scialoja, 263; Bonfante, 195.

57 편찬자들이 그들의 사료 중에서 이와 같은 종류의 정의(定義)를 발견하였다면, 그들은 대단히 기쁘게 그것을 취하였을 것이고 D.41.1[= 소유권의 취득에 관한 장]의 서두에 두었거나 학설휘찬의 마지막 두 개의 장[= D.50.16과 D.50.17을 의미] 중 한 곳에 넣었을 것이다.

게 추정할 수 있다. 로마의 소유권 개념이 개인주의적인 것이 아니라, 소유권에 관한 로마법이 그러한 것이다. 물론 일정한 법적 제한이 소유권에 부과된 것은 사실이다. 제정기에 노예 소유자의 권능은 제한적이었고,[58] 토지소유자의 권리도 여러 가지 방식으로 제한을 받았는데, 이웃의 사권私權에 의해서뿐만 아니라 공법에 의해서도 제한되었다.[59] 각종 의무들도 역시 로마 소유권에 결합될 수 있었다. — 매우 종종 강력하게 로마 소유권의 일부라고 진술된 의무적대성은[60] 그야말로 존재하지 않았다.[61] 그러나 그 의무들은 — 상린관계상의 의무는 별론으로 하면 — 공법상의 의무였던 것이고, 공법과 사법의 준별에 있어서 본질적으로 사법私法에 관심을 두었던 법학에서 이러한 의무들은 거의 또는 한 번도 언급되지 않는다.[62]

양도금지 및 처분제한

다른 한편 공·사법상 모두 소유권에 대한 제한이 매우 광범하였고, 게르만법상의 제한보다 더 광범하였다는 사실이 인정되어야만 한다. 소유권은 가능한 한 무제한적이어야 하고, 개인의 활동과 창발성創發性에 최대한의 자유가 주어져야 한다는 것이 로마의 원칙이었다는 점은 분명하다. 부동산소유권도 동산소유권도 자유롭게 양도가능하였고

---

58 Kunkel, § 40; Scialoja, 307 이하.

59 이에 관하여 다음 문헌을 참조: Bonfante, 230 이하; Scialoja, 203 이하. 전술한 35면 이하에 이미 예가 제시되어 있다.

60 Stahl, *Philosophie d. Rechts* II/1 (제5판), 510 이하(로마 사법(私法)의 가치에 관한 부록); Gierke, 358.

61 소작인은 경작지를 잘 유지하고 일구며 황폐화시키지 않을 의무가 있고, 그렇지 않으면 호구총감에 의하여 처벌을 받았다: Gellius, 4.12 및 이에 관한 Scialoja, *Teoria della proprietà* I, 314. C.Th.5.11.12; Kübler, *SZ* 24, 458면 이하도 참조. 우르소市법(lex Ursonensis)(Bruns, No. 28) c. 98에 의하면, 도로개설 부담이 토지에 부과되었다고 한다: "Qui in ea colonia intrave eius coloniae fines domicilium praediumve habebit, neque eius coloniae colonus erit, is eidem munitioni uti colonus pareto." 율리우스 자치시법(lex Julia municipalis)(Bruns, No. 18), 53 이하도 마찬가지이다. 추가 정보는 Pernice, *SZ* 5, 81 이하.

62 전술한 32면을 보라. 공법과 사법의 구별을 몰랐던 (중세) 게르만법은 그러한 의무들을 단순히 소유권의 개념에 포함시킬 수 있었으나, 公·私法을 준별한 로마법은 그렇게 할 수 없었다. 그럼에도 불구하고 의무들이 존재하였다. 그러한 차이는 실질적 중요성이 없는데, 게르만법학자들이 왜 그것을 중요시했는지는 이해할 수 없다.

가분적이었다.[63] 공화정기에는 법률상 양도금지와 처분제한은 전적으로 알려져 있지 않고, 고전 제정기에는 극소수의 사례에서만 그러한 규정들이 존재했다. 그러나 고전기 이후 법은 그러한 규정들의 수를 늘렸으며, 결국에는 법률행위상 처분금지의 물권적 효력을 승인하기에 이르렀다.[64]

수렵법, 어업법, 광업법, 역권, 상급소유권과 하급소유권, 구분소유권, 미분리과실에 대한 소유권

오늘날 수렵 및 어업법상의[65] 소유권 제한은 로마법상 전혀 알려지지 않았다. 광업법상의 소유권 제한이 고전기 이후에 최초로 나타났다.[66] 로마법은 소유권이 타물권他物權(iura in re aliena)에 의하여 과도하게 제한되는 것을 싫어하였다. 특히 역권役權이 – 덩굴식물이 자라나듯이 – 소유권의 자유를 질식시켜 소멸시켜 버리는 것이 허용되지 않았다.[67] 그러므로 시간적으로 무제한적인 지역권은 '요역지의 편익'(utilitas praedii) 요건[68]과 작위역권(servitus in faciendo)의 배제[69]에 의하여 내용적으로 제한되었다. 원칙적으로 내용적으로 무제한적인 역권인 용익역권(ususfructus)은 양도 및 상속의 배제에 의하여 시간적

---

63 Jhering, II, 150.

64 Mitteis, *RP* I, 253 참조. 그러나 무엇보다도 Bonfante, *Corso* II/2, 48면 이하를 참조. 정무관에 의한 양도금지에 관하여 Mitteis와 Bonfante의 전게서.

65 Windscheid, *Pand.* I, § 184.

66 이에 관하여 Scialoja, 346 이하; Bonfante, *Corso* II/1, 262면 이하; Schönbauer, *Beiträge zur Geschichte des Bergbaurechts*, 136 이하; D.8.4.13.1은 물론 수정된 것이다: Bonfante, 263; Schönbauer, 145; 또한 이 개소에 관한 Interp. Index를 보라.

【역주】 D.8.4.13.1 Ulp. 6 opin.

Si constat in tuo agro lapidicinas esse, invito te nec privato nec publico nomine quisquam lapidem caedere potest, cui id faciendi ius non est: nisi talis consuetudo in illis lapidicinis consistat, ut si quis voluerit ex his caedere, non aliter hoc faciat, nisi prius solitum solacium pro hoc domino praestat: ita tamen lapides caedere debet, postquam satisfaciat domino, ut neque usus necessarii lapidis intercludatur neque commoditas rei iure domino adimatur.

67 이에 대하여 Jhering, II, 226 이하.

68 Siber, 109.

69 Kunkel, § 81; Siber, 106; Buckland, 259.

으로 제한적으로 되었다.[70] 지상권이나 영차권永借權처럼 이러한 원칙에 상충하는 역권들은 고전기 이후에서야 사법상私法上 물권[71]으로 인정되었다.[72] 게르만법상 상급소유권(dominium directum)과 하급소유권(dominium utile),[73] 건물 한 층에 대한 구분소유권[74] 또는 타인의 토지상의 미분리과실에 대한 소유권[75]과 같은, 일종의 공동관계로 되는 물적 부담은 로마 사법私法의 개인주의적 성질에 의하여 전적으로 배제되었다. 18세기 말과 19세기 초반의 농지입법 전의 독일, 오스트리아, 그리고 프랑스에서 존재하였던 것과 같은 상황,[76] 즉 토지소유권이 각종 부담의 덩굴에 의하여 거의 질식되는 상황은 로마법상 일어날 수 없었다.

소유권에 대한 법적 보호, 점용시효취득(usucapio)

소유권의 내용에서와 같이, 소유권의 법적 보호도 개인주의적 성질을 보인다. 소유물반환청구(rei vindicatio)는 선의로 재산을 취득한 자를 상대로도 행사될 수 있었는데,

---

70 Kunkel, § 84; Buckland, 269. 인역권에도, 고전기에 한하여, 동일한 것이 적용된다: Kunkel, § 85.

71 문헌: Siber, § 61, Kunkel, §§ 89, 90 (추가적인 참고문헌과 함께); Buckland, 274.

72 그것들은 공법(행정법)상 이미 고전기에 알려졌다(국가 및 지방자치시의 재산을 지조(地租)의무있는 토지(ager vectigalis)로 불하하는 것). 공유지상(公有地上)의 건축과 관련하여서는 전술한 35면; Siber, § 61, Kunkel, § 89, 90 (참고문헌과 함께), Buckland, 274를 보라.

73 이것도 로마 공법이 알고 있었다: 지방토지의 법적 상태는 로마국의 상급소유권과 보유자의 하급소유권으로 기술될 수 있다; 사료들은 물론 그렇게 기술하지 않는다: Siber, 71면; Kübler, *Geschichte*, 124; Bonfante, *Corso* II/2, 312면 이하; Kreller, *Aegyptus* 13 (1933), 205면.

74 "지상물은 토지에 속한다(Superficies solo cedit)." 예외들(독일민법전 제95조 [일시적 목적])을 사실상 로마법이 알고 있었다: D.41.1.60. 이 주제에 관하여 Riccobono, "Dal diritto class. al dir. moderno", *Ann. Palermo* (1915), 508면 이하, 515면 이하; Kunkel, § 47 (문헌과 함께); Pappulias, *SZ* 27, 363.
【역주】 D.41.1.60 Scaev. 1 resp.
Titius horreum frumentarium novum ex tabulis ligneis factum mobile in Seii praedio posuit: quaeritur, uter horrei dominus sit. respondit secundum quae proponerentur non esse factum Seii.
(티티우스가 새로운 곡식창고를 널로 제작하여 세이우스의 토지에 세웠는데 이동할 수 있는 것이었다. 둘 중 누가 창고의 소유자인지가 문제된다. 해답: 사실관계로 제시된 바에 따르면 세이우스의 것이 되지 못했다.) [성중모 역]

75 Schulz, *Bonner Festgabe für Zittelmann*, 153 이하를 보라.

76 다른 모든 것을 대신하여 Hedemann, *Fortschritte des Zivilrechts im 19. Jahrhundert* II/1, 2면 이하를 보라.

제3자를 보호하는 것이 거래안전에 이익이 되더라도 그러하였다. 그러한 경우에 점유자가 선의로 취득한 물건을 그가 지급한 대금을 반환받을 때까지 보유할 수 있는 권리[= 대가변상청구권]를 인정하는 방식으로 소유물반환청구의 가혹함을 완화시키려는 시도는 고전기에 항상 거부되었다.[77] 또한 의미있는 것은 점유자의 점용시효취득占用時效取得(usucapio)에 대한 매우 엄격한 제한이다. 도품이나 횡령물의 계속 점유에 의한 소유권 취득은 배제되었는데, 심지어 [도품성이 유지되는 한] 그것이 선의 점유자의 손에 이르렀다고 하더라도 그러하였고,[78] 그러한 경우가 점용시효취득 제도가 자연스럽게 적용될 수 있는 주된 사안[79]이라 할지라도 그러하였다.

3. 채권법

조합(societas)의 개인주의적 성질은 전술하였다. 그 외에도 '연대'채무의 문제가 있다. 가능한 한 연대채무는 회피되었다. 계약상 가분급부에 대하여 수인數人의 채무자가 존재한다면, 그들은, 다른 의심이 없었던 경우라면, 연대채무자로서 책임지지 않았다.[80] 연대채무가 의도된 경우에는, 그것은 명시적으로 언급되어야만 했다. 공동상속인들이 피상속인의 가분채무에 대하여 공동으로 책임지지 않았다는 것은 전술하였다.[81] 또한 의미심장한

---

77 비록 외인법이 그것을 시사한다. 이에 관하여는 Felgenträger, *Antikes Lösungsrecht* (1933)을 보라.

78 Gai.2.49.

【역주】 Quod ergo vulgo dicitur furtivarum rerum et vi possessarum usucapionem per legem XII tabularum prohibitam esse, non eo pertinet, ut ne ipse fur quique per vim possidet, usucapere possit (nam huic alia ratione usucapio non competit, quia scilicet mala fide possidet), sed nec ullus alius, quamquam ab eo bona fide emerit, usucapiendi ius habeat.

79 Gai.2.50에서 그렇게 명시한다.

【역주】 Unde in rebus mobilibus non facile procedit, ut bonae fidei possessori usucapio competat, quia qui alienam rem vendidit et tradidit, furtum committit; idemque accidit etiam, si ex alia causa tradatur. sed tamen hoc aliquando aliter se habet: nam si heres rem defuncto commodatam aut locatam vel apud eum depositam existimans eam esse hereditariam, vendiderit aut donaverit, furtum non committit. item si is, ad quem ancillae ususfructus pertinet, partum etiam suum esse credens vendiderit aut donaverit, furtum non committit: furtum enim sine affectu furandi non committitur. aliis quoque modis accidere potest, ut quis sine vitio furti rem alienam ad aliquem transferat et efficiat, ut a possessore usucapiatur.

80 독일민법전 제427조는 다르다.

것은, 연대채무자들 간의 구상문제에 의하여 초래되는 어려움이다. 고전기 법률가들은 연대채무자들 간의 '단체적 법률관계'를 전제하고 그러한 단체로부터 구상권을 발생시키는 사고思考를 결코 받아들이지 않았고,[82,83] 소권양도라는 인위적인 장치에 의지하였다.[84]

4. 상속법

빈번한 유언작성과 유언의 자유, 미성숙자를 위한 상속인보충지정(substitutio pupillaris), 유언의 해석, 상속계약

마지막으로 상속법도 개인주의적이었다. 상속에 관한 제정법상의 규칙들은 로마인들에게는 2차적이었다. 그것은 무유언상속법, 즉 정상적인 경우로 생각되는 유언상속이 아닌 경우에만 적용되었다. 로마인들은 유언에 기한 상속, 즉 개인의 의사에 기초하며, 무유언의 경우와 같은 전형적인 규율에 의하지 않은 상속을 실제적 필요로 느꼈다. 노老카토Cato maior는 자신의 인생에서 세 가지를 후회했다고 전해지는데, 그중 하나가 그가 딱 한 번 하루 동안 유언을 작성하지 않은 채 살았던 것이라고 한다.[85] 이 일화는, 그것이 사실이든 아니든 간에, 이미 기원전 2세기에 유언을 하는 것이 얼마나 일상적이었는지를

---

81 전술한 166면.

82 Gierke, *DPR*. III, 255 및 263.

83 비록 공화정기의 서약에 관한 아풀레이우스법(Lex Apuleia de sponsu. 기원전 241년 후)은 보증인들 사이에 일종의 조합관계를 도입하였는데(Gai.3.122), 즉 이 문제에 대한 타당한 관점은 이미 발견되었다. **【역주】** Gai.3.122.

Praeterea inter sponsores et fidepromissores lex Apuleia quandam societatem introduxit. nam si quis horum plus sua portione solverit, de eo quod amplius dederit, adversus ceteros actiones constituit. quae lex ante legem Furiam lata est, quo tempore in solidum obligabantur. unde quaeritur, an post legem Furiam adhuc legis Apuleiae beneficium supersit; et utique extra Italiam superest; nam lex quidem Furia tantum in Italia valet, Apuleia vero etiam in ceteris provinciis. sed an etiam in Italia beneficium legis Apuleiae supersit, valde quaeritur. ad fideiussores autem Apuleia non pertinet. itaque si creditor ab uno totum consecutus fuerit, huius solius detrimentum erit, scilicet si is pro quo fideiussit, solvendo non sit. sed ut ex supra dictis apparet, is a quo creditor totum petit, poterit ex epistula divi Hadriani desiderare, ut pro parte in se detur actio.

84 Windscheid, *Pand*. II, § 294 참조.

85 Plutarch, *Cato maior*, 9.6.

다른 어떤 증거보다도 잘 보여준다.[86] 유언작성은 회계장부를 작성하는 것만큼이나 제대로 된 로마인이라면 반드시 해야 하는 의무였던 것이다.[87] 유언자에게 부여된 일반적 처분의 자유는 이러한 원칙과 부합한다. 기원전 2세기가 되어서야 유증을 제한하는 시도가 나타났다. 결정적인 법률은 최종적으로는 기원전 40년의 팔키디우스법(lex Falcidia)이었는데, 동법은 상속인에게 상속재산(또는 그의 상속분)의 1/4을 유증부담이 없도록 보장하였다.[88] 유언자의 권리제한으로서의 유류분권은 공화정 말기에 이르러서야 발전되었다.[89] 미성숙자를 위한 상속인보충지정(substitutio pupillaris)[90]은 무유언상속을 거의 불행이라고 여기는 사람들 중에서만 이해될 수 있다. 미성숙자가 성숙기에 도달하기 전에(intra pubertatem), 즉 유언능력을 얻기 전에 사망한 경우, 부父는 미성숙자(pupillus)인 자子를 위하여 유언을 할 수 있었다. 로마법학은 로마인 유언자의 가장 개인주의적인 산물이자 종종 의아스럽고 혼동스러운 유언조항을 선해善解하였다. 유스티니아누스의 『학설휘찬』도 유언의 해석과 관련한 어마어마한 분량의 사료를 포함하고 있음을 상기한다면, 그로부터 이 주제에 할애되었던 고전기 법문헌의 양을 추정해 볼 수 있을 것이다. 그와 같이 가장 개인적인 문제의 중요성을 이처럼 과대평가한 것이야말로 로마인들의 가장 특징적인 모습이라고 하겠다. 다시 한 번 자유원칙으로 인하여 상속계약이 거부되었는데,[91] 비록 (가산家産신탁매득자[familiae emptor][92]에 대한) 악취행위(mancipatio)로부터 자연스럽게 상속계약으로 넘어갈 수 있었을지도 모르겠으나 말이다.

---

86 v. Woeß, *Das röm. Erbrecht u. d. Erbanwärter*, 29면 이하는 유언작성의 빈도에 관한 조사에 있어서 이러한 증거의 단편을 놓쳤다.

87 Cic. *In Ver*. II. 1.23.60.

88 Gai.2.224-7; Kunkel, § 224; Buckland, 338.

89 Kunkel, § 209.

90 Kunkel, § 204; Buckland, 300.

91 Dernburg, *Pand.* III, § 126; Siber, 343.

92 Gai.2.102.
【역주】 유언자가 자신의 재산을 동형행위에 의한 유언(testamentum per aes et libram)을 통하여 이전시키고, 유언자의 사후의 재산분배에 관하여 구술지시를 받은 사람.

5. 요약정리: 자유주의적, 비자본주의적 로마私法의 특성

이리하여 사실상 로마 사법私法은 로마의 자유원칙의 "동銅보다 더 영원한 기념비(monumentum aere perennius)"인 것이다.

1848년 테오도르 몸젠(Theodor Mommsen)이 31세일 때, 그는 다음과 같은 내용을 포함하는 연설을 하였다.[93] "로마 민법상 시민의 자유는 너무나도 광범하여, 그것의 확대가 아니라 아마도 여러 가지 방법의 제한을 필요로 하였습니다. … 따라서 우리가 자유시민에게 적합한 법을 발전시키고자 노력한다면, 우리는, 민법에 관한 한, 이와 관련하여 무조건 고전기 로마법에 기반해도 될 것이고, 아마도 종종 국민의 연대원칙과는 상호 간 모순되지만 그러나 개인의 자유와는 모순되지 않는 정신을 그 속에서 찾아내는 것에 확신해도 좋을 것입니다." 청년 연설가 몸젠은 심지어 다음과 같이 말하였다: "독일에서의 고전기 민법의 부활은, 유럽 민족들을 자유로 이끌기 시작했던 저 혁명의 시작과 완전히 동등한 것입니다."

로마 사법私法의 자유주의에 대하여는, 근대 자본주의의 어떠한 특징적인 법제도 중 그 어느 것도 로마법으로부터 유래하지 않았다는 사실을 강조할 필요가 있는데, 그러한 제도에는 연금증서, 무기명증권, 주식, 환어음, (근대 자본주의적 형태의) 상사회사, (자본 투자로서의) 저당권, 직접대리가 있다[94]

6. 권리남용

그러나 이와 같이 사법상私法上 부여된 자유가, 사법私法의 제한 내에서 모든 사람이 자신이 하고 싶은 바를 할 수 있음을 의미하는 것은 아니다. 공법상 제한은 별론으로 하더라도, 경친敬親(pietas), 신의信義(fides), 인도주의(humanitas), 요컨대 도의적 의무(officium)에 의하여 부과된 구속은 대단히 실제적이며 강력하였다.[95] "우리는 우리의 권리를 남용해서는 안 된다(male nostro iure uti non debemus)"와 같은 일반규칙이 고전기 이후까지는 정식화되지

---

93 *Ges. Schr.* III, 582 이하.

94 Max Weber, *Wirtschaftsgeschichte* (제2판, 1924), 292면.

95 이에 관하여 전술한 23면을 보라. 우리는 이 주제를 제10장 인도주의와 제11장 신의에서 다시 언급할 것이다. Jhering, I, 82 이하; II, 141 이하, 307 이하는 타당했고, 잘 서술하였다.

않았을지라도,[96] 권리남용이 허용될 수 없었다는 것은 공화정기와 고전기에 이미 인정되었다. 이것은 일반적 악의의 항변(exceptio doli generalis)과 다른 많은 법규칙에서 나타나고,[97] 또한 권리남용이 법에서 명시적으로 금지되지 않았던 경우에도 살아있는 원칙이었다. 예컨대 유언 자유를 합리적으로 행사하도록 제한하는 데에는 공중의 여론이 영향을 미쳤다. 개인의 유언 내용은 일반적 이익에 속하는 것이었다. 유언은 "그 시대의 양속良俗을 반영하는 거울"로 여겨졌던 것이다.[98] 놀랍게도 생전보다는 사후에 유언자를 더 잘 보여주었던 유언,[99] 즉 "경친敬親, 신의, 염치가 작성한 것(quod pietas fides pudor scripsit)"은 로마시에서 여러 날 동안 인구에 회자되었고,[100] 이것을 위반한 경우 훨씬 더 구설수에 올랐다. 로마인의 특성은 이것을 매우 효율적인 견제장치로 만들었다. 공동상속인은, 앞서 언급한 바와 같이, 자신의 상속분을 처분할 수 있었지만, 도의적 의무(officium)가 다른 공동상속인의

---

96 Gai.1.53과 이에 관하여: Schulz, *SZ* 50, 227. 그러나 Solazzi, "Glosse a Gaio", *Studi Riccobono* I, 120 이하의 견해와 같이, 문장 말미의 "male enim ... administratio" 전체가 후대의 부가문일 수 있다.

【역주】 Gai.1.53

Sed hoc tempore neque civibus Romanis nec ullis aliis hominibus, qui sub imperio populi Romani sunt, licet supra modum et sine causa in servos suos saevire: nam ex constitutione sacratissimi imperatoris Antonini qui sine causa servum suum occiderit, non minus teneri iubetur, quam qui alienum servum occiderit. sed et maior quoque asperitas dominorum per eiusdem principis constitutionem coercetur: nam consultus a quibusdam praesidibus provinciarum de his servis, qui ad fana deorum vel ad statuas principum confugiunt, praecepit, ut si intolerabilis videatur dominorum saevitia, cogantur servos suos vendere. et utrumque recte fit: male enim nostro iure uti non debemus; qua ratione et prodigis interdicitur bonorum suorum administratio.

97 권리남용에 관하여는 Pernice, *Labeo* II/1, 57면 이하; Perozzi, *Arch. giur*. 53, 351 이하; Rabel, *Grundz*., 409면; M. Rotondi, *Riv. di diritto civ*. 15, 105; Stoll, *SZ* 47, 425 이하; Siber, *Schranken d. priv. Rechte* (Leipzig, Rektoratsrede, 1926), 27면; Balogh, *Studi Bonfante* 4, 636 이하; Solazzi, "Glosse a Gaio", *Studi Riccobono* I, 120 이하. Solazzi는 고전기 법상 정식화된 규칙을 부정할 뿐만 아니라 그 개념 자체도 부정함으로써 너무 멀리 나갔다. 안토니누스 피우스에 의하여 발령된 노예 학대를 금지하는 칙령에 제시된 공식이유가 인도주의가 아니라 주인 자신의 이익만을 지적한다는 사실은 (Solazzi가 주장하는 바와 같이) 그 칙령이 부분적으로는 인도주의적 이유에서 발해졌다는 것을 불가능하게 만들지 않는다.

98 Plinius, *Epist*. 8.18: "creditur vulgo testamenta hominum speculum esse morum."

99 "Longe melior morte quam vita"; Plin., 전게서.

100 Plin. 전게서: "habes omnes fabulas urbis; nam sunt omnes fabulae Tullus [유언자] (당신은 로마시의 모든 이야기들을 가지고 있습니다. 왜냐하면 그것들은 모두 유언자의 이야기들이기 때문입니다)."

동의 없이는 그렇게 할 수 없음을 요구하였는데, 다만 보다 상위의 의무가 그를 그러한 의무로부터 면제시킨 경우에는 그러하지 않았다.[101]

Ⅳ. 개인과 국가에 대한 관계에서의 자유원리

자유원칙은 개인과 국가 간의 관계에서도 나타났다. 로마시민이 로마국으로부터 군역軍役과 (공화정 초기에는) 납세에 있어서 상당한 것을 요구받았던 만큼, 공동체와의 관계에서 로마시민에게 부여된 자유 또한 상당하였다. 로마사에는 전체주의적 '폴리스' 시기가 나타나지 않는데,[102] 왜냐하면 그리스의 민주정[103] 및 스파르타의 병영생활[104]이 로마인들에게는 알려져 있지 않았기 때문이다. 그리하여 로마시민의 "국가 및 공적 생활과는 분리된 개별 존재로서의 삶"은, 야콥 부르크하르트(Jacob Burckhardt, 1818-1897)가 말했던[105] "우리 인종 사람들은, 야만인으로부터 벗어나자마자 다음을 요구하였다 – 방해받지 않은 주거, 사고와 감정의 독립적 영역"은 원칙적으로 공화정기와 고전기에 존중받았다. 전적으로 무제한적이지 않지만 광범위하게 의견, 신념, 종교의 자유가 부여되었다.[106] 주거불가침권도 존중받았다.[107] 상소권의 보장과 신체형에 대한 제정법상의 제한은 로마에서는 자유의 보호척도로서 여겨졌다.[108] 공간적 의미와 경제적 의미에서 모두 상당한 정도의 이전의 자유가 있었다.[109] 때로는 (고전기 이후에 점증하여) 발생하는 것처럼,

---

101 Plin. *Epist.* 7.11: "Cupio enim et tibi probatum et coheredibus meis excusatum esse quod me ab illis maiore officio iubente secerno (나는 당신에게 승인받기 원하고 나의 공동상속인들로부터 면제되기를 원하는데, 그것은 내가 더 큰 의무의 명으로 그들로부터 분리되는 것입니다)."

102 J. Burckhardt, *Griech. Kulturgeschichte* (제4판) I, 81.

103 Burckhardt, I, 220 이하; 235 이하; 274면; IV, 190 이하.

104 간결하면서도 요점을 짚은 것으로 Plutarch, *Lycurg.* 24; 이에 관하여 Burckhardt, I, 99 이하, 113, 115 이하.

105 *Griech. Kulturgesch.* I 235.

106 Jhering, II, 138 이하; Mommsen, *Ges. Schr.* III, 389 이하.

107 Jhering, II, 157 이하. Cic. *In Vatin.* 9.22은 중요하고, 이에 관하여 Mommsen, *StrafR.* 49 주 1.

108 Cic. *In Ver.* II, 5.63.163; 66.170.

109 Jhering, II, 136 및 151; Schönbauer, *SZ* 46, 211 이하 및 *Beiträge zur Geschichte d. Bergbaurechts*, 145; Rostovtzeff, *Social and Economic History*, 159; *Cambridge A.H.* 10, 386.

독점과 강제 동업조합을 수반한 지방에서의 속박된 경제를 마주할 때,[110] 이런 것들은 "로마법상의 관념과 기본적으로 배치되는 법제도"[111]이고, 그리스-헬레니즘 법으로부터 유래한 것들이다.[112] 무엇보다도 로마국은 원칙적으로[113] 개인의 이미 존재하는 사권私權에 대한 개입을 자제하였다.[114] 공익을 위하여 개인의 재산권이 국가에 의하여 강제적으로 양도된다는 의미에서의 수용收用이라는 법제도가 로마법상 거의 알려져 있지 않았다는 것은 의미심장하다.[115] 단지 가끔씩 지방에서[116] 그리고 특히 예외적인 경우에만[117] 그것이 적용되었다. 아우구스투스는 자신의 새로운 광장(Forum Augustum)을 조성할 때, 가용한 공간이 너무나 협소하였고 공사에 어려움이 있었지만 감히 수용이라는 방법을 동원하지 않았다.[118] 여기에서 다시 한 번 사인私人의 기득권 존중이라는 점에서, 아우구스투스

---

110 Schönbauer, 전게서, Kübler, *Geschichte*, 345면, 347면 이하 및 *SZ* 53, 604면.

111 Mommsen, *Ges. Schr*. III, 176.

112 Schönbauer, *SZ* 46, 212면. 경제사 및 법사(法史)의 관점에서 본 이러한 발전을 다룬 포괄적인 저작이 현재는 없다.

113 이자삭감과 채무탕감을 통한 과감한 경제위기 해결책을 로마국이 모르고 있던 것은 아니지만, 그리스 민주정에서보다는 훨씬 덜 자주 행해졌다. Jhering, II, 73 이하, 258; Pöhlmann, *Gesch. d. sozialen Frage u. d. Sozialismus in d. antiken Welt* (제3판, 1925)의 색인에 있는 'Schuldentilgung'을 보라; Rostovtzeff, 전게서의 색인에서 'cancellation of debts' 항목 부분을 보라. 또한 Affolter, *Das intertemporale Recht* I/1, 41면 이하; 58면 이하; Früchtl, *Die Geldgeschäfte bei Cicero* (Erlangen Diss., 1912), 60; Kroll, I, 94, 104. 이 문제는 법학적 관점에서 새롭게 연구되어야만 한다. 그리스에서의 채무탕감에 대하여는 Pöhlmann, 전게서; Rostovtzeff, 2; Beauchet, *Histoire du droit privé de la république athénienne* IV, 531 이하.

114 로마법의 원리가 안토니누스 피우스에 의하여 Coll.3.3.2 (= D.1.6.2)에서 간결하게 언명된다: "실로 자기 노예들에 대한 주인의 권력은 완전해야만 하고 또한 아무에게도 그 권리가 박탈되어서는 안 된다(Dominorum quidem potestatem in suos servos inlibatam esse oportet nec cuiquam hominum ius suum detrahi)" 또한 Jhering, II, 67도 참조.

115 Scialoja, *Teoria della proprietà nel diritto Romano* I, 315 이하 및 Bonfante, *Corso* II/1, 237면 이하에서의 철저한 사료 조사. 그러나 이에 관하여 (타당하게도) Biondi, *Romanità e Fascismo*, 38 및 최근의 De Robertis, *Espropriazone* (1936).

116 우르소市법(Lex Ursonensis) (Bruns, No. 28), cap. 99.

117 이것은 Frontinus, *De aquaeductu*, 125가 전하는 원로원의결로 처리된 특별한 경우이다. 아우구스투스는 상당수의 수로(水路)를 자비(自費)로 보수할 것을 약속하였고, 원로원은 그에게 인접 토지로부터 건축자재(모래, 석재, 목재 등)를 수용할 권리를 부여하였다. 물론 그는 소유자에게 보상을 해야만 했다.

118 Sueton. *Aug*. 56: "Forum angustius fecit, non ausus extorquere possessoribus proximas domos." 아우구스투스

자신은 진정한 로마인임을 보여주었다.[119]

국가와 지방자치정부 모두 대체로 시민들의 자발성과 공공심에 의존하였다는 사실도 로마자유의 특징 중 하나이다. 자발적 기부는 국가 예산의 부분에서 큰 역할을 하였고, 지방자치시의 경우에는 더 큰 역할을 하였다. 공공심으로 충만한 로마인들은, 개인의 이익이 국가의 이익과 불가분적으로 결부되어 있다는 것을 알고 있었다.[120] 이것이 여러 곳의 비문碑文으로 – 명문銘文 중의 여왕(regina inscriptionum), 아우구스투스의 『업적록(*Res gestae*)』[121]을 위시하여– 입증되고 있는 로마인들의 훌륭한 공공기부 시스템을 설명해준다. 어떠한 종류의 강제도,[122] 법규정도 없었고, 로마인들은 "자유롭게 그의 책임으로" 기부하였던 것이다.

광장의 발굴 이후로 뒷벽의 경계는 건축가가 극복해야만 했던 어려움들을 특히 분명하게 보여준다.

119 매우 타당하고 다음에서 경탄스럽게 표현되었다: Heinze, *Hermes* 65, 360 이하, "진정한 로마인"으로서 아우구스투스에 관하여; Frontinus, *De aquaeductu*, 128: "... cum maiores nostri ... ne ea quidem eripuerint privatis quae ad commodum publicum pertinebant, sed cum aquas perducerent, si difficilior possessor in parte vendunda fuerat, pro toto agro pecuniam intulerint et post determinata necessaria loca rursus eum agrum vendiderint, ut in suis finibus proprium ius tam res publica quam privata haberent." 수로를 위해 필요한 토지는 매매로 취득되었다[= 협의취득]. 소유자가 그 목적으로 요구되는 필지를 분할하기 원치 않았던 경우, 전체 토지가 소유자로부터 매수되었고 건축에 필요하지 않은 필지는 재매도되었다. Livius, 40.51은 토지 소유자가 자신의 토지를 매도하기를 거절함으로써 예정된 수로건설이 사실상 방해된 사례를 기술한다.

120 Livius, 26.36. 여기에서 기부에 관하여 요청을 받자 집정관은 다음과 같이 말한다: "res publica incolumis et privatas res facile salva praestat; publica prodendo tua nequiquam serves (건재하는 국가는 사유물의 보존도 쉽게 보장합니다. 공공의 것을 배신함으로써 그대는 아무것도 보존하지 못합니다)."

121 아우구스투스의 사비(私費) 기부에 관하여 *Mon. Ancyr*. III, 14 이하 및 마지막 추록을 보라. 그에 관하여는 또한 Wilcken, "Zu den impensae der res gestae divi Augusti", *Sitzungsberichte d. Preuss. Akad. d. Wiss*. (1931, Phil.-hist. Kl.), 772 이하 및 1932, 232면 주 1; P. Strack, *Röm. Reichsprägung* I (1931), 141면 이하. 심지어 트리말키오(Trimalchio)도 기부하였는데, 물론 "축제"의 형식이었다(Petron, *Cena* 71.9: "scis enim quod epulum dedi binos denarios"). 이러한 기부 시스템에 관하여 Liebenam, Städteverwaltung in d. röm. Kaiserzeit, 165 이하; Friedländer-Wissowa, *Röm. Sittengeschichte* II 377 이하; Rostovtzeff, *Social and Economic History*, 140 이하; Knoche, *Magnitudo animi*, pass. ('liberalitas' 색인 항목을 보라).

122 그리스 민주정에서는 달랐다. Burckhardt, *Griech. Kulturgesch*. I, 236면 이하.

자유에 대한 법적 보장의 결핍

비록 로마국이 이와 같이 시민들에게 – 그 정도는 낮지만 로마국의 외인外人구성원들에게도 – 자유로운 개인활동의 광범위한 공간을 부여하였다 하더라도, 국가로부터 그리고 국가를 상대로 한 이러한 자유의 법적 보장은 단지 미약하게만 나타난다. 로마에는 근대 헌법에 포함되어 있는 것과 같은 자유에 대한 특별한 헌법상 보호장치가 없었다. 원칙적으로 법적 보장은 전혀 없었다.[123] "로마 공동체는 대부분의 다른 공동체보다는 개인의 권리영역에 대한 자의적인 침해를 훨씬 더 자제하였는데, 그럼에도 불구하고 국가는 시민을 재량에 따라 다룬다는 생각을 고수하였다."[124] 개인과 국가의 관계에서 자유원칙은 권위원칙과 교차한다. 권위적인 로마국은 자유원칙을 자신을 위하여서도 요구하면서 시민에게 "자유"를 부여하는데, 그것을 부여하거나 회수하는 것은 로마국의 자유였다.[125]

---

123 로마국은 상소권의 경우에서와 같이 입법에 의해서 자유를 쉽게 제한하였을 것이다. 그러나 정무관에 의한 개입도, 법이 금하지 않는 한 가능하였을 것이다. 수에토니우스의 사료(Aug. 56. 전술한 178면 주 118)가 보여주는 것은, 가령 아우구스투스는 수용 권한이 있었고, 그것은 통치권에 내재된 권리라는 것이다. Biondi, *Romanità e Fascismo*, 38: "I Romani non ebbero l'istituto giuridico (espropriazione per pubblica utilità) ma il fatto; non si trattava cioè dell'applicazione di una legge, in verità mai esistita, ma piuttosto della esplicazione di quell'imperium dei magistrati, a cui tutto, anche i più fondamentali diritti dei singoli, erano sempre subordinati."(로마인들은 이 법제도(공익을 위한 수용)가 없었다. 그러나 실상인 즉, 실제로 전혀 존재하지 않는 법률의 적용이 아니라, 오히려 모든 것, 심지어 개인들의 가장 근본적인 권리들마저 항상 종속되었던 정무관들의 저 고권에 대한 해석이 문제되었던 것이다.) Mommsen, *StaatsR*. II, 447면 주 1은 사견(私見)으로는 잘못되었다. 종교예식의 자유에 대한 집정관의 개입으로, 예컨대 주신(酒神) 바쿠스 축제(바카날리아)의 추문 사건에 대하여 Mommsen, *Ges. Schriften* III 397 이하 참조.

124 Mommsen, *StaatsR*. III, 361.

125 고전기 이후의 이러한 시민적 자유의 점진적 소멸은 여기에서 다루지 않는다.

09 권위[1]

그는 자기의 권속들에 대하여 권위뿐만 아니라 명령권도 가지고 있었네.
노예들은 두려워했고, 자식들은 경외했으나, 모두 그를 귀하게 여겼네.
그의 집에서는 부조父祖의 관습과 기율이 살아있었네.
-키케로, 『노년론』 11.37.

켄트: 당신은 당신의 표정 속에 가지고 계십니다
저로 하여금 기꺼이 주인님이라 부르게끔 하는 것을.
리어: 그게 무엇인가?
켄트: 권위입니다.
-셰익스피어, 『리어왕』 I. 4.

I. 권위의 개념, 로마법의 원리

"권위(auctoritas)"란 한 사람이나 기관의 사회적 지위를 의미한다. "권위 원리"란 사회생활, 특히 법생활에 있어서 권위가 중시되도록 하는 원리를 말한다. 권위는 규범형성적 특성이 있다. 그것은 일정한 방향을 제시하고, 그것을 알고 있는 자들에게 어떤 것을 하거나, 하지 않게 만드는 힘을 가진다. 그리하여 권위는 교육적 · 지도적 기능이 있다.

---

1 이에 대하여 다음 문헌을 참조: Goethe, *Geschichte d. Farbenlehre*, 2. Abt., Kap. Autorität; Max Weber, *Wirtschaft u. Gesellschaft* (Grundriss d. Sozialökonomik III), 140면 이하, 170면, 600면, 609면, 681면, 753면 이하; Heinze, "Auctoritas", *Hermes* 60 (1925), 348 이하; Carl Schmitt, *Verfassungslehre* (1928), 75면 주 1; Biondi, *Romanità e Fascismo* (Annuario della R. Università di Catania 1928/9, 별쇄본), 특히 11면 이하; de Visscher, "La jurisprudence romaine et la notion de l'auctoritas", in *Les Sources de Droit* (*Recueil d'études en l'honneur de Gény*, 1934), I, 32; Fr. Fürst, *Die Bedeutung der auctoritas im privaten und im öffentlichen Leben der römischen Republik* (Marburg, phil. Diss., 1934). 또한 Wegehaupt, *Die Bedeutung und Anwendung von dignitas in den Schriften der republikanischen Zeit* (Breslau, Phil. Diss., 1932); M. Pohlenz, *Antikes Führertum* (1934), 곳곳에; Kornemann, *Staaten* (1934), 8면도 참조.

그 결과는 복종, 질서, 기율이다. 권위는 합리적 근거가 요구되지 않고, 있다 하더라도 많은 이들이 그것을 확인하고 이해할 수도 없다. "권위는 이성을 대신한다(stat pro ratione auctoritas)."[2] 법은 권위를 법과 법제도 속에 포함시킴으로써 권위의 규범형성력을 사용할 수 있다. 법은 권위를 조직·보호·촉진시킬 수 있고, 그것의 활동영역을 보장할 수 있다. 이러한 태도가 당연한 것은 아니지만, 앞서 보았듯이,[3] 개인의 자유를 부여하고 보호하는 데 그토록 너그러웠던 로마국에서도, 권위 원리를 인정하는 것을 결코 잊지 않았다. 그리고 실제로는 권위가 없다면 개인의 자유는 결국 불가능한 것이다.[4] 키케로의 글을 일별해보면,[5] 로마인의 삶 전반에서 권위가 작용하였던 많은 부분, 권위를 얻기 위한 노력과 사람들의 권위에 대한 승인을 알아내는 데 도움이 된다.[6] 그리하여 우리는 권위(auctoritas)와 기율(disciplina)이라는 단어를 로마인들의 정치 토론 주제에서 발견해낼 수 있다. "로마적 기율"은 종종 부조父祖의 관습(mos patrius) 또는 조종성규祖宗成規(mores maiorum)와 결부되었고,[7] 실제로 오랜 세월과 기간으로 그 가치를 인정받는 것들에 부여되었던 존경이 특히 권위의 중요한 예에 해당한다.

II. 로마 가내家內에서의 권위 원리

1. 본래적 특성

로마인의 가정을 지배하는 질서는 권위 원리에 의해 결정되었다. 가家구성원(처妻,

---

2 Goethe, 전게서: "우리는 어떤 것의 존재, 위엄, 힘을, 그것의 기원, 유래 및 가치를 명확하게 깨닫고 인식하지 않은 채 받아들인다." Cic. *Tusc*. 1.21.49: "Ut enim rationem Plato nullam afferat, ipsa auctoritate me frangeret (플라톤은 어떠한 근거를 제시하지 않더라도, 그 권위 자체로 나를 무너뜨립니다)." Seneca, *Ep*. 94.27: "Quid, quod etiam sine probationibus ipsa monentis auctoritas prodest? (입증이 없이도 이 시점에서 권고자의 권위가 이로운 이유가 무엇입니까?)"

3 전술한 161면 이하, 176면 이하.

4 Biondi, 18, 22.

5 Merguet, *Lexikon zu den Schriften Ciceros* 및 *Thes. Ling. Lat*.의 'auctoritas' 항목을 보라.

6 Heinze, 358: "로마인민의 전체 생활태도는 권위에 대한 감정에 침윤되었다."

7 Merguet, 'disciplina' 항목 참조.

자식, 노예)에 대한 가부장家父長(paterfamilias)의 자연적 권위는, 가家구성원들로부터의 공경(reverentia)을 요구하였고, 권위적 법관계, 실로 권위적 지배관계를 형성하였다. 권위적 지배관계의 본성은, 그 경계를 가능한 한 확장시키려 하고, 그러한 넓은 영역이 권위자의 재량에 맡겨지는 것과 재량행사에 대한 사법통제司法統制가 배제 또는 제한될 것을 요구한다. 로마법은 이러한 원리를 가차없이 엄격하게 실행하였다. 가내사家內事는 주권적 권한을 가진 가부家父에 의해 규율되었다. 가부家父는 가家구성원들의 사적 생활, 교육, 그리고 일체의 행동을 결정하였고, 딸을 시집보냈으며, 그의 재량에 따라 아들의 혼인에 대한 동의를 하거나 하지 않았다.[8] 가부家父의 기율권은 무제한적이었고 어떠한 징치懲治도 허용되었으며 심지어는 극형도 가능했다.[9] 가부家父는 또한 가산家産의 분배도 결정했다. 로마법은 로마적 명확성으로 이것을 정식화하였고, 그 결정은 다음과 같다: 가家구성원은 재산보유능력이 없고, 그들이 취득한 모든 것은 솔가권자率家權者에게 귀속되며, 솔가권자는 그것을 그의 재량하에 생전(inter vivos) 또는 사인死因(mortis causa) 처분할 수 있다. 솔가권자와 솔가권복속자 간에는 아무런 사법상私法上 관계가 없었고, 가家구성원은 가부家父를 상대로 청구할 수 없었으며, 부양청구권도, 딸의 혼인지참재산설정 청구권도 없었다. 다른 한편, 솔가권자는, 계약법상으로든 불법행위법상으로든 사법상私法上 어떠한 의무도 없었다.[10] 공형법公刑法이 솔가권자와 솔가권복속자 간의 상해 사건에 개입했던 것은 사실이지만, 원칙적으로 솔가권자가 가家구성원에게 가한

---

8 Bonfante, *Corso* I, 198; Kunkel, § 172, 2b; Buckland, 113.

9 Mommsen, *StrafR*. 16 이하; Siber, § 43; Kunkel, § 184; Bonfante, *Corso* I, 71면 이하; Buckland, 103. 생사여탈권(ius vitae necisque)은 사인(死因, mortis causa)으로 행사될 수 없다(동지: Hohl, *Hermes* 70 (1935), 350면 이하).

10 D.47.2.16, 17.pr. 및 이에 관하여 Mommsen, 전게서, 22; Beseler, II, 121.
【역주】 D.47.2.16 Paul. 7 ad Sab.
Ne cum filio familias pater furti agere possit, non iuris constitutio, sed natura rei impedimento est, quod non magis cum his, quos in potestate habemus, quam nobiscum ipsi agere possumus.
D.47.2.17.pr. Ulp. 39 ad Sab.
Servi et filii nostri furtum quidem nobis faciunt, ipsi autem furti non tenentur: neque enim qui potest in furem statuere, necesse habet adversus furem litigare: idcirco nec actio ei a veteribus prodita est.

상해는 그의 기율권 안에 있었고 따라서 처벌할 수 없었다. 기원전 2세기말 무렵, 어떤 가부家父가 살인죄로 소추되었고, 자신이 지방으로 추방한 아들을 노예를 시켜 살해한 것에 대하여 유죄판결을 받았을 때, 이는 당시의 연대기 작가들에게 이목을 끄는 사건이었고, 기록할 가치 있는 것으로 보였다.[11] 그 외의 경우, 정무관들은 그들의 징치권(coercitio)에 기하여 가부家父가 기율권을 남용한 경우에 개입할 수 있었지만, 정무관들이 이 권한을 넓게 행사했던 것 같지는 않다.[12]

2. 이후의 약화

역사적 발전은 점차 가家구성원 관계에서의 권위적 특성을 약화시켰다. 아내는 남편의 가내기율권(domestica disciplina)으로부터 일찍이 벗어났다.[13] 자유혼이 점차 늘어나면서 아내는 법적인 의미에서 가家구성원에 속하지 않게 되었다. 그러나 자식과 노예에 대하여는 그러한 가부家父의 권위적 지위가 공화정기 동안 거의 그대로 유지되었다. 다만 딸의 경우 본인의 동의 없는 결혼은 사라졌고,[14] 공화정 말기 무렵 배륜유언의 소背倫遺言의 訴(querela inofficiosi testamenti)가 확립되었다. 인도주의 원리[15]와 그리스 법관념의 영향하에 있던 제정기에 와서야, 추가적인 약화가 나타난다. 기율권의 남용에 대하여 당국에 제소하는 것이 고전기에 이미 가능했고, 비록 비상심리절차이기는 했으나[16] 당국은 사건을 사법처리하였다. 또한 고전기에 자식에 대한 가부家父의 부양의무가 황제의 칙답에 기하여 비상심리절차상 강제될 수 있었다.[17] 고전기 이후에는 딸의 혼인지참재산설정

---

11 Mommsen, 전게서, 25.

12 전게서, 24 주 1.

13 전게서, 18 이하.

14 Bonfante, *Corso* I, 198; Volterra, *Sul consenso della filiafamilias agli sponsali* (1929). 이견(異見): Solazzi, "Dispute Romanistiche", *Studi Albertoni* I, 41 이하.

15 상세는 후술할 216면 이하.

16 후술할 216면 참조.

17 D.25.3.5.1; Bonfante, *Corso* I, 279 이하; Kunkel, § 184, 6; Buckland, 658; Jolowicz, 401.
【역주】 D.25.3.5.1 Ulp. 2 de off. cons.
Sed utrum eos tantum liberos qui sunt in potestate cogatur quis exhibere, an vero etiam emancipatos vel

청구가 소구訴求 가능하게 되었고,[18] 마침내 솔가권하의 가자家子도 재산을 보유할 수 있게 되었는데, 이로써 솔가권자와 솔가권복속자 간의 사법상私法上 새로운 법률관계가 인정되었다.[19] 이러한 발전은 여기서 상술되지는 않을 것이지만, 다만 한 가지 사실은 언급되어야 한다. 초기부터 가부家父의 권위는 2차적 권위[20]에 의하여 견제되었는데, 그러나 그것은 법적으로는 가부家父에게 조언 기능만을 수행하였다. 로마인들의 생활에서 중요한 문제에 대한 결정은 신뢰할 수 있는 친우親友로부터 의견을 들은 후에만[21] 내려졌으므로, 가부家父는 중대사의 경우 일종의 친족자문회에 문의한 후에만 가내기율권을 행사하였는데, 자문회 구성은 가부家父 자신이 정하였고, 그는 가족과 친한 사람이나 저명인사도 청빙할 수 있었다.[22] 그러한 사람들의 의견과 친족자문회의 결정은 법적으로는 가부家父를 구속하지 않았다. 가부家父의 결정에 영향을 주는 정도는, 자문회와 그 구성원의 권위의 크기에 달려 있었다.

III. 로마국 및 정무관과 국가구성원 간의 관계에서의 권위 원리

1. 명망가들에 의한 행정

로마국의 국가구성원과 정무관 간의 관계도 동일한 원리에 의하여 형성되었다.[23]

---

ex alia causa sui iuris constitutos, videndum est. et magis puto, etiamsi non sunt liberi in potestate, alendos a parentibus et vice mutua alere parentes debere.

18 Siber, 303; Kunkel, § 180; Buckland, 107.

19 Kunkel, § 185.

20 Mommsen, *StaatsR*. III, 1034면 주 1.

21 심지어 라오콘 군상(Laocoon group)을 만든 예술가들도 그것을 실행하기 전에 친구들의 자문회(consilium)에 그들의 계획을 제출하였다: Plin. *Hist. nat*. 36.5.37; 그리고 이에 관하여 Mommsen, *Ges. Schr*. V, 511 이하. 또한 Stroux, *Philologus* 89 (1934), 130면도 참조.

22 Mommsen, *StaatsR*. 307 이하, *StrafR*. 25 이하; Volkmann, 107 이하.

23 Wenger, "Hausgewalt u. Staatsgewalt", *Miscellanea Fr. Ehrle* I, 40 이하. 국가행정에서의 "권위"에 관한 흥미로운 정보로는 H. Savelkouls, *Das engl. Kabinettssystem* (1934)을 보라. 또한 H. O. Ziegler, *Autoritärer oder totaler Staat* (1932); H. Gerber, *Freiheit u. Bindung in der Staatsgewalt* (1932)도 참조.

신분투쟁이 끝난 후 하층 시민을 제외한 모든 로마 성인 남자 시민들은 이론상으로는 모든 정무관직의 피선거권이 있었다.[24] 그러나 실제로 공화정기와 원수정기의 국가행정은 전형적인 "명망가名望家에 의한 행정(Honoratiorenverwaltung)"[25]이었다. 오직 "명망 있는" 사람만이 정무관이 되었고,[26] 마치 로마 사병이 장군의 지휘봉을 그의 군장에 넣고 다닐 수 없는 것과 마찬가지로,[27] 정무관직은 실제로는 평범한 로마 시민들에게는 열려 있지 않았다. 원로원의원 신분이나 기사계층 구성원, 즉 적어도 재산에 있어서 '저명한' 사람들만이 사실상 정무관직의 후보자격을 갖추었다. 최고위직인 집정관이나 독재관의 경우에는 더 많은 것이 요구되었다. 이러한 관직의 경우에는 조상 중에 국가요직, 가능하면 집정관이나 독재관을 역임했던 자가 오르는 것이 바람직하게 여겨졌다.[28] 신참자(homines novi), 즉 기사계층에서 처음 관직에 오른 자는[29] 일반적으로 법정관직(praetor) 이상 오르기 어려웠다.[30] 특별한 방식으로 명성을 떨친 경우에만 집정관에 오르는 길이 열렸다. 키케로는 한 세대만에 집정관이 된 최초의 신참자임을 자랑스러워했다.[31] 새롭게 시민권을 얻은 자에 대한 관례화된 유보는 특히 엄격하였다.[32] 원수정기에는 아우구

---

24 상세는 Mommsen, I, 468 이하를 보라.

25 그 용어는 Max Weber, 전게서, 170, 609, 681에서 사용되었다.

26 Polyb. 6.14.9: τὰς ἀρχὰς ὁ δῆμος δίδωσι τοῖς ἀξίοις (고위직을 인민은 명망가들에게 준다).

27 백인대장(centurio)이 일반사병이 오를 수 있었던 최고 계급이었다: Marquardt, *Röm. Staatsverwaltung* II (제2판 ed. by Dessau and Domaszewski 1884), 543면 이하.

28 이것에 대한 증거는 M. Gelzer, *Die Nobilität der röm. Republik* (1912), 1면 이하, 42면; Josef Vogt, *Homo novus, ein Typus der röm. Republik* (1926)을 보라.

29 이것이 'homo novus' 용어의 의미이다: Gelzer, 27; Josef Vogt, 전게서.

30 Gelzer, 전게서.

31 Cic. *De lege agraria*, 2.1.3 이하: "me perlongo intervallo prope memoriae temporumque nostrorum primum hominem novum consulem fecistis et eum locum, quem nobilitas praesidiis firmatum atque omni ratione obvallatum tenebat, me duce rescidistis. ..." 여기에서 언급된 "nobilitas"는 전직 독재관 및 집정관, 그리고 그들의 후손을 포함한다. Gelzer, 22 이하, 42.

32 카스텔베키오 수베쿠오(Castelvecchio Subequo)에 있는 석문(石文)(Dessau, 932)은 다음과 같다(Q. Varius Geminus와 관련됨): "primus omnium Paelignorum senator factus est (그는 모든 파일리그니인들 중에서 최초로 원로원의원이 되었다)" (아우구스투스 치세; *Prosopographia Romana* III, 386, 192 참조). 폼페이우스가 시민권을 부여하였던 가데스(Gades)의 코르넬리우스 발부스(Cornelius Balbus)와 관련하여 키케로는 "심지어 발부스도 원로원으로 온다고 생각한단 말인가? (Etiamne Balbus in senatum venire

스투스 이래로 원로원의원 신분만이 공화정의 구舊관직의 자격이 있었지만, 반면 제정기에 신설된 관직에는 원로원의원 신분과 기사계층 신분이 임명될 수 있었다.[33] 디오클레티아누스[재위: 284-305]에 와서야, 로마는 최종적으로 그 귀족주의적 · 금권정치적 성격을 벗게 되었다.[34]

로마의 관직자들은 관직에 오르기 전에 이미 사회적 지위를 점하고 있었고, 관직은 그들의 권위를 고양시켜주었으며, 모든 관직제도는 그것을 이용하고 보존하기 위하여 만들어진 것이었다.

2. 민회와의 관계에서 정무관의 지위

먼저 민회와의 관계에서 정무관의 지위에 대하여 살펴보자.

비공식 집회(contio)에서 시민들은 민회를 소집한 정무관의 보고를 들었다. 비공식집회는 의회가 아니었다. 소집한 정무관과 정무관의 재량으로 발언을 요청받은 자 이외에는 누구도 발언하지 않았다. 시민은 발언권이 없었던 것이다.[35] 민회(comitia)에서는 투표가 이루어졌는데, "연설"은 전적으로 배제되었고, 민회는 발의권이나 수정권도 가지지 못했다. 시민들은 단지 주재 정무관이 제안한 법안에 대하여, 민회 형사절차에서 정무관이 제안한 판결에 대하여, 또는 선출 민회에서 정무관이 제출한 후보자 명단에 대하여 투표만 해야 했다.[36] 게다가 안건 상정 자체가 전적으로 정무관의 재량 내에 있었다. 이는 선출 민회에서조차 적용되었다. 만약 2인의 집정관 중 1인이 취임 전후에 궐위된 경우, 보궐선거를 할 것인지 아니면 동료 없이(sine collega) 통치할 것인지는 남아있는 집정관의 재량에 달려 있었다.[37] 선거를 담당한 정무관은 후보자 명단을 작성함에 있어

---

cogitet?)"라고 하며 불평하고(*Ad Att*. 10.11.4), 플리니우스는 다음과 같이 언급한다(*Hist. nat*. 7.44.136): "Fuit et Balbus Cornelius maior consul ... primus externorum atque etiam in Oceano genitorum usus illo honore." Münzer, *RE* 4, 1267면 참조.

33 Mommsen, *StaatsR*. I, 498; II, 933 이하.

34 E. Stein, *Geschichte d. spätrömischen Reichs* I, 101.

35 Mommsen, I, 198 이하, 201.

36 Mommsen, I, 199, 304, 369 이하.

서 완전한 자유재량권을 가지고 있었다. 누구도 후보자명단에 포함될 권리를 가지지 못하였는데, 그렇지만 공화정 후기에는 정무관이 이 권한을 행사하지 않았고, 신청자의 신청에 의하여 모든 유자격 시민들을 명단에 올렸다.[38] 투표가 진행되는 동안 주재 정무관은 그의 재량으로 언제든지 절차를 중지시킬 수 있었는데, 특히 투표결과가 바람직하지 않게 나올 것이라고 그가 생각했던 경우 그러하였다.[39] 심지어 투표가 종료된 후에도 정무관은 그 결과를 받아들이거나 또는 받아들이지 않을 수 있는데, 왜냐하면 투표결과를 공표(renuntiatio)할지 아니면 거부할지도 그의 재량하에 있었기 때문이다.[40] 민회 의결은 이와 같이 쌍방적 행위였고, 사실상 시민들과 정무관 간의 합의였던 것이다.[41] 이것은 키케로가 그의 유명한 연설 『플락쿠스 변호연설(*Pro Flacco*)』(기원전 59년)에서[42] 그리스 민주정에서의 인민투표와 대조하여 표현한, "자랑스러운 선조들의 기율이자 관습"이었던 것이다. 비록 연설의 이 부분이 속주수탈로 소추된 지사知事를 변호하고 원고측의 그리스인 증인의 신빙성을 비열한 방법으로 떨어뜨리기 위한 시도라는 점에서 일정한 편견에 빠진 것이기는 하나, 그러한 대조 자체는 정당한 것이다. 한편으로 그리스 민회가 극장에 앉아[43] 그들의 주권을 행사하고 언쟁을 즐기며 감정에 휩쓸려 경솔한 결정을 내리는 곳이었다면,[44] 로마 민회는 – 결코 형식적이지만은 않은 – 정무관 주재하에 조용히 앉아서 투표를 하고 어떠한 토론도 행해지지 않는 곳이었다.[45] 자신이 선출한 정무

---

37 전게서, I, 29; II, 81.

38 전게서, I, 472.

39 전게서, III, 415.

40 전게서, I, 472; III, 415.

41 전게서, III, 303 이하. 그러나 시민들 간의 쌍무적인 계약은 결코 아니다(Jhering, I, 216; 이에 관하여 Brunner, *Deutsche Rechtsgeschichte* I, 419 참조); 이 점에 관한 한 Pernice, *SZ* 22, 66은 타당하다.

42 7.15 및 16.

43 Busolt, *Griech. Staatskunde* I (1910, 제3판), 448면 참조.

44 Jacob Burckhardt, *Griech. Kulturgeschichte* I, 240, 244 이하, 273 이하 참조. Max Weber, 전게서, 600도 참조. 아테네인들의 기율 없음에 관하여는: Polyb. 6.44.

45 Cic. 전게서: "O morem praeclarum disciplinamque, quam a maioribus accepimus ... nullam enim illi nostri, sapientissimi et sanctissimi viri, vim contionis esse voluerunt; quae scisceret plebes aut quae populus iuberet, submota contione, distributis partibus, tributim et centuriatim discriptis ordinibus,

관의 권위를 인정하는 로마민회의 기율은 또한 그리스 민주정에서 나타났던 폭정적인 다수결 원칙으로부터 로마시민을 지켜냈다. 로마의 기율이 로마의 자율의 핵심이라는 사실이 여기에서 가장 잘 나타나는 것으로 보인다.[46]

3. 국가에 대한 개인의 지위

(a) 일반

국가에 대한 국민 개개인의 지위는, 앞 장의 말미에서 보았던 것처럼,[47] 법에 의하여 그다지 확고하게 보장되지 못하였다. 정무관의 관할권이 그 내용이나 범위에 있어서 제한적이기는 하였으나, 그 관할권 안에서는 – 상대적으로 적은 수의 제한적 법률로 인해 – 정무관의 전적으로 넓은 재량영역에 남겨졌다. 호구총감(censor)만이 그에게 부여된 자유로운 사정査定 권한으로부터 그 관직명[censere: 평가하다, 호구조사, 국세조사, 풍기감찰]을 얻기는 하였지만[48](호구총감은 고유 재량으로 개인에게 부과될 세액을 확정하고, 공마公馬(equus publicus)를 할당하거나 공마보유자로부터 회수하고, 비난받을 만한 시민을 하층 부민部民(tribus)으로 강등시키거나, 원로원으로부터 제명시킬 수 있었다), 다른 정무관의 경우에도 크게 다르지 않았다. 로마시에서 민회, 원로원, 그리고 개입권을 가진 정무관 간의 밀접한 관계가 당연히 상호억지로 작용하였으나,[49] 로마시 밖에서와 특히 속주나 지방에서 정무관은 과도하게 광범한 권한을 행사하였다.

---

classibus, aetatibus, auditis auctoribus, re multos dies promulgata et cognita, iuberi vetarique voluerunt. Graecorum autem totae res publicae sedentis contionis temeritate administrantur ... cum in theatro imperiti homines rerum omnium rudes ignarique consederant, tum bella inutilia suscipiebant, tum seditiosos homines rei publicae praeficiebant, tum optime meritos civis e civitate eiciebant."

46 Biondi, 전게서, 18 및 22.

47 전술한 179면.

48 Mommsen, *StaatsR*. II, 331.

49 Cic. *In Verr*. II 5.55.143; *Ad Quintum fratrem* I, 1.7.22.

(b) 로마 형법의 권위적 성격

로마 형법에 관하여는, 권위 원리의 영향으로 인해 “법률 없으면 범죄 없고, 법률 없으면 형벌 없다(nullum crimen sine lege, nulla poena sine lege)”는 죄형법정주의 원칙은 전혀 알려져 있지 않았고 그렇게 유지되었다.[50] 마치 가내기율(domestica disciplina)이 가부장家父長(paterfamilias)의 수중에 있었던 것처럼, 공적 기율(publica disciplina)은 임페리움(벌령권罰令權) 보유자의 수중에 있었고, 또한 호구총감, 안찰관, 호민관의 수중에 있었다. 가부家父처럼 정무관은 징치懲治를 가함에 있어서 완전한 재량권을 보유하였다. 제정법상 제한들이, 특히 민회에의 상소(provocatio ad populum)에 관한 입법에 의하여[51] 초기에 징치권(coercitio)에 부과되었던 것은 사실이지만, 사실상 징치의 전권은, 법에 의해서는 아니었지만, 벌령권을 보유한 정무관과 호민관에게만 국한되었다.[52] 그러나 이러한 제한 내에서 정무관은, 가부家父가 가家구성원에 대하여 행사했던 것과 동일한 방식으로 고유의 재량권을 행사하였다. 그는 처벌받아 마땅한 자를 정했고, 처벌의 종류와 형량도 결정하였다.[53] 제정기에 정무관의 징치권은 원로원의결과 칙법에 의하여 축소되었으나, 여전히 충분히 광범위하게 유지되었다. 공화정기의 징치권의 막대함을 느껴보기 원하는 자는, 키케로의 『베레스 소추연설(*In Verrem*)』 제5권을 읽어보라. 다만 독자가 잊기 쉬운 부분을 상기시키자면, 베레스는 그곳에서 보고되고 있는 외인들과 로마시민들의 처형을 이유로 상설사문회(quaestiones perpetuae)[54]로 소추되지도 않았고 될 수도 없었다는 점과 이러한 사법司法살인의 극적인 전체 설명은 단지 배심원들에게 공감을 불러일으키기

---

50 Pernice, *Labeo* II/1 (제2판), 18면; Beseler, *Jur. Miniaturen*, 46. Schottländer, “Die geschichtl. Entwicklung des Satzes nulla poena sine lege”, *Strafrechtl. Abhandlungen*, ed. by Schoetensack (1911), 132; Gerland in Nipperdey, *Grundrechte u. Grundpflichten der Reichsverfassung* I, 379 이하. 또한 Liszt-Schmidt, *Lehrbuch d. deutschen StrafR.* I (1932) § 18; Siber, *Analogie* (1936), 24면 이하.

51 Mommsen, *StrafR*. 35 이하; Lengle, 7 이하; Biondi, 17은 “quali limiti ha l’imperium?”(임페리움은 어떤 한계를 갖는가?)이라는 질문에 대하여 “La riposta romana è precisa: nessuno.”(로마의 답은 명확하다: 어떤 한계도 없다)라고 대답하였는데, 이는 과장한 것이다.

52 Mommsen, 전게서, 39.

53 Pernice, 전게서, 15면 이하; Mommsen, 38면 이하.

54 이에 관하여 Mommsen, 전게서, 79면 주 1 및 146면; Lengle, 11면.

위하여만 의도되었다는 점인데, 이는 당해 사건의 법정연설가가 속주수탈사건의 소추자였기 때문이다. 원수정기 정무관의 징치권에 관해서는 하드리아누스에 의하여 명시적으로 승인된, 히스파니아 도백道伯의 절차를 참조하는 것으로 충분할 것이다.[55]

『모세법과 로마법 대조집』[56] 1.11. 울피아누스, 『원임집정관 직무론』 제7권 살인범 및 독살범에 관한 장. 어떤 자가 경솔함으로 인하여 [타인의] 사망의 원인을 야기시켰던 사안에서 가해자를 5년간 추방형에 처했던 바이티카Baetica 원임집정관 에그나티우스 타우리누스Egnatius Taurinus의 처분이 신황神皇 하드리아누스에 의하여 재가되었다. 1. 질의문과 칙답문은 다음과 같다. "친애하는 황제 폐하, 클라우디우스Claudius와 에바리스투스Evaristus 사이에, 루푸스Lupus의 자子인 클라우디우스가 향연에서 외투로 헹가래를 당하는 과정에서 마리우스 에바리스투스의 과실로 잘못 받아져서 5일째 되는 날에 사망하였음을 확인하였습니다. 또한 그에게는 에바리스투스와의 아무런 원한관계도 없었음이 밝혀졌습니다. 그럼에도 불구하고 다른 동년배의 젊은이들을 교정하기 위해서 장난의 과실을 처벌해야만 한다고 믿었습니다. 그래서 마리우스 에바리스투스를 로마시와 이탈리아 및 바이티카 지방으로부터 5년간 추방시켰고, 에바리스투스가 비용 상환조로 2,000 세스테르티우스를 (사망한) 젊은이의 아버지에게 지급하도록 명하였습니다. 왜냐하면 이 자의 가난이 확실했기 때문입니다. 칙답을 바랍니다." 3. 칙답: "타우리누스Taurinus여, 마리우스 에바리스투스의 처벌은 옳게 과실의 정도에 따라서 정하였습니다. 즉, 중한 범죄에 있어서도 범죄가 고의로 범해졌는지 아니면 우연에 의한 것인지가 중요하기 때문입니다."[57]

---

55 이에 관하여 Beseler, *Jur. Miniaturen*, 45면 이하.

56 **【역주】** Mosaicarum et Romanarum legum collatio (Coll.) 390년부터 428년 사이 집필 추정(저자 미상). 로마의 일부 규범(주로 형법)을 모세의 율법과 비교하였다.

57 [원문] Coll.1.11.1-3 Ulpianus libro 7, de officio proconsulis sub titulo de sicariis et veneficis.
1. Cum quidam per lasciviam causam mortis praebuisset, comprobatum est factum Taurini Egnatii proconsulis Baeticae a divo Hadriano, quod eum in quinquemmium relegasset. 2. Verba consultatonis et rescripti ita se habent: "Inter Claudium, optime imperator, et Euaristum cognovi, quod Claudius Lupi filius in convivio, dum sago iactatur, culpa Marii Euaristi ita male acceptus fuerit, ut post diem quintum moreretur. Atque apparebat nullam inimicitiam cum Euaristo ei fuisse. Sed cupiditatis culpam coercendam credidi, ut cetrei eiusdem aetatis iuvenes emendarentur. Ideoque Mario Euaristo urbe, Italia, provincia Baetica in quinquennium interdixi et decrevi, ut impendii causa HS duo milia patri invenis persolveret Euaristus, quod manifestat eius fuerat paupertas. Velis rescribere." 3. Verba rescripi: "Poenam Marii Euaristi recte, Taurine, moderatus es ad modum culpae: refert enim et in maioribus delictis,

클라우디우스가 군인 외투(sagum)로 헹가래[58] 당하는 놀이를 하다가, 그의 동료들이 마리우스 에바리스투스의 서투름으로 인해 그가 떨어질 때 그를 잡지 못하였고, 그로 인한 부상의 결과 클라우디우스가 사망하였다. 처벌을 위한 제정법적 근거도 없었고, 살인범에 관한(de sicariis) [코르넬리우스]법상의 사문회(quaestio)에서의 처벌은 가해자측의 고의가 있었던 경우에만 명할 수 있었다. 도백은 그의 징치권의 재량하에서 마리우스에게 5년간의 추방형을 선고함으로써 처벌하였고, 사망한 피해자의 아버지가 가난했으므로(!), 자식의 사망의 결과 아버지가 지출한 비용의 배상도 부과하였다.[59]

그러나 정무관의 형사절차에서만 재량으로 형벌이 부과된 것은 아니었다. 민회에의 상소로, 민회의 형사절차가 개시된 경우에도, 정무관과 민회도 재량으로 결정을 내렸고, 유죄판정과 형벌부과에 있어서 어떠한 법규칙상으로도 구속되지 않았다.[60] 동일한 것이 원수정기의 집정관-원로원 형사절차[61]와 황제의 형사법정에도 적용된다.[62] 오직 상설사문회만이 범죄구성요건과 처벌에 관한 제정법에 구속되었다. 그러나 상설사문회와 나란히 다른 소송절차, 특히 정무관-민회재판절차도 항상 허용되었고,[63] 그리하여 심지어 상설사문회도 죄형법정주의 원칙을 로마형법에 도입하지 않았다. 1852년에 몸젠

---

consulto aliquid admittatur an casu."

【역주】 번역은 최병조, "로마시대의 법률이해와 법률해석", 로마법연구(I), 76면 이하를 기초로 용어를 일부 수정하였다.

58 Hans Schulz, "Prellen", in (Kluge's) *Zeitschr. f. deutsche Wortforschung* 9 (1907), 102 이하; Beseler, 전게서.

59 BGU 1024, 21면, 11행 이하: 도백은 살해당한 매춘부의 모(母)에게 살해범의 전재산의 1/10을 귀속시켰는데, 왜냐하면 딸의 사망으로 그녀가 부양을 받지 못하게 되었기 때문이다. 이에 관하여: Wenger, *Arch. f. Kriminalanthropol.* 16 (1904), 317면 이하, 323면; Brassloff, *Z. f. vergl. Rechtswissensch.* 25, 378 이하, 383.

60 Mommsen, *StrafR.* 171 이하. 그러나 사형판결은 백인회민회(comitia centuriata)에서만 선고될 수 있었다. Mommsen, 168.

61 Mommsen, *StrafR.* 254.

62 전게서, 262.

63 Mommsen, 174. 키케로는 (*In Verr.* II 5.67.173에서) 베레스가 속주수탈재산반환 사문회절차에서 무죄방면되는 경우에, 자신이 안찰관의 권한으로 민회 형사절차를 개시할 것이라고 위협한다. 이에 관하여 Mommsen, *StaatsR.* II 492.

이 (그의 청년기에) "완전히 나쁘고 부분적으로는 진짜 비열한 로마 형법(ganz schlechten und zum Teil wirklich niederträchtigen römischen Kriminalrecht)"이라고 말했을 때,[64] 이러한 의견은 연설가 몸젠 자신의 자유주의적 성향과 동시에 로마형법의 권위적 성질을 드러내는 것이었다. 자유주의는 형사법에서도 대헌장(Magna Carta)을 추구하는데, 이는 국가와 관리들의 자의적인 형벌에 대한 개인의 자유 보호, 따라서 가능한 한 엄격하게 형법적 구성요건을 법으로 규정하고, 형벌 또는 적어도 형벌의 종류와 범위를 법률로 규정하며 가능한 한 법관의 재량에 대한 강력한 억제를 법으로 규정하는 것, 요컨대 "법률 없으면 범죄 없고, 법률 없으면 형벌 없다(nullum crimen sine lege, nulla poena sine lege)"는 원칙의 강력한 관철인 것이다.[65] 로마형법은 이러한 관점에 대하여 전혀 알지 못했고, – 민회에의 상소권은 별론으로 하면 – 자유의 보호가 아니라 공정하고 효율적인, 개별 사건의 특수한 사정들이 고려된 처벌을 추구하였다.[66] 그리고 이것을 위해서는 광범하고 무제한의 재량권이 필요한 것이다. 이러한 것들이 권위를 가진 재판관, 오직 그에게만 부여되어야만 했다.

(c) 개인의 국가에 대한 재산법상의 관계

재산법상 문제에 있어서 국가와 사인私人의 법률관계도 권위 원리에 의하여 규율되었다. 원칙적으로 사법私法과 민사절차는 이 원리가 적용될 수 없었고, 국가의 권위는 이 법률관계를 공법(ius publicum)의 영역에서 포착하였다.[67] 이것은 사인私人의 국고國庫

---

64 *Ges. Schr.* III, 595.

65 Liszt, *Strafr. Aufsätze u. Vorträge* II (1905), 80면: "사견(私見)으로는, 역설적으로 들리지만, 형법전은 범죄자의 대헌장(Magna Carta)이다. … '법률 없으면 범죄 없다(nullum crimen sine lege)'와 '법률 없으면 형벌 없다(nulla poena sine lege)' 두 가지 원칙은 국가의 전능함에 대한 시민의 보루이다." 이에 관하여: Dannenberg, *Liberalismus und Strafrecht im 19. Jahrhundert* (1925) 및 반(反)자유주의적 견지에서의 Biondi, 17: "La nostra mentalità giuridica, che per atavismo vede nell'autorità il nemico, pone sempre ansiosamente la stessa domanda: quali limiti ha l'imperium?"(격세유전을 통하여 권위에서 적을 보는 우리의 법적 사고방식은 항상 우려하면서 같은 질문을 던진다: 임페리움은 어떤 한계를 갖는가?)

66 Beseler, 47.

67 "공법(公法)은 로마의 국가적 사안에 관한 법이다(publicum ius est, quod ad statum rei Romanae spectat)"라

(aerarium)에 대한 법률관계에서 가장 명확하게 나타난다. 이 경우 실체법은 사법私法이 아니었고,[68] 사법적으로 볼 때 완전히 생소한 법제도들을 포함하고 있다.[69] 정규의 재판절차도 배제되었다. 불만이 있는 사인私人은 사건을 재조사하기 위하여 국고 대리인에게만 탄원할 수 있고, 그러면 국고 대리인은 자유재량에 따라 결정하였다. 로마국의 권위는, 그것이 정규의 민사법원이든 행정법원이든, 국가가 독립된 법원의 재판에 따르는 절차를 용납할 수 없었다.[70] 황제의 재고財庫(fiscus = 황고)에 관한 한,[71] 이는 원래는 사법私法과 민사절차에 따랐지만[72] 클라우디우스[재위: 41-54] 이후로는 달라졌다. 황고(fiscus) 관련 사건도 역시 이후에는 정규 법원으로부터 배제되고 비상심리절차가 적용되었다. 지방에서는 황고 대리인이 - 국고(aerarium) 사건에서의 호구총감과 마찬가지로 - 황고 사건을 결정하였다.[73] 황고에 관한 실체법은 국고(aerarium)에 관한 법과 일치하지는 않았으나, 그럼에도 불구하고 일반 사법私法과도 완전히 동일하지는 않았다.[74]

(d) 민사절차에서의 권위

민사절차는 관할권을 가진 정무관, 특히 법정관의 권위에 의해 지배되었다. 준수의무가 있다고 그 자신이 선서한[75] 법률(leges)이 있는 것은 사실이지만, 그 수도 너무 적었고

는 명제(D.1.1.1.2)는 매우 진지하게 적용되었다.

68 Mommsen, *StaatsR*. I, 169 이하, 234 이하; Heyrovsky, *Über die rechtl. Grundlage der leges contractus bei Rechtsgeschäften zwischen dem römischen Staat und Privaten* (1881), 14면 이하; Pernice, *SZ* 5, 1면 이하.

69 가령 국고담보토지의 경락(praediatura); 이에 관하여 Mommsen, *Ges. Schr*. I, 357 이하; III, 141; Viard, *Le Praes* (thèse Dijon, 1907); Schulz, *SZ* 28, 470; Sethe-Partsch, *Demot. Urkunden zum ägypt. Bürgschaftsrecht* (Abhandl. d. säch. Akad. d. Wissenschaften, phil.-hist. Klasse 32, 1920), 659면 이하.

70 Mommsen, *StaatsR*. I, 172 이하; II, 461 이하; Mitteis, *RP* I, 348; Wenger, *Institutionen des römischen ZivilprozessR*. 17(문헌과 함께).

71 이것에 관하여 Mitteis, 전게서, 349 이하.

72 Mitteis, 364. 황제의 재고(財庫, fiscus = 皇庫)는 원래는 황제(princeps)의 사유재산으로 여겨졌다: Longo, *Arch. giur*. 47, 109. Mitteis, 352 주 7에서는 전거가 없다고 하는데, 이것은 클라우디우스 **이전의** 법상태를 보여주는 텍스트에서 찾아야 한다.

73 Mitteis, 364.

74 Mitteis, 전게서, 365.

제한적으로 해석되었기 때문에, 정무관의 재량은 극도로 넓었다. 재량에 따라 정무관은 소권과 항변을 부여하거나 거부하였고, 방어(defensio)와 담보제공을 강제하였으며, 원상회복(restitutio in integrum) 등을 부여하거나 거부하였다. '권리보호청구'라는 관념은, 다른 모든 것을 도외시한다면, 전적으로 비로마적인 것이다. 사인私人측에서 정무관을 상대로 직무행위의 실행을 청구하는 것은 로마인들에게 상상조차 할 수 없었다.[76]

Ⅳ. 정무관의 책임

정무관 권위에 대한 존중은 그 책임이 문제되는 경우에 명백히 드러난다. 관직자는 국가에 대하여는 재정사무에 관한 보고의무가 있었으며, 사인私人에 대하여는 사私형법을 포함한 일반 사법私法의 법규에 따른 책임이 있었다. 그 외의 경우에 그는 공公형법의 적용을 받았다.[77] 그런데 "동등하거나 더 큰 직권(par maiorve potestas)"이라는 규율하에 재임중인 정무관의 책임이 추궁될 수는 있었으나, 실제로 이것은 일반적으로는 그의 임기가 만료될 때까지 연기되었다.[78] 결국 형사소추로부터의 배제가 법으로도 선언되기에 이르렀다.[79]

Ⅴ. 권력분립이 없음

마지막으로 권력분립의 원칙이 준수되지 않았다는 것은 권위 원리에도 부합한다. 민회(comitia)와 제정기 원로원 모두에서 입법과 (형사) 사법司法이 결합되어 있었다. 원수(princeps)는 민·형사 사법기능을 법창조와 통합시켰다. 행정과 사법司法은 분리되지 않

---

75 Mommsen, *StaatsR*. I, 620. 전술한 18면 참조.

76 법정관(praetor)의 권위는 심판인(iudex)에게도 있었다. Gai.3.224: "... et iudex, qui possit vel minoris damnare, plerumque tamen propter ipsius praetoris auctoritatem non audet minuere condemnationem. (또 심판인은 심지어 감액하여 유책결정할 수 있는 자이지만 무릇 그럼에도 불구하고 법정관의 권위 때문에 유책판결액을 감히 감액하지 못한다)."

77 Mommsen, *StaatsR*. I, 698 이하.

78 Mommsen, 707.

79 Mommsen, 708.

았는데, 모든 관할권 있는 사법司法정무관들과 제정기 원로원은 행정을 담당하였기 때문이다. 행정과 입법이 민회, 제정기 원로원, 그리고 황제의 수중에 통합되어 있었다.

VI. 정무관의 자문회, 특히 원로원

가내기율권(domestica disciplina)은, 우리가 살펴보았듯이,[80] 중대한 사안의 경우 자문회(consilium)의 관여 없이는 행사될 수 없었다. 이 원리는 정무관의 경우에도 적용된다.[81] 법적으로 정무관은 자문회의 구성 및 소집 여부에 있어서 자유로웠던 것은 사실이지만, 관습은 정무관이 어떠한 결정을 내리기 전에 공정한 고문顧問들에게 자문할 것을 준엄하게 요구하였다.[82]

원로원의 권위: 의사진행방해권

국정운영에 있어서 국가가 조직한 상설 고문회(consilium)가 있었는데, 그것이 바로 원로원이었다.[83] 그러나 오랜 기간 동안 국사國事에 관한 내부정보를 가지고 있었고 또한 현직 정무관들보다 통상적으로 기록[國史]에 관하여 훨씬 더 정통했던, 이러한 전직 정무관들(이들이 원로원의 핵심을 구성하였음)의 집합체가 누려왔던 엄청난 권위는, 원로원을 통상의 자문회보다 더 높은 수준으로, 사실상 의회의 지위까지 제고시켰다.[84] 정무관의 권위는, 원로원의 경우에도, 재량에 따라 그 권고를 따르거나 거부할 권리를 정무관에게 부여하였으나,[85] 다른 한편으로 원로원의 권위는, 정무관으로 하여금 원로원의원들에게 그들이 요청하면 발언하는 것을 허가하도록 하는 것과 원로원의원이 현안과는 무관한 발언

---

80 전술한 185면 참조.

81 Mommsen, 307 이하. 황제의 고문회(consilium)에 관하여: Mommsen, II, 988 이하.

82 Cic. *In Verr*. II 2.29.72: 여기에서 로마인 변론가는 속주지사 관할절차에서 변론하기를 거절하는데, 그 이유는 속주지사가 자문회를 해산시켰기 때문이다.

83 Mommsen, *StaatsR*. III, 1028 이하.

84 이러한 용어사용을 반대하는 몸젠의 견해(*StaatsR*. III, 1034면)는 정당화되지 않는다.

85 Mommsen, 1027 및 1032 참조. 제정기 원로원의결은 법률의 효력을 가질 수 있었다. Krüger, *Geschichte*, 90.

을 하더라도 그 발언을 저지하는 것을 삼가야 한다는 것을 요구하여 얻어냈다.[86] 공화정기의 원로원은, 의사진행방해연설을 포함하는[87] 이러한 발언권을 심지어 율리우스 카이사르를 상대로도 용감하고 성공적으로 지켜냈다.

> 겔리우스『아티카 야화夜話』4.10.8: 집정관인 가이우스 카이사르가 마르쿠스 카토에게 의견을 청하였다. 카토는 자문받았던 사안이 국사國事에 속하지 않는 것으로 여겼기에, 연설을 끝내기를 원치 않았다. 그 일을 지연시키기 위하여 그는 긴 연설을 하였고, 연설로 하루를 소진하였다. 왜냐하면 원로원의원에게는, 다른 무슨 일이든지 그가 원하고 또 원하는 동안 요청받은 의견을 앞서 말할 권리가 있었기 때문이다. 카토가 연설을 끝내지 않자, 집정관 카이사르는 사령使令을 불러서, 연설 중인 카토를 붙잡아서 투옥시킬 것을 명하였다. 원로원은 궐기했고, 감옥까지 카토를 따라갔다. 이러한 원로원의 반감으로 인해 카이사르는 이를 포기하고 카토의 석방을 명했다.[88]

또한 원로원의 권위는, 일반적으로 정무관이 원로원의결에 따른 결정을 하게 했을 정도로 대단하였다.[89]

VII. 원수(princeps)의 '카리스마적 권위'

원수元首의 권위는 특유한 종류의 것이다. 막스 베버(Max Weber, 1864-1920)가 사용한 의미에서의 "카리스마적 권위"라는 용어가 여기에 적용되어야만 한다. 베버가 이 용어

---

86 Mommsen, 939.

87 이에 관하여 Groebe, "Die Obstruktion im römischen Senat", *Klio* 5 (1905), 229면 이하; Caesar, *De bello civ.* 1.32.3.

88 [본문 중] Capito apud Gellium, 4.10.8: C. Caesar consul M. Catonem sententiam rogavit. Cato rem quae consulebatur, quoniam non e re publica videbatur, perfici nolebat. Eius rei ducendae gratia longa oratione utebatur eximebatque dicendo diem. Erat enim ius senatori, ut sententiam rogatus diceret ante, quidquid vellet aliae rei et quoad vellet. Caesar consul viatorem vocavit eumque, cum finem non faceret, prendi loquentem et in carcerem duci iussit. Senatus consurrexit et prosequebatur Catonem in carcerem. Hac invidia facta Caesar destitit et mitti Catonem iussit.

89 Mommsen, 1032는 이미 공화정 초기에 정무관은 원로원의결에 법적으로 구속받았다고 본다. 동지(同旨): Heinze, 357; Fürst, 41 이하.

로 의미한 바는 "비일상적으로 나타나는 어떤 인격의 자질로서, 그것으로 인하여 그 인격이 초자연적 또는 초인적 또는 아무나 얻을 수는 없는 적어도 특유하게 비일상적인 능력이나 특성을 갖춘 것으로 평가되도록 하거나, 신적으로 영감받은 자거나, 모범인으로서, 따라서 지도자로서 평가되게 하는 것"이다.[90]

아우구스투스의 진정한 카리스마

이러한 종류의 권위가 – 그것은 물론 많은 형태를 상정해 볼 수 있는데 – 아우구스투스에 의하여 향유되었다.[91] 그의 추종자들에게 그는 운명을 지배하는 사람으로, 신神과 같은(시인들에 의하면 "신적인"[92]) 구세주[93] 또는 "우리의 지도자"로 보였다(그의 『업적록』에서 그는 자신을 "지도자(ἡγεμών)", 라틴어로 "원수(princeps)"[94]라고 불렀으며, 원로원은 그를 "우리의 지도자(ἡγεμὼν ἡμέτερος)"라고 불렀다).[95] 그리고 그에게 "존엄한 자

---

90 *Wirtschaft und Gesellschaft*, 140, 753 참조. 이에 관하여 G. Husserl, *Arch. für die zivilistische Praxis* 127 (1927), 136면 이하.

91 그러나 청년 옥타비아누스에 대하여 키케로는 기원전 44년 11월에 다음과 같이 말한다: "이 젊은이에게는 용기는 어느 정도 있으나 권위는 부족하다(in isto iuvene quamquam animi satis, auctoritatis parum est)" (*Ad Att*. 16.14).

92 Horatius, *Carm*. 1.2; 3.5; 4.5; 4.15; Vergil. *Eclog*. 1 참조. Pascal, *Rend. Lomb*. 44 (1911), 438면 이하; Scott, *Hermes* 53, 15 이하; P. Riewald, "De imperatorum Romanorum cum certis dis et comparatione et aequatione", Dissertationes philosoph. Halenses 20 (1911/12), 266 이하 참조. 아우구스투스에게 바쳐진 종교의식에 관하여(과장되고 의도적인: Tacitus, *Ann*. 1.10); Mommsen, *StaatsR*. II, 755 이하; Wissowa, *Religion und Kultus der Römer* (제2판 1912), 341면 이하; L. Hahn, *Das Kaisertum*, 19면; Riewald, 전게서 – 아우구스투스 생전에 기록된 비문(Dessau, 9495)에 "Augusto deo"라는 문구가 나온다; Wilamowitz, *Glaube* II, 429 이하.

93 전술한 125면 주 8에서 인용된 비문; H. Lietzmann, *Weltheiland* (1909), 13면 이하; Wendland, *Zeitschr. f. neutestamentliche Wissenschaft* 5 (1904), 342면 이하; Otto, "Augustus Soter", *Hermes* 45 (1910), 448면 이하; Lübker-Ziebarth, *Reallexicon des klass. Altertums*의 'Herrscherkult' 항목 참조. 파울루스 파비우스 페르시쿠스(Paullus Fabius Persicus)의 고시(Dörner, Greifswald. phil. diss., 1935) 13.27; *Cambridge A.H.* 10, 481 이하 참조.

94 *Monum. Ancyr*. 13; Horatius, *Carm*. 4.5.5; "Lucem redde tuae, dux bone, patriae (훌륭한 지도자여! 당신의 조국에 빛을 비추소서)"; Mommsen, *StaatsR*. II, 774; Pohlenz, *Antikes Führertum*, 42. 그리스 용어가 일반적으로 채택되지 않았다. Mommsen, 776; David Magie, *De Romanorum iuris publici sacrique vocabulis sollemnibus in graecum sermonem conversis* (1905), 32면 및 63면.

(Augustus)"라는 명예로운 칭호를 부여하였다.[96] 그는, 카리스마적인 정치적 권위의 경우 종종 일어나는 바와 같이, 법률에 의하여 부여된 특별한 관직상의 권한들을 누렸으나,[97] 아우구스투스 자신은, 그의 통치는 이러한 관직상의 권한들에만 기반한 것이 아니었다고 명시적으로 선언한다. 그는 자신의 특유한 권위가 다른 모든 이들을 능가하는 것이라고 전한다.

앙퀴라 비문(Monum. Ancyran.) 34: 그 이후[기원전 27년, 즉 집권 후]에 나는 권위에 있어서는 모든 사람보다 앞섰지만, 그러나 직권職權에 있어서는 정무관직상 나의 동료였던 자들보다도 결코 더 큰 것을 가지지 않았다.[98]

그의 뛰어난 카리스마적 권위에 기하여[99] 아우구스투스는 민회, 원로원, 정무관, 그리고 결국에는 모든 사회생활을 지도하였다.[100]

유언보충서(codicilli)의 기원에 관한『법학제요』제2권 제25장을 참조하라. 아우구스투스 이전에는, 그곳에서 전하는 것처럼, 유언보충서가 존재하지 않았다. 그것을 처음 작성한 사람은 기원전 3년의 집정관이었고, 후에는 아프리카 원임집정관이었던 루키우스 코르넬리우스 렌툴루스L. Cornelius Lentulus였다. 유언보충서에서 그는 아우구스투스에게 일정한 신탁유증(fideicommissa)을 하였다. 아우구스투스는 이러한 그의 종의終意를 실행하였고, 렌툴루스의 신탁유증을 받은 다른 사람들도 원수의 권위를 따랐다. 렌툴루스의 딸은 법적으로는 변제할 의무가 없었던 유증을 변제하였다. "신황 아우구스투스가 그의 의사

---

95 키레네 비문 86행(ed. Stroux-Wenger). 파울루스 파비우스 페르시쿠스(Paullus Fabius Persicus)의 고시(앞의 주 93)에서 클라우디우스는 지도자(ἡγεμών)로 지명되었다.

96 Mommsen, 771 이하; Paul. L. Strack, *Reichsprägung* I, 50.

97 이에 관하여 우선 Beseler, *Jur. Miniaturen*, 151 이하; Siber, "Zur Entwicklung d. röm. Prinzipatsverfassung", *Abhandl. d. sächsischen Akad. d. Wissenschaften, phil.-hist. Klasse* 42, No. III, 1933), 1면 이하 및 *SZ* 55 (1935), 99면 이하를 보라.

98 [원문] Monum. Ancyran. 34: Post id tempus [27 BC] omnibus auctoritate praestiti, potestatis autem nihilo amplius habui quam qui fuerunt mihi quoque in magistratu conlegae.

99 타당한 문헌으로는 Heinze, *Hermes* 60, 355; 65, 394; Beseler, *Studi Riccobono* I, 290; De Francisci, *Studi Bonfante* I, 26 및 *Storia* II/1, 241면.

100 Schönbauer, *SZ* 49, 400 참조. 전술한 101면도 보라.

를 이행하였고, 이어서 나머지 사람들도 그의 권위에 따라 신탁유증을 이행하였으며, 렌툴루스의 딸은 법적으로 의무 없었던 유증을 변제하였다."[101]

후대 황제들의 제도적 카리스마

아우구스투스를 계승한 티베리우스[재위: 14-37]는, 자신에게는 선황先皇의 카리스마가 없었다는 점을 분명히 인식하고서, 원수의 카리스마적 속성을 없애려고 시도하였고, 그의 특성인 격정激情으로써 "존엄한 자"라는 카리스마적 칭호와 그에 수반한 신적 또는 반半신적인 숭배를 거부하였다.[102] 실제로 진정한 카리스마는 승계될 수 없는데, 그것은 특유한 것이기 때문이다. 그러나 진정한 카리스마적 지위는, 진정한 카리스마적 지배자의 승계자의 경우 대용물代用物이 취해지기도 한다.[103] 이것은 일종의 제도적[104] 특히 관직상 카리스마이다.[105] 이와 동일한 발전이 로마에서도 일어났고, 이러한 의미에서 원수의 권위는 카리스마적 성격을 유지하였다.[106]

---

101 【역주】 Inst.2.25.pr.: ... cum divus Augustus voluntatem eius implesset, deinceps reliqui auctoritatem eius secuti fideicommissa praestabant et filia Lentuli legata, quae iure non debebat, solvit. ...
유언보충서(codicilli)란 유언자의 사후에 효력이 발생하는 유언자의 처분을 포함하는 문서로서, 유언에 의해 인준된 유언보충서(codicilli testamento confirmati)와 그렇지 않은 것(c. t. non confirmati)이 있다. 전자는 유언보충서 작성 전후의 유언에 의해 인준된 것으로 상속인지정 외의 다양한 처분(유증, 노예해방, 후견인지정)을 기재할 수 있고 그 자체로 유언의 일부(pars testamenti)로 여겨졌으나, 후자는 단지 신탁유증(fideicommissa)으로만 남겨진 것이다. Berger (1953), 해당 항목 참조.

102 Tacitus, *Ann.* 4.38: "Ego me, patres conscripti, mortalem esse et hominum officia fungi satisque habere, si locum principem impleam et vos testor et meminisse posteros volo. (원로원의원 여러분, 내가 원하는 것은, 나는 죽어 없어질 사람이고, 인간의 의무를 다하며, 원수의 자리를 채울 수 있다면 그것으로 만족하는 것입니다. 그리고 나는 당신들이 증인이 되어서 후대인들이 기억하기를 바랍니다)." Sueton. *Tib.* 26, 28. Mommsen, *StaatsR.* II, 758, 773; Dessau, *Geschichte der röm. Kaiserzeit* II/1, (1926), 3면; Strack, 전게서, 172.

103 Max Weber (전게서, 144 이하, 758 이하)는 "카리스마의 일상화(Veralltäglichung des Charisma)"라고 한다.

104 Max Weber, 774.

105 Max Weber, 144, 775.

106 후대의 '통치자 숭배'에 관하여 Mommsen, II, 760; L. Hahn, *Kaisertum*, 19 이하; Lübker-Ziebarth, *Reallexicon des klass. Altertums*의 'Herrscherkult' 항목 참조. 하드리아누스의 황제직에 대한 카리스마적 관념을 보여주는 주화에 관하여 Strack, *Reichsprägung* II, 44 이하, 179.

VIII. 법률가들의 권위

공화정기 법률가들의 권위

마지막으로 로마인들의 법생활에 있어서 중요한 부분이 법률가의 권위에 의하여 이루어졌다. 이것은 "법의 민족"에게는 의미심장한 것이고, 키케로는 정당한 국민체적 자부심을 가지고 매우 존경받는 로마의 법률가(iurisconsultus)와 그리스의 저열한 법실무가(πραγματικός)를 대조하였다.[107] 로마에서는 귀족가문 출신들이 법학에 전념하였고, 법률자문활동은 많은 자질을 요구하는 권위를 얻거나 증대시키는 중요한 수단이었다.[108] 『무레나 변호연설(*Pro Murena*)』에서의 키케로의 법률가들에 대한 공격은 희화적인 것이었고, 청중을 웃게끔 하려는 것이었다.[109] 키케로의 이러한 의도는 성공적이었는데, 이는 모든 사람들이 그것이 풍자였음을 알아챘기 때문이다. 법률가들의 명망은 비법률가나 그들에게 자문하는 당사자들과의 관계에서뿐만 아니라, 그들의 사법司法정무관, 특히 법정관과[110] 심판인, 심지어 황제[111]와의 관계에 있어서도 의미가 있었다. 나아가 법률가들 사이에서도 법률가의 권위가 역할을 하였다. 권위에 대한 맹신이 로마 법학에는 낯설었던 것이 사실이지만, 그러나 다른 한편으로 누가 어떤 학설을 주장하였는지는 무시할 수 없었던 문제인 것이다. 학설주장자의 권위는 법적 토론의 과정에서 그 학설의 타당성에 대한 중요한 논거 중 하나였다. 페르니체Pernice는 이미 이러한 현상을 관찰하

---

107 Cic. *De or.* 1.45.198.

108 Krüger, *Geschichte* 52 이하.

109 키케로의 연설 후에 카토는 청중들을 향하여 연설하기를 "얼마나 웃기는 집정관을 우리가 가졌는가" (Plutarch, *Cato*, 21: ὡς γελοῖον ὕπατον ἔχομεν)라고 말하자 키케로는 이에 대하여(*De fin.* 4.27.74): "저는 지금, 당신이 루키우스 무레나를 소추하고 내가 변호했을 때 동일한 일들에 관하여 내가 했던 방식으로, 당신과 농담하지는 않을 것입니다 … 심지어 무엇인가가 청중들에게 주어지더라도요 (non ego tecum iam ita iocabor, ut isdem his de rebus, cum L. Murenam te accusante defenderem ... aliquid etiam coronae datum ...)"라고 말하였다.

110 이에 관하여 무엇보다도 Wlassak, "Die klassische Prozessformel" I (*Sitzungsberichte d. Akad. d. Wissenschaften in Wien*, 202, No. 3 [1924]), 6면 이하를 보라.

111 Inst.2.25.pr. 및 Mommsen, *StaatsR*. II, 990 참조.

였다 – "저술가 울피아누스"[112]에서의 그의 (부당한)[113] 비판을 보라: "권위는 이성을 대신한다. 이것의 특성은 종종 지루하게 반복되는 문구인 '이렇게 결정되어야만 한다. 왜냐하면 같거나 유사한 사례에서 저명한 법률가가 그렇게 말하였기 때문이다.'이다. '왜냐하면(nam et, quia et, enim)'이라는 단어로 연결되어 도출된 결론은 때로는 거의 터무니없는 것이기도 하다." 페르니체가 예로서 제시한 개소들은 사실 잘 선택된 것들이 아니었는데, 왜냐하면 그 중의 다수는 부진정하기 때문이다. 그러나 그러한 관찰은 그 자체로는 정확한데, 권위가 논거로서 사용된 의심할 수 없는 진정한 개소들이 충분히 존재하기 때문이다.

다음의 율리아누스 개소(D.40.2.5)[114]는 확실히 진정한 것이다.

D.40.2.5 율리아누스『학설집』제42권.
[노예해방] 자문회의 주재자가 자신의 소관 절차에서 노예해방을 할 수 있는지가 종종 질의된다. 나는 나의 스승 야볼레누스가 아프리카와 시리아에서 자문회를 주재하는 동안에 자신의 노예를 해방시켰다는 것을 기억하는데, 그의 예를 좇아서 내가 법정관과 집정관 재직중에 나의 노예 중 일부를 권봉權棒으로 해방시켰고, 몇몇 법정관들에게도 동일한 것을 권고하였다.[115]

율리아누스는 결정의 근거로 자신의 스승의 권위와 그 자신의 권위적인 관행을 들었는데 그의 생각은 이러했다: 두 명의 큰 권위를 가진 법률가들(iurisconsulti tantae auctoritatis)이 하나의 학설을 지지하면, 그 학설은 옳다고 보아도 무방하다. 예를 들면, 야볼레누스(주활동시기: 70-130)도 라베오(주활동시기: 기원전 25-기원후10/11)에 대한 주석에서 다음과 같이 간략하게 언급한다: "사견私見으로는 그것에 찬동한다. 그것이 옳다." 그 경우 야볼레누스는 논거

---

112 Pernice, "Ulpian als Schriftsteller", *Sitzungsberichte der Berliner Akad. d. Wissenschaften, phil.-hist. Klasse* 25 (1885), 478면.

113 Schulz, *Einführung in das Studium der Digesten* (1916), 62면.

114 Wlassak, *SZ* 28, 44 이하.

115 [원문] Iul. D.40.2.5: An apud se manumittere possit is qui consilium praebeat, saepe quaesitum est. Ego qui meminissem Iavolenum praeceptorem meum et in Africa et in Syria servos suos manumisisse, cum consilium praeberet, exemplum eius secutus et in praetura et in consulatu meo quosdam ex servis meis vindicta liberavi et quibusdam praetoribus me idem suasi.

대신에 라베오의 권위에 의존하는 것이다(D.18.1.77: "hoc probo(나는 이것을 옳다고 인정한다)"; D.19.2.57: "hoc probo(나는 이것을 옳다고 인정한다)"; D.34.2.39.1: "et hoc probo(그리고 나는 이것을 옳다고 인정한다)"; D.40.12.42: "Iavolenus: haec vera sunt(야볼레누스: 이 견해가 참이다)"; D.9.2.57: "verum puto(사견私見으로는 참이다)" 등. 세네카Lucius Annaeus Seneca(기원전 4년-기원후 65년)도 역시, 다음의 구절에서 법학자들의 해답(responsa prudentium)의 권위를 원용한다(Krüger, *Geschichte*, 121면에서 주장하는 바와 같이, 이것은 법학자들의 해답의 법적 구속력에 대한 전거가 아니다).『루킬리우스에게 보내는 도덕 서간집(*Epistulae morales ad Lucilium*)』94.27: 입증이 없이도 이 시점에서 권고자의 권위가 이로운 이유가 무엇입니까? 어떻게 이와 같이 법학자들의 해답이 심지어 이유를 제시하지 않고도 효력이 있습니까?[116]

고전기 법률가들의 권위

그러나 고전기 법률가들은 여기에서 공화정기의 전통을 단순히 계승하기만 한다.[117] 그리스 합리주의에 상당한 영향을 받았던 키케로는,[118] 페르니체가 한 바와 같이, 그들의 권위에 대한 숭배를 조롱하였다. 당시에는 소장少壯 법률가였지만 이후 아우구스투스 치하에서 큰 명성을 얻었던 인물인, 트레바티우스 테스타(Trebatius Testa, 주활동시기: 기원전 50년-†기원후 4년경)에게 보낸 편지에서,[119] 키케로는 익살스러운 문체("genus iocosum")를 사용하곤 하였다. 두 통의 편지에서 키케로는 법률가들의 인용하는 성향을 해학적으로 모방한다. 우선 첫 번째 편지에서 그는, 당시 갈리아에서 카이사르의 추종자 중 한 명이었던 트레바티우스에게 "그러한 가장 유명하고 관대한 사람"(율리우스 카이사르)과의 친분을 얻을 기회를 잘 이용하라고 당부한다. "만약 자네가 이번 기회를 놓친다면 자네는

---

116 [본문중] "Quid, quod etiam sine probationibus ipsa monentis auctoritas prodest? sic quomodo iurisconsultorum valent responsa, etiamsi ratio non redditur.

117 Cic. *De or*. 1.45.198은 공화정기의 법률가들을 "multi, qui, cum ingenio sibi auctore dignitatem peperissent, perfecerunt, ut in respondendo iure auctoritate plus etiam quam ingenio valerent (재능으로 자신들에게 명성을 얻었던 많은 이들이 법률문제를 해답함에 있어서 재능으로 할 수 있었던 것보다 권위를 통하여 심지어 더 큰 영향력을 얻게 되었다)."라고 한다.

118 그러나 그 자신은 가끔씩 논거로 권위(auctoritas)를 사용할 정도로 충분히 로마인이었다: Heinze, 362.

119 Krüger, *Geschichte*, 74.

결코 그렇게 호감이 가는 인물을 다시는 찾아낼 수 없을 것이네. 자네들 법률가들이 항상 자네들의 책에서 쓰곤 하듯이, 퀸투스 코르넬리우스[120]도 같은 의견이었네."[121] 두 번째 편지는 같은 해(기원전 54년) 12월에, 당시 추운 북부 갈리아 지방에 있었던 트레바티우스에게 썼다: "자네는 답장에서 자네의 사정에 대하여는 나에게 아무것도 말하지 않았네. 그것들은 진정으로 내 자신의 일만큼이나 자네에게 중요한 것인데도 말일세. 나는 자네가 겨울용 막사에서 떨고 있지는 않나 매우 걱정하고 있네. 그래서 특히 여분의 외투가 없는 경우에는, 자네의 난로에 불을 많이 피워야 한다는 것이 내 생각일세. 무키우스와 마닐리우스[122]도 같은 의견이네."[123]

칙허해답권(ius respondendi)

아우구스투스는 일정한 법률가들을 — "법의 권위가 증대되도록(ut maior iuris auctoritas haberetur)" — "그의 권위에 기하여 해답하도록(ut ex auctoritate eius responderent)" 선정함으로써,[124] 법률가들의 이러한 권위를 분류하기를 시도하였는데, 이는 아마도 "법률가들

---

120 즉 트레바티우스의 스승, 퀸투스 코르넬리우스 막시무스(Q. Cornelius Maximus): Krüger, 전게서.

121 [본문 중] *Ad fam.* 7.17: tantum moneo neque amicitiae confirmandae clarissimi ac liberalissimi viri neque uberioris provinciae neque aetatis magis idoneum tempus, si hoc amiseris, te esse ullum umquam reperturum: hoc, quemadmodum vos scribere soletis in vestris libris, idem Q. Cornelio videbatur.

122 그는 저명한 법률가 퀸투스 무키우스와 마니우스 마닐리우스를 언급하고 있다(Krüger, *Geschichte*, 61, 64; Jolowicz, 90).

123 [본문 중] *Ad fam.* 7.10: sed tu in ista epistula nihil mihi scripsisti de tuis rebus, quae mehercule mihi non minori curae sunt quam meae. valde metuo ne frigeas in hibernis; quam ob rem camino luculento utendum censeo — idem Mucio et Manilio placebat —, praesertim qui sagis non abundares.

124 D.1.2.2.49. Wenger, "Praetor und Formel", *Sitzungsberichte d. Bayrischen Akad. d. Wiss.* (1926) III, 104면 이하; Jolowicz, 365.

【역주】 D.1.2.2.49 Pomp. l. s. enchirid.

Et, ut obiter sciamus, ante tempora Augusti publice respondendi ius non a principibus dabatur, sed qui fiduciam studiorum suorum habebant, consulentibus respondebant: neque responsa utique signata dabant, sed plerumque iudicibus ipsi scribebant, aut testabantur qui illos consulebant. primus divus Augustus, ut maior iuris auctoritas haberetur, constituit, ut ex auctoritate eius responderent: et ex illo tempore peti hoc pro beneficio coepit. et ideo optimus princeps Hadrianus, cum ab eo viri praetorii peterent, ut sibi liceret respondere, rescripsit eis hoc non peti, sed praestari solere et ideo, si quis fiduciam sui haberet, delectari

이 그의 허가나 동의로 자문에 응하게 하기 위하여"뿐만 아니라 아마도 주된 이유는 "그(아우구스투스)의 권위에 기하여 법률가들이 해답할 수 있게 하기 위하여"일 것이다. 아우구스투스 황제는 그 자신의 카리스마의 일종의 이전을 염두에 두었던 것으로 보인다. 아우구스투스는 틀림없이 심판인이나 – 하물며 – 사법司法정무관들이, 해답권(ius respondendi)이 부여된 법률가들의 견해에 의하여 법에 구속되기를 의도하지는 않았다.[125] 여기에서 또 다시, 다른 곳에서와 마찬가지로, 그는 명백하게 "권위"라는 개념을 가지고 일을 수행하고 있었다. 그러나 (고전기까지는 아직은 아니었지만) 후대에는 그러한 법적 구속이 인정되었던 것으로 보이는데, 다만 우리의 빈약하고 불확실한 사료들은 이러한 발전과정에 대한 상세한 부분에 관하여 어떠한 신빙성 있는 정보도 제공해주지 못하고 있기는 하다.[126]

IX. 자유와 구속

이것이 로마인들의 독창적이면서 오히려 단순한, 자유와 구속을 결합하는 체계인데, 이에 대하여 이미 폴리비우스가 감탄을 자아낸 바 있다.[127] 만약 그가 신중한 연구에도 불구하고, 이러한 체계적인 작품[128]을 작동시키는 동력을 알아내지 못하였다면, 이는 권위 원리가 이러한 동력을 구성하고 있었기 때문이고, 완전히 합리적인 그리스인이었던 그에게 그러한 원리는 당연히 이해될 수 없었던 것이다. 로마적 체계는, 이성적 사고에

---

se populo ad respondendum se praepararet.
번역은 최병조 · 이상훈, 『원사료로 보는 로마법의 일반원리』 민속원(2023) 참조.

125 동지(同旨)로는 Wlassak, *Prozessformel* I, 45; Krüger, *Geschichte*, 121에 반대하는 Wenger, 전게서.

126 Solazzi, "Glosse a Gaio", *Studi Riccobono* I, 95 이하; Wenger, 108 이하; Wieacker, "Studien zur hadrianischen Justizpolitik", *Rechtsgeschichtl. Abhandlungen* (Freiburg, 1935), 43면 이하; Pringsheim, *Journal of Roman Studies* (1934), 146면 이하; Jolowicz, 366.

127 그의 유명한 제6권에서; 가령 18.1 (513면) 참조: ὥστε μὴ οἷόν τ'εἶναι ταύτης εὑρεῖν ἀμείνω πολιτείας σύστασιν (그래서 이것보다 더 좋은 정치체제를 발견하는 것은 불가능하다).

128 타당하게도 Heinze, *Hermes* 60, 357면: "공화기의 헌정체계는 인민들에게 살아있는 감정으로 지지를 받았는데, 그것은 그들이 정치적 통찰과 책임감이 있다고 신뢰하는 비교적 소수의 사람들의 조언에 자신들이 구속을 받는다는 것이었다."

의한 빛이 그들의 삶에 비춰짐에도 불구하고, 그들의 영혼을 노예화시키지 않은 채, 권위를 인정하는 확고하고 지속적 의지를 가진 자유로운 인간을 상정한다. 또한 희생을 무릅쓰고서라도 권위를 추구하는 인간, 그러면서도 권위를 얻더라도 독재자가 되지는 않을 그러한 인간을 상정한다.[129]

---

129 Biondi, 전게서 18: “libertà ed autorità non si escludano, ma si presuppongono a vicenda: la libertà è tanto più effetiva quanto maggiore è l’autorità; libertà senza autorità è anarchia, nello stesso modo che autorità senza libertà è tirannia.”(자유와 권위는 상호 배제하지 않는다. 이들은 서로 전제한다. 자유는 권위가 클수록 더욱더 효과적이다. 자유 없는 권위가 폭정인 것과 같은 정도로 권위 없는 자유는 무정부상태인 것이다) Heinze, *Hermes* 65, 394면: “아우구스투스는, 동맹시 전쟁이 끝난 후에 그가 의지 없는 신민들을 지배하였더라면, 자신을 진정한 로마인으로 여기지 않았을 것이다.”

10 인도주의

이탈리아는 … 모든 땅들의 양녀이자 부모이고, 신들의 섭리로 선택된 땅으로, … 분산된 통치권을 하나로 모으고, 관례를 순화시키며, 허다한 족속들의 불화와 말의 상스러움을 교류로써 대화로 맺어주고, 인도주의를 사람들에게 베풀며 …
– 대大 플리니우스, 『박물지』 3.5.39.

I. "인도주의"의 의미와 역사

인도주의(humanitas)라는 단어는 로마의 독창적인 창안물이다.[1] 그것에 상응하는 그리스어는 없다.[2] 그것은 소少 스키피오(Scipio Africanus minor, 기원전 147년 집정관)[3] 동아리에서 발생하였는데, 그곳에서는 라틴어나 라틴문학과 아울러 그리스 철학이 함양되고 있었다.[4] 그리스 철학, 특히 [스토아학파의] 파나이티오스(Panaitios, 기원전 185년경-기원전 110/109년경)의 교설敎說에서 인도주의라는 단어의 기원을 찾아야 한다.[5] 그 새로운 단어는

---

1 이에 대하여 다음 문헌을 참조: Max Schneidewin, *Die antike Humanität* (1897). (실제로 저자는 키케로의 견해만을 다룬다); Zielinski, *Ilbergs Neue Jahrbücher f. d. klassische Altertum* I, 1면 이하; H. Krüger, "Die humanitas und die pietas nach den Quellen des röm. Rechts", *SZ* 19, 6 이하; Rich. Reitzenstein, *Werden und Wachsen der Humanität im Altertum* (슈트라스부르크 대학 강연, 1907); Jüthner, "Hellenen und Barbaren", *Das Erbe der Alten* N. F. VIII (1923), 66면 이하; Kaerst, *Geschichte des Hellenismus* II (제2판, 1926), 119면 이하, 121면; Max Mühl, *Die antike Menschheitsidee in ihrer geschichtlichen Entwicklung* (1928); R. Harder, *Die Antike* V (1929), 300면 이하; Heinemann, *RE*, suppl. vol. (1931), col. 282 이하의 'humanitas' 항목; Kroll, II, 115 이하, 121; R. Harder, "Nachträgliches zur Humanitas", *Hermes* 69 (1934), 64면 이하; Pohlenz, *Antikes Führertum*, 139 이하; Knoche, "Magnitudo animi", *Philologus*, suppl. vol. 27 (1935), 3.

2 Reitzenstein, 4; 박애(φιλανθρωπία)라는 용어는 humanitas라는 용어가 가지는 의미의 일부만을 포함한다.

3 Reitzenstein, 7.

4 Schanz-Hosius, *Geschichte der röm. Literatur* I (1927), 212면 이하.

5 Reitzenstein, 7; Heinemann, 293, 303; Harder, *Hermes* 69, 74.

사람의 인격의 품위와 도량度量을 나타내려는 것이었는데, 그것이야말로 인간을 지구상의 다른 존재와 구별시키는 것이었다. 이러한 사람 인격의 특유한 가치가 사람에게 자신의 인격을 함양하고, 자신을 교육하며, 아울러 타인의 인격을 존중하고 지원할 의무를 부과한다. 누구든지 이러한 의무들을 인식하고 행하는 자를 "사람"이라고 부를 뿐만 아니라 "사람답다(humanus)"라고 부른다.[6] 그러므로 인도주의(humanitas) 개념은 도덕적·지적 교육뿐만 아니라, 친절함, 선함, 그리고 동정심과 자제심, 타인에 대한 배려도 포함한다. 그것이 의미하는 바는, 사람은 자신의 권리와 이익을 무분별하게 추구해서는 안 된다는 것과 타인에 대한 배려를 통하여 무엇인가를 삼가고 기꺼이 포기해야 한다는 것이다.[7]

'인도주의'라는 단어는 특유한 역사가 있었다. 그 단어는 키케로가 좋아하는 단어 중 하나였지만, 카이사르, 리비우스, 타키투스 기타 저술가들의 경우에는 그 단어를 적극적으로 회피하였다.[8] 고전기 법학도 그 단어를 거부하였다. 고전기 텍스트 중에서 그 단어가 나오는 곳은 모두 수정된 것이다.[9] 황제 관방官房에서는 이미 고전기에 그 단어를 사용하였다.[10] 고전기 이후에는 그 단어를 사용함에 있어서 어떠한 주저함도 느끼지 않았다. 또한 그 의미도 변화하였는데, 이미 기원후 2세기 중반에 그 단어의 의미는 일반적으로 박애(φιλανθρωπία)에 한정되어 있었고, 그러므로 '교육'의 의미를 상실하였다.[11] 즉,

---

6 Reitzenstein, 15, 18.

7 Reitzenstein은 이러한 이 용어의 두 가지 의미를 적시하였다; 후술할 208면 주 11에 있는 Gellius 사료도 참조.

8 Reitzenstein, 6. humanitas를 말할 때, 물론 관련된 단어인 inhumanitas, humanus, inhumanus가 포함된다.

9 H. Krüger, 전게서 및 Guarneri Citati, *Indice*, humanitas, humanus, inhumanus 항목에서 인용된 문헌.

10 도미티아누스의 칙답을 보라: Plinius, *Ep. ad Traian*. 58. 플리니우스는 그 단어를 트라야누스 황제에 대한 그의 청원에서 사용한다; *Ep.* 86 및 106. E. Levy, *Ergänzungsindex zu ius und leges*는 오직 humanitas에 대하여 두 개의 단락만을 할애한다: Vat. 281 (디오클레티아누스의 칙령) 및 Vat. 248 (콘스탄티누스의 칙령).

11 Gellius, 13.17: "Qui verba Latina fecerunt quique his probe usi sunt, 'humanitatem' non id esse voluerunt, quod volgus existimat quodque a Graecis 'φιλανθρωπία' dicitur et significat dexteritatem quandam benivolentiamque erga omnes homines promiscuam, sed 'humanitatem' appellaverunt id propemodum, quod Graici 'παιδείαν' vocant, nos eruditionem institutionemque in bonas artes dicimus." 그러나 겔리우

후대에 그 단어는 이러한 더 좁은 의미만을 가지게 되었다.[12]

인도주의라는 말의 특유한 역사는 다음과 같이 설명될 수 있을 것이다. "인도주의"는 제정기에는 주로 그 원래 문맥의 실천적 부분을 가리키기 위하여 사용되었는데, 인간 상호 간의 태도를 내포하는 그 부분은 쉽게 이해된다. 카이사르나 우리의 고전기 법률가들과 같은 엄격한 문장가들이 그 단어를 회피하였다는 것은 아마도, 키케로의 저작에서 나타나는 바와 같이, 그것을 사용하는 것이 "유행"으로 되었다거나,[13] 아니면 자비(clementia)와 경친敬親(pietas)과 같은 오랫동안 익숙해진 단어로 표현하는 것이 가능했기 때문일 것이다.[14] 바로 이러한 이유 때문에 "인도주의"라는 단어의 역사는 관념의 역사가 아니다. "인도주의"의 역사는, 그 사료에서와 같이, "인도주의"라는 단어를 포함하고 있는 구절들을 사전편집하는 방식으로 서술될 수 없는 것이다.[15] "인도주의"라는 관념은, 처음에는 고상하며 고등교육을 받은 사람들로 이루어진 소집단에 국한되었으나, 이미 공화정기에는 점점 더 많은 집단들에 영향을 미치기 시작하였다. 제정기에 그것에 대한 반발은 없었으며, 반대로 "인도주의"라는 시내가 흐르기 시작하여 점점 넓어졌다가 마침내 기독교 인도주의라는 강에 합류되기에 이르렀다.

인도주의 개념이 로마의 법과 법생활에 미친 영향은 너무나도 광범하고 강렬했으므로 여기에서는 그 세부적인 면까지 언급될 수 없다. 이러한 관념이 로마법상 곧 특유한 실천적 형태를 가지게 되었고, 결국에는 그리스의 사변적인 비현실적 · 유토피아적 형태와는 쉽게 구별될 수 있었던 것이 사실이다. 법이 일종의 일반적인 형제애로 용해된다는

스는 이러한 두 번째 의미를 키케로가 사용한 그 단어의 유일한 의미로 밝혔다는 점에서 착오에 빠진 것이다. Reitzenstein, 23을 보라. − W. Jaeger, *Paideia* I (1934), 13면은 그 단어(= φιλανθρωπία)의 통속적 의미가 비교적 오래된 것이라고 하는데, 이는 틀렸다.

12 Reitzenstein, 26.

13 'humane salutare' (정중하게 인사하다)도 보라: Seneca rhet. *Controv*. 2.7.3; Seneca phil. *De ira*, 2.24.1; Reitzenstein, 6.

14 Valerius Maximus, 5.1 "de humanitate et clementia", 두 단어를 동일한 의미로 사용한다. Harder, Hermes 69, 74는 타당하게도 clementia의 재생을 말한다. H. Dahlmann, "Clementia Caesaris", *Neue Jahrbücher f. Wissenschaft und Jugendbildung* 10 (1934), 17면 이하도 참조.

15 Reitzenstein의 구성은 사견(私見)으로는 틀렸다. Harder, *Hermes* 69, 68을 보라.

것은 말이 안 된다. 개별적인 법적 집단들은 신중하게 분리되었고, 이에 따라 인도주의가 각각의 집단에 등급화되고 적절하게 제한되었다.

II. 가家에서의 인도주의 원리

가장 좁은 집단은 가족으로 구성된다.

1. 남편과 아내(부부)

(a) 수권혼의 쇠퇴

우리가 추적할 수 있는 시기에 이미, 로마법은 수권혼手權婚(manus婚)과 함께 자유혼도 인정하였는데, 그 경우 아내는 남편의 수권手權(manus 또는 부권夫權)에 복속하지 않았다.[16] 수권혼이 아마도 처음에는 통상적인 형태였던 것이 사실이고, 1년이 지나면 자유혼도 수권혼의 형태로 변화되었다. 남편은 점용시효취득占用時效取得(usucapio)에 의하여 수권手權을 취득하였는데, 다만 동거 중 아내가 3일 밤(trinoctium)을 부재하면 남편의 수권 취득은 중단되었다.[17] 인도주의 개념의 영향으로 남편의 점용시효취득에 의한 수권 취득은 폐지되었는데, 물건에 대하여 만들어진 규정을 사람에게 적용한다는 것이 비인간적으로 보였기 때문이다.[18] 남편은 그러한 점용시효취득을 더 이상 원용하지 않았고, 그리

---

16 자유혼은 이미 12표법에서 암시된다. Kunkel, § 176; Herbert Meyer, "Muntehe und Friedelehe", *SZ* 47 (german. Abt.), 245면 이하; Bickel, *Rhein. Museum* N. F. 65면, 604면; Kunkel, *RE*, col. 2261의 'matrimonium' 항목 참조.

17 Gai.1.111. 12표법상의 점용시효취득인데, 이는 고전기 법상의 점용시효취득(usucapio) 요건의 충족 여부와는 무관하다. 그러므로 만약 가이우스 개소가 주석을 포함한다면, 그것들은 실질적으로 타당한 것이다. Solazzi, "Glosse a Gaio", *Studi Riccobono* I, 145 이하 참조.

【역주】 Gai.1.111.

Usu in manum conveniebat, quae anno continuo nupta perseverabat: nam velut annua possessione usu capiebatur, in familiam viri transiebat filiaeque locum optinebat. itaque lege duodecim tabularum cautum est, ut si qua nollet eo modo in manum mariti convenire, ea quotannis trinoctio abesset atque eo modo cuiusque anni usum interrumperet. sed hoc totum ius partim legibus sublatum est, partim ipsa desuetudine obliteratum est.

18 후술할 237면 주 174 참조.

하여 그것은 사실상 소멸하였다.[19] 수권혼 자체가 더 이상 품위있는 혼인방식으로 여겨지지 않았다. 수권혼의 거행은 점차 드물게 되었고, 이미 공화정기에는 자유혼이 지배적이었다. 공매식共買式 혼인(coemptio)은 이미 키케로 시대에 거의 행해지지 않았고, 법정변론가들이 더 이상 공매식 혼인을 잘 알지 못하게 되었다.[20] 공찬식共饌式 혼인(confarreatio)은 티베리우스 치세[14-37]에는 드물게 되어서, 그 지원요건으로 공찬식 혼인을 한 귀족일 것을 요구했던, 유피테르 제관직(flamen Dialis)에의 통상적인 지원자 수가 미달되었다.[21] 여전히 공찬식은 아마도 공매식보다는 더 보편적이었다.[22] 고전기 이후에 이르면[23] 수권혼은 완전히 소멸했다. 유스티니아누스 법은 단 하나의 인간적인 자유혼만을 인정하였다.

(b) 아내의 인적 지위

수권혼에서의 아내의 사실상의 인적 지위는, 아마도 처음에는 그 법적 지위와 일치하였을 것이다. 아내는 실제로, 딸과 동일하게, 남편의 솔가권하의 딸의 지위에(filiae loco) 있었을 것이다.[24] 그러나 일찍이 기원전 2세기에 남편에 의한 수권手權의 완전한 행사는 전적으로 이루어지지 않게 되었다. 아내에 대한 남편의 가내 징치권은 소멸된 법제도가

---

19 Gai.1.111: “hoc totum ius partim legibus sublatum est, partim ipsa desuetudine obliteratum est.” 우리는 여기에서 언급되는 법은 모르지만, 아마도 그것들은 아우구스투스의 것으로 보인다. Tacitus, *Ann.* 4.16: “... sicut Augustus quaedam ex horrida illa antiquitate ad praesentem usum flexisset.” Kunkel, 2262 참조. Solazzi, “La desuetudine della legge”, *Arch. giur*. 102, 8 이하는 타당하지 않다.

20 Cic. *De or*. 1.56.237; Costa, *Cicerone giureconsulto* I 53.

21 Tacitus, *Ann*. 4.16: “omissa confarreandi adsuetudine aut inter paucos retenta.” 이에 관하여 Brassloff, *Studi Bonfante* II, 365 이하.

22 그것은 Epit. Ulp. 9.1에서 여전히 현행법으로 언급되고 있지만, 티베리우스 치세 이래로 아내는 남편의 완전한 솔가권 내로 더 이상 들어오지 않았다: Kunkel, 2271; Brassloff, 전게서.
【역주】 Epit. Ulp.9.1.
Farreo convenitur in manum certis verbis et testibus X praesentibus et sollemni sacrificio facto, in quo panis quoque farreus adhibetur.

23 공매식 혼인은 4세기에는 사용되지 않는 법제도였다. Schulz, *Epitome Ulpiani* 34; Bonfante, Corso I, 55 이하; Kunkel, 2270. 공찬식 혼인은 기독교의 승리로 더 이상 존속될 수 없었다: Kunkel, 2271.

24 Gai.1.114, 115b, 118; 3.14.

되었다.[25] 아내의 매도는 신성법神聖法(ius sacrum)상 불법행위에 해당하였다.[26] 아내는 사실상, 남편의 수권하에 있든 그렇지 않든, 남편과 동등하였다.[27] 아내는 '여주인님'(domina)으로 불렸으며, 실제로도 그러하였다.[28] 고전기의 아티카(아테네)에서의 처妻는 거의 규방부인으로서의 삶을 살았다. 그녀는 규방에 거처하면서 사회활동을 하지 않았다 – 그러한 모습이 그리스에서의 대부분의 부녀자들의 삶이었고 그렇게 유지되었다. 코르넬리우스 네포스(Cornelius Nepos, 기원전 100?-기원전 24?)조차도 의아해하면서, 그리스에서의 부인婦人은 친척이 있는 경우에만 식사자리에 나왔으며, 그 밖의 경우에는 가족들만 접근가능한, 집의 가장 내부에 있는 규방에 앉아있다고 언급한다. 그는 또한 이와는 매우 상반된 지위에 있는, 즉 가정과 사회에서 일선에 있는 로마 부녀婦女의 지위를 강조한다.

> 서문 6: "로마인들의 아내들 중에서 누가 연회장에 나오는 것을 부끄러워하는가? 또는 저택의 첫 자리를 잡고서 축하행사에 나오지 않는 가모家母가 있단 말인가? 그것은 그리스에서는 많이 달라진다. 왜냐하면 근친이 아닌 한 누구도 연회장에 나타나지 않으며, '귀나이케움gynaeceum'이라 불리는 저택의 규방이 아니면 앉지를 않는데, 그 때문에 가까운 혈족이 아니면 아무도 다가가지 못한다."[29]

---

25 Mommsen, *StrafR*. 19. 간통 현장에서 붙잡은 아내를 살해할 권리에 관하여는 Gellius, 10.23 및 Mommsen, 전게서, 625를 보라.

26 Bruns, *Fontes*, 6면, No. 9; Schlesinger, *Zeitschr. f. Rechtsgeschichte* 8, 58 이하.

27 로마에서 아내의 지위에 관하여는 Marquardt-Mau, *Das Privatleben der Römer* I (1886), 57면 이하; Schroff, in *RE*, 'matrona' 항목; Kroll, II 26 이하.

28 카토의 재치 있는 언급(그것이 재치있기 위해서는, 일말의 진실을 포함하고 있어야만 한다)은 다음과 같았다: "Πάντες ἄνθρωποι τῶν γυναικῶν ἄρχουσιν, ἡμεῖς δὲ πάντων ἀνθρώπων, ἡμῶν δὲ αἱ γυναῖκες."(모든 남자들이 여자들을 이끌지만, 우리는 모든 남자들을 이끌고, 그렇지만 우리들을 이끄는 것은 여자들이다). Plutarch, *Apophthegm*., 198면; D. Jordan, *M. Catonis praeter lib. de re rust. quae extatnt* (1861), 98면 No. 4. 키케로의 아내 테렌티아(Terentia)는 주목할 만한 여성이었는데, "남성보다 더 용감하고"(Cic. *Ad fam*. 14.7.2), "그녀가 남편에게 가사일을 참여하게 했던 것보다 그녀의 남편의 정치적 근심에 더 많은 몫을 가지고 있었다"(Plutarch, *Cicero*, 20). Kroll, II 35; L. Neubauer, *Wiener Studien* 31 (1909), 211면; Schmidt, *Ilberg's Neue Jahrbücher für d. klass. Altertum* I (1898), 174면 이하 참조.

29 [본문 중] Praef. 6: Quem enim Romanorum pudet uxorem ducere in convivium? aut cuius non materfamilias primum locum tenet aedium atque in celebritate versatur? Quod multo fit aliter in Graecia. Nam neque

냉정하게 합리적인, 남성의 필요에 따른 그리스 여성의 3분법 – 유흥을 위한 정부情婦(hetaerae), 여자노예-첩, 적출자를 생산하고 가정을 돌보기 위한 처妻[30] – 은 로마의 양속良俗에는 알려져 있지 않았다. 정조의무 위반은 남자의 경우, 간통(adulterium)이 아닌 한, 처벌받지 않았던 것이 사실인데, 이는 심지어 기독교 제정기 법에서도 그러하였다.[31] 다만 일찍이 플라우투스Plautus의 작품에서는 남편과 아내의 법적 평등이 다음과 같이 요구되었다.

> 플라우투스, 『장사꾼』 5.817 이하:
> 맹세코 여자들은 가혹한 법에 따라 살고 있고,
> 남자들보다 훨씬 큰 불평등으로 인해 불행하네요.
> 남자가 매춘부를 몰래 자신의 아내로 삼았고,
> 그것을 아내가 알게 되더라도, 남편은 처벌받지 않네요.
> 아내가 남편 몰래 집 밖으로 나가면
> 남편에게는 혼인으로부터 축출하는 사유가 됩니다.
> 원컨대 법이 아내와 남편에게 동등하기를![32]

---

in convivium adhibetur nisi propinquorum, neque sedet nisi in interiore parte aedium, quae gynaeconitis appellatur, quo nemo accedit nisi propinqua cognatione coniunctus.

30 Ps.-Demosthenes, κατὰ Νεαίρας 122: τὰς μὲν γὰρ ἑταίρας ἡδονῆς ἕνεκ᾽ ἔχομεν, τάς δὲ παλλακὰς τῆς καθ᾽ ἡμέραν θεραπείας τοῦ σώματος, τὰς δὲ γυναῖκας τοῦ παιδοποιεῖσθαι γνησίως καὶ τῶν ἔνδον φύλακα πιστὴν ἔχειν (왜냐하면 우리는 기생들은 정욕 때문에 가지는 것이고, 첩은 매일의 육신의 치유를 위하여 가지는 것이지만, 부인은 자식을 적법하게 낳고 가정에 신실한 수호자를 두기 위한 것이기 때문이다).

31 Mommsen, *StrafR*. 688, 691. 그러나 Marquardt-Mau, 67에 인용된 아우구스티누스의 전거를 보라.

32 [원문] Plautus, *Mercator*, 5.817 이하:
Ecastor lege dura vivont mulieres
Multoque iniquiore miserae quam viri.
Nam si vir scortum duxit clam uxorem suam,
Id si rescivit uxor, impunest viro;
Uxor virum si clam domo egressast foras,
Viro fit causa, exigitur matrumonio.
Utinam lex esset eadem quae uxorist viro!

(c) 부부재산

부부재산과 관련하여 아내는 수권혼의 경우 법적으로 재산보유능력이 없었다. 아내가 가졌거나 취득한 모든 것은 남편에게 귀속되었고, 남편은 그것을 자유롭게 처분할 수 있었다. 자유혼의 경우에, 부부의 재산은 분리되었다. 혼인지참재산(dos)이 설정된 경우에만, 남편은 아내의 재산에 대한 권리를 취득하였다.[33] 인도주의는 이러한 가혹한 법규정들을 완화시켰다. 인도주의는 가능한 한 아내에게 남편측에 혼인지참재산을 설정할 의무를 부과하였고,[34] 이것은 로마의 부부를 사실상 부부재산 공유제로 하는 효과를 초래하였다 – 모든 재산은 부부의 공유였고, 별산別産은 존재하지 않았다. 아내가 가사를 관리하였고, 기타의 일들, 특히 바깥일의 경우에는 남편이 관리하였다. 재산과 노무의 수익은 남편에게 귀속되었는데, 남편은 물론 그것을 공동의 이익으로 사용해야만 했고, 실제로도 그러하였다. 콜루멜라(Lucius Iunius Moderatus Columella, 기원후 70년경 사망)는 이와 같이 우리에게 로마의 가정생활을 기술하고 있고,[35] 아내의 죽음에 대한 남편의 추도연설은 이러한 기술이 사실임을 보여준다.[36] 부부 간의 부양청구권은 법적으로 인정되지 않았으나, 아내가 가사일을 해야 하는 의무와 마찬가지로, 그것은 인도주의적 요구로부터 발생하였다.[37]

---

33 자유혼의 경우 아내는 자신의 재산이 남편에 의하여 관리되도록 할 수 있는데, 그 경우에 일반 위임규정이 적용된다.

34 D.12.6.32.3. 그 개소가 수정되었다 하더라도 우리의 목적을 위해서는 충분한 증거이다; Interpol. Index 및 Siber, *Naturalis obligatio*, 76 참조; Stella Maranca, *Studi Bonfante* IV, 245 이하.

【역주】 D.12.6.32.2 Iul. 10 dig.

Mulier si in ea opinione sit, ut credat se pro dote obligatam, quidquid dotis nomine dederit, non repetit: sublata enim falsa opinione relinquitur pietatis causa, ex qua solutum repeti non potest.

(婦人이 자신이 혼인지참재산설정 채무가 있다고 생각하고 무엇인가를 혼인지참재산명목으로 공여한 경우, 반환청구하지 못한다. 왜냐하면 잘못 생각했더라도 敬親원인이 남아 있고, 그런 고로 변제된 것은 반환청구될 수 없다.)

35 *De re rustica* 12 praef. 8.

【역주】 Nihil conspiciebatur in domo dividuum, nihil, quod aut maritus aut femina proprium esse iuris sui diceret, sed in commune conspirabatur ab utroque, ut cum forensibus negotiis matronalis industria rationem parem faceret. Itaque ne vilici quidem aut vilicae magna erat opera, cum ipsi domini cotidie negotia sua reviserent atque administrarent.

36 Bruns, No. 126, I, 36 이하; II, 47 이하. 이에 관하여 Mommsen, *Ges. Schr*. I, 415. 전술한 163면 참조.

(d) 부부간 법정상속

부부간 법정상속권과 관련하여, 수권혼의 경우에는 아내가 남편 재산을 상속하는 것만 인정되었고(아내는 솔가권하의[in potestate] 딸과 동일하게 상속한다), 그 반대의 경우에는 인정되지 않았다. 남편은 상속권이 없었는데, 왜냐하면 아내가 재산을 보유하고 있지 않기 때문이다. 자유혼의 경우 시민법상 부부간의 법정상속권은 없다. 법정관법은 남편과 아내에게 유산권(bonorum possessio)을 부여하였으나, 다만 이것은 사망한 배우자의 종족이나 혈족이 부존재하는 경우에만 인정되었다.[38] 고전기 이후에 부부간 상속법을 개선하려는 노력은 단지 미진한 성공만을 이루었다. 혼인지참재산이 없는 가난한 과부는 남편 재산의 1/4을 받았다.[39] 나머지 재산의 경우 유스티니아누스법은 부부간 법정상속권을 앞선 시기보다 더 약화시켰는데, 왜냐하면 혈족주의에 의한 상속이 이제는 더 이상 고전기 법에서처럼 제한되지 않았고, 그럼에도 불구하고 부부는 사망한 배우자의 모든 혈족보다 후순위로 상속하였기 때문이다.[40] 배우자의 유류분권은 로마법상 알려져 있지 않았고, 위에서 언급한 "가난한 과부의 1/4분分"은 필연상속권(Noterbrecht)일 뿐이었다.[41] 그러나 여기에서 다시금 인도주의가 개입하였다. 전술하였듯이[42] 유언작성이 로마에서는 관습이었다. 아울러 부부간에 상호적으로 배우자를 상속인 또는 수유자로 지정하는 것도 관습이었다.[43] 특히 남편이 아내에게 일정한 아내용 동산집기(uxoris causa parata)와 양식(penus)을 유증하는 것이 보통이었다.[44] 고전기 이후에 남편의 아내에 대한

---

37 이에 관하여 전술한 163면 주 31.

38 Kunkel, § 197; Buckland, 368.

39 유스티니아누스의 두 개의 신칙법 중에서: Nov. 53, c. 6 및 117, c. 5. 이에 관하여 Windscheid, *Pand.* III, § 574 주 2; Brassloff, *Österreichische Gerichtszeitung* (1924), VIII 및 *Sozialpolitische Motive in der röm. Rechtsentwicklung* (1933), 135면 이하.

40 Windscheid, § 570; Dernburg, *Pand.* III, § 136.

41 Windscheid, § 593.

42 전술한 172면 참조.

43 v. Woeß, *Das röm. Erbrecht u. d. Erbanwärter* (1911), 45면 이하.

44 v. Woeß, 63 이하. Schröder-v. Künssberg, *Lehrbuch d. deutsch. Rechtsgeschichte* (제7판, 1932), § 61, 807면 이하.

증여는[45] 부족한 법정분法定分(portio statutaria)에 대한 대용물이었다. 인도주의는 각각의 개별적 사정에 적합하고 조정된 바를 달성하기 위하여 진력하였다.[46] 그러므로 여기에서 우리는 엄격한 법정상속법 대신, 법률행위에 의한 개별적 사정에 따른 적절한 규율을 볼 수 있다.[47]

2. 부모와 자식 사이의 법률관계

(a) 가부장권(patria potestas)의 인도주의화

부모와 자식 간의 법적관계의 인도주의화는 매우 점진적으로만 달성되었다.[48] 특히 엄격한 가부장권(patria potestas)은 완고하게 유지되었다. 심지어 인도적인 키케로조차도, 자식에게 있어서 아버지는 신神과 마찬가지라고 말하였다.[49] 우리가 살펴보았듯이[50] 극형에까지도 미치는 가내기율권에 대한 법적 제한은, 제정기에 이르러서야, 그것도 한참 후에야 나타났다.[51] 트라야누스[재위: 98-117]는 때때로, 경친敬親에 반反하여(contra pietatem) 징치받은 자子를 부父가 부권면제하도록 강제하였다.[52] 기독교시대에 이르러서야 가부家父

---

45 Siber, 308; Kunkel, § 153 주 9; Jolowicz, 520, 531.

46 Reitzenstein, 전게서, 15.

47 v. Woeß, 122는 부부간 무유언상속에 관한 로마법의 "빈약함"(Gierke in Holtzendorff-Kohler, *Enzyklop. d. RechtsW.* I, 294)이 자유혼의 등장을 통한 혼인제도의 쇠퇴에 기인한다는 설명을 시도한다. 이는 잘못된 견해이다. 자유혼은 처음부터 존재하였다. 나아가 위에서 언급한 상속 관련 관습은 로마혼인이 결코 "쇠퇴" 하지 않았다는 것을 보여준다. 상속 관련 관습이 전통법으로부터 비롯하였다는 설명은 불필요해 보인다.

48 이에 대하여 다음 문헌을 참조: Wenger, *Miscellanea F. Ehrle* I, 33 이하; M. Roberti, "Patria potestas e paterna pietas", *Studi Albertoni* I, 257 이하; Kunkel, § 184.

49 Cic. *Pro Plancio*, 12.29: "parente ... quam veretur ut deum, neque enim multo secus est parens liberis." Shakespeare, *Midsummer Night's Dream* 1.1: "What say you, Hermia? be advised fair maid. To you your father should be as a god; One that composed your beauties, yea and one, To whom you are but as a form of wax, By him imprinted and within his powers, To leave the figure or disfigure it."

50 전술한 183면.

51 Bonfante, *Corso* I, 75 이하; 79 이하.

52 D.37.12.5.

【역주】 D.37.12.5 Pap. 11 quaest.

Divus Traianus filium, quem pater male contra pietatem adficiebat, coegit emancipare. quo postea (paterfamilias)는 자식에 대한 사형권을 박탈당하였다.[53] 부父가 신생아를 "들어올림" (tollere)"으로써 자식으로 인정하는 권리나 그의 재량으로 죽이거나 유기할[54] 권리는 374년 발렌티니아누스 1세[재위: 364-375]에 의하여 없어졌다.[55] 가부家父는 또한 원래는 자식

---

defuncto, pater ut manumissor bonorum possessionem sibi competere dicebat: sed consilio Neratii Prisci et Aristonis ei propter necessitatem solvendae pietatis denegata est.

53 생사여탈권이 Papinian. Coll.4.8.1에서 입증된다; 하드리아누스(D.48.9.5)도 그것을 폐지하지 않았으며 (전술한 184면 이하를 보라). 콘스탄티누스(CTh.9.15.1)도 그것을 폐지하지 않았는데, 후대의 그의 칙법이 보여주는 바와 같다(CTh.4.8.6.pr.): "... patribus, quibus ius vitae in liberos necisque potestas permissa est." Bonfante, *Scritti* I, 65; Corso I, 81 참조. 생사여탈권은 확실히 발렌티니아누스의 칙법(CTh.9.13.1) 이후에 폐지되었다. 그것은 유스티니아누스법 시대에는 더 이상 존재하지 않았는데, 수정된 텍스트가 보여주는 바와 같다. 특히 분명한 것으로: C.8.46.10; D.48.8.2 (sed 이하는 부진정, Mommsen, *StrafR*. 618 주 4); D.28.2.11 (licet 대신 licebat); Bonfante, *Corso*, 83, 85 주 2.

【역주】 Coll.4.8.1 Pap. adult.

Cum patri lex regia dederit in filium vitae necisque potestatem, quod bonum fuit lege conprehendi, ut potestas fieret etiam filiam occidendi, velis mihi rescribere: nam scire cupio. respondit: numquid ex contrario praestat nobis argumentum haec adiectio, ut non videatur lex non habenti dedisse, sed occidi eam cum adultero iussisse, ut videatur maiore aequitate ductus adulterum occidisse, cum nec filiae pepercerit?

D.48.9.5 Marcian. 14 inst.

Divus Hadrianus fertur, cum in venatione filium suum quidam necaverat, qui novercam adulterabat, in insulam eum deportasse, quod latronis magis quam patris iure eum interfecit: nam patria potestas in pietate debet, non atrocitate consistere.

C.8.46.10 Const. A. ad Maximum pu.

Libertati a maioribus tantum impensum est, ut patribus, quibus ius vitae in liberos necisque potestas olim erat permissa, eripere libertatem non liceret. 〈a. 323 D. XV k. Iun. Thessalonicae Severo et Rufino conss.〉

D.48.8.2 Ulp. 1 de adult.

Inauditum filium pater occidere non potest, sed accusare eum apud praefectum praesidemve provinciae debet.

D.28.2.11 Paul. 2 ad Sab.

In suis heredibus evidentius apparet continuationem dominii eo rem perducere, ut nulla videatur hereditas fuisse, quasi olim hi domini essent, qui etiam vivo patre quodammodo domini existimantur. unde etiam filius familias appellatur sicut pater familias, sola nota hac adiecta, per quam distinguitur genitor ab eo qui genitus sit. itaque post mortem patris non hereditatem percipere videntur, sed magis liberam bonorum administrationem consequuntur. hac ex causa licet non sint heredes instituti, domini sunt: nec obstat, quod licet eos exheredare, quod et occidere licebat.

54 Mommsen, *StrafR*. 619; Grimm, *Deutsche Rechtsaltertümer* I (제4판, 1899), 627 이하.

55 CTh.9.14.1 및 이에 관하여 Bonfante, 84 이하. E. Weiß, *RE*, col. 470, 'Kinderaussetzung' 항목도 참조.

【역주】 CTh.9.14.1 Valentin./Valens/Grat. AAA. ad Probum pp.

Si quis necandi infantis piaculum aggressus aggressave sit, erit capitale istud malum.

을 매각할 권리도 가지고 있었는데,[56] 단지 티베리스 강 건너편(trans Tiberim)으로 매각한 경우에만 자식은 노예로 되었고, 그 밖의 경우 그러한 매도는 "준準노예상태(in mancipio esse)"이라는 혼합적 법률관계만을 발생시켰다.[57] 그러나 이미 고전기에 솔가권(potestas)하에 있는 자子에 대한 악취행위(mancipatio)는 (가해자위부[noxae datio]를 예외로 하면), 형식만을 빌려서(dicis causa) 실행되었다.[58] 실제 매매와 매매에 의한 악취행위(mancipatio)는 불법적이고 부도덕한 것(illicita et inhonesta)이었고,[59] 그러므로 아마도 무효였을 것이다.[60] 어떤 사안에서 콘스탄티누스[재위: 306-337]는 – 역사적 정확성은 거의 없지만 – "우리의 선조들은 부父가 자식의 자유를 박탈하는 것을 결코 허락하지 않았다"라고 언급하였다.[61] 부단한 노력에도 불구하고 인도적인 로마법은 제국 동부에서 자식 매매를 근절하는 데에는 성공하지 못하였다. 이러한 악습의 영향으로 콘스탄티누스는 인도주의 로마법원리를 포기하였고 신생아 매매를 허용하였다.[62] 이 문제에 있어서 유스티니아누스는 다시

〈P. VII. id. Feb. Romae, Gratiano A. III. et Equitio conss.〉

56 이에 대하여 다음 문헌을 참조: Mommsen, *Ges. Schr*. III, 3 및 8; *StrafR*. 782; Mitteis, *Reichsrecht und Volksrecht*, 357 이하, 363; Bonfante, *Scritti* I, 64 이하 및 *Corso* I, 85; Costa, *La vendita e l'esposizione della prole nella legislazione di Constantino* (Academ. Bologna, ser. I, vol. 4, 1910), 117면 이하; Kunkel, § 184.

57 이에 관하여 Mommsen, *Ges. Schr*. 전게서.

58 Gai.1.141: "sed plerumque hoc fit dicis gratia, nisi scilicet ex noxali causa mancipantur." 사견(私見)으로 이 개소는 진정하다. 이견(異見): Solazzi, "Glosse a Gaio", *Studi Riccobono* I, 164 이하.

59 Caracalla, C.7.16.1.
【역주】 C.7.16.1 Ant. A. Saturninae.
Rem quidem illicitam et inhonestam admisisse confiteris, quia proponis filios ingenuos a te venumdatos. sed quia factum tuum filiis obesse non debet, adi competentem iudicem, si vis, ut causa agatur secundum ordinem iuris. 〈pp. V id. Feb.〉

60 Diocl. C.4.43.1; Bonfante, *Corso* I, 80.
【역주】 C.4.43.1 Diocl./Maxim. AA. et CC. Aureliae Papinianae.
Liberos a parentibus neque venditionis neque donationis titulo neque pignoris iure aut quolibet alio modo, nec sub praetextu ignorantiae accipientis in alium transferri posse manifesti iuris est. 〈a. 294 D. XVI k. Dec. Nicomediae CC. conss.〉

61 CTh.4.8.6.pr. Const. A. ad Maximum pu.
【역주】 Libertati a maioribus tantum impensum est, ut patribus, quibus ius vitae in liberos necisque potestas permissa est, eripere libertatem non liceret.

한 번[63] 고전법 전통으로의 회귀를 시도하였는데, 물론 절충적인 입장에서 한 가지 예외를 허용하였고("propter nimiam paupertatem egestatemque victus": 극심한 가난과 궁핍으로 말미암아 먹여 살리기 위해), – 그리고 오직 이 경우에만 – 부父는 매도권을 보유하였다.[64] 이 경우에 자식은 노예가 되었는데, 왜냐하면 유스티니아누스가 "준準노예상태(in mancipio esse)" 제도를 폐지하였기 때문이다.[65] 처음에는 자식을 약혼 또는 혼인시킬 권리가[66] 솔가권의 일부에 속하였으나, 고전기에 부父는 더 이상 자식의 동의 없이는 약혼시킬 수 없었다. 신랑・신부의 동의가 필수적이었으나, 다른 한편 신랑・신부들에 의해서 체결된 약혼은 부父의 동의가 있는 경우에만 유효하였다. 헬레니즘-동방의 영향하에 고전기 이후의 법은 시대에 역행하는 조치를 취하였다. 딸은 부父가 자신을 불명예스러운 사람과 약혼시키려고 했던 경우에만 동의를 거절할 수 있었다.[67] 약혼에 있어서와 동일하게 고전기에는 장래 부부가 될 사람들의 동의가 혼인 그 자체를 위하여 필수적이었고, 또한 그들의

---

62 CTh.5.10.1 Const. A. Italis suis.

【역주】 Secundum statuta priorum principum, si quis infantem a sanguine quoquo modo legitime comparaverit vel nutriendum putaverit, obtinendi eius servitii habeat potestatem: ita ut, si quis post seriem annorum ad libertatem eum repetat vel servum defendat, eiusdem modi alium praestet aut pretium, quod potest valere, exsolvat. Qui enim pretium competens instrumento confecto dederit, ita debet firmiter possidere, ut et distrahendi pro suo debito causam liberam habeat: poenae subiiciendis iis, qui contra hanc legem venire tentaverint. 〈Dat. XV. kal. Sept. Serdica, Constantino A. VIII. et Constantino C. IV. conss.〉

63 전술한 93면, 153면 참조.

64 콘스탄티누스 칙법의 유스티니아누스 판을 보라(C.4.43.2). 그리고 이에 관하여 Bonfante, *Corso* I, 85를 보라.

【역주】 C.4.43.2 Const. A. provincialibus suis.

Si quis propter nimiam paupertatem egestatemque victus causa filium filiamve sanguinolentos vendiderit, venditione in hoc tantummodo casu valente emptor obtinendi eius servitii habeat facultatem. 1. Liceat autem ipsi qui vendidit vel qui alienatus est aut cuilibet alii ad ingenuitatem propriam eum repetere, modo si aut pretium offerat quod potest valere, aut mancipium pro huiusmodi praestet.

65 Inst.4.8.7; 그리고 이에 관하여 Schulz, *Epitome Ulp.* 34.

66 상세 문헌은 전술한 183면.

67 D.23.1.12.1은 부진정하다. Interp. Index 및 Bonfante, *Corso* I, 227 주 5 참조.

【역주】 D.23.1.12.1 Ulp. l. s. de sponsal.

Tunc autem solum dissentiendi a patre licentia filiae conceditur, si indignum moribus vel turpem sponsum ei pater eligat.

부父의 동의 없이는 자식을 혼인시킬 수 없었다. 유스티니아누스 법에서는 이러한 요건이 일정한 경우 포기되었다.[68] 자유혼의 경우 혼인생활의 지속을 원하는 그의 자식의 의사에도 불구하고 부父의 이혼시킬 권리는 인도주의적인 황제들인 안토니누스 피우스[재위: 138-161]와 마르쿠스 아우렐리우스[재위: 161-180]에 의하여 폐지되었다.[69] 다시 한 번 고전기 이후의 법은 역행적인 조치를 취하였다. 유스티니아누스법상 부父는 중대하고 정당한 이유에 기하여(ex magna et iusta causa) 딸의 의사에 반反하여 딸을 이혼시키는 것이 허용되었다.[70]

(b) 솔가권 이외의 부모와 자식 사이의 관계

솔가권을 제외한[71] 부모와 자식 간의 관계는 우선은 전적으로 관습에 맡겨졌다. 인도주의 영향하에 많은 법규들이 개발되었다. 이미 공화정기에 법정관법상의 혈족급 무유언 유산권(bonorum possessio sine tabulis unde liberi: 자식급 무유언 유산권과, unde cognati 혈족급 무유언 유산권)[72]이 확립되었다. 자식이 부모를 상대로 제기하는 파렴치효 소권은 배제되었고, 부모는 본인의 의사에 반하여 자식에 의하여 소환될 수 없었다.[73] 공화정 말기 무렵, 법은 또한 비인도적인 유언(testamentum inhumanum)[74] 또는 배륜背倫유언(t. inofficiosum)을 마땅치 않게 여겼고, 그리하여 유류분권이 발전되었다.[75] 제정기 2세기에 비기독교적 인도

---

68 고전기 법상 이에 관한 암시가 있지만, 사료는 수정으로 인해 불분명하다. Kunkel, § 172; Bonfante, *Corso* I, 198; Kunkel, *RE*. col. 2265, ‘matrimonium’ 항목(문헌과 함께).

69 E. Levy, *Hergang der römischen Ehescheidung*, 145; Bonfante, *Corso* I 250.

70 C.5.17.5.pr. (말미는 유스티니아누스에 의한 것임).
【역주】 C.5.17.5.pr. Diocl./Maxim. AA. et CC. scyrioni. dissentientis.
Dissentientis patris, qui initio consensit matrimonio, cum marito concordante uxore filia familias ratam non haberi voluntatem divus Marcus pater noster religiosissimus imperator constituit, nisi magna et iusta causa interveniente hoc pater fecerit. 〈a. 294 D. V k. Sept. Nicomediae CC. conss.〉

71 이에 대하여 다음 문헌을 참조: Windscheid, III, § 514; Bonfante, *Corso* I, 278.

72 Kunkel, § 197; Costa, *Cicerone giureconsulto* I, 215; Buckland, 366.

73 Bonfante, 전게서.

74 Cic. *In Verr*. II 1.42.107: “testamentum P. Annius fecerat non improbum, non inofficiosum, non inhumanum.”

75 Kunkel, § 209; Buckland, 324 이하.

주의 관념이 그 절정에 이르렀고, 자식을 상속하는 모母 또는 모母를 상속하는 자식에게 유리하게 개선된 무유언상속법의 발전이 나타난다(테르툴루스 원로원의결[SC. Tertullianum. 하드리아누스 치세][76] 및 오르피투스 원로원의결[SC. Orfitianum. 기원후 178년][77]).[78] 모母의 자子 양육권은 안토니누스 피우스[재위: 138-161]와 마르쿠스 아우렐리우스[재위: 161-180]의 칙답에서 인정되었고,[79] 부모-자식 간의 부양청구권도 인정되었다(비상심리절차상 소구 가능).[80] 고법古法 시기부터 부父 또는 부계종족은 경친敬親(pietas)에 기하여 딸에게 혼인지참재산을 설정해 줄 의무가 있었다. 그것은 고전기 이후에 이르러서야 법적 의무로 되었고, 유스티니아누스 치세에는 모母 역시 중대하고 개연적인 사유에 기하여(ex magna et probabili causa) 법적 책임이 있었다.[81]

III. 로마시민 내에서의 인도주의 원리

로마시민(cives Romani) 집단 내에서 인도주의 원리의 영향은 형사법에서 가장 현저하게 나타난다.

---

76 【역주】 다자(多子)의 권리(ius liberorum)을 가진 모(母)에게 - 무유언의 경우 - 자식을 상속할 권리를 인정하였는데, 자식의 자식, 부(父) 기타 다른 종족원보다는 후순위였다.

77 【역주】 여성의 상속재산에 관하여 그녀의 형제, 자매, 다른 친족보다 그녀의 자식에게 우선권을 주었다.

78 Kunkel, § 198; Buckland, 368 이하.

79 D.43.30.1.3 및 3.5. 이에 관하여 Windscheid, *Pand.* III, § 514 주 7.
【역주】 D.43.30.1.3 Ulp. 71 ad ed. [자식 제시 및 인치에 관한 특시명령]
Si vero mater sit, quae retinet, apud quam interdum magis quam apud patrem morari filium debere (ex iustissima scilicet causa) et divus Pius decrevit et a Marco et a Severo rescriptum est, aeque subveniendum ei erit per exceptionem.
D.43.30.3.5 Ulp. 71 ad ed. [자식 제시 및 인치에 관한 특시명령]
Etiamsi maxime autem probet filium pater in sua potestate esse, tamen causa cognita mater in retinendo eo potior erit, idque decretis divi Pii quibusdam continetur: optinuit enim mater ob nequitiam patris, ut sine deminutione patriae potestatis apud eam filius moretur.

80 Pernice, *SZ* 5, 22; Windscheid, § 475, No. 3a 이하; Bonfante, *Corso* I, 279.

81 Windscheid, § 493 주 4 이하; Siber, 303(문헌과 함께); Bonfante, *Corso* I, 298 이하; Castelli, *Scritti giur*. (1923), 129면 이하.

1. 사형의 제한

인도주의 관념은 사형의 제한 나아가 폐지를 요구한다.[82] 공公형법상 12표법에서 인정된 유일한 형벌은 사형이었다.[83] 그러나 의미심장한 것은 입법자의 기본 관점에서 볼 때 절도범에 대한 취급이다. 수확한 농작물의 절도만이 사형으로 처벌받았다.[84] 그 밖의 경우 도품의 소유자는, 현행절도범(fur manifestus)의 경우 도둑이 자신을 수중에 있는 무기로 방어하였거나 야간에 절도했던 경우에만 그를 살해할 권리를 가졌다.[85] 그 외의 경우 현행도(fur manifestus)는 도품의 소유자에게 넘겨졌고, 비현행도(fur nec manifestus)는 벌금형에만 처해졌다.[86] 이것이야말로 확실히 인도주의인데,[87] 이는 헬레니즘의 인도주의 운동기보다 훨씬 전이었음에도 그러하다. 게르만법상 절도범에 대한 처벌과 비교해보자. 게르만법상 절도는 아마도 18세기까지는 통상적으로 사형에 처해졌는데, 이것은 18세기에 인도주의 원리가 그것을 폐지하기 전까지였다(프리드리히 대제, 1743년).[88] 12표법 이후

---

82 이에 대하여 다음 문헌을 참조: Mommsen, *Geschichte der Todesstrafe im röm. Staat, Reden u. Aufsätze*, 437 이하; *Röm. StrafR.* 939 이하; E. Levy, “Die römische Kapitalstrafe”, *Sitzungsberichte d. Heidelberger Akad. d. Wiss., phil.-hist. Kl.* 1930/1, 다섯 번째 논문; Lengle, 43 이하.

83 Mommsen, *StrafR.* 941.

84 XII. Tab. 8.9: 쟁기로 수확한 … 농작물을 야반(夜半)에 (가축에게) 먹인 행위와 절리(切離)한 행위는 12표법에 의하면 성숙자에게는 극형이었고, 케레스 신수(神樹)에 효수하여 사형에 처하도록 명하였다. … 미성숙자는 법정관의 재량으로 태형이나 1배액 혹은 2배액의 배상이 명해졌다. [번역은 최병조, “12표법(대역)”, 로마법연구(I), 23면]; Mommsen, 772.

85 XII. Tab. 8.12: (어떤 자가) 야반(夜半)에 절도를 한 경우에는 그를 (어떤 자가) 살해하더라도 그는 적법하게 살해된 것으로 한다.
XII. Tab. 8.13: 주간(晝間)에 … 그[=盜人]가 무기를 가지고 자신을 방어하는 경우에는 … (절도 피해자는) 큰 소리로 원조를 구해야 한다. [최병조 역]
이에 관하여 Berger, *Studi Albertoni* I (1933), 385면.

86 Gai.3.189-190
【역주】 Poena manifesti furti ex lege XII tabularum capitalis erat. nam liber verberatus addicebatur ei, cui furtum fecerat; utrum autem servus efficeretur ex addictione an adiudicati loco constitueretur, veteres quaerebant. in servum aeque verberatum animadvertebatur. sed postea inprobata est asperitas poenae et tam ex servi persona quam ex liberi quadrupli actio praetoris edicto constituta est. 190. Nec manifesti furti poena per legem XII tabularum dupli inrogatur, eamque etiam praetor conservat.

87 Mommsen, *Reden u. Aufsätze*, 438 이하; *StrafR.* 941 주 1.

88 Liszt-Schmidt, *Lehrb. d. deutschen StrafR.* (제25판, 1927), § 126 말미; v. Hippel, *Deutsch. StrafR.* I

시기에 사형은 상당히 제한되었는데, 이것은 기원전 2세기 이래로 인도주의 관념의 영향 하에서 가시적으로 나타났다. 키케로는 말하길, 사형이 없이도 살 수 있는 사람들은 "용기 있는 사람들"이었다.[89] 사형은 형식적으로는 폐지되지 않았지만, 사실상 살인과 반역의 경우에만 적용되었고, 그것도 매우 드물게만 적용되었다 – 사형은 벌금과 추방형(aquae et ignis interdictio: 수화불통水火不通)으로 대체되었다.[90] 원수정기에 사형이 다시금 적용되었다는 것은 사실이다. 집정관-원로원 형사법정과 황제법정은 사형을 부과했을 뿐만 아니라 실제로 집행도 하였다.[91] 그러나 법적으로는 이러한 것들은 예외적인 경우들이었고, 트라야누스, 하드리아누스, 안토니누스 피우스 그리고 마르쿠스 아우렐리우스 치세에 그러한 경우는 아마도 실제로도 예외적이었을 것이다. 3세기에 이르러서야 사형은 중대한, 물론 때로는 상대적으로 사소한 범죄에 대한 정규형벌로 되었다.[92]

2. 범죄인만 처벌되어야 함

죄를 저지른 자만이 처벌을 받아야 한다는 생각도 인도주의 원리에 부합되는 것이다. 로마 법률가들은 아버지의 죄값을 그 자식에게서 구하는 것을 결코 생각해 본 적이 없었던 것으로 보인다. 로마 법률가들은 정당한 자부심을 가지고 로마법의 인도주의 원리를 지적하고, 그리스인들을 따라 하지 않았다.[93] 심지어 동로마황제 아르카디우스[재

(1925), 249면, 273면 이하; *Lehrb. d. StrafR*. I (1932), 235면.

89 Cic. *Pro Rabirio* 3.10: "sed ista laus primum est maiorum nostrorum ... deinde multorum virorum fortium, qui vestram libertatem non acerbitate suppliciorum infestam, sed lenitate legum munitam esse voluerunt." 키케로의 말이 과장적임에도 불구하고 당시 여론의 특징을 보여준다(*Pro Ligario*, 4.11): "Non habet eam vim ista accusatio, ut Q. Ligarius condemnetur, sed ut necetur. Hoc egit civis Romanus ante te nemo: externi isti mores, usque ad sanguinem excitari odio, aut levium Graecorum aut immanium barbarorum."

90 Polyb. 6.14.7; Levy, 5 이하, 26 이하, 29면; Lengle, 전게서.

91 Mommsen, *StrafR*. 942 이하; Levy, 47 이하; Volkmann, 57, 77.

92 Mommsen, 943.

93 이에 대하여 다음 문헌을 참조: Dionys. Halic. 8.80; Cic. *De deorum nat*. 3.38.90: "ferretne civitas ulla latorem istius modi legis, ut condemnaretur filius aut nepos, si pater aut avus deliquisset?" 신황(神皇) 형제(divi fratres)에 의한 칙답(D.48.19.26). Mommsen, *StrafR*. 593; Burckhardt, *Griech. Kulturgesch*. I, 253 이하.

위: 395-408]도 명시적으로 이 규칙을 인정하였는데,[94] 그가 바로 그 유명한 "'누구든지' 법(lex Quisquis)"[95]을 만든 장본인이었음에도 불구하고 그러하였다. 동법은, 비록 반역자의 자식의 목숨은 살려두었지만(황제의 생각에는 그들의 목숨도 박탈되어야만 했다), 그들에게 재산의 사인死因(mortis causa) 취득을 금하였고 모든 관직으로부터도 배제시켰던 법률이다. 동법은 불행하게도 유스티니아누스 법에도 유지되었다.[96] 그러나 위에서 언급한 규칙에 대한 더 이상의 예외들은 로마법상 결코 만들어지지 않았다.[97] 티베리우스에 의한 세이아누스Seianus의 자식들에 대한 처형,[98] 네로에 의한 공모자들의 자식들의 처벌[99]은 악행이었지만, 법에 의한 집행은 아니었다.[100] 불법행위 가해자의 상속인은 불법행위의 결과로 그들이 취득한 일체의 것을 사법상私法上 반환할 의무가 있었다. 그러나 피상속인에 의하여 초래된 징벌금에 대하여 그들은, 불법행위자를 상대로 그의 생전에 이미 소가 제기되었던 경우에만 책임이 있었다[101] – 그러나 이 규칙에 대한 예외들이 있었다.[102]

【역주】 D.48.19.26 Call. 1 de cogn.
Crimen vel poena paterna nullam maculam filio infligere potest: namque unusquisque ex suo admisso sorti subicitur nec alieni criminis successor constituitur, idque divi fratres Hierapolitanis rescripserunt.

94 CTh.9.40.18: "Sancimus ibi esse poenam ubi et noxa est. ..."

95 CTh.9.14.3. Mommsen, *StrafR*. 594.

96 C.9.8.5. Arcad./Honor. AA. Eutychiano pp. (a. 397)

97 원임집정관은 그의 처(妻)가 저지른 불법행위에 대하여 책임이 있다고 기원후 1세기에 원로원의결(D.1.16.4.2)이 선언되었을 때("ab ipsis ratio et vindicta exigatur"), 이것은 아주 예외적이었을 것이다. 그러나 남편은 단지 손해배상에 대한 책임만 있었을 것이다. 이 원로원의결에 관하여 Otto Hirschfeld, *Kleine Schriften*, 405 이하.
【역주】 D.1.16.4.2 Ulp. 1 de off. procons.
Proficisci autem proconsulem melius quidem est sine uxore: sed et cum uxore potest, dummodo sciat senatum Cotta et Messala consulibus censuisse futurum, ut si quid uxores eorum qui ad officia proficiscuntur deliquerint, ab ipsis ratio et vindicta exigatur.

98 Tacitus, *Ann*. 5.9.

99 Sueton. *Nero*, 36.

100 Mommsen, 594.

101 Mommsen, *StrafR*. 67.

102 Ferrini, *Diritto penale*, 346 이하; Mommsen, 772.

3. 소추절차, 피소추인과 증인에 대한 고신

형사절차에서 인도주의는 무소불위의 국가를 상대로 하는 피고인에 대한 보호를 요구하는데, 그것은 피고인의 변호를 보장하고 판결을 선고함에 있어서 비非관직자인 심판인의 공조를 보장함으로써 이루어졌다. 인도주의는 나아가 피고인과 증인들이 고신拷訊받지 않을 것을 요구한다. 공화정기 법은 이러한 요구의 실현에 있어서 가장 진전을 보았는데, 특히 인도주의 관념이 급속하게 대두되었을 때 발전했던 사문회査問會 또는 배심절차에서 그러하였다. 배심절차는 순수하게 소추절차였다. 피소추인과 (사인私人인) 소추인은 거의 완전히 대등하였다.[103] 증거는 당사자들에 의하여 수집되었고, 피소추인을 신문하는 것은 허용되지 않았으며,[104] 증인들은 당사자들 또는 그들의 변호인에 의하여 교호신문交互訊問되었다.[105] 법정은 증거조사에 관하여 거의 전적으로 수동적인 태도를 유지하였다 – 주재정무관이 절차를 지휘하였으나 주재정무관이나 배심원 모두 피소추인이나 증인들을 신문하는 것이 허용되지 않았다.[106] 변호를 함에 있어서 광범한 자유가 부여되었다. 공화정 말경 다수의 변호인들이 변호를 위하여 등장하는 것이 통상적으로 되었다 – 전해지는 바로는 4명, 6명, 심지어 12명까지도.[107] 변호연설의 길이가 주재정무관이나 제정법에 의하여 제한된 것이 사실이나,[108] 사실상 그 시간은 매우 후하게

---

103 Cic. *Div. in Caec*. 21.71 참조.

104 Mommsen, 408.

105 Mommsen, 430 이하. 흥미로운 사례가 Cic. *De or*. 2.70.285에 나온다: 법률가 크랏수스가 증인 실루스(Silus)에게 다음과 같이 묻는다: 그가 말하길 "실루스여, 당신이 들었다고 말하는 그 자가 화가 나서 말했을 수도 있지요?" 실루스가 고개를 끄덕였다. "그렇다면 당신이 제대로 이해 못했을 수도 있지요?" 그것 역시 머리 전체로 크랏수스에게 넘어질 정도로 고개를 끄덕였다. 그가 말하길 "그렇다면 당신이 들었다고 말했던 것 전부 당신이 듣지 않았을 수도 있지요?" 이것은 예상 밖에 일어난 일이었고, 그리하여 웃음이 모든 증언을 덮어버렸다(Potest fieri, inquit, Sile, ut is, unde te audisse dicis, iratus, dixerit? Annuit Silus. Potest enim, ut tu non recte intellexeris? Id quoque toto capite adnuit, ut se Crasso daret. Potest etiam, inquit, ut omnino quod te audisse dicis nunquam audieris? Hoc ita praeter expectationem accidit, ut testem omnium risus obrueret.)."

106 Mommsen, 421 이하.

107 Mommsen, 377.

108 Mommsen, 427 이하.

주어졌고, 소추연설보다는 항상 변호연설에 더 긴 시간이 허용되었으며, 종종 그 비율은 2:3이었다. 우르소시市법(lex Ursonensis)상 주主소추인에게는 4시간이, 각각의 보조소추인에게는 2시간이 주어졌으며, 변호에는 모든 소추인들을 합친 시간의 2배가 주어졌다.[109] 공정한 경기에 대한 로마인들의 훌륭한 감각은 주재정무관과 배심원들에게 모든 연설들을 인내심을 가지고 주의를 기울여 들어야 함을 요구하였다. 마지막으로 피소추인이든 증인이든, 모든 생래자유인에게 고신拷訊이 가해지는 것이 금지되었다.[110]

정무관이 전담하는 형사절차는 법적으로는 규문절차였는데, 이때 정무관은 소추인과 변호인, 그리고 심판인의 세 역할을 모두 담당하였다.[111] 그러나 인도주의는 실제로는 소추절차의 형태가 고수되어야만 한다는 것에 신경을 썼다: "소추인 없는 범죄, 자문 없는 판결, 방어 없는 유죄판결: 모든 이러한 일들의 가액을 산정하여(crimen sine accusatore, sententia sine consilio, damnatio sine defensione: aestimate harum omnium rerum pretia)."[112] 정무관은 고발인이 소추인의 역할을 맡도록 하였고, 피소추인에게는 그의 방어를 위한 충분한 기회를 부여하였는데, 즉 정무관은 피소추인이 진술해야만 하는 것을 들은 후에야 판결을 내렸다. 정무관은 피소추인을 소추인과 대면시켰고, 피소추인에게 변호인을 선임할 수 있게 하였다.[113] 이러한 관행이 얼마나 확고하게 정착되었는지는, 사도행전의 저자가, 사도 바울을 상대로 한 절차에서 속주총독 페스투스Festus의 입을 빌려 한 말에 나타나 있다: "로마인들의 관습에는, 피소추인이 소추인을 직접 대면해서, 그 소추한 내용에 대하여 변호할 기회를 가지기 전에는, 그 사람을 넘겨주는 일이 없다고 하였습니다."[114] 이 절차에서 증거조사는 정무관에 의하여 이루어졌다. 피소추인은 신문대상이 되었고,

---

109 Bruns, *Fontes*, No. 28, c. 102, 그리고 이에 관하여 Mommsen, 429면 주 1에서는 피소추인에게는 소추인의 변론시간에 1.5배가 주어졌다고 하나 타당하지 않다.

110 Mommsen, 405.

111 Mommsen, 148.

112 키케로가 *In Verr.* II 5.9.23에서 그와 같이 외친다.

113 Mommsen, 148 이하.

114 사도행전 25:16: ... οὐκ ἔστιν ἔθος Ῥωμαίοις χαρίζεσθαί τινα ἄνθρωπον πρὶν ἢ ὁ κατηγορούμενος κατὰ πρόσωπον ἔχοι τοὺς κατηγόρους τόπον, τε ἀπολογίας λάβοι περὶ τοῦ ἐγκλήματος.

정무관은 어떤 증인들이 신문되어야 할지를 결정하였다.[115] 여기에서도 마찬가지로 생래자유인의 경우 고신拷訊은 금지되었다. 법률상으로는(de iure) 정무관이 단독으로 판결을 내렸지만, 자문[116]할 것이 관습상 요구되었고, 정무관은 그 결정에 따르는 것이 통상적인 관행이었다.

정무관-민회 형사절차는, 그 첫 번째 단계에서는 앞에서 기술한 것과 동일하였다. 민회단계에서 정무관이 소추인으로, 민회가 심판인으로 등장하였다. 증거조사는 정무관의 수중에 있었다. 피소추인과 증인의 신문에 관하여, 그리고 변호에 관해서는 정무관이 전담하는 절차에서와 동일한 것이 적용된다.[117]

게르만법상 소추절차의 더디면서도 여전히 불완전한 발전상을 잘 아는 사람이라면, 이 분야에 있어서 로마법의 성취를 높이 평가할 것이다. 특히 로마의 인도주의에서 의미심장한 것은, 고신拷訊이 아무런 제한 없이 자행되고 있었던 세상에서, 생래자유인의 경우에 고신을 배제하였다는 사실이다.[118] 키케로도 아테네인들과 로도스인들에 대하여 언급하기를, "자유시민들까지도 고신하는 것은 지극히 가혹한 것입니다(id quod acerbissimum est, etiam liberi civesque torquentur)"[119]라고 하였는데, 반면 공화정기를 통틀어 이러한 로마의 원리가 위반된 사례는 한 건도 확인되지 않는다.[120] 로마법사의 영광스러운 한 장면이다.

그러나 로마법은 이러한 수준을 유지하지는 않았다. 제정기에 피소추인은, 심지어 사문회査問會에서도 신문대상이 되었고, 정무관의 직무는 더 이상 절차를 지휘하는 일에만 국한되지 않았다.[121] 사문회 절차는 기원후 3세기 말을 넘어서까지 존속하였던 것으로 보이지 않는다.[122] 전술하였듯이 법적으로는 규문적이었으나 실제로는 소추적이었던 정

---

115 Mommsen, 404.

116 Mommsen, 149 이하. 전술한 196면 참조.

117 Mommsen, *StaatsR*. III/1, 354면, 365면; *StrafR*. 165.

118 Hermann-Thalheim, *Lehrb. d. griech. Rechtsaltertümer* (1895), 33면 주 3; Burckhardt, *Griech. Kulturgeschichte* I, 254; 아래의 218면.

119 *Part. or*. 34.118.

120 Mommsen, 405.

121 Mommsen, 422, 430.

무관이 전담하는 절차가 점점 더 지배적으로 되었다.[123] 디오클레티아누스 치세[284-305] 이래로 – 집정관-원로원 절차의 폐지[124] 이후에 – 그것이 유일한 로마법상 형사절차였다. 티베리우스 치세[14-37] 이래로, 마찬가지로 고신拷訊이 생래자유인인 피소추인에게 가해졌고, 세베루스 치세[222-235]부터는 생래자유인 증인에게도 행해졌다.[125]

4. 여성의 법적 지위

인도주의 관념은 여성의 법적 지위에 대하여는 매우 미미한 영향만을 미쳤다.[126] "여자는 가家에 속한다"라는 확고한 로마인들의 관념은, 양성평등에 대한 인도주의적 요구와는 대립되었다. 공화정 마지막 세기의 여성해방에도 불구하고, 이러한 확신은 너무나도 뿌리 깊어서 인도주의 관념은 매우 더딘 진보만을 이루었다. 여성은, 비록 시민이라더라도, 참정권이 없었다. 그들은 선거권[127]도 공무담임권[128]도 없었다. 이러한 규칙은 불변의 것으로 유지되었고,[129] 원수정기에도 법적 의미에서 여성의 정치참여는 없었다.[130] 민사절차상 여성은 타인을 위한 제소권(ius postulandi actionem pro aliis)이 없었고,[131] 심판인이 될 수도 없었다.[132] 정무관-민회 절차에서 여성은 당사자로서의 법적 지위를 가지지

---

122 전술한 104면 참조.

123 Mommsen, 346 이하.

124 Mommsen, 255, 259 이하.

125 Mommsen, 406 이하.

126 이에 대하여 다음 문헌을 참조: P. Gide, *Étude sur la condition privée de la femme* (2nd ed. by Esmein, 1885), 123면 이하; Kroll, II, 26 이하. 아내의 지위에 관하여는 전술한 210면 이하를 보라.

127 Mommsen, *StaatsR*. III, 9 주 1; Gellius, 5.19.10: "cum feminis nulla comitiorum communio."

128 Mommsen, *StaatsR*. I, 493.

129 D.50.17.2.pr. Ulp. 1 ad Sab.
【역주】 Feminae ab omnibus officiis civilibus vel publicis remotae sunt et ideo nec iudices esse possunt nec magistratum gerere nec postulare nec pro alio intervenire nec procuratores existere.

130 여성의 정치참여는 법률상(de iure)이 아니고 사실상(de facto) 이루어졌을 것이다. Kornemann, *Doppelprinzipat und Reichsteilung* (1930)에서의 여성의 정치참여에 대한 고찰은 설득력이 없다. 그에 대한 반대견해로 또한 O. Th. Schulz, *SZ* 51, 506도 참조.

131 Lenel, *Ed.* 76면.

132 D.5.1.12.2 Paul. 17 ad ed.

못했고 그 결과 여성은 상소권도 없었다.[133] 부인婦人 후견(tutela mulierum)은, 이미 고전기 법학자들에 의하여 쇠퇴한 법제도로 다루어졌던 것이 사실이고,[134] 클라우디우스[재위: 41-54]가 종족원에 의한 후견을 폐지한 이후에는 상당부분 덜 엄격하게 되었지만,[135] 5세기까지도 완전히 소멸하지는 않았다.[136] 유스티니아누스 치세[527-565]까지 여자는 미성숙자 후견인(tutor impuberis)이 될 수 없었다. 유스티니아누스는 최초로 – 예외적으로만 – 모母와 조모祖母에게 각각 그들의 자녀와 손자녀에 대한 후견을 허용하였다.[137] 유언에 기한 여성의 수유受遺능력을 제한시킨 보코니우스법(lex Voconia, 기원전 169년)은 원수정기에는 더 이상 적용되지 않았으나,[138] 얼마 지나지 않아 기원후 46년에 벨라이우스 원로원의결(SC Vellaeanum)이 여성을 채무가담(intercessio)으로부터 배제시켰다.[139] 고전기 법상의 여성의 상속법상 일정한 무능력은 유스티니아누스 치세에 이르러서야 폐지되었다.[140]

【역주】 Non autem omnes iudices dari possunt ab his qui iudicis dandi ius habent: quidam enim lege impediuntur ne iudices sint, quidam natura, quidam moribus. natura, ut surdus mutus: et perpetuo furiosus et impubes, quia iudicio carent. lege impeditur, qui senatu motus est. moribus feminae et servi, non quia non habent iudicium, sed quia receptum est, ut civilibus officiis non fungantur.

133 Mommsen, *StaatsR*. III, 352; *StrafR*. 143, 475.

134 Rabel, *Grundzüge*, 424; Kunkel, § 192; Buckland, 166 이하 참조. Gai.1.190에서의 여성후견제도에 대한 비판은 아마도 가이우스의 것이 아닐 것이다: Solazzi, "Glosse a Gaio", *Studi Riccobono* I, 187.
【역주】 Gai.1.190.
Feminas vero perfectae aetatis in tutela esse fere nulla pretiosa ratio suasisse videtur. nam quae vulgo creditur, quia levitate animi plerumque decipiuntur et aequum erat eas tutorum auctoritate regi, magis speciosa videtur quam vera: mulieres enim quae perfectae aetatis sunt, ipsae sibi negotia tractant, et in quibusdam causis dicis gratia tutor interponit auctoritatem suam; saepe etiam invitus auctor fieri a praetore cogitur.

135 Gai.1.157, 190; 2.121, 122.

136 Bonfante, *Corso* I, 412; Kipp, "Das Röm. Recht" (in Stammler, *Das gesamte deutsche Recht*, 1930), 181면의 서술은 틀렸다.

137 Windscheid, *Pand.* III, § 434; Wenger, *SZ* 26, 449 이하.

138 v. Woeß, *Das röm. Erbrecht u. d. Erbanwärter*, 70 이하; Siber, 344; Rotondi, *Leges publicae populi romani*, 283.

139 Kunkel, § 133; Buckland, 444.

140 C.6.58.14 및 15; C.6.55.12; Inst.2.13.5 참조. 소위 황후 테오도라(Theodora)가 유스티니아누스에게 끼친 영향에 대하여 (전적으로 만족스럽지는 않지만) Gianturco, "L'influenza dell'imperatrice Teodora

5. 사법私法의 인도주의화

사법私法은 무수한 개별 문제에 있어서 인도주의 관념에 영향을 받았고 점진적으로 인도주의가 요구하는 바에 적응하게 되었다: 타인에 대한 배려, 권리의 관대한 행사, 가난한 자와 약자에게 도움을 주는 것, 법의 엄격함에 호소하지 않는 것, 공정과 자비를 행하는 것, 문언과 형식에 가치를 두지 않고 그 내용과 의미에 의하여 지도되는 것. 이러한 발전은 공화정 말기부터 아마도 유스티니아누스 치세[527-565] 때까지 지속되었다. 고전기에는 여전히 명확성의 중요성과 확고하고 엄격한 법규칙의 교육적 가치에 대한 살아있는 이해를 보존하였다.[141] 고전기 이후에는 이러한 감각이 상실되었다. "그러나 더 나은 것은(sed melius est) …", "그러나 더 관후寬厚한 것은(sed benignius est) …", "그러나 더 인간적인 것은(sed humanius est) …" 기타 인도주의(humanitas)를 따르는 구절들을 덧붙임으로써, 무수한 고전기 결정들이 제한되었거나 정반대로 변경되었다. 고전기 법의 형식에 대한 엄격한 고수는 상당히 완화되었고, '표시'보다는 종종 지나칠 정도로 '의사'에 법적 중요성이 부여되었다. 기독교의 영향으로 사회적 감정, 모든 인간 사이의 화합, 약자를 돕는 것에 대한 의무와 필요성이 강조되고 강화되었다. 이러한 사법私法의 인도주의화의 역사를 여기에서 계속하여 살펴볼 수는 없다 – 사료는 방대하지만 주제별로 분류된 포괄적인 개관을 제공하는 선행연구가 없기 때문이다. 그러나 많은 양의 개소들이 비판적으로 연구되었고, 그 중의 다수는 이러한 역사적 발전상의 제자리를 이미 찾아냈다.[142]

---

nella legislazione giustinianea", *Studi Fadda* IV (1906), 1면 이하를 보라. Duquesne, *Nouv. Revue hist.* 32 (1908), 254면 이하를 보라.

141 Beseler, *Studi Riccobono* I, 287 이하 참조.

142 이 문제에 관한 문헌은 매우 방대하고 대단히 분산되었다. 그중 대부분은 Guarneri Citati, *Indice* (1927) 및 추록(supplem.)에 인용되어 있다(*Studi Riccobono* I, 701 이하, 1934). aequitas, aequus, iniquus, benigne, benignitas, benignus, humanitas, humanus, inhumanus, duritia, durus, ius strictum, iuris rigor, subtilis, subtilitas 항목. 특히 (추가 문헌이 인용되어 있는) 아래의 문헌들을 참조: Beseler, *Opora* (1930), 10면 및 *Studi Riccobono* I, 287 이하; Pringsheim, "Aequitas u. bona fides", *Conferenze per il XIV. centenario delle Pandette* (Milano, 1931); *SZ* 52, 78 이하; Albertario, *Studi Bonfante* I, 641 이하; G. Segrè, *Atti del Congresso 1933*, Roma I, 224면. 기독교의 영향에 관하여는 특히 Riccobono, "L'influenza del

여기에서는 소少 플리니우스(Gaius Plinius Caecilius Secundus, 기원후 61년-113년경)가 쓴 몇 통의 편지를 참조하는 것으로 충분하다.

『서간집』 2.16: 아킬리아누스Acilianus라는 사람이 플리니우스를 부분(ex parte) 상속인으로 지정하였고, 유언보충서(codicilli)에서 일정한 유증의무를 부담시켰다. 유언보충서는 무효였는데, 플리니우스는 말하길, "왜냐하면 유언에 의하여 인준되지 않았기 때문이다(quia non sint confirmati testamento)."[143] 그러나 플리니우스는 자신은 그것을 유효하게 다룰 것이라고 하는데, 왜냐하면 "나는 어떤 고유한 법을 나 자신에게 선언하였는데, 그것은 망인의 의사를, 비록 법적으로 하자가 있더라도, 마치 완전한 것으로 내가 돌보겠다는 것이다. 그런데 이 유언보충서가 아킬리아누스의 친필로 작성되었다는 것은 확실하다".[144]

『서간집』 4.10: 한 여성 유언자가 플리니우스와 여기에서 문제되고 있는 편지의 수신인을 그녀의 상속인으로 지정하였고, 그녀가 유언상 어디에서도 해방된다고 선언하지 않은 그녀의 노예 모데스투스Modestus에게 다음과 같은 말로 유증하였다: "내가 자유인이라고 명한 모데스투스에게(Modesto quem liberum esse iussi) … ." 플리니우스는, 그 자신이 법률가들에게 문의하였고 이들은 그 노예가 해방되지 않았으므로 그(노예)는 유증에 대한 권리가 없다고 답하였음을 기술한다: "자유가 부여되지 않았으므로 해방노예가 되지도 않았고, 자신의 노예에게 공여한 것이므로 유증 의무도 없다."[145] 여기에서 또 다시 플리니우스는 여성 유언자의 의사가 그럼에도 불구하고 이행되어야만 한다는 견해이고, 그는 이 편지의 수신인도 같은 견해일 것을 바란다: "당신이 망인의 의사를 매우 성실하게 지켜왔기 때문인데, [망인의] 의사를 알아들었음은 선량한 상속인에게는 법인 것입니다. 왜냐하면 우리의 경우 명예가 가지는 가치가 다른 사람들의 경우 필요성이 가지는 가치 못지않기 때문입니다."[146]

---

cristianesimo nella codificazione di Giustiniano", *Rivista di scienza 'Scientia'* 5 (1909); "Cristianesimo e diritto romano", *Pubblicazioni dell'università cattolica del sacro cuore*, ser. 2 vol. 43; Pringsheim, "Römische Aequitas der christlichen Kaiser", *Acta congressus* (1934) I, 119 이하; Albertario, *Introduzione* I, 86 이하. 로마법상 사회적 영향에 관하여는 Brassloff, *Sozialpolitische Motive in der röm. Rechtsentwicklung* (1933)(오래된 문헌들이 인용되어 있음); L. Hahn, "Kaisertum", *Das Erbe der Alten* VI (1913), 8면 이하.

143 이에 관하여 Fein, *Glück's Pand.* 44, 19면 이하.

144 "ego propriam quandam legem mihi dixi, ut defunctorum voluntates, etiamsi iure deficerentur, quasi perfectas tuerer; constat autem codicillos istos Aciliani manu scriptos."

145 "nec libertatem deberi quia non sit data, nec legatum, quia servo suo dederit."

146 "cum religiosissime soleas custodire defunctorum voluntatem, quam bonis heredibus intellexisse pro iure

『서간집』 5.7: 플리니우스와 그의 친우親友가 상속인으로 지정되었는데, 유언자는 또한 코모Como 자치시에 무엇인가를 출연하였다. 이 후자의 출연은 법적으로는 무효였다.[147] 플리니우스는 그럼에도 불구하고 유언자의 의사를 이행할 것이라고 표명한다: "당신이 법을 고려하면 이것은 무효이고, 망인의 의사를 고려하면 인정되고 유효합니다. 그런데 나에게는 (법률가들이 내가 곧 말할 것을 어느 쪽으로 이해할지를 나는 염려합니다만) 망인의 의사가 법보다 더 중요합니다."[148]

모든 앞의 사례들에서 유언자의 의사(voluntas testatoris)가 결정적이라는 것이 명확하게 드러난다 – 이러한 견해가 고전기 이후의 법학과 입법을 지배한다. 어쨌든 유스티니아누스 법상으로도 앞의 세 가지 사례들 모두 플리니우스의 인도주의가 요구한 것과 같은 방식으로 결정되었을 것이다.

Ⅳ. 외인들을 규율하는 법에서의 인도주의 원리

로마의 관용

외인外人들을 규율하는 법에서도 인도주의가 역할을 하였다. 외인들을 대함에 있어서의 "로마의 관용"은 기원전 2세기 이래로 자주 언급된다.[149] 그 시기의 로마인들은 종종 "우리 선조들의 관용", "우리의 잘 알려진 관용"[150]을 언급하였고, 비로마인들도 그것을

---

est: neque enim minus apud nos honestas quam apud alios necessitas valet."

【역주】 원저에는 밑줄친 부분이 quod로 되어 있으나 원문이 apud로 되어 있어서 바로잡는다.

147 Mitteis, *RP* I, 377 이하; Rabel, *Grundzüge*, 429 참조.

148 "si ius aspicias inritum, si defuncti voluntatem ratum et firmum est. Mihi autem defuncti voluntas (vereor quam in partem iuris consulti, quod sum dicturus, accipiant) antiquior iure est."

149 Kroll, I, 8 이하; Ed. Norden, *Virgil, Aeneis* VI (제3판, 1926), 336면; Wenger, *Von der Staatskunst der Römer*, 24면; H. Fuchs, *Augustin*, 301 이하; Harder, *Die Antike* V (1925), 301면 이하 및 *Hermes* 69 (1934), 64면, 66면; M. Gelzer, *Hermes* 68 (1933), 164면 이하; H. Dahlmann, "Clementia Caesaris", *Neue Jahrbücher für Wissenschaft u. Jugendbildung* 10 (1934), 17면 이하; Knoche, "Magnitudo animi", *Philologus*, suppl. vol. 27 (1935), 75면 이하 참조. 전술한 130면 이하도 참조.

150 Cic. *In Verr*. II 5.29.74: "oh clementiam populi Romani!" *Ibid*., 44.115: "indigne ferunt illam clementiam mansuetudinemque nostri imperii tantam in crudelitatem inhumanitatemque esse conversam." Cic. *Ad fam*. 5.1: "maiorum nostrorum clementia." Livius, 45.4.7: "clementia populi Romani". Livius, 30.42.17; 33.12.7; Cato in Gellius, 6.3.52.

따라 말하였다.[151] 이러한 자부심이 과연 정당한 것인지 판단하기 위해서는, 물론 당시의 기준을 적용해보는 것이 필수적이다. 외인들을 대하는 로마의 행정은 아마도 제정기까지도 충분히 엄하였다. 인도적였던 키케로마저도, 속주총독은 "느슨한 것보다는 가혹"[152]해야만 한다는 것을 당연하게 여겼고, "국가는 가혹함이 없이는 다스려질 수 없습니다"[153]라는 말을 베레스의 변호인의 입을 빌려 표현하였다. 그러나 로마인들은 복수심에 불타지 않았고, 무엇보다도 경제적인 관리자였으며, 목적의식이 투철한 제국주의자였다.[154] 정복한 적들을 말살하고 주민들을 학살하거나 노예로 매각하고 그들의 주거지를 파괴하고 방화했던 그리스와 동방의 관행은[155] 로마인들에게는 없었다. 일단 전쟁에서 승리하면 – 그것을 이루기 위해서는 무자비했어야하는 것이 사실이지만 – 그들의 목표는 새로운 정복지와 거주민들을 로마제국에 편입시키는 것이었다.[156] 그러므로 외인들은 그들의 땅과 법, 그리고 사실상(de facto) 또는 법률상(de iure) 그들의 자치정부를 계속 유지하는 것이 허용되었다.[157] 그들이 로마-헬레니즘 문화집단에 속하지 않았다면, 그들에게 그것

---

151 Dionys. Hal. 8.36 말미; Polyb. 18.37.7; 27.8.8; 21.17.1.

152 Cic. *In Verr*. II 5.3.7: "durum hoc fortasse videatur, neque ego ullam in partem disputo: tantum intellego, maluisse Domitium crudelem in animadvertendo quam in praetermittendo dissolutum videri."

153 *In Verr*. II 5.9.22: "dicit rem publicam administrari sine metu ac severitate non posse."

154 Mommsen, *Reden u. Aufsätze*, 439.

155 Jac. Burckhardt, *Griech. Kulturgeschichte* I, 299 이하, 364; Eduard Meyer, *Kleine Schriften* I (제2판, 1924), 184면을 보라.

156 Diony. Halic. 2.16 (공화정 마지막 세기에 저자가 왕래하였던 원로원의원 계층 사람들의 관점을 보여주는 매우 중요한 사료): "세 번째 왕령이 로물루스에 의하여 발해졌는데, 하나는 특히 그리스인들에 의한 준수를 의도한 것이었고, 하나는 내 생각으로는 모든 것 중에 가장 탁월한 것이었다. 그것은 로마인들의 영구적 자유에 관한 원천이며, 그들의 통치의 성공에 대하여 상당 부분을 다루고 있다. 이것이 질서의 실질이다: 전쟁에서 정복당한 어떠한 나라도 성인들을 함부로 학살함으로써 황폐화되어서는 안 된다. 원주민(原住民)들은 노예화되지도 않고 그곳의 토지도 방목지로 동물들에게 방기되어서는 안 된다. 그러나 식민지주민들이 그곳으로 보내지고 토지의 일부는 그들 중에서 추첨으로 분배되어야 한다. 정복된 마을은 로마화되어야 하고, 일부에게는 로마시민권이 부여되어야 한다." 또한 14.6도 참조. 아우구스투스(*Res gestae divi Aug*. 3): "나는 완전히 용서받을 수 있었던 이방 민족들을 없애버리기보다는 보존하기를 더 선호하였다(Externas gentes, quibus tuto ignosci potuit, conservare quam excidere malui.)." 특징적인 로마적 제한으로 "quibus ... potuit" 부분을 주목할 것. Caesar, *Bell. Gall*. 2.33.7 및 3.16.4도 참조.

157 전술한 159면 이하 참조.

을 설득시키는 시도가 이루어졌다.[158] 이러한 "관용"으로 로마인들은 당시 세계에 인도적인 인상을 주었는데, 특히 마리우스와 술라 간의 내전에 의하여 초래된 도덕성 붕괴의 결과로 나타난 과도한 정복활동이 아우구스투스와 티베리우스에 의하여 진정되고 난 이후에 그러하였다. 다른 한편으로 외인들은 형사법과 형사절차법상 로마 시민들과 동일한 보호를 누리지 못하였다.[159] 사형선고의 상소권을 통한 제한은 그들에게는 존재하지 않았다. 전술한 로마 시민들에게는 관행으로 된 사형선고에 있어서의 제한도, 외인들(또는 로마 당국에게 외인으로 여겨진 사람들)의 범죄의 경우에는 없었다. 이것은 구아스탈라Guastalla 왕자에게 거리낌 없이 사형을 선고한 베레스Verres와 같은 속주총독만은 아니었다.[160] 예컨대 속주총독 가이우스 네로C. Nero[161]의 형사절차가 있었고 나아가 아우구스투스 치세에 단 하루 만에 300명(아마도 외인들)을 처형하고서는 이것을 "왕다운 업적"이라고 자랑했던 볼레수스 메쌀라Volesus Messala의 끔찍한 형사절차도 있었다.[162] 보다 관용적인 정신으로 개입한 최초의 인물이 또한 아우구스투스와 티베리우스였다.[163] 다른 한편 사문회查問會 절차에서의 당사자로서의 외인의 법적 지위는 이미 공화정기에 인정되었고,[164] 피소추인과 증인인 외인에 대한 고신拷訊이 금지되었다.[165]

158 Burckhardt, 전게서, 300 주 3.

159 이에 대하여 다음 문헌을 참조: Mommsen, *StrafR.* 79, 239 이하; 475, 634, 943 이하; E. Levy, *Die röm. Kapitalstrafe*, 40 이하; Lengle, II 46.

160 Lessing, *Emilia Galotti* I, 8.

161 Cic. *In Verr.* II 1.24.63 이하; 28.72; 30.75, 76.

162 Seneca, *De ira*, 2.5: "Volesus nuper sub divo Augusto proconsul Asiae, cum CCC uno die securi percussisset, incedens inter cadavera vultu superbo ... Graece proclamavit: "o rem regiam" (최근 신황 아우구스투스 치하에서, 아시아 속주의 대리집정관이었던 볼레수스는 하루 동안에 300명을 도끼로 쳐서 죽이고는, 주검들 사이를 거닐며 … 거만한 표정을 짓고 희랍어로 외쳤다고 합니다. "오, 왕다운 업적이여!"" [김남우 · 이선주 · 임성진 역, 세네카의 대화(2016)]. 다음의 Cic. *In Verr.* II 5.26.66에 나타난 진정한 로마인의 감정도 주목하라: "nihil est victoria dulcius ... quam quos saepe metueris, eos te vinctos ad supplicium duci videre (당신이 자주 두려워하는 사람들이 결박되어 처형받는 것을 당신이 보는 것보다 … 더 달콤한 승리는 없습니다)." 이에 대하여는 Mommsen, *StrafR.* 238.

163 Tacitus, *Ann.* 3.66 이하.

164 Mommsen, *StrafR.* 200.

165 Mommsen, 405.

V. 노예 관련법에서의 인도주의 원리

1. 공화정기

마지막으로 훨씬 더 어렵게 그리고 천천히 인도주의가 노예법에 확산되었다.[166]

인도주의가 요구한 것은 노예제도의 폐지나 적어도 주인의 권리 제한과 자유인 임노동자의 지위에 근접한 노예의 지위였다. 그러나 고대의 인도주의 운동기에 이러한 요구의 등장은 대단히 조심스러운 것이었다. [기원전] 4세기에 소피스트들이 이미 다음과 같이 언명했던 것은 사실이다: "신神은 만인을 자유로 두었고, 신은 누구도 노예로 만들지 않았다."[167] 그러나 아리스토텔레스는 노예제도가 국가에 필수적이라고 주장하면서 이 교설敎說을 논박한다.[168] 초기와 중기 스토아 철학도 아리스토텔레스를 좇아서 노예제도를 옹호하였고,[169] 크뤼십푸스(Chrysippus, 기원전 279년경-206년경)만이 노주奴主관계를 영구 임노동자의 지위로 구성함으로써 노예의 지위를 제고시키려고 노력하였을 뿐이다.[170] 키케로도 기본적으로는 유사한 태도를 취한다. 인도주의(humanitas)와 인도적(humanus)이라는 말을 그토록 자주 사용하던 키케로도, 노주관계와 관련하여서는 한 번도 명시적으로 그 단어를 사용하지 않은 것은 대단히 의미심장하다.[171] 또한 키케로가 그의 낭독자

---

166 이에 대하여 다음 문헌을 참조: Wallon, *Histoire de l'esclavage dans l'antiquité*, 제2권 및 제3권(제2판, 1879); Kroll, II, 82 이하; Jhering, II, 166 이하; W. L. Westermann, 'Sklaverei' 항목, in *RE*. Suppl. 6 (1935).

167 Alkidamas (고르기아스의 제자): ἐλευθέρους ἀφῆκε πάντας ὁ θεός, οὐδένα δοῦλον ἡ φύσις πεποίηκε. Kaerst, *Geschichte des Hellenismus* I (제3판, 1927), 84면; Jüthner, "Hellenen und Barbaren", *Das Erbe der Alten*, N. F. 8, 17면. Westermann, 전게서, 926.

168 *Polit*. 1. 1253b, 15 이하. 이에 관하여 Zeller, *Griech. Philosophie* II/2, 690면 이하; Jüthner, 25면 이하(문헌도 함께); Westermann, 전게서, 927.

169 Schmeckel, *Philosophie der mittleren Stoa* (1892), 379면; Kaerst, *Geschichte des Hellenismus* II (제2판, 1926), 130면; Westermann, 전게서, 940.

170 Seneca, *De benef*. 3.22: "Servus, ut placet Chrysippo, perpetuus mercenarius est (노예는, 크뤼십푸스의 견해에 따르면, 영구 임노동자이다)." v. Arnim, *Stoicorum veterum fragm*. 3, No. 351, 352 참조. Cic. *De off*. 1.13.41: "fortuna servorum, quibus non male praecipiunt, qui ita iubent uti ut mercenariis (가장 천한 운명은 노예들인데, 노예들을 임노동자처럼 부리라고 명령하는 자들은 노예들에게 … 나쁘지 않게 명한다)."

노예의 죽음이 "노예의 죽음이 그랬어야만 했던 것보다 자신에게 더 영향을 미쳤다"는 이유로 아티쿠스에게 양해를 구하는 것도 의미심장하다.[172] 인도적인 키케로는 그 자신의 노예들에게는 좋은 주인이었지만, 그의 노예 중 한 명이 죽었을 때 그는, 비스마르크가 그가 키우던 개들 중 한 마리가 죽었을 때처럼 행동하였다.[173] 공화정 말기에 인도주의 운동이 이 점에 있어서 이와 같이 조심스럽고 불확실하였다면, 공화정기 노예법에도 어떠한 주목할 만한 영향이 없었으리라는 것은 명백하다.

그리고 사실상 노예의 법적 지위는 공화정기에 본질적 변화를 겪지 않았다. 고시古時부터 물건(res)의 범주에 노예가 포함되었는데, 그러나 그것이 의미하는 바는 물건에 적용되는 일정한 법규칙이 노예에게도 마찬가지로 적용된다는 것뿐이었다. 즉 그로써 노예의 인격성이 부정되지는 않았다. 여자들도 마찬가지로 12표법상 물건으로 여겨졌는데, 그렇지 않았다면 물건에 적용되는 점용시효취득(usucapio)에 관한 규정이 여자에게도 적용될 수 없었을 것이다.[174] 다른 한편으로, 12표법은 노예에 대한 침해를 물적 손해가 아니라

---

171 Schneidewin (전술한 207면 주 1), 206면. 스토아 학파의 질문을 논함에 있어서 키케로가 인용한 언명[헤카톤, 『의무론』 제6권]에서는 인도주의에 반(反)하게 결정하고, 키케로는 그의 언명을 반박되지 않은 채로 남겨둔다(*De off.* 3.23.89).

172 *Ad Att.* 1.12: "... et mehercule eram in scribendo conturbatior; nam puer festivus, anagnostes noster Sositheus, decesserat meque plus quam servi mors debere videbatur, commoverat (… 그리고 맹세코 나는 글을 쓰는 데 있어서 더 당황했다네. 왜냐하면 귀여운 소년, 우리의 낭독자 소시테우스가 죽었고, 나는 노예의 죽음이 그랬던 것으로 인정되는 것보다 더 감정이 동했다네)."

173 Tiedemann, *Aus sieben Jahrzehnten. Erinnerungen* II (1909), 207면: "그가 나에게 말하길, 그가 했던 것과 같이 동물에 애착을 가지는 것은 죄스러운 것이었다고 하였다." 208면: "그리고 그때 다시금 그는 동물의 죽음을 그토록 오랫동안 그리고 그토록 깊게 애도했던 것에 대하여 자책한다." Plutarch, *Solon* 7 참조.

174 여기에서의 점용시효취득의 객체는 여자이고, 수권(手權, manus)이 아니다: Gellius, 3.2.12; Gai.1.111 참조. Brassloff, *Studi Bonfante* II, 379 주 34는 틀렸다.

【역주】 Gai.1.111.

Usu in manum conveniebat, quae anno continuo nupta perseverabat: nam velut annua possessione usu capiebatur, in familiam viri transiebat filiaeque locum optinebat. itaque lege duodecim tabularum cautum est, ut si qua nollet eo modo in manum mariti convenire, ea quotannis trinoctio abesset atque eo modo cuiusque anni usum interrumperet. sed hoc totum ius partim legibus sublatum est, partim ipsa desuetudine obliteratum est.

신체침해로 다루었다.[175] 그러나 후대에 아퀼리우스법(lex Aquilia, 기원전 286년 평민회의결)은 노예의 살해와 노예에 대한 가해를 물적 침해로 분류하였다.[176] 그럼에도 불구하고 로마인들은 노예를 법적으로 동물과 동일하게 다룬다고는 결코 생각하지 않았다. 우리가 살펴볼 수 있는 한, 로마의 노예에게는 물론 사법상私法上 행위능력이 없었다.[177] 그러나 불법행위능력은 있었는데, 실로 사법私法 및 공법公法상 그러하였고, 그는 공公형사절차의 적용을 받기도 하였다.[178] 그러나 노예는 – 확실히 그 전부터 – 행위능력도 있었는데, 즉 법정관이 부가적 성질의 소권[actiones adiecticiae qualitatis]을 도입한 이후에는, 심지어 노예는 채무부담능력도 있었다. 노예는 혼인능력은 없었다.[179] 상속법상 노예는 상속인으로 지정될 수는 있으나, 물론 주인의 동의가 있어야 하고, 이로써 그는 주인에게 상속인의 지위를 창출한다. 그러나 취득행위는 노예에 의하여 이루어져야 했고, 주인이 노예 대신할 수는 없었다. 노예가 상속승인 전에 사망한 경우, 주인은 그 상속재산을 취득할 수 없었다.[180] 신성법神聖法(ius sacrum)상 노예는 권리능력과 행위능력이 모두 있었다. 그는 서약을 통하여 자신을 구속시킬 수도 있었고 선서능력도 있었으며 (주인의 동의로) 종교단체의 성원이 될 수도 있었고, 노예가 매장된 장소도 지령지地靈地(locus religiosus)였다. 확실히 그 한도에서는 노예의 인격이 인정되었다.[181] 다른 한편 노예에 대한 주인의

---

175 XII. Tab.8.3: 어떤 자가 손이나 곤봉으로 골절시킨 경우 자유인이면 300아스, 노예이면 150아스의 벌금을 문다. [최병조 역]

176 Bruns, *Fontes*, No. 2. 노예들(servi)을 명시적으로 "물건(res)"이라고 표현한 실제 구문("ceterarum rerum praeter hominem et pecudem occisos")은 부진정하다: Lenel, *SZ* 43, 575; Stella Maranca, *Bull*. 35, 27면.

177 이 점에 관한 다른 고대법에 관하여 Taubenschlag, *SZ* 50, 156 이하.

178 Mommsen, *StrafR*. 80 이하; Ad. Schmidt, *Von der Deliktsfähigkeit des Sklaven*.

179 Plautus, *Casina*, prolog. 68.

180 Gai.3.212.

【역주】 Nec solum corpus in actione huius legis aestimatur; sed sane si servo occiso plus dominus capiat damni, quam pretium servi sit, id quoque aestimatur, velut si servus meus ab aliquo heres institutus, antequam iussu meo hereditatem cerneret, occisus fuerit; non enim tantum ipsius pretium aestimatur, sed et hereditatis amissae quantitas. item si ex gemellis vel ex comoedis vel ex symphoniacis unus occisus fuerit, non solum occisi fit aestimatio, sed eo amplius id quoque conputatur, quod ceteri qui supersunt, depretiati sunt. idem iuris est etiam, si ex pari mularum unam vel etiam ex quadrigis equorum unum occiderit.

181 Pernice, "Zum röm. Sakralrecht II", *Sitzungsberichte d. Preuss. Akad. d. Wiss*. 51 (1886), 1173면 이하;

솔가권(potestas), 즉 징치권과 사형권은 법적으로 무제한적이었다. 노예는 피소추인로서 그리고 증인으로서 모두 고신拷訊을 당하였는데, 이는 형사절차에만 국한된 것이었고, 반면 그리스인들은 민사절차에서도 대단히 끔찍한 방식으로 노예를 고신拷訊하였다.[182] 딱 한 가지 점에서 공화정기에 인도주의가 노예법에 영향을 미쳤던 것으로 보이는데, 그것은 여자노예의 소생所生(partus ancillae)에 관한 것이었다. 브루투스(Brutus, 기원전 142년 법정관)가, 마니우스 마닐리우스(Manius Manilius, 기원전 149년 집정관)와 스카이볼라Scaevola에 반대하여,[183] 노예의 자식이 법적으로 노예의 과실果實로 다루어져서는 안 된다는 것을 주장하였는데, 이러한 브루투스 측의 주장은 그리스의 인도주의 철학의 교설敎說에서만 기인될 수 있다.[184] 이것과는 별도로, 공화정기의 인도주의는 노예들에 대한

Brassloff, *Sozialpolitische Motive in der röm. Rechtsentwicklung* (1933), 30면 이하; Foucart, *Les Associations religieuses* (1873), 7면 이하; Kaerst, *Geschichte des Hellenismus* II, 263면; Schnorr v. Carolsfeld, *Geschichte der jurist. Person* I (1933), 곳곳에(색인의 servi 항목의 단락들을 보라).

182 Burckhardt, *Griech. Kulturgeschichte* I, 168 이하, 351 이하. 로마법에서는 후견과 상속에 관한 사안에서 칙법상 예외가 인정되었다: v. Bethmann-Hollweg, *Röm. Zivilprozess* II, 598. PS. 5.15.6; 5.16.2 및 Seckel-Kübler 판에서 인용된 단락들.

【역주】 PS.5.15.6. [상속 사건]

In re pecuniaria tormenta, nisi cum de rebus hereditariis quaeritur, non adhibentur: alias autem iureiurando aut testibus explicantur.

PS.5.16.2. [후견 사건]

Iudex tutelaris itemque centumviri, si aliter de rebus hereditariis vel de fide generis instrui non possunt, poterunt de servis hereditariis habere quaestionem.

183 Cic. *De fin.* 1.4.12; D.7.1.68.

【역주】 D.7.1.68 Ulp. 17 ad Sab.

Vetus fuit quaestio, an partus ad fructuarium pertineret: sed bruti sententia optinuit fructuarium in eo locum non habere: neque enim in fructu hominis homo esse potest. hac ratione nec usum fructum in eo fructuarius habebit. quid tamen si fuerit etiam partus usus fructus relictus, an habeat in eo usum fructum? et cum possit partus legari, poterit et usus fructus eius. 1. Fetus tamen pecorum Sabinus et Cassius opinati sunt ad fructuarium pertinere. 2. Plane si gregis vel armenti sit usus fructus legatus, debebit ex adgnatis gregem supplere, id est in locum capitum defunctorum

184 Gai. D.22.1.28.1: "Partus vero ancillae in fructu non est itaque ad dominum proprietatis pertinet: absurdum enim videbatur hominem in fructu esse, cum omnes fructus rerum natura hominum gratia comparaverit (반면에 용익역권이 설정된 여자 노예의 자식은 과실에 속하지 않고, 그래서 소유자의 소유권에 속한다. 왜냐하면 사람이 과실에 속한다는 것이 어불성설이라고 인정되었기 때문인데, 모든 과실은 자연세계가 사람을 위하여 마련한 것이기 때문이다)." Cic. *De fin.* 3.20.67 (v. Arnim, *Fragm. Stoicorum* 3, No. 371):

사실상의 처우개선과 노예해방의 관대한 적용을 초래하였다.

2. 제정기: 세네카, 칙법상 노예 보호 조치

제정기에 인도주의는 노예법 분야에서도 보다 활성화되었다. 세네카가 역점을 두어 피력했던 것은, 노예제도의 폐지는 아니었으나, 노예제도의 인도적인 규율이었다.[185] 그리고 많은 이들이 그를 좇았다. 기독교는 이러한 가르침을 이어받았으나 새로운 것을 추가하지는 않았는데, 특히 고대에는 노예제도의 폐지가 결코 요구되지 않았다.[186] 이러한 교설들의 영향하에서 노예의 사실상(de facto) 지위는 지속적으로 개선되었다. 심지어 트리말키오Trimalchio는 다음과 같이 말하였다: "친구들이여, 노예도 마찬가지로 사람이네. 그들도 똑같은 모유를 마셨는데, 다만 불운不運(malus fatus[원문 그대로])이 그들을 억눌렀을 뿐이라네."[187] 기원후 2세기 이래로 노예의 수는 감소하였고 노예제도는 그 경제적 의미를 점점 더 상실하였다.[188] 이 시기의 법에서도 일정한 진보가 주목되어야만 하는데,

---

"Praeclare enim *Chrysippus*, cetera nata esse hominum causa et deorum, eos autem communitatis et societatis suae (이미 크뤼십푸스가 분명하게 말한바, 다른 것들은 인간들과 신들을 위하여 생겨났지만, 그것[법률]은 인간 자신의 공동체와 사회를 위하여 생겨났습니다)." 그런데 인용된 학설휘찬 개소는 대단히 불만족스럽다. 방금 인용한 개소에서 absurdum 이하는 그 의미는 타당하지만 부진정하다; D.7.1.68은 편찬자들에 의하여 상당히 축약되었다; D.5.3.27.pr.에서 "quia ... pariant"는 부진정하다(Buckland, *Roman Law of Slavery*, 21). 이 개소들에 관하여는 Interp. Index를 보라. 이 문제에 대한 문헌으로는 Brini, "La sentenza di Bruto sui parti della schiava", *Mem. Bologna Class. scienze mor*. IV (1909-10); Bonfante, *Corso* II/1 (1926), 163면(문헌과 함께). Basanoff, *Partus ancillae* (Librairie Sirey, 연도 표기 없음), 이에 관하여는 Kaden, *SZ* 51, 532 이하.

【역주】 D.5.3.27.pr. Ulp. 15 ad ed.

Ancillarum etiam partus et partuum partus quamquam fructus esse non existimantur, quia non temere ancillae eius rei causa comparantur ut pariant, augent tamen hereditatem: quippe cum ea omnia fiunt hereditaria, dubium non est, quin ea possessor, si aut possideat aut post petitam hereditatem dolo malo fecit quo minus possideret, debeat restituere.

185 Rubin, *Die Ethik Senecas* (Diss. Bern., 1901), 82면 이하; Max Mühl, *Die antike Menschheitsidee* (1928), 85면; Westermann, 전게서, 1045.

186 v. Zahn, "Sklaverei u. Christentum im Altertum", *Aus dem Leben der alten Kirche* (제3판, 1908), 133면 이하; Brassloff (전술한 231면 주 142), 104면.

187 Petron. *Cena Trim*. 71: "Amici, inquit, et servi homines sunt et aeque unum lactem biberunt, etiam si illos malus fatus oppresserit."

그렇지만 이 시기의 법학 저술이 "만인의 자연적 자유"와 "만인을 결속시키는 자연적 연대"와 같은 철학적 상투어들을 포함하고 있는 것은 별다른 의미는 없다[189] – 그러한 구절들은 모두 고전기 이후에 부가된 것으로 보인다.[190] 더 중요한 것은 세부적인 내용들이다.[191] 클라우디우스[재위: 41-54]는 노령이나 질병을 이유로 유기되었던 노예에게 자유를 선언하였고, 그러한 노예를 살해한 것도 살인이라고 선언하였다.[192] 하드리아누스[재위: 117-138]는 매우 사소한 이유로 여자노예를 잔인하게 고문했던 여주인에게 경輕유배형을 부과하였다.[193] 그는 또한 주인들에게 노예살해를 금하였고, 노예를 처벌하려면 재판에 회부하도록 명하였는데, 이 칙령은 일반적인 중요성을 얻지는 못하였다.[194] 나아가 하드리아누스는 정당한 이유 없이 남녀노예를 포주나 검투사 조련사(lanista)에게 매도하는 것을 금하였다.[195] 안토니누스 피우스[재위: 138-161]는 비인도적으로 노예를 다룬 사안에 거듭하여 개입하였고, 그러한 노예는 도백道伯에 의해 매각되어야 한다고 명하였다. 주인이 자기 노예를 살해한 경우, 타인 소유의 노예를 살해했던 것과 동일한 방식으로 처리되었다.[196] 콘스탄티누스 치세[306-337]에 이르러서는 그러한 노예살해는 살인에 해

---

188 Ed. Meyer, *Kleine Schriften* (제2판, 1924), 212면; Brassloff, 61 이하.

189 Mühl, 108에서는 이를 과대평가하고 있다.

190 Albertario, "Sul concetto di ius naturale", *Rend. Lomb*. 57 (1924), 168면 이하.

191 사료들과 오래된 문헌으로는 Zimmern, *Geschichte d. röm. Privatrechts* I, 661 이하; Bonfante, *Corso* I, 148 이하; Westermann, 전게서, 1042.

192 Sueton, *Claudius*, 25; Mommsen, *StrafR.* 616.

193 Coll.3.3.4 = D.1.6.2 말미.

【역주】 Divus etiam Hadrianus umbram quandam matronam in quinquennium relegavit, quod ex levissimis causis ancillas atrocissime tractaret.

194 *Script. hist. Aug*. Hadrian, 18; Mommsen, 617 주 2.

195 *Script. hist. Aug*. 전게.

196 Coll.3.3.1-3 및 5; Gai.1.53.

【역주】 Coll.3.3.1-3.

Si dominus in servum saevierit vel ad inpudicitiam turpemque violationem conpellat, quae sint partes praesidis, ex rescripto divi Pii ad Aurelium Marcianum proconsulem Baeticae manifestatur. 2. Cuius rescripti verba haec sunt: "dominorum quidem potestatem in suos servos inlibatam esse oportet nec cuiquam hominum ius suum detrahi: sed dominorum interest, ne auxilium contra saevitiam vel famem vel intolerabilem iniuriam denegetur his, qui iuste deprecantur." 3. "Ideoque cognoscere de querellis eorum,

당되었다.[197] 노예의 그 밖의 법적 지위는 크게 바뀌지는 않았다. 노예는 여전히 권리능력이 없었고,[198] 여전히 법률혼 체결능력이 없었는데, 제정후기 입법에서는 노예의 혼인이 유지되도록 허용하는 경향이 관찰되었다.[199]

자유우대(favor libertatis)

더 중요한 것은 아우구스투스 사후에 공화정기의 자유우대 원칙이 다시 살아났다는 것이다. 아우구스투스는, 우리가 앞의 제7장(국민체)에서 살펴보았듯이,[200] 이러한 공화정

---

qui ex familia Iuli Sabini ad statuam confugerunt, et si vel durius habitos, quam aequum est, vel infami iniuria adfectos cognoveris, venire iube, ita ut in potestatem Sabini non revertantur. Quod si meae constitutioni fraudem fecerit, sciet me admissum severius executurum". [...] 5. Item divus Pius ad libellum Alfi Iulii rescripsit in haec verba: "servorum obsequium non solum imperio, sed et moderatione sufficientibus praebitis et iustis operibus contineri oportet."

Gai.1.53.

Sed hoc tempore neque civibus Romanis nec ullis aliis hominibus, qui sub imperio populi Romani sunt, licet supra modum et sine causa in servos suos saevire: nam ex constitutione sacratissimi imperatoris Antonini qui sine causa servum suum occiderit, non minus teneri iubetur, quam qui alienum servum occiderit. sed et maior quoque asperitas dominorum per eiusdem principis constitutionem coercetur: nam consultus a quibusdam praesidibus provinciarum de his servis, qui ad fana deorum vel ad statuas principum confugiunt, praecepit, ut si intolerabilis videatur dominorum saevitia, cogantur servos suos vendere. et utrumque recte fit: male enim nostro iure uti non debemus; qua ratione et prodigis interdicitur bonorum suorum administratio.

197 CTh.9.12.1; Mommsen, 617.

【역주】 CTh.9.12.1 Const. A. ad Bassum. (a. 319)

Si virgis aut loris servum dominus adflixerit aut custodiae causa in vincla coniecerit, dierum distinctione sive interpretatione depulsa nullum criminis metum mortuo servo sustineat. Nec vero inmoderate suo iure utatur, sed tunc reus homicidii sit, si voluntate eum vel ictu fustis aut lapidis occiderit vel certe telo usus letale vulnus inflixerit aut suspendi laqueo praeceperit vel iussione taetra praecipitandum esse mandaverit aut veneni virus infuderit vel dilaniaverit poenis publicis corpus, ferarum vestigiis latera persecando vel exurendo admotis ignibus membra aut tabescentes artus atro sanguine permixta sanie defluentes prope in ipsis adegerit cruciatibus vitam linquere saevitia immanium barbarorum. 〈Dat. V id. Mai. Romae Constantino A. V et Licinio C. conss.〉

198 그러나 공노예(servus publicus)는 그의 특유재산의 절반을 유언상 처분할 수 있었다: Epit. Ulp. 20.16; Taubenschlag, *Studi Bonfante* I, 383면.

【역주】 Epit. Ulp. 20.16.

Servus publicus populi Romani partis dimidiae testamenti faciendi habet ius.

199 Bonfante, *Corso* I, 151.

기의 원칙을 깼는데, 이는 그가 말했듯이 "인민에게 노예의 피가 흐르지 않도록 하기" 위한 것이었다. 두 개의 집정관에 의한 법률에서 – 기원후 2년의 푸피우스-카니니우스법(lex Fufia Caninia)과 기원후 4년의 아일리우스-센티우스법(lex Aelia Sentia) – 노예해방의 자유가 제한되었고 그 효과도 축소되었다. 앞의 법률은, 유언자가 자기 소유의 노예 중 일정 비율만을 유언으로 해방시키는 것을 허용하였는데, 그 비율은 소유하는 노예 수에 따라 등급화되었다.[201] 아일리우스-센티우스법은 [범죄 전력이 있는 등의] 평판이 나쁜 일정한 노예가 해방되었을 때 시민권 부여를 거부하였고, 그들은 "국가에 복服하는 외인"(peregrini dediticii: 항복외인)이 된다고 규정하였다.[202] 노예해방은 점점 더 어렵게 되었다. 30세 이하의 노예는, 법률에 의하여 구성되는 노예해방자문회(consilium)의 승인이 있어야만 자유를 얻을 수 있었다. 주인이 20세 미만인 경우에도 노예해방을 위하여 자문회의 승인이 요구되었다. 채권자를 사해하는(in fraudem creditorum) 노예해방은 금지되었다.[203] 앞의 두 개의 법률은 유스티니아누스 치세 때까지 효력이 있었는데, 그 효력은 점차로 완화되었다. 티베리우스 치세의 유니우스-노르바누스법(lex Iunia Norbana)은 라틴인에게 법정관법상 해방노예의 지위를 부여하였는데, 이후의 법은 라틴인에게 완전한 시민권을 부여하였다.[204] 그러나 두 개의 아우구스투스 입법의 효력이 이와 같이 약화되는 것과는 별도로, 노예해방을 우대하고 이 문제에 관한 아우구스투스 정책[205]과 반대되는 대응이 고전기의 수많은 개별 결정들에서 관찰된다. 고전기 법률가들이 "자유우대(favor libertatis)"라는 표현을 사용하였는지 여부는 이 맥락에서 중요하지 않고, 그 사안

---

200 전술한 134면 참조.

201 Kunkel, § 41; Buckland, 79; Rotondi, *Leges publicae populi romani*, 454; Zimmern, 769; *Cambridge A. H.* 10, 432.

202 전술한 137면 주 73.

203 Kunkel, 전게서; Schulz, *SZ* 48, 197 이하; Beseler, *Tijdschrift voor Rechtsgeschiedenis* 10, 199 이하; Zimmern, I, 761 이하; Buckland, *Slavery*, 537 이하.

204 한 사건에서 이것이 일정한 요건하에서 아일리우스-센티우스법에 의하여 선행되었다. Gai.1.28 이하; Zimmern, 778면 이하. 그러나 이제는 *Cambridge A. H.* 10, 888을 보라.

205 전술한 134면 참조.

자체에서 법률가들은 이러한 우대에 의하여 지도되었다. 고전기 이후에는 이러한 노력이 힘차게 지속되었고, 유스티니아누스 치세에 절정에 이르렀다. 유스티니아누스와 그의 측근들은 자유우대 원칙에 강하게 영감을 받았다 – 푸피우스-카니니우스법은 폐지되었고,[206] 아일리우스-센티우스법은 약화되었으며, 마지막으로 고전기 법학의 텍스트들은 자유우대의 의미에서 광범한 수정의 대상이 되었다.[207] 관련된 모든 개소들을 체계적으로 배열하고 비판적으로 다룬 자유우대에 관한 상세한 역사는, 대단히 많은 양의 선행 연구가 있기는 하지만,[208] 현재는 존재하지 않는다. 그러한 저작이 나온다면, 그것은 로마의 인도주의 역사에 귀중한 기여가 될 것인데, 다만 그것은 시인이나 철학자들의 저작들로부터가 아니라 법률 텍스트로부터 추출되어야만 한다.

---

206 C.7.3 [R. De lege fufia caninia tollenda]

207 전술한 242면 주 203에 인용된 Schulz와 Beseler 참조.

208 Ivo Pfaff, *Ein Beitrag zur Lehre vom favor libertatis* (1894); Rotondi, *Scritti giur*. III, 476 이하(Ebrard, *SZ* 44, 536 참조); Pringsheim, *SZ* 42, 655; Beseler, *SZ* 43, 418; Albertario, *Bull*. 33, 50 이하; *Studi* I, 63 이하; Schulz, *SZ* 48, 197 이하, 280; Beseler, *Tijdschrift* 10, 199 이하; Bonfante, *Corso* I, 168; Donatuti, "Le praesumptiones iuris", *Riv. di diritto priv*. III (1933), 199면; Brassloff, 34면, 65면 이하, 112면 이하; Jonkers, *Mnemosyne*, 3rd ser. I (1934), 241면 이하. Albertario, *Introduzione*, 88.

11 신의

눈앞에 이것의 형상을 놓으신 후 신의信義의 여신의 존경하옵는 신령께서 인간의 안전을 가장 확실하게 보증하는 오른손을 들어 보이십니다. 이 신의가 우리나라에서 언제나 번성하였음을 만민족이 알고 있었습니다.
- 발레리우스 막시무스, 『기억할 만한 행적과 언행들』 6.6.

그런데 정의正義의 기초는 신의이다. 그것은 말한 바와 합의한 바의 엄수와 진실됨이다.
- 키케로, 『의무론』 1.7.23.

I. 로마의 신의

고대에 '피데스fides'는 말의 엄수, 즉 말한 바를 행하는 것(fit quod dicitur)으로 정의定義되었다.[1] 비록 이것이 잘 알려진 장난스러운 어원적 개념정의들 가운데 하나이고, 그 단어에 내포된 의미가 이러한 의미에 결코 전부 포괄되지는 않는다 할지라도,[2] 그것은 그 핵심 의미를 전해주고 있다. 피데스fides — 이하에서는 '신의信義'라고 번역될 것이다 — 란 자신의 말에 구속되는 것을 뜻한다.

로마인들은 자신들의 신의[3]를 자부하면서 자랑스럽게 '로마인의 신의'를 '카르타고

---

1 Cicero, *De off.* 1.7.23; *De. re publ.* 4.7; *Ad fam.* 16.10.2. 기타의 사례들은 *Thesaurus linguae lat.*에서의 'fides' 항목을 보라. Pernice, *Labeo* I, 409 참조.

2 *Thesaurus*, 'fides' 항목 및 E. Fränkel, *Rhein. Museum* 71 (1916), 187면 이하; Heinze, *Hermes* 64 (1929), 140면 이하; G. Beseler, *Beiträge* IV, 106; *SZ* 45, 426; *SZ* 49, 416; *Atti del Congresso 1933*, Roma I, 135 이하를 보라.

3 Kroll, I, 26 이하. 히에론은 (Diodor. 23.1) 로마인들을 "끊임없이 신의에 관한 이야깃거리를 수다 떠는 사람들"(θρυλοῦντες τὸ τῆς πίστεως ὄνομα)이라고 부른다. Silius Italicus, *Punica* (트라야누스 치세) 1.634에서는 로마인들을 "sacrata gens clara fide (신의로 유명한 신성한 민족)"으로 부른다. M. Gelzer, *Hermes* 68, 135 이하, 146 이하.

인의 신의' 및 '그리스인의 신의'와 대비시킨다.[4] 신의를 지킨다는 것은 삶에 대한 그들의 표준적인 원칙들 가운데 하나이다. 물론 그들도 때로는 신의를 어기는 잘못을 저지르기도 하였지만,[5] 마치 법규칙의 존립이 그것이 위반되었다 하여 거의 흔들리지 않는 것처럼, 신의 위반이 로마인들의 원칙에 있어서 그 존립마저 흔들어 놓지는 않는다. 실제로 그들은 신의를 추구하고자 노력한다. 신의가 없다는 것은 그들의 눈에는 사회적 오명이기 때문이다. 신의는 로마인들에게 사람의 중심 덕목인 굳건함(constantia),[6] 즉 "길을 선택하라 그리고 그 길을 고수하라"의 한 측면에 불과하다. 로마인들은 신의를 이야기할 때면 감상적으로 된다. 노老 카토(Cato maior, 기원전 234-기원전 149)는, 로마인의 선조들이 카피톨리움 언덕에, 신들 중에 가장 위대하며 훌륭한 유피테르 신전에 최대한 가까운 곳에 피데스를 위한 신전을 지었다는 사실을 강조한다.[7] 키케로는 신의를 "삶에 있어 가장 신성한 것"이라고 선언하고,[8] [티베리우스 치세에 활동한] 발레리우스 막시무스Valerius Maximus는 이것이 "만인의 행복을 보장하는 것"이라고 말한다. 발레리우스가 로마인의 신의를 전세계가 잘 알고 있었다고 선언한 것은 옳았다. 마카베오 상권의 저자는 "로마인들은 그들의 친우親友들과 우호관계를 지속하였으며 그것만으로도 그들을 신뢰했다"고 전하고,[9] 한편 요한복음의 저자는, 빌라도마저도 "내가 한번 썼으면 그만이오"라고 하며 자신의 말을 지키는 것으로 기술하고 있다.[10]

---

4 Otto, *Die Sprichwörter und sprichwörtlichen Redensarten der Römer* (1890), 156면, 291면을 보라.

5 Kroll, I, 27.

6 전술한 95면 및 Kroll, 전게서 참조.

7 Cic. *De off.* 3.29.104 참조.

8 Cic. *In Verr.* II 3.3.6: "fidem sanctissimam in vita qui putat (지극히 성스러운 신의를 삶 속에서 생각하는 자)."

9 마카베오상 8:1 (그런데 유다는 로마인들에 관해 다음과 같은 말을 들었다. 즉, 로마 군대는 대단히 강한데 동맹을 맺는 사람들에게는 누구에게나 호의를 베풀고 그들과 손잡는 사람들에게는 우호 관계를 맺는다는 것이었다. 로마 군대는 과연 강하였다.); 8.12 (그러나 그들과 친한 나라나 그들에게 의뢰하는 사람들과는 우호 관계를 굳게 맺었다. 이렇게 먼 나라와 가까운 나라의 왕들을 모두 정복하였기 때문에 로마 군의 이름만 들어도 모두들 무서워하였다.)[공동번역 개정판]; Diodor. 27.4.1에서 로크리인들은 τὴν τῶν Ῥωμαίων πίστιν (로마인들의 신의)을 칭송한다. Gelzer, 146면 주 2를 보라.

10 요한복음 19:22.

II. 무방식의 법률행위

로마법상 일련의 특히 특징적인 요소들은 신의 원리에 빚지고 있다.

우선 무방식의 법률행위[11]를 초기에 인정한 것은 의미심장하다. 신의는 그 방식이 무엇이었든지 자신이 말한 바를 지킬 것을 요구하였다. 네 가지 이른바 낙성계약들은 – 매매, 임약賃約[= 임대차, 고용, 도급의 총칭], 조합 그리고 위임 – 이미 공화정기에 알려졌고,[12] 낙성매매는 아마도 기원전 2세기에 존재하였을 것이다.[13] 소비대차(mutuum), 임치(depositum) 그리고 사용대차(commodatum)는 이미 공화정기에 무방식 (요물)계약으로 인정되었다.[14] 무방식의 면제계약도 매우 오래된 것이고, 무방식의 유예계약도 이미 기원전 2세기에 알려졌다. 이와 유사하게 소구가능한 이른바 법정관법상 약정(pacta praetoria), 전채前債변제약속(constitutum), 각종 인수약정(recepta argentarii, arbitri, nautarum, cauponum, stabulariorum [대금업자, 중재인, 선박업자, 숙박업자, 마방馬房업자의 인수약정])이 공화정기에 알려졌다. 무방식의 소유권이전(비악취물[res nec mancipi]의 경우)과 입질入質은 매우 오래되었고, 무방식의 혼인(자유혼의 경우)도 마찬가지였다. 신탁유증(fideicommissum) 또한 원래는 살아있는 사람들 간에(inter vivos) 표명되고 수락된 부탁,[15] 즉 부탁을 받은 자가 신의로, 다시 말하면 자신의 말을 지키도록 의무 부담하는 것이었는데, 아우구스투스 치세[16]에 이르면

---

11 이에 관하여 Pernice, *Labeo* I, 408 이하(대부분이 대체됨).

12 Kübler, *Röm. Rechtsgeschichte*, 175.

13 Costa, *Cicerone giureconsulto* II 194.

14 당시에 '사실에 기초한 임치소권'(actiones depositi in factum conceptae)과 '사실에 기초한 사용대차소권'(actiones commodati in factum conceptae)이 이미 존재하였다. Kübler, 전게서.

15 Pernice, *Labeo* I, 413.

16 Inst.2.23.1. 전술한 199면 참조.

【역주】 Inst.2.23.1.

Sciendum itaque est omnia fideicommissa primis temporibus infirma esse, quia nemo invitus cogebatur praestare id de quo rogatus erat: quibus enim non poterant hereditates vel legata relinquere, si relinquebant, fidei committebant eorum, qui capere ex testamento poterant: et ideo fideicommissa appellata sunt, quia nullo vinculo iuris, sed tantum pudore eorum qui rogabantur continebantur. postea primus divus Augustus semel iterumque gratia personarum motus, vel quia per ipsius salutem rogatus quis diceretur, aut ob insignem quorundam perfidiam iussit consulibus auctoritatem suam interponere. quod quia iustum videbatur et populare erat, paulatim conversum est in adsiduam iurisdictionem: tantusque favor eorum factus est,

법적으로도 구속되었다. 고전기 이후에 무방식의 법률행위가 인정된 범위는 계속하여 확장되었다.[17] 특히 악취행위(mancipatio)와 법정양도(in iure cessio)는 불사용不使用되었고[18] 마침내 폐지되었다. 유언에 기한 처분행위에 수반되는 방식성은 완화되었으며, 문답계약도 (당사자들이 현재現在한 가운데) 무방식의 구두 또는 서면계약으로 되었다.[19]

---

ut paulatim etiam praetor proprius crearetur, qui fideicommissis ius diceret, quem fideicommissarium appellabant.

17 Riccobono, *SZ* 43, 379 이하.

18 Kunkel, §§ 54.5; 55.4.

【역주】 악취행위(mancipatio)가 불사용되면서 고전기 이후 법에서는 마치 악취행위를 실행한 것처럼 문서작성하는 관행이 생겼는데, 악취행위는 악취물과 비악취물의 구별을 폐지한 유스티니아누스법에 의하여 공식 폐지되었다. 트리보니아누스는 고전기 법률문헌에 나오는 mancipatio를 traditio (인도)로 대체하였는데, 이는 전형적인 수정(interpolatio)의 예이다. 법정양도(法廷讓渡, in iure cessio)도 고전기 이후에 사라진 것을 유스티니아누스법에서 공식 폐지하였다. 최병조, 로마법강의, 박영사(1999/2004), 347면 이하 참조.

19 531년의 유스티니아누스의 칙법상(534년의 개정칙법전[Codex repetitae praelectionis] C.8.37.14.2에 포함된 형태로) 당사자들이 계약체결시 동일한 시(市)에(eadem civitate) 있었던 경우에는 부재자와의 서면계약이 체결될 수 있었다. 원 칙법은(Inst.3.19.12에 보존됨) 체결지에 당사자들의 현재할 것을 요구하였다. 방금 인용된 칙법전에서 “si tamen ... scriptum est”는 확실히 후대에 부가된 것이고, 다음 문장에서 괄호 안의 문구도 마찬가지이다: “eo die [civitate] afuisse [sed].” Riccobono는(“La verità sulle pretese tendenze archaiche di Giustiniano”, *Conferenze per il XIV. centenario delle Pandette* (Milano, 1931), 275면) 당사자들이 현재할 것이나 인접한 공간에 있을 것은 완전히 폐지되었다고 한다. 발전에 대하여 Riccobono, 전게서 및 Levy, *SZ* 49, 254과 그곳의 문헌.

【역주】 C.8.37.14.2 Iust. (a. 531)

Et si inter praesentes partes res acta esse dicitur, et hoc esse credendum, si tamen in eadem civitate utraque persona in eo die commanet, in quo huiusmodi instrumentum scriptum est, nisi is, qui dicit sese vel adversarium abesse, liquidis ac manifestissimis probationibus et melius quidem, si per scripturam, sed saltem per testes undique idoneos et omni exceptione maiores ostenderit sese vel adversarium suum eo die civitate afuisse: sed huiusmodi scripturas propter utilitatem contrahentium esse credendas.

Inst.3.19.12.

Item verborum obligatio inter absentes concepta inutilis est. sed cum hoc materiam litium contentiosis hominibus praestabat, forte post tempus tales allegationes opponentibus et non praesentes esse vel se vel adversarios suos contendentibus: ideo nostra constitutio propter celeritatem dirimendarum litium introducta est, quam ad Caesarienses advocatos scripsimus [= C.8.37.14], per quam disposuimus tales scripturas, quae praesto esse partes indicant, omnimodo esse credendas, nisi ipse, qui talibus utitur improbis allegationibus, manifestissimis probationibus vel per scripturam vel per testes idoneos approbaverit in ipso toto die quo conficiebatur instrumentum sese vel adversarium suum in aliis locis esse.

III. 계약에 대한 엄격한 구속성

계약의 해제 · 해지

나아가 로마적 신의의 특징으로, 유효한 채권계약으로부터 발생하는 엄격한 구속력이 있다. 청약의 구속력은 인정되지 않았고, 심지어 고려의 대상조차 되지 않았다는 사실은[20] 아마도 부재자와 계약을 체결한다는 것(바로 이때 이 문제가 실제로 부각됨)이 로마의 법생활에서는 일반적이지 않았다는 사실에서 기인하기 때문일 것이다. 왜냐하면 계약체결을 위해 노예, 해방노예 그리고 친우親友를 활용하였기 때문이다. 하지만 일단 체결된 계약은 구속력을 가졌다. 계약의 일방적 파기통보는 원칙적으로 배제되었다.

이 원칙은 매매의 경우 가장 분명하게 확인된다. 계약위반에 기한 법정해제권은 로마법상 항상 낯선 것이었다. 독일민법 제325조 및 제326조상의 해제권은 게르만법에 그 뿌리를 두고 있는 것이다.[21] 로마법의 태도가 더욱 의미 있는 이유는, 이 해제권이 헬레니즘법상 인정되었던 것이고[22] 따라서 황제에 대한 청원에서 거듭하여 주장되었다는 것이다. 그러나 황제의 칙답은 일관하여 그것을 거부하였고, 청원자들에게 계약상 이행청구권을 알아보게 하였다.[23] 임대차와 관련하여, 법정 기간을 준수하여 해지통고하는[24] 현행의 임대차계약은 로마인들에게 전혀 알려져 있지 않았는데, 로마에서는 기간을 정하여 임대차가 이루어졌다.[25] 계약위반에 기한 해지권이 『로마법대전』에 나오는 것이 사실이지만,[26] 자세히 검토해보면 모두 고전기 이후의 수정으로 보인다.[27] 또한 목적물을

---

20 게르만법에 대하여는 Gierke, *DPR* III, 284을 보라.

21 Gierke, III, 299.

22 Beauchet, *Histoire du droit privé de la rép. Athénienne* IV, 412.

23 Felgentraeger, *Antikes Lösungsrecht* (1933), 27면 이하.

24 **【역주】** 민법 제635조 이하 참조.

25 D.19.2.4는 임대인이 언제라도 해지통고할 수 있는 임대차가 나오는데, 그러나 同 개소의 텍스트는 다소간 훼손되었다.
【역주】 D.19.2.4 Pomp. 16 ad Sab.
Locatio precariive rogatio ita facta, quoad is, qui eam locasset dedissetve, vellet, morte eius qui locavit tollitur.

계속 사용할 수 없는 위험이 있는 경우 임차인에게 인정되는 해지권이나,[28] 목적물의

---

26 Windscheid, *Pand.* II, § 402.

27 임차인의 해지권: D.19.2.25.2 ("certe ... est"는 부진정하다; Last, *Jhering's Jahrbücher* 62, 98면 주 3); D.19.2.60.pr.("adeo" 이하는 부진정하다; Perozzi, *Ist.* II (제2판, 1928), 292면 주 4.
임대인의 해지권: D.39.4.10.1에서는 징세수급업자(publicani)의 특별해지권이 나오는데 이는 반대증명(argumentum e contrario)으로 볼 수 있다. D.19.2.54.1 또는 C.4.65.3에서는 해지권이 언급되지 않는다. D.19.2.56에 관하여는 Interp. Index를 보라.
【역주】 D.19.2.25.2 Gai. 10 ad ed. provinc.
Si vicino aedificante obscurentur lumina cenaculi, teneri locatorem inquilino: certe quin liceat colono vel inquilino relinquere conductionem, nulla dubitatio est. de mercedibus quoque si cum eo agatur, reputationis ratio habenda est. eadem intellegemus, si ostia fenestrasve nimium corruptas locator non restituat.
D.19.2.60.pr. Lab. 5 post. a lav. epit.
Cum in plures annos domus locata est, praestare locator debet, ut non solum habitare conductor ex calendis illis cuiusque anni, sed etiam locare habitatori si velit suo tempore possit. itaque si ea domus ex kalendis Ianuariis fulta in kalendis Iuniis permansisset, ita ut nec habitare quisquam nec ostendere alicui posset, nihil locatori conductorem praestaturum, adeo ut nec cogi quidem posset ex kalendis Iuliis refecta domu habitare, nisi si paratus fuisset locator commodam domum ei ad habitandum dare.
D.39.4.10.1 Hermog. 5 epit.
Non solutis vectigalium pensionibus pellere conductores necdum etiam tempore conductionis completo vel ab his usuras ex mora exigere permittitur.
D.19.2.54.1 Paul. 5 resp.
Inter locatorem fundi et conductorem convenit, ne intra tempora locationis Seius conductor de fundo invitus repelleretur et, si pulsatus esset, poenam decem praestet Titius locator Seio conductori: vel Seius conductor Titio, si intra tempora locationis discedere vellet, aeque decem Titio locatori praestare vellet: quod invicem de se stipulati sunt. quaero, cum Seius conductor biennii continui pensionem non solveret, an sine metu poenae expelli possit. Paulus respondit, quamvis nihil expressum sit in stipulatione poenali de solutione pensionum, tamen verisimile esse ita convenisse de non expellendo colono intra tempora praefinita, si pensionibus paruerit et ut oportet coleret: et ideo, si poenam petere coeperit is qui pensionibus satis non fecit, profuturam locatori doli exceptionem.
C.4.65.3 Ant. A. Flavio Callimorpho.
Diaetae, quam te conductam habere dicis, si pensionem domino insulae solvis, invitum te expelli non oportet, nisi propriis usibus dominus esse necessariam eam probaverit aut corrigere domum maluerit aut tu male in re locata versatus es. 〈a. 214 pp. VIII id. Ian. Messala et Sabino conss.〉
D.19.2.56 Paul. l. s. de off. praef. vig.
Cum domini horreorum insularumque desiderant diu non apparentibus nec eius temporis pensiones exsolventibus conductoribus aperire et ea quae ibi sunt describere, a publicis personis quorum interest audiendi sunt. tempus autem in huiusmodi re biennii debet observari.

28 D.19.2.27.1은 사견(私見)으로는 수정되었다: ["si causa ... fuisset"], ["non"], ["sed si – fin."]. 다른 견해에 관하여는 Interp. Index를 보라.

긴급한 보수 또는 임대인 자신의 필요로 인해 임대인에게 인정되는 해지권도[29] 고전기 법상 알려져 있지 않다. 심지어 사용대차(commodatum)의 경우에도 고전기 법은 사용대주에게 차주의 계약위반 또는 대주 자신의 필요에 기한 해지권을 인정하고 있지 않다.[30] 이른바 무명계약의 경우에 인정되는 "후회권(ius paenitendi)", 즉 해제권은 고전기 이후의 것이다. 고전기 법상 이것은 "계약"이 아니라 "목적급부(datio ob causam)"였기 때문이다. 오직 위임계약의 경우에만 양 당사자에게 해지권이 인정되었다.[31]

Ⅳ. 신의성실(bona fides)

여기에서는 계약법상의 신의성실(bona fides: 양신良信)(영국법상의 "in good faith"나 고대 게르만법상의 "in guoten triuwen"과 같은 유의어를 반복하는 조어[32]) 교설敎說을 다루

【역주】 D.19.2.27.1 Alf. 2 dig.
Iterum interrogatus est, si quis timoris causa emigrasset, deberet mercedem necne. respondit, si causa fuisset, cur periculum timeret, quamvis periculum vere non fuisset, tamen non debere mercedem: sed si causa timoris iusta non fuisset, nihilo minus debere.

29 C.4.65.3에서 nisi 이하는 부진정하다: Eisele, *SZ* 11, 29면; Pernice, *SZ* 19, 97.

30 D.13.6.17.3은 수정되었다. Interp. Index를 보라. Windscheid, *Pand.* II, § 375 주 11 이하 참조.
【역주】 D.13.6.17.3 Paul. 29 ad ed.
Sicut autem voluntatis et officii magis quam necessitatis est commodare, ita modum commodati finemque praescribere eius est qui beneficium tribuit. cum autem id fecit, id est postquam commodavit, tunc finem praescribere et retro agere atque intempestive usum commodatae rei auferre non officium tantum impedit, sed et suscepta obligatio inter dandum accipiendumque. geritur enim negotium invicem et ideo invicem propositae sunt actiones, ut appareat, quod principio beneficii ac nudae voluntatis fuerat, converti in mutuas praestationes actionesque civiles. ut accidit in eo, qui absentis negotia gerere inchoavit: neque enim impune peritura deseret: suscepisset enim fortassis alius, si is non coepisset: voluntatis est enim suscipere mandatum, necessitatis consummare. igitur si pugillares mihi commodasti, ut debitor mihi caveret, non recte facies importune repetendo: nam si negasses, vel emissem vel testes adhibuissem. idemque est, si ad fulciendam insulam tigna commodasti, deinde protraxisti aut etiam sciens vitiosa commodaveris: adiuvari quippe nos, non decipi beneficio oportet. ex quibus causis etiam contrarium iudicium utile esse dicendum est.

31 Siber, 191; Kunkel, § 139; Buckland, 514; 조합(societas)에 관하여는 전술한 165면 이하를 보라.

32 그것이 틀림없다. 역사상 fides라는 단어는 valetudo [건강/병] 또는 venenum [약/독]과 같은 중립적 의미를 가질 수 없었는데, 피데스 여신의 신전이 카피톨리움 언덕에 세워졌기 때문이다(Pernice, *Labeo* II/1 162); mala fides는, 그리스인의 신의(Graeca fides) 또는 카르타고인의 신의(Punica fides)처럼, fides의 부정이다.

려는 것이 아니다.[33] 신의성실은 자신의 말을 지키는 것을 포함한다. 그리고 성신소송誠信訴訟(bonae fidei iudicium)에서 "양신良信에 기하여(ex fide bona)"라는 방식서상의 조항에 기하여 부수약정이 준수되고, 매매에 있어서 양 당사자는 동시이행만을 청구할 수 있으며 또한 문답계약 소송에서 악의의 항변(exceptio doli)에 기하여 무방식의 부제소 약정(pactum de non petendo)이 고려된다는 점은 확실히 유효한 계약의 틀 안에서의 신의성실(bona fides)이 발현되는 첫 번째 모습인 것이다.[34] 그러나 '신의'와 '성실'은 매우 가깝기 때문에, "bona fides"란 말에는 "성실"이 포함된다. 신의성실에 대하여 책임을 진다는 것은 이제는 더 이상 자신의 말을 지킨다는 것만을 의미하지 않고, 성실한 사람의 방식으로 거래관행을 고려하여 신의와 성실을 지킨다는 것까지도 의미한다. 이것은 물론 하나의 구속이지만, 자신의 말을 지킨다는 것과는 다른 종류의 구속이고, 우리가 이번 장의 서두에서 출발했던 신의의 개념과는 다른 종류의 것이다.

V. 선서상의 신의

계약상의 신의와 나란히 선서상의 신의가 언급되어야만 한다. 계몽을 통하여 그 본래의 의미가 상당히 상실되었던 시대에도 여전히 선서가 책임감 있는 진지함으로 다루어진다는 점은 의미심장하다. 계몽된 로마인은 더 이상 거짓 선서로 인한 신들의 처벌을 두려워하지는 않았지만, 그래도 신의의 구속은 받았다.[35] 그리스 법권에서는 방자하게 위반된 선서에 대하여 대중들이 개탄하였으나,[36] 로마에서는 그러한 일은 없었다. 여우

---

33 Moritz Heyne, *Deutsches Wörterbuch* III (1895), 1039면; Murray, *New English Dictionary* IV, 32.

34 Beseler, IV, 106.

35 Cic. *De off.* 3.29.104: "quod autem adfirmate quasi deo teste promiseris, id tenendum est: iam enim non ad iram deorum quae nulla est, sed ad iustitiam et ad fidem pertinet (그런데 신을 증인삼아 확실하게 네가 약속한 것은 준수되어야 한다. 즉 이제는 존재하지 않는 신들의 분노에 속한 것이 아니라, 정의와 신의에 속한 것이기 때문이다)." 형법상 유일한 제재는 호구총감에 의한 견책이고, 기타의 경우 "deorum iniuria diis curae"(신들에 대한 불의는 신들의 소관이다)가 적용된다(Tacitus, *Ann.* 1.73에서의 티베리우스); Cic. *De leg.* 2.9.22; Alex. C.4.1.2; Pernice, "Sakralrecht", *Sitzungsberichte d. Berliner Akad. d. Wissensch.* 51 (1885), 1164면 이하; Wenger, *SZ* 23, 266 이하; Seidl, *Der Eid im röm.-ägypt. Provinzialrecht* I, 119; II, 129 이하; Volkmann, 122.

레이나드Reynard the Fox라면 다음과 같이 말할지 모른다.[37]

> [大要] 내가 자백했던 현자가 나에게 말하길,
> 강요된 선서는 효력이 없었고
> 나에게 아무런 장애가 되지 않는다고 했다.

그런데 로마에서는 달랐다. 키케로는 – [강박 당한 자에 대한 구제수단을 도입한] 옥타비우스의 고시가 발령된 지 불과 반세기 후에! – 강요된 선서라 하더라도 지켜야만 한다고 선언하였다.[38]

Ⅵ. 법원론상의 신의 원리

법원론法源論과 관련하여 로마의 신의 원리는 다음과 같은 두 가지 중요한 법규칙을 발생시켰다.

---

36 Cic. *Pro Flacco* 4.9: "Testimoniorum religionem et fidem nunquam ista natio [= 그리스 민족] coluit totiusque huiusce rei quae sit vis, quae auctoritas, quod pondus ignorant." 5.12: "quibus iusiurandum iocus est." 이것이 단지 동정을 불러일으키기 위한 변론가의 술책이 아니었다는 것은 폴리비오스의 통렬한 비판에서 나타난다(6.56 말미): "그리스인들 중에 공무를 담당하는 이들은, 그들에게 단지 1탈렌트가 맡겨진 경우에도, 비록 그들이 10개의 부서(副署)와 그만큼의 봉인을 가지고 있고 2배의 증인들이 있다고 하더라도, 그들은 신의를 지키지 못한다. 그러나 공직자와 사자(使者)로서 거액이 맡겨진 로마인들은 선서의 신의에 따라(δι᾽ αὐτῆς τῆς κατὰ τὸν ὅρκον πίστεως) 성실성을 유지한다." Burckhardt, *Griech. Kulturgesch.* II, 359 이하 참조.

37 1.35 v. 2974:
my sede êns ên wys man hier bevoren,
dâr ik my bichteswys mede berêt,
he sede, dat ên bedwungen êt,
dat de were nicht vele wêrt,
he hindert my nicht enen kattensteert;
Sachsenspiegel, LandR. 3.41.2-3; Stobbe, *Zur Geschichte des deutschen Vertragsrechts*, 28 이하; Glück, *Pandekten* IV, 545.

38 Cic. *De off.* 3.30.110; 3.31.112. 이 고시에 관하여는 Lenel, *Ed.* § 39.
【역주】 법정관 옥타비우스가 기원전 80년경에 강박 당한 자를 보호하기 위해 불법행위소권인 강박소권(actio quod metus causa)을 도입한 것을 의미한다(formula Octaviana). 이는 징벌금소권이었고 4배액이었으나, 파렴치효는 없었다. 상세는 최병조, 로마법강의, 박영사(1999/2004), 374면 이하 참조.

1. 고시를 발령한 정무관도 해당 고시에 구속된다. 정무관이 한 번 작성한 것은, 작성한 것이기 때문이다.
2. 법규칙은 소급효를 갖지 않는다.

1. 정무관은 고시에 구속된다

정무관은 처음에는 자신이 발령한 고시告示에 구속될 법적 의무는 없었으나, 신의는 자신이 약속하였고 그에 대하여 타인이 신뢰한 것에 구속되어야만 한다는 것을 요구하였다. 이러한 신의를 위반하는 것은 통상 로마에서 [다른 정무관에 의한] 개입(intercessio)을 야기하였다.[39] 기원전 67년의 코르넬리우스법(lex Cornelia)은 법정관이 자신의 고시에 법적으로 구속된다는 것을 규정하였다고는 하나, 어느 정도까지 구속되었는지는 알려지지 않는다. 하드리아누스[재위: 117-138]에 의한 영구고시록 편수가 있을 때까지는, 임기중에는 개별 사건에서의 재결을 통한 고시보충이 허용되었던 것으로 보인다.[40]

2. 법률의 소급효 금지

법규칙의 소급효 배제도 역시, 그것이 고시이든 법률이든 원로원의결이든 황제의 재결이든 간에, 신의로부터 비롯하는 요청이다. 제정자도 그가 한 말을 지켜야 한다. 법규칙이 한 번 만들어지면 그것은 신뢰될 수 있어야만 하고, 자신의 행위의 법적 효과가 예측가능해야만 하기 때문이다.[41] 그러므로 새로운 법규칙은 구법하에 일어난 사건에 적용되어서는 결코 안 된다. 그것은 오직 "이 법률이 제정된 후에(post hanc legem rogatam)" 발생한 사안에만 적용될 수 있다.[42] 신의를 지키도록 입법자를 구속하는 이 위대한 원칙

---

39 Cic. *In Verr*. II 1.46.119: "Verres contra illud ipsum edictum suum sine ulla religione decernebat; itaque L. Piso multos codices implevit earum rerum, in quibus ita intercedit, quod iste aliter atque ut edixerat decrevisset."

40 Krüger, *Geschichte*, 34; Biondi, *Prospettive*, 38.

41 Cic. *In Verr*. II 1.41.107.

은 이미 공화정기에 발전되었다.[43] 그것은 물론 법규칙은 아닌데, 왜냐하면 그와 같은 정도의 입법자의 자기구속은 불가능한 것이기 때문이다. 그러나 그것은, 예외가 전혀 없지는 않지만, 로마인들이 지켜왔던 원칙이었다. 키케로는 어떤 행위가 "그토록 극악무도하여 법률이 없었더라도 극력 피해져야만 하는 경우(tam scelerata et nefaria est, ut etiamsi lex non esset, magnopere vitanda est)"라면 형사법상 소급효가 인정되어야만 하는 것을 원한다. 그러나 그는 이어서 그런 경우에조차도 로마의 입법자들은 소급효 금지원칙을 엄격하게 고수하였다고 말한다. 사문회査問會 관련 법들이, 법률 공포 전에 저질러진 범행에도 해당 법률이 적용된다고 규정하였을 때에도[44] 그것은 단지 절차 규정일 뿐이었다. 반면에 그 행위 자체는 가벌적이었고, 정무관의 징치나 정무관-민회절차에서 처벌받을 가능성은 그전에도 알려져 있었다.[45] 한편 민사법에서는 키케로는 소급효금지 원칙이 예외 없이 적용되기를 원하고, 이것이 로마의 입법을 통하여 이루어졌다. 여기에서도 제정기에는 예외가 있었지만, 전체적으로 볼 때 그러한 경우는 많지 않았고, 대부분 고전기 이후에 나타났으며, 그 원칙 자체는 결코 다투어지지 않았다. 유스티니아누스도 이 점을 특별히 강조하였다.[46]

VII. 신의에 기반한 계속적 관계

로마인들의 삶에서 신의에 기반한 계속적 신뢰관계는 매우 많았다. 그러한 관계 모두가 법적 형태는 아니었지만, 그 나름으로 법생활에서 일정한 역할을 하였다. 로마법은 이러한 유대관계를 전제로 하고 있고, 그래서 이러한 사실을 고려하지 않고서는 로마법을 제대로 평가하는 것이 불가능한 경우가 종종 있다.[47]

---

42 Cic. *In Verr*. II 1.42.108. 고르틴(Gortyn) 법상의 유사한 조항들. Kohler-Ziebarth, *Stadtrecht von Gortyn*, 43면 참조. 드라콘의 살인에 관한 법(Dittenberger, *Sylloge*, 제3판, I Nr. 111 v. 12)은 반면에 특히 소급효를 가진다. 이 문제들에 대하여 Siber, *Analogie* (1936), 47 이하.

43 Affolter, *Das intertemporale Privatrecht* I/1 (1902), 21면 이하.

44 그러한 법률들의 목록은 Mommsen, *StrafR*. 197 이하.

45 키케로, 전게서도 아마도 같은 취지로 이해된다; Mommsen, *StrafR*. 670 주 1; Siber, 전게서, 46.

46 Windscheid-Kipp, *Pandekten* I, § 32 주 2.

1. 해방노예와 옛 주인

해방노예(libertus)와 그의 옛 주인인 두호인斗護人(patronus)[48] 간의 – 신의에 기초한 – 관계는 법적으로 상세하게 규율되었다. 해방노예가 [옛 주인을 상대로] 부담하는 공경(reverentia)과 순종(obsequium) 의무로부터 재산법상 그리고 비재산법상 많은 의무들이 발생되었다. 한편 두호인은 해방노예에 대하여 보호 및 원조 의무가 있었는데, 물론 후자의 측면에서의 법적 양상은, 쉽게 이해될 수 있듯이, 그렇게 명확히 되어있지는 않았다.[49]

2. 두호인과 피호민

두호인과 피호민被護民(cliens) 간의 신의에 기반한 관계는 이 책의 고찰 대상 시기에는 법외적인 관계였다.[50] 어떤 지역 공동체 전체가 1인의 두호인의 피호민단이 되는 일도 종종 발생했다.[51] 이 같은 종류의 관계는 어떤 지역을 로마 제국에 복속시키는 데 공을 세운 정치인과 그 지역 공동체 사이에서 보통 발생하였다.[52] 그러한 신의관계는 상속되었고 당사자들에게 상호적 지원의무를 발생시켰다. 예컨대 두호인은 자신의 피호민에게 불리한 증인으로 나서서는 안 되었고,[53] 어떤 지역 공동체의 두호인은 로마에서 자신의 능력을 다하여 그 지역의 이익을 지원할 의무가 있었다. 원로원이 그에게 그 지역 공동체를 위한 자치시 입법의 초안 작성이나 중재 판정을 맡기는 경우도 있었다.[54]

---

47 이에 대하여 다음 문헌을 참조: Fustel de Coulanges, *Histoire des institutions politiques de l'ancienne France* V (Les origines du système féodal, 제6판, 1926), 205면 이하; M. Gelzer, *Die Nobilität der römischen Republik*, 49 이하.

48 【역주】 patronus의 번역어로 종래 "보호자"가 관용되었으나, 의미하는 바가 불분명하고 오늘날의 "보호자"와는 의미가 전혀 다르다는 점에서 번역어로 적절치 않다고 생각되어 "두호인(斗護人)"이라는 역어를 사용한다.

49 Leist (Glück의 *Pand.*), Serie d. Bücher 37/8, 5. Teil (1879), 1면 이하; Cic. *In Verr*. II 1.47.123.

50 Mommsen, *Röm. Forschungen* I (1864), 355면 이하; Premerstein, *RE*에서 'Clientes' 항목.

51 Mommsen, *StaatsR*. III, 1203; Gelzer, 50, 70; Dessau, *Inscriptiones lat. sel*. III, No. 6093 이하의 텍스트들 및 Bruns, *Fontes*, No. 173을 보라.

52 Cic. *De off*. 1.11.35; Mommsen, *Röm. Forschungen* I, 361.

53 Mommsen, *StaatsR*. III, 69.

54 전게서, 1203; Gelzer, 72 이하.

3. 접대계약

둘 또는 그 이상의 개인 간, 개인들과 자치시들 간, 또는 둘 또는 그 이상의 자치시들 간의 접대계약[55]은 물론 1차적으로는 여행객을 위한 숙식제공이 목적이었지만, 그 밖에도 여행객을 위한 사무처리, 법적 보호, 그리고 사실상 신의에 기반한 일체의 것을 포함하였다. 접대계약은 종종 두호인과 피호민 간의 계약에 결합되었다. 그렇지만 접대계약 관계도 법률관계로 발전되지는 않았다.

재정관과 상관의 관계

재정관(quaestor)과 자신의 상관인 집정관(consul)이나 도백道伯과의 관계는 신의 관계였으며, 그것은 결코 임기 만료로 끝나지 않았다.[56] 재정관은 이러한 상관들과 긴밀한 관계에 있었고,[57] – 키케로의 표현에 따르면 자식의 부모에 대한 관계와 같은[58] – 책망을 감수해야 했으며, 상관을 지원하고 원조하여야 하고, 그를 상대로 그에게 불리한 증인으로 나서도 안 되었으며, 그 밖의 의무들도 부담하였다.[59]

로마의 우의(amicitia)

마지막으로 사적私的 우의友誼도 계속적 신의 관계에 기반하였는데, 이에 대해서는 관련 사료들이 특히 명확하고 다채로운 상을 보여준다.[60] 이러한 사료들이 사회 상류층

---

55 Mommsen, *Röm. Forschungen* I, 326 이하 참조.

56 Mommsen, *StaatsR*. II, 564 주 1; Gelzer, 62, 83 주 5; Kroll, I, 40.

57 Cic. *Div. in Caecil*. 14.46: "quaestoris cum praetore necessitudinem constitutam more maiorum (재정관의 법정관과의 관계는 부조(父祖)의 관습에 따라 성립된 것이다)."

58 Cic. *Div. in Caecil*. 19.61: "sic enim a maioribus nostris accepimus, praetorem quaestori suo parentis loco esse oportere (우리가 우리의 조상들로부터 배웠던 바에 따르면, 재정관에게 법정관은 부모의 지위에 있는 것이 합당하다)." Cic. *In Verr*. II 1.15.40에서도 동일하다.

59 Cic. *Div. in Caecil*. 18.60; 19.61, 62; 20.65; *In Verr*. I 4.11; II 1.14.37; 15.40; Corn. Nepos, *Cato*, 1.3.

60 이에 대하여 다음 문헌을 참조: R. Reitzenstein, "Zur Sprache der latein. Erotik", *Sitzungsberichte der Heidelberg. Akad. d. Wiss*. (Treatise 12) 1912; Schneidewin, *Die antike Humanität* (1897), 126면 이하, 136면 이하; Gelzer, 83 이하; Kroll, I, 55 이하, 112 이하; Bernert, *De vi atque usu vocabuli officii*

의 우의友誼(amicitia)만을 서술하고 있는 것은 사실이지만, 이로부터 로마의 삶에 있어 우의에 관한 결론들을 일반적으로 도출하는 것이 충분히 가능하다. 로마의 우의는 그것을 맺고 해소하는 데 일정한 형식이 있었으며, 이는 진지하고 지극히 실제적인 많은 의무들을 발생시켰다. 로마의 친우親友들[61]은, 많은 경우에 오늘날의 "친구"라면 당장에라도 절교했을 법한 것들을 상호 간에 요구하였다. 로마에서는 어떤 상황에서도 친우에게 도움 – 그것이 행위이든 조언이든 – 을 청하는 데 거리낌이 없었다. 그리하여 친우라면 집에서의 접대, 사무처리, 타인에게 추천해 달라거나, 심지어는 금전까지도 부탁할 수 있었다. 키케로는, 유배지에서 아내에게 편지를 쓰면서, 유사시에 돈을 마련할 방법을 조언하였는데, 그녀가 의도한 것과 같이 토지를 매각하지 말고 친우들에게 도움을 부탁해보라고 하였다: "이들이 그들의 의무를 다한다면, 돈이 모자라는 일은 없을 것이오."[62] 키케로의 친우들이 이러한 그의 기대를 충족시켰던 것으로 보이는데, 왜냐하면 그가 보낸 다음 편지에서 키케로는 아내에게, 그녀가 명단을 작성하여 보냈던 그의 친우들에게 감사 편지를 썼다는 소식을 알리고 있기 때문이다.[63] 키케로가 쓴 편지들의 많은 부분이 거의 전부 수신인에게 일정한 종류의 부탁을 하거나 아니면 수신인이 베푼 친절이나 호의에 대한 감사의 표현을 담고 있다. 로마인들은 어떠한 희생을 무릅쓰고서라도 자신의 친우를 도울 의무가 있다고 생각하였다. 키케로가 매우 진지하게 사람이 어느 정도 친우와의 신의를 지속시킬 수 있고 또 지속시켜야만 하는지를 논하는 점은 의미심

(Diss. phil. Breslau, 1930), 47면 이하; L. Dugas, *L'Amitié antique*, 제2판 (1914).

61 **【역주】** 로마의 우의관계는 아래의 개소에서 보듯이 우리의 일상어로서의 "우정"이나 "친구"와는 차이가 있고, 이러한 점을 고려하여 amicitia는 우의(友誼), amicus (friend, Freund)는 "친우(親友)"라는 번역어를 사용한다.
D.50.16.223.1 *Paul. 2 sent.*
"Amicos" appellare debemus non levi notitia coniunctos, sed quibus fuerint [in iura]〈vincula〉 cum patre familias [honestis] familiaritatis 〈honestis *Mo.*〉 quaesita rationibus.
(우리가 "친우(親友, amicus)"라고 불러야 하는 사람은, 가벼운 면식이 있는 자들이 아니라 명예롭게 얻어진, 가부(家父)와의 친밀한 결속관계가 있는 자이다.)

62 *Ad. fam.* 14.1.5: "si erunt in officio amici, pecunia non deerit"; 14.2.3: "obsecro te, mea vita, quod ad sumptum attinet, sine alios qui possunt, si modo volunt, sustinere."

63 전게서, 3.3.

장하다.[64] 키케로는 라일리우스Laelius의 입을 빌려 우의友誼에 관한 대화를 나누는데, 라일리우스는 과장에 대항하며 티베리우스 그락쿠스Tiberius Gracchus의 한 친우의 사건을 전한다. 그 자는 "그[=그락쿠스]가 원하는 것은 무엇이든 자신을 위하여 해야만 한다"고 생각하였고(ut quidquid ille vellet, sibi faciendum putaret)" 그리하여 그락쿠스가 원한다면 카피톨리움 언덕에라도 불을 지를 것이라고 말했다고 한다.[65] 키케로(라일리우스)는 이런 식의 태도를 인정하지 않았다. 그는 – 명백하게도 일반적인 통념에는 반하여 – "만약 네가 친우 때문에 죄를 저질렀다면 죄에 대한 어떠한 변명도 없다네(nulla est excusatio peccati, si amici causa peccaveris)"라고 말한다. 하지만 그는 다음과 같은 결론에 이르는데, 좀 이상하게 들리겠지만, 만일 그것이 친우의 인생과 평판에 관한 문제라면 정도正道로부터 벗어나 친우의 부당한 희망(iniustae voluntates)까지도 실행하는 것이 허용되고 또한 그래야만 한다 – 우의友誼가 그것을 면책시킨다는 것이다.[66] 이러한 『우의론』의 내용은 실제와도 일치하였다. 베레스Gaius Verres의 친우들 중에 그의 [시킬리아 총독] 후임자인 메텔루스Lucius Caecilius Metellus가 있었다. 그는 키케로의 수사를 방해하면서, 힘을 다하여 베레스를 도왔다.[67] 그런데 키케로 자신은 메텔루스의 그러한 행동을 비난하지 않는데, 이는 그의 친우를 보호하기 위한 행동이었기 때문이라고 솔직하게 말하였다.[68] 키케로 자신이 제기한, 왜 메텔루스가 그 사건에서 증인으로 출석하지 않았는가 하는 질문에

---

64 Cic. *Laelius*, 11.36: "id primum videamus, si placet, quatenus amor in amicitia progredi debeat." (괜찮다면 먼저 어느 정도까지 사랑이 우의로 발전해야만 하는지를 살펴봅시다)

65 전게서, 11.37.

66 전게서, 17.61: "... ut, etiamsi qua fortuna acciderit ut minus iustae amicorum voluntates adiuvandae sint, in quibus eorum aut caput agatur aut fama, declinandum de via sit, modo ne summa turpitudo sequatur; est enim quatenus amicitiae dari venia possit. (… 친구들의 다소 정의롭지 못한 의지를 거들어야 하는 일이 혹여 생길 때, 그 일이 친구의 목숨이나 명성이 걸린 일이라면, 우리는 정도(正道)를 벗어날 수도 있다네. 다만 엄청나게 큰 추함이 따르지 않는다면 말이네. 우정에는 용인할 수 있는 선이 있기 때문이지)." [김남우 역, 라일리우스 우정론, 아카넷(2022)]

67 Cic. *In Verr*. II 3.53.122: "L. Metellus, is qui multos in istum testes imperio et potestate deterruit ..."; II. 1.27.65 참조.

68 II. 3.65.152: "non reprehendo Metellum: pepercit homini amico."

대하여, 명백하게 모두가 납득할 만한 답변을 키케로 자신이 제시한다. 메텔루스가 불출석한 것은, "우의友誼로 인해 저어되기(amicitia impeditur)" 때문이라는 것이다.[69] 키케로 자신도 동일한 방식으로 행동하였다. [킬리키아] 속주총독이었던 키케로는 브루투스 Marcus Brutus 측의 대금업자들이 그리스의 특정 도시들을 상대로 제기한 소송에서, 브루투스가 부과한 고리高利의 이자는 채무자가 이를 부담할 수 없을 정도였다는 점을 명백하게 인정하였다. 그러나 브루투스는 아티쿠스의 친우였고,[70] 따라서 공직자로서의 키케로의 의무는 친우로서의 그의 의무와 충돌하였다. 다른 방법을 찾을 수 없자 그는 그 사건 전체를 자신의 임기가 만료될 때까지 보류하였다가 후임자에게 미해결상태로 넘겨버렸다.[71] 이 소송을 이유로 몸젠이 키케로에게 가한 비판은 몰역사적이었고, 따라서 부당했다. 그의 말에 따르면[72] "키케로는 불법에 대해서가 아니라 그것이 폭로되는 것에 대하여 움찔하며, 정의를 행하는 것이 아니라 정의를 행하는 것의 평판에 중요성을 두는, 소인배(Halbnatur)에 속한다"는 것이다. 로마의 신의가 발휘하는 힘과 우의에 대한 그러한 고지식한 집착에서 필연적으로 수반되는 위험들이 인식되었더라면 더 좋았으리라.[73] 로마의 우의友誼가 가진 이러한 특성을 인식한 사람이라면, 다음과 같은 글을 보고 더 이상 과장이라고 여기지 않을 것이다: "우의에 관해서는 모두들 생각이 같다네. 정치에 종사하는 사람이든, 탐구와 학문을 즐기는 사람들이든, 공직을 맡지 않고 자신의 일을 하는 사람들이든, 마지막으로 자신을 온통 쾌락에 맡긴 사람이든, 그들이 조금이라도 자유인답게 살기 원한다면, 우의友誼 없는 인생은 인생이 아니라고 믿고 있다네."[74] 로마에도

---

69 전게서, 53.122.

70 키케로와 브루투스 간의 우의는 당시에는 아직 초기에 있었다: *Ad Att*. 6.1.3 및 7; 6.2.7.

71 Mommsen, *Ges. Schr*. III, 215 이하; Früchtl, *Die Geldgeschäfte bei Cicero* (Diss. phil. Erlangen, 1912), 137면 이하.

72 전게서 217면.

73 *Ad fam*. 13.54, 57, 58, 59와 같은 속주총독 키케로의 추천 서한들도, 온갖 고도의 윤리적 표현에도 불구하고, 우리가 느끼기에는 추문에 해당한다. 키케로 자신은 그의 서한 *Ad fam*. 5.12에서의 요청을 회의적으로 여겼으나, 그는 말하기를 "편지지는 염치를 모른다(epistola non erubescit)"고 한다.

74 Cic. *Laelius*, 23.86: "De amicitia omnes ad unum idem sentiunt, et ii, qui ad rem publicam se contulerunt, et ii, qui rerum cognitione doctrinaque delectantur, et ii, qui suum negotium gerunt otiosi,

그리스 속담에 상응하는 속담이 있었다: "물도, 불도 우의만큼은 긴요하지 않다."[75]

로마의 생활 속에서 이러한 신의가 발현된 모습을 염두에 두면, 로마법상의 많은 현상들이 자명하게 이해된다. 법인격 있는 사단이나 고용계약에 관한 가용한 법사료의 빈약함 및 위임과 사무관리(negotiorum gestio)에 관한 상세하고도 우호적인 취급에 더 이상 놀라지 않게 되는 것이다. 사단과 고용계약은 실제로 그리 중요하지 않았던 반면에 위임과 사무관리는 이러한 로마 세계에서 가장 중요한 법제도들 가운데 하나였다. 로마에서는 부탁을 받았든 자발적이든 간에 언제라도 무상으로 도와줄 채비를 갖추고 있는 친우, 두호인, 피호민이 모든 이들에게 있었다.[76] 보증이 질권보다 더 중요한 제도였고, 특히 부동산담보가 그토록 불완전하게 구성되었다는 점은 신의에 기초한 많은 관계들로부터 설명된다. 대부분의 경우 보증인을 요하는 담보문답계약(cautiones)이 로마법상 얼마나 빈번했는지 확인해 본다면, 오늘날의 연구자는 자발적으로 보증을 서고자 하는 사람들을 로마인들이 어떻게 그렇게 많이 구할 수 있었는지 당연히 의아해할 것이다. 로마인들에게 이것은 문제되지 않았다. 예컨대 친우를 위해 보증을 서는 일은, 쉴러Schiller의 시詩에 나오는 친구에게 이것이 당연했던 것처럼, 그것은 로마인들에게는 도의적 의무(officium)에 속하였다.[77] 호구총감과 계약을 체결하기 위해서는 반드시 보증인과 담보를 제공하도록 했던 것 또한 계약불이행시 대신하여 책임져 줄 친우와 두호인의 존재가 전제되어 있었기 때문이다. 마지막으로 자문회(consilium)가[78] 로마인들의 모든 생활 속에

---

postremo ii, qui se totos tradiderunt voluptatibus, *sine amicitia vitam esse nullam*, si modo velint aliqua ex parte liberaliter vivere."

75 전게서, 6.22: "non aqua, non igni, ut aiunt, locis pluribus utimur quam amicitia" (다음의 그리스어를 모델로 한 것이다: πυρὸς καὶ ὕδατος ὁ φίλος ἀναγκαιότερος [불과 물보다 친구가 더 긴요하다]) Otto, *Sprichwörter ... der Römer*, 19면 참조. Cic. *Pro Plancio*, 33.81: "Cuius opes tantae esse possunt aut umquam fuerunt, quae sine multorum amicorum officiis stare possint?"

76 위임(mandatum)에 관하여는 키케로의 상세한 정의를 보라(*Pro Roscio Amer*. 38.111: "non enim possumus omnia per nos agere ... idcirco amicitiae comparantur, ut commune commodum mutuis officiis gubernetur ... nam neque mandat quisquam fere nisi amico.")

77 Kroll, I, 116; Früchtl. 전게서, 54면 이하; Cic. *Pro Plancio*, 19.47 참조.

78 전술한 227면; Liebenam, *RE*, 'consilium' 항목.

스며들어 있는데, 이것은 중대사를 함께 짊어지는 것이 허용되고, 나아가 자문받기를 기대하는 많은 수의 친우나 두호인이 없다면 생각할 수 없는 것이다. 이러한 자문회의 권위는 이와 같이 설명된다. 물론 자문한 후 당사자가 무시해버릴 수도 있었지만, 그것은 [자문에 응했던] 친우들의 마음을 상하게 하였을 것이다. 친우들은 관계를 끊을 것이고, 결국 자기 혼자만 남게 될 것이다. 오늘날의 대도시에서는 고립된 존재로 살아가는 것이 가능할 수도 있겠으나, 로마 세계에서는 그렇지 않았다. "로마의 개인주의"란 꾸며낸 이야기일 뿐이다.[79]

---

79 Biondi, *Romanità e Fascismo*, 37: "Ma è il momento di dichiarare che il vecchio clichè del individualismo romano ... costituisce la più grande falsificazione storica che sia stata commessa. Roma è la più energica negazione di ogni individualismo."(그러나 로마의 개인주의라는 오래된 진부한 생각이 … 가장 중요한 역사적 오류입증을 구성한다는 것을 선언할 순간이다. 로마는 모든 개인주의의 가장 힘찬 부정이다.) 로마인들의 사법(私法)이 개인주의적이긴 했지만, 이것은 그들이 여러 가지 강력한 법외적 유대(전술한 24면, 174면 이하 참조)와 정무관의 고권(高權, imperium, 전술한 179면, 190면)에 의존할 수 있었기 때문이다. 최근의 De Robertis, *Espropriazione* (1936), 220면을 보라: "L'individualismo, come noi lo concepiamo, fu assolutamente sconosciuto ai romani."(우리가 생각하는 바의 개인주의는 로마인들에게는 절대적으로 미지의 것이었다.)

12 안정성

이것은 오늘날의 입법이 가장 전념하는 관심사 중 하나이다. 개인들에게 안정성을 부여하는 것. 이러한 생각이 … 공·사법을 불문하고 법원法源에 관한 매우 중요한 원칙들의 기저에 있다.

- 르네 드모그René Demogue, 『사법私法의 기본관념』(1911), 63면.

법적 안정성의 개념

"법적 안정성"이라는 말은 여기에서 두 가지 의미로 사용된다.[1] 하나는 법이 불법과의 투쟁에서 관철된다는 확실성을 의미하고, 다른 하나는 무엇이 법인가에 대한 확실성, 법질서의 확실한 인식가능성 그리고 일정한 구체적인 법률요건으로부터 발생하는 법률효과의 예측가능성을 의미한다. 만약 우리가 판사의 자유재량으로 판결이 내려지되, 그 판사가 훌륭하고 공정하며 또 전적으로 독립적인 인물임을 보장하는 법체계를 상정한다면, 우리는 첫 번째 의미에서의 법적 안정성을 가지는 것이다. 그 경우 법이 효력 있다는 확실성은 존재하지만, 두 번째 의미의 법적 안정성은 존재하지 않는다. 다른 한편, 법질서가 상세한 법령집 속에 확정되어는 있으나 판사가 무지하고 부패하며 종속적이라면, 법에 관한 확실성은 존재하지만 그 법이 관철되리라는 것은 불확실하다.

---

1 이에 대하여는 다음 문헌을 참조: Jhering, II, 67 이하; Bendix, "Das Problem der Rechtssicherheit", *Schriften des Vereins Recht und Wirtschaft* III/5 (1914); Max Rümelin, *Rechtssicherheit* (1924); H. Fehr, *Recht und Wirklichkeit* (1927), 164면 이하; Brassloff, *Die Rechtssicherheit* (1928); Bendix, "Gewisses und ungewisses Recht", *Druckschriften des deutschen Anwaltsvereins*, No. 27 (1930); Demogue, *Les Notions fondamentales du droit privé* (1911), 63면 이하; Frederic R. Coudert, *Certainty and Justice* (1914) 참조.

I. 법이 불법과의 투쟁에서 관철되리라는 확실성으로서의 법적 안정성

첫 번째 의미에서의 법적 안정성은 주로 국가가 적절한 법적 보호를 제공하는지에 달려있다.

1. 법집행에 적합한 인물

(a) 명망가 원리

우선 법집행이 적합한 사람들에게 맡겨지도록 하는 것에 주의를 기울여야 한다. 공화정기와 원수정기 로마는 사회적 명망가들[2]만을 법집행자로 임명함으로써 이 조건을 성취하는 데 최선을 다하였다. 관할권 있는 [사법司法] 정무관들, 특히 법정관과 도백道伯들의 경우 실제로 원로원의원이나 기사계층에 속한 자들 중에서만 선임되었다는 점은 이미 전술하였다.[3] 그리고 형사 및 민사절차에서의 배심원들 또한 일반적으로 이러한 신분집단에서 정해졌는데, 그렇지만 민사절차의 경우 당사자들은 합의에 의하여 신분자격을 갖추지 않은 자를 심판인(iudex)으로 선정할 수는 있었다.[4] 일반적으로 그 경우에 판결에 영향을 미치는 일체의 시도들을 물리치기에 충분히 독립적인 사람들이 선정되었던 것으로 보인다. 베레스Verres의 법집행은 하나의 스캔들이었고, 로마 사법司法을 대표하는 것이 아니었다. 전술한 공화정 말기의 수많은 우의友誼관계들과 그로 인해 발달된 추천 제도가 사실 때로는 정무관의 공정성을 위협했을지도 모른다.[5] 공화정의 마지막 세기에 한 연설가가 행하였던 배심원에 관한 끔찍한 묘사는[6] 수사학적 과장이고, 따라서

---

2 전술한 186면 참조.

3 전술한 186면 참조.

4 이에 관하여는: Bethmann-Hollweg, *Der römische Zivilprozess* II, §§ 36, 64, 65; Wlassak, *Röm. Prozessgesetze* II, 196면; Mommsen, *StrafR.* 209, *Ges. Schr.* III, 338 이하, 355 주 46; Kübler, 'equites' 항목 in *RE*, col. 290; Wlassak, 'Centumviri' 항목 in *RE*, col. 1936; Steinwenter, 'iudex' in *RE*, col. 2465; Wenger, *Zivilprozess R.* §§ 5 및 25, 254면.

5 전술한 258면 이하 참조.

6 Macrob. *Sat.* 3.16, §§ 15, 16 및 Bethmann-Hollweg, II, 40 주 16.

그것으로부터는 어떠한 결론도 도출될 수 없다. 공화정 말기 무렵 정치인들은 형사절차에서의 배심원단의 평결이 그들이 바라는 것과 어긋나는 경우 배심원측의 부패를 문제삼는 경향이 있었다. 역사가들은 그러한 증언들을 가지고는 아무것도 할 수 없다. 그러나 고전기 이후에는 민사절차도 세강자勢强者들(potentiores)에 의하여 영향받았다는 신빙성 있는 증언들이 전해지고,[7] 이러한 상황으로 인해 세강자들에게 채권양도를 금지하는 내용의 법률이 제정되었으며, 이것이 심지어 독일 보통법에도 수용되었다.[8] 그 밖의 재판부를 구성하는 인사들의 부족한 도덕적 자질에 관한 청원들이 이 시기의 황제의 재결에서도 나타났다.[9]

(b) 법지식

처음에 로마국은 관할 정무관들과 배심원들이 필요한 법지식을 갖추도록 보장하는데 아무런 노력을 기울이지 않았다.[10] 최상층에 속하는 두 사회신분 구성원들의 경우 어느 정도의 법지식이 전제될 수 있었던 것이 사실이지만, 이것도 법체계가 보다 고도로 발전되고 복잡하게 된 제정기에는 확실히 불충분하였다. 여기에서 로마인의 모든 생활층위들에서 볼 수 있는 자문회가 개입하였다.[11] 민사절차에서 정무관과 심판인은 자문회를 두었는데, 그 구성원들 가운데 일부는 법지식을 갖춘 사람이었다. 고전기에 정무관이나 심판인이 그러한 자문회의 도움 없이 어떻게 그 직무를 수행할 수 있었을지는 상상조차 할 수 없다. 비록 성실한 겔리우스Gellius처럼 서재에 심판인의 직무(officium iudicis)에

---

7 Mitteis, *Mélanges Girard* II, 225 이하; Wenger, 전게서, § 26 주 37, 270면.

8 CTh. 2.13.1 = C.2.13.2. Windscheid, *Pand.* II, § 335 주 19 참조.
【역주】 CTh.2.13.1. Honor./Theodos. AA. Ioanni pp. Post alia (a. 422)
Si cuiuscumque modi cautiones ad potentum fuerint delatae personas, debiti creditores iactura mulctentur. aperta enim credentium videtur esse voracitas, qui alios actionum suarum redimunt exactores et cetera. 〈Dat. V. id. Iul. Ravenna, dd. nn. Honorio XIII./Theodos. X. AA. conss.〉

9 Wenger, 전게서, 326.

10 Weiß, *SZ* 33, 213 이하 참조.

11 전술한 261면 이하 및 Collinet, “Le Rôle des juges”, *Recueil d'études en l'honneur de Gény* I, 27면 참조.

관한 책들을 모아놓았다 하더라도,[12] 점점 더 난해하게 되었던 법문헌은 법전문가가 아닌 사람들에게는 부분적으로만 접근할 수 있었을 뿐이었다. 제정기의 관할 정무관들이 법지식을 갖춘 사법보좌관들(adsessores)을 두고 있었고[13] 법률사무를 처리하는 서기들(scribae)이 어느 정도는 법지식을 갖추고 있었다는 것이 전해진다.[14] 까다로운 사안들의 경우 관할 정무관들은 법률가에게 해답(responsum)을 구하거나 황제에게 칙답(rescriptum)을 구했다. 하드리아누스 치세[117-138] 이후로는 고위 공직자들에게 법적 훈련이 더욱 높은 정도로 요구되었고,[15] 마침내 고전기 이후인 늦어도 5세기 말에는, 변호사에게도 법학교에서의 정규적인 법공부와 시험을 치르도록 하는 것이 규정되었다.[16] 그럼에도 불구하고 고전기 이후의 일반적인 문화쇠퇴에 직면하여, 재판관들과 변호사들의 법지식이 원하는 수준에는 미치지 못하였다는 점이 추측될 수 있고 또한 실제로 입증된다.[17]

2. 민사절차의 비용

공화정기와 고전기에는 민사절차의 비용이 그리 많이 들지 않았다. 법정 비용이나 변호사 수임료 및 여비旅費 지급에 대한 청구들은 방식서 소송절차에서는 알려지지 않았고 비상심리절차에서 처음 나타났다.[18] 고전기 이후에는 실제로 과도한 소송비용징수에

---

12 14.2.1: "Quo primum tempore a praetoribus lectus in iudices sum, ut iudicia, quae appellantur privata, susciperem, libros utriusque linguae de officio iudicis scriptos conquisivi. ... (내가 법정관에 의하여 심판인으로 처음 선정되어 "민사" 소송을 맡게 되었을 때, 나는 라틴어와 그리스어로 된 심판인의 직무에 관한 책들을 수집하였다)"

13 Mitteis, *Reichsrecht*, 193 이하; Wenger, 전게서, § 4 주 6, 29면(문헌과 함께).

14 scribae에 관하여는 전술한 91면을 보라.

15 Mitteis, 전게서; Friedländer-Wissowa, *Sittengeschichte Roms* I (1919), 152면; Pringsheim, *Journal of Roman Studies* (1934), 150면.

16 Krüger, *Geschichte*, 393.

17 Nov. 1 (Theodos. II / Valentinianus III, 438년, Mommsen-Meyer, *Theodosianus* II 3면): "Saepe nostra clementia dubitavit, quae causa faceret ut tantis propositis praemiis, quibus artes et studia nutriuntur, tam pauci rarique extiterint, ut plene iuris civillis scientia ditarentur. ..." Mitteis, *Reichsrecht*, 199 이하 참조.

18 Bethmann-Hollweg, III, 232; Wenger, § 33, 321 이하; Bertolini, "Appunti didattici", *Processo civile* II, § 28, 201면 참조.

대한 불만이 자자하였다.[19]

3. 민사절차의 기간

마지막으로 민사절차의 기간에 관하여, (정무관의 고권에 의거하는[imperio continetur]) 방식서 소송절차는 정무관의 임기 내에 종결되어야 했고, 법정法定의 소송절차(iudicium legitimum, 아우구스투스의 소송법[lex iudiciaria] 이후)[20]는 1년 반 안에 종결되어야 했다.[21] 이 기간들이 적용되지 않는 소송절차의 경우, (이미 고전기에도) 종종 오래 지연되었다. 이미 베스파시아누스 치세[69-79]에 백인회 법정(centumviri) 절차의 장기 지연에 대해 불만이 제기되었다.[22] 비상심리절차 사건에 관한 기록에는, 한 사건의 소송이 226년부터 244년까지 계속되었다고 한다.[23] 제논Zenon 치세[474-491]의 어떤 사건은 무려 30년 동안을 끌었다고 전해진다.[24]

4. 요약 · 정리

종합해보면 대체로 공화정기와 고전기의 경우 어떤 사건에서건 국가는 충분한 법적 보호를 제공했고 이런 의미에서의 법적 안정성이 달성되었다고 할 수 있다.

---

19 Wenger, 323, 326.

20 【역주】 iudicia legitima는 로마시민들 간에 로마 또는 로마시의 첫 번째 경계석 내에서 열리는 단독 심판인(iudex unus) 소관의 재판절차를 말한다. 이 요건 중 하나라도 결한 것이 iudicia quae imperio continentur (iudicia imperio continentia)이다. 전자는 제정법상 규율되고, 후자는 관할정무관의 고권(imperium)에 의거한다. Berger (1953), 해당 항목 참조.

21 Wenger, § 17, 168면.

22 Sueton, *Vesp.* 10: "... iudicia centumviralia, quibus peragendis vix suffectura litigatorum videbatur aetas ..."

23 Lis fullonum [세탁업자 소송](Bruns, *Fontes*, No. 188, v. 39, 244년): "Ex Alexandro Aug. II et Marcello II cos."(226년, Liebenam, *Fasti consulares*, 28면; Lietzmann, *Kleine Texte* 41/3) "litigatum est in Peregrino et Aemiliano cos."(244년, Liebenam, 30면).

24 Mitteis, *Reichsrecht*, 199 주 6.

II. 무엇이 법인가에 대한 확실성으로서의 법적 안정성

앞서 제시된 두 번째 의미의 법적 안정성 – 법에 관한 확실성 – 의 경우는 전혀 다르다. 이런 종류의 안정성에는 의외로 중요성이 거의 부여되지 않았다는 것이 로마법의 독특한 특징이다.

1. 법규범의 존재와 내용에 관한 불확실성, 법령집 출간의 불충분함

우선 법규칙들의 존재와 내용이 대부분 불확실했다. 앞에서 언급한[25] 국가 주도의 법제정에 대한 로마인들의 유보적인 태도로 인해 불가피하게 넓은 범위의 불확실한 법(ius incertum)의 영역이 남게 된다. 심지어 국가 제정법이 규율하는 경우에서조차도 그 내용을 확실히 알기가 어려운 일이 다반사였다.[26] 국가가 12표법 원문의 온전성을 보존하기 위한 조치를 취한 적은 한 번도 없었다. 민회 의결법, 원로원의결, 그리고 황제의 칙법을 공고하기 위한 당국의 조치가 전혀 없었거나 매우 미미한 조치만 취해졌다. 공포되는 법률을 게재하는 관보官報도 없었다. 카이사르 이래로 정가政家 소식과 함께 법률과 원로원의결이 일별로 정리되어 정기적으로 간행되는 국정공보國政公報가 하나 있었다.[27] 일정한 법률의 경우 때로는 청동판에 게시되었는데, 법 자체에서 그것을 규정하였거나 현직 관리가 그것이 바람직하다고 여겼던 경우에 그러하였다.[28] 그러나 이것은 오직 로마시에서만 이루어졌다.[29] 로마법이 세계법이 된 지 한참이 지나고 나서도, 법률이 로마시에서만 공고되었던 전통은 유지되었다. 원로원의결 역시 예외적인 경우에만 청동판에 게시되었다.[30] 로마시 밖에서 원로원의결은 종종 관련자들에 의하여 명문銘文

---

25 전술한 7면 이하 참조.

26 Weiß, *SZ* 33, 213.

27 Otto Hirschfeld, "Die röm. Staatszeitung", *Sitzungsberichte der Berliner Akad. d. Wiss*. 45 (1905), 930면 이하를 보라.

28 Mommsen, *StaatsR*. III/1, 418면 및 *Ges. Schr*. III, 299; Rotondi, *Leges publicae populi romani*, No. 19, 167면(*Enciclop. giur. ital.* 특별호) 참조.

29 Mommsen, *Die unteritalischen Dialekte*, 154면 이하 및 *Corpus inscr. lat*. I/2 (제2판, 1918/31), No. 582, 441면에 있는 반티아 청동판(Tabula Bantina)에 관한 그의 주석.

으로서 공고되었다. — 그리스어가 사용되는 지역에서는 라틴어와 그리스어 두 개 언어로 또는 그리스어 공식 번역문[31]만으로. 황제의 칙법의 경우, 고시는 황제의 당해 체류지에서 백목판白木板에 공고되었고, 또한 그 고시가 적용되는 지역을 관할하는 관리들에 의하여 공고되었고,[32] 칙답도 마찬가지로 황제가 머무는 숙소 안에 게시되었다.[33] 이 모든 것은 앞서 살펴본 공고행위가 엄밀한 법적 목적상으로는 불충분했다는 점을 보여준다. 법학자들이 법학교에서 수업용으로 활용하기 위해 법령들을 사적으로 수집하였다는 주장도 일리는 있다. 그러나 실제로는 그렇지 않았다. 만약 그러한 법령수집이 이루어졌더라면, 그러한 사실에 관하여 알려진 바가 있어야만 한다. 고전기 이후에 이르러서야 — 그레고리우스의 칙법모음(Codex Gregorianus, 291년)과 헤르모게니아누스의 칙법모음(Codex Hermogenianus, 293/294년에 집중)에서 — 적어도 그러한 칙법들의 수집이 발견된다. 물론 법률의 내용을 공화정기와 고전기의 법학 문헌으로부터 미루어 알아내는 것이 가능하기는 하다. 비록 법학자들이 고문서학적으로 충실한 원문의 재현에는 거의 중요성을 부여하지 않았던 것 같기는 하지만, 때로는 심지어 법률 원문이 법학 문헌상에 나타나기도 한다. 그러나 이런 저술에서조차도 모든 법률 자료를 다 언급하지는 않는데, 왜냐하면 특정 지역에만 적용되는 지방법이 원칙적으로 배제되었기 때문이다.[34] 간간이 법학자들은 황제의 칙법에 관해서도 전하는데, 텍스트를 앞에 두고 직접 참조했던 것으로 보이지 않는다.[35] 법학자들의 저술들로부터 얻은 법지식에 만족하지 못했던 사람은 로마의 기록보관소에 조회하여 원하는 법령의 사본을 구해야만 했다.[36] 이러한

---

30 가령 Bruns, *Fontes*, No. 41에 있는 원로원의결. 이 청동판은 로마시에서 발견되었다. Mommsen, *Ges. Schr*. III, 300 참조.

31 Mommsen, *StaatsR*. III/2, 1007면.

32 Krüger, *Geschichte*, 102.

33 Krüger, 106; Kübler, *Geschichte des röm. R.* 255.

34 전술한 37면 이하 참조.

35 Krüger, 109.

36 Bruns, *Fontes*, Nos. 71a, 84, 89, 90에는 사본이라고 명시적으로 언급되어 있다. 이에 관하여는 Weiß, *SZ* 33, 225.

사본들은 재차 필사되었는데, 그 과정에서 부정확한 것들이 원문 속으로 삽입되었고, 때로는 고의적인 변개가 있었을지도 모르며, 그 결과 새로운 법적 불안정이 생겼는데, 그것은 오로지 로마에 있는 기록보관소에 조회함으로써만 해소될 수 있었다.[37] 도백道伯들의 기록보관소는 전혀 만족스럽지 못했던 듯하다.

법률가들에 대한 신뢰

현행법에 관한 그러한 불확실성이 공화정기와 고전기에는 용인되었다는, 아니 추측건대 심지어 폐해로 여겨지지도 않았다는 점은 만개한 법학으로부터 설명될 수 있다. 즉 법학에 크나큰 신뢰가 부여되었던 것이다.[38] 로마인들은, 법률가들이 모든 법령 자료에 정통하였고 그러한 자료들을 법률가들의 저술에서 활용하였으며 필요하면 정보를 제공해 줄 것이라는 점을 굳게 믿었다. 이러한 신뢰는 적어도 공화정기와 고전기의 로마시에서 활동한 법률가들의 경우에는 전적으로 정당화되었다. 로마시 및 그 밖의 다른 지역에 있는 법학교에서 훈련을 받은 후 이탈리아와 지방에서 활동했던 그 시기의 다른 법률가들도, 비록 로마시로부터 멀리 떨어져 있어서 그들이 언제나 최신정보를 얻을 수는 없었겠지만, 그래도 충분한 법지식을 갖추고 있었을 것이다.[39] 최신정보를 얻기 위하여 그들은 로마시에 있는 어떤 법학자에게(특히 그들의 스승에게) 문의하거나 그들이 직접 로마의 기록보관소에 조회해야 했다. 3세기 말 법학의 퇴조와 더불어 법적 불안정은 하나의

---

37 Plinius, *Ad Traian*. 65: "Recitabatur autem apud me edictum quod *dicebatur* divi Augusti, ad Andaniam pertines; recitatae et epistulae divi Vespasiani ad Lacedaemonios et divi Titi ad eosdem et ad Achaeos, et Domitiani ad Avidium Nigrinum et Armenium Brocchum proconsules, item ad Lacedaemonios: quae ideo tibi non misi, quia et parum emendata et quaedam non certae fidei videbantur et quia vera et emendata in scriniis tuis esse credebam."

38 유사한 여건이 영국법사에서도 나타난다. Holdsworth, *History of English Law* II 427(제2판): "법령집의 내용에 관한 **대단히 큰 불확실성**이 존재하였다는 것은 중세시기에 관한 것이다. … 사실상 영국법은 공인된 제정법령집도 알지 못했고 … 공인된 일련의 판결집도 알지 못했다. 법률가들은 법령집의 내용에 관한 그들의 지식을 권위있는 사법서(司法書, judicial books of authority)와 개인 저작들에 의존하였다. … 공식 편찬물이 부재한 가운데, 변호사 교육과 법령집 제작에 종사한 법서출판업이 영국법의 법원(法源)에 관한 매우 실제적인 검열을 수행하였다." C. K. Allen, *Law in the Making*, 257면도 참조.

39 Krüger, 299; Gradenwitz, *SZ* 34, 274 이하; Jolowicz, 468 주 3, 4.

재앙이 되었다. 그것을 극복하기 위한 시도들로, 공적·사적 법령 수집과, 심지어 테오도시우스 2세의 '인용령引用令'(426년)[40]과 같은 절망적인 조치가 행해졌다. 유스티니아누스의 위대한 입법 또한 확정된 법(ius certum)을 얻기 위한 것이었고 어느 정도 소기의 목적은 달성되었다. 그러나 이 업적들 가운데 어느 것도, 법에 정통한 사람이 아니고서는, 그 누구도 읽고 이해할 수 없었다. 유스티니아누스의 확정법조차도 참으로 로마적 방식대로 일정한 법학 지식, 즉 법학교육을 통한 학문적 훈련을 전제하는데, 즉 『로마법대전』 특히 『학설휘찬』을 다룸에 있어서 이들은 현행법과 단순한 역사적 정보를 분리하고 학설과 법규칙을 구별하며 고전기 법규칙을 비잔틴식으로 이해할 수 있게 교육받았을 것이다.[41]

2. 국가기관의 자유재량

법적 불안정의 또 하나의 요소는 국가 기관들 특히 사법司法 당국에 허여된 자유재량이었는데, 로마법상 그들의 재량 범위는 매우 넓었다. 그것에 관하여는 전술한 고찰을 참조하고,[42] 여기에서는 다만 "법률 없으면 범죄 없고, 법률 없으면 형벌 없다(nullum crimen sine lege, nulla poena sine lege)"는 죄형법정주의가 로마법상 알려지지 않았다는 점,[43] 민사절차에서 법적 보호(소권, 항변, 원상회복)를 부여하거나 거부하는 것이 정무관의 재량에 맡겨졌다는 점, 그리고 심판인 또한 방식서를 다룸에 있어서 상당한 재량이 있었다는 점만을 환기하고자 한다. 그렇지만 전통과 굳건함(constantia)에 대한 로마인의 감각은, 법 자체가 제공하지 않은 법적 안정성을 사실상 만들어 냈다. 로마인들에게는 융통

---

40 Siber, *Atti del Congresso 1933*, Roma I, 425.
【역주】 동 칙령에 따르면 로마의 법률가들 중 파피니아누스, 파울루스, 가이우스, 울피아누스, 모데스티누스 5인의 법률가들의 견해만을 고려하고, 의문시에는 다수의견에 따르되, 가부동수일 때에는 파피니아누스 측의 견해에 의하고, 파울루스와 울피아누스의 파피니아누스 주석 중 비판적인 견해는 무효이고, 동등한 권위의 법률가들 견해가 가부동수일 때에는 심판인의 재량에 의하며 『파울루스 견해록』도 항상 고려할 것을 규정하였다. 최병조, 로마법강의, 박영사(1999/2004), 198면 참조.

41 전술한 106면 참조.

42 전술한 187면 참조.

43 전술한 190면.

성이 법적 안정성의 일부였던 것이다.

3. "외부적으로 인식가능한 요건"이 아닌 요건에 법률효과를 연결함

마지막으로 법적 불안정성은 법질서가 그 법률효과를, 외부적으로 인식가능하지 않은 법률요건에 결부시켰던 것을 통해서도 발생하였다.[44] 법률효과 발생이 의존하는 이러한 "내부적 요건"들의 존부는 필연적으로 종종 불확실하였다. 로마법은 이와 같은 법적 불안정도 묵묵히 감수하였다.[45]

(a) 선의취득은 로마법상 원칙적으로 알려지지 않았다.[46] 소유권이전은 양도인이 소유자이거나 적어도 처분권이 있을 때 유효하였다. 이것은 외적으로는 알 수 없는 사실이므로, 취득자의 경우 소유자가 되었는지 여부가 불확실한 상태로 남았다. 마찬가지로, 질권(pignus)의 경우에도 선의는 보호되지 않았다. 질권의 순위는 "시간에서 앞선 자가 권리에서 강하다(prior tempore potior iure)"는 법규칙에 따랐다. 그러나 그 물건에 이미 질권이 설정되어 있는지 여부와 그 범위를 공시하는 것은 아무것도 없었다.

(b) 로마법은 부득이한 경우에만 시간의 경과라는 외부적 요건에 일정한 법률효과를 부여했다. 점용시효취득(usucapio)이 이미 12표법상 알려져 있었지만, 그것의 적용 범위는 좁았다. 이미 12표법에서 도품에 대한 점용시효취득이 배제되었다.[47] 도품의 경우야말로 점용시효취득이 문제되는 가장 실제적인 중요한 경우임에도 말이다! 이후의 발전들은 점용시효취득의 기능을 더욱더 좁혔다. 토지 절도를 가능하게 구성함으로써 "절취된"

---

44 Wellspacher, *Das Vertrauen auf äussere Tatbestände* (1906)에서 사용한 표현.

45 상세는 Herbert Meyer, *Recht und Volkstum*, Göttingen (1929), 22면 이하.

46 예외들이 있다: 선의점유자의 과실수취("bonae fidei possessor fructus suos facit")(Kunkel, § 73; Buckland, 225); 선의로 점유하는 자유인과 타인의 노예를 통한 매개취득("per liberos quoque homines et alienos servos, quos bona fide possidemus, adquiritur nobis. ...": Gai.3.164).

47 Gai.2.45.
【역주】 Sed aliquando etiamsi maxime quis bona fide alienam rem possideat, non tamen illi usucapio procedit, velut si quis rem furtivam aut vi possessam possideat: nam furtivam lex XII tabularum usucapi prohibet, vi possessam lex Iulia et Plautia.

토지의 경우 점용시효취득을 배제하려는 시도는 성공하지 못했지만,[48] 절도(furtum) 개념이 횡령에까지 확장된 것은 점용시효취득과 관련하여 매우 유의미한 것이었다. 폭력으로 취득된 물건의 경우 후대의 입법에 의하여 점용시효취득의 대상이 아니라고 선언되었다.[49] 선의(bona fides)와 정당한 권원(iustus titulus) 요건은 점용시효취득에 의한 소유권 취득을 더욱더 어렵게 만들었다.[50] 이탈리아내의 토지(fundus Italicus)만이 점용시효취득될 수 있었고, 성盛고전기에 들어서야 비로소 장기시효 항변(longi temporis praescriptio)을 통하여 지방의 토지에 대한 시효취득도 가능하게 되었다.[51] 마침내 유스티니아누스 치세의 최장기시효 항변(longissimi temporis praescriptio)이 도품의 시효취득을 가능하게 하였다.[52]

소권의 소멸시효는 로마법에 거의 예외 없이 알려지지 않았다.[53] 물론 법정관법상의 구제수단은 종종 기간 제한이 있었는데, 특히 징벌금소권의 경우 그러하였다.[54] 테오도시우스 2세 치세인 424년에 소권의 일반적 소멸시효가 도입되었다.[55]

(c) 공시의 원칙은, 그것이 무권리자에 의한 취득 사안이 아닌 경우에도 법적 안정성의 측면에서 중요하지만, 로마법상으로는 단지 제한적인 역할만을 하였다(즉 악취행위와 법정양도의 경우에만). 토지의 소유권과 물적 부담관계를 보여주는 토지등기부는, 제국의 헬레니즘 지역의 외인법상 이용되기도 했고, 또한 도백道伯들이 그러한 제도의

---

48 Siber, § 89.

49 Gai.2.45; Kunkel, § 75.

50 Siber, § 55; Kunkel, 전게서; Buckland, 243, 246.

51 Gai.2.26; Kunkel, § 76.

52 Windscheid, *Pand.* I, § 183; Kunkel, § 77; Buckland, 251.

53 추탈담보소권(actio auctoritatis)은 예외가 아니지만 Gai.3.121에서는 보증인을 상대로 하는 소권의 경우 예외가 인정되고 있다: "sponsor et fide promissor per legem Furiam biennio liberantur (서약보증인과 신약보증인은 푸리우스법에 의하여 2년의 경과로 채무로부터 해방된다)." 황고법상의 20년의 기간 제한은(Dernburg, *Pand.* I, § 145) 사법(私法)에 속하는 것이 아니다. 배륜유언의 소(querella inofficiosi testamenti)의 [5년의 제소기간] 제한의 진정성 여부는 의심스럽다. D.5.2.8.17 및 D.5.2.9 참조. 그리고 그에 관한 Interp. Index도 참조. 그러나 Eisele, *SZ* 15, 285를 보라.

54 지방 고시가 시민법상 소권의 시효기간을 정하였다는 것은 입증 불가능하다: Mitteis, *SZ* 27, 227; Mitteis-Wilcken, *Grundzüge und Chrestomathie* II/2, 88면 이하.

55 Windscheid, *Pand.* I, § 106 주 2.

유용성을 명확히 인식하기는 하였지만, 로마법에는 알려지지 않았다.[56] 출생 및 사망사실을 등재하는 인적 공부公簿는 있었지만,[57] 혼인관계등록부는 없었다 – 그 특성대로 로마인들은 비밀혼에 대한 반감이 없었다.

(d) 법률효과가 사람의 신체적 · 심리적 사정에 결부되는 경우도 매우 많았다. 고전기 법상으로도 완전한 행위능력은 남성의 경우에는 성숙기에 취득되었다.[58] 정신착란을 사유로 하는 창설적 금치산선고는 알려져 있지 않았으나, 정신착란은 행위무능력을 초래하였다. 미성숙자(impubes)나 정신착란자와 거래하면서 그들이 완전한 행위능력이 있다고 여긴 상대방에 대한 법적 보호는 없었다.[59] 유스티니아누스 치세의 불법행위법에서는(그것이 계약적 불법이든 비계약적 불법이든 무관하게) 가해자 측에 과실(culpa) 또는 고의(dolus)를 요구하는 원칙이 거의 예외 없이 적용되었다. 일정한 사실에 대한 인식(scientia) 여부, 선의(bona fides)와 악의(mala fides)가 상이한 법률효과를 위하여 사용되었다 – 의사(animus, voluntas)는 특히 고전기 이후 법에서 중요한 역할을 하였다.

(e) 고전기 법에서 추정은 단지 산발적으로만 나타났다(무키우스 추정[praesumptio Muciana][60]). 반면 고전기 이후 법은 추정을 자주 사용했다.[61]

---

56 (기원후 89년) 이집트 장관 메티우스 루푸스(Mettius Rufus)의 고시는 그러한 등기제도의 적절한 유지의 중요성을 강조하는데 "계약당사자들이 부지로 인해 기망당하지 않게 하기 위해서"였다. Bruns, *Fontes*, No. 73, v. 37; Mitteis-Wilcken, *Grundzüge und Chrestomathie* II/2, no. 192.

57 W. Levison, *Die Beurkundung des Zivilstandes im Altertum* (Diss. phil. Bonn, 1898); Mitteis-Wilcken, I/1, 196면; I/2, 248면 이하; II/2, 427면; Bruns, *Fontes*, No. 193; E. Weiß, *Griech. PrivatR*. I, 388 이하 및 *SZ* 49, 260 이하, 264 주 1; P. M. Meyer, *SZ* 54, 346; Cuq, *Mélanges Fournier* (1929), 119면 이하.

58 Siber, § 46; Kunkel, § 51. 생래자유인의 경우에 성숙기의 도달은 성년자가 입는 백색 토가(toga virilis)의 착용으로 인식될 수 있지만(Pernice, *Labeo* I, 206면), 노예의 경우에도 부가적 성질의 소권들(actiones adiecticiae)로 인하여 성숙기가 중요하였다.

59 이러한 종류의 보호에 관하여 Max Rümelin, *Die Geisteskranken im Rechtsgeschäftsverkehr* (1912), 54면 이하.

60 【역주】 퀸투스 무키우스 스카이볼라에서 비롯하는 것으로, 혼인한 여성이 점유한 모든 것은, 반대사실을 입증할 수 없는 한, 남편에 의하여 주어졌다고 추정하는 것.

61 Donatuti, *Annali Perugia* (1931), 1면 이하 및 *Riv. di. dir. priv.* 3 (1933), 161면 이하.

4. 요약 · 정리

로마적 태도의 이유: 절차법으로부터 사법私法의 분리, 기득권의 존중

종합해보면 로마인들의 경우 법에 관한 확실성과 구체적 법률요건의 법적 효과에 대한 확실성의 의미에서의 법적 안정성에는 거의 중요성을 두지 않았던 것으로 보인다. 오늘날보다는 훨씬 소박하고 쉽게 파악 가능한 고대의 생활관계에서 공시의 원칙과 선의취득자에 대한 보호를 인정할 필요성이 절박하지는 않았다는 것은 사실이다. 질권이 고대에는 경제적으로 오늘날과 같은 역할을 하지 않았고, 그리하여 질권의 선의취득자의 보호가 덜 요구되었다는 것도 사실이다. 그러나 이 문제에 있어서 로마인들의 태도에 결정적인 것은 아마도 다른 것이었을 것이다: 법자문 활동으로부터 유래된 로마법학에서 비롯된,[62] 절차로부터의 사법私法의 분리가 고전기 법률가들에게 입증의 문제를 뒷전으로 밀어냈고, 아울러 법질서가 가능한 한 외적이고 감각으로 지각될 수 있으며 소송사건에서 쉽게 확인될 수 있는 법률요건을 지향한다는 생각도 밀려나게 되었다. 그리고 기득권(ius quaesitum)에 대한 로마인들의 존중도 한몫을 하였다. 전술하였듯이,[63] 로마인들은 공익상의 공용수용을 최대한 삼가면서 그것을 예외적으로만 활용하였는데, 이는 소권의 소멸시효와 점용시효취득을 대하는 그들의 태도가 이와 마찬가지여야 하고 또 무권리자로부터의 선의취득을 배제해야 한다는 것 – 이러한 모든 경우가 실제로는 공용수용의 사례들이다 – 과 지극히 일관된 태도이다.[64] '거래안전'이 아니라 기득권의 안전이 로마인들에게 중시되었다. 로마인들에게 국가의 안전은 기득권의 안전에 의존하는 것으로 보였다. 로마인들에게는 그것을 약화시키려는 시도는 공동체의 기초를 흔드는 것이었다.[65]

---

62 전술한 36면 이하 참조.

63 전술한 177면.

64 Binding, *Die Ungerechtigkeit des Eigentum-Erwerbs vom Nicht-Eigentümer* (1908), 47면; G. Beseler, *Rigaische Zeitschrift für Rechtswissenschaft* 9 (1936), 76면 참조.

65 "Labefactant fundamenta rei publicae. (국가의 기초를 흔드는 것이다)", Cic. *De off.* 2.22.78; 전술한 177면도 참조.

결론

그런데 내가 맡은 일에 대한 사랑이 나를 현혹하는 것이든지 아니면 어떤 국가도 결코 더 성스럽지도 않았고 좋은 모범들이 더 풍부하지도 않았든지이다.
- 리비우스, 서문 11.

주어진 주제에 관하여 남김없이 고찰하지 못하고 이 책을 마치게 되었다. 그러나 이 책의 서두에서부터 말했듯이, 이 강의는 하나의 완전한 체계를 갖추려고 의도된 것은 아니다.[1] 그러한 작업은 로마법 사료를 직접 조사하여 로마법을 연구하고 그 특성을 다시 살려내려는 사람들을 위하여 남겨진 것이다.

최근의 정치적 경험은 우리에게 또한 로마제국과 로마법을 새롭게 인식시키고, 우리에게 많은 것들을 새롭고 명확한 관점에서 보여준다.[2] 만약 로마법이 역사와 시대를 지나는 과정 속에서, 한편으로는 계속하여 추앙을 받으며 추종자를 공고히 하면서도, 다른 한편으로 반대와 거부를 당해왔다면, 이러한 반응이야말로 역사적 현상으로서의 로마법의 위대함을 보여준다고 하겠다.[3] 어떻게 그렇지 않을 수 있겠는가? 로마법이야말

---

1 Δεῖ δὲ τὸν ἀγαθὸν κριτὴν οὐκ ἐκ τῶν παραλειπομένων δοκιμάζειν τοὺς γράφοντας, ἀλλ' ἐκ τῶν λεγομένων (좋은 비평가는 빠뜨린 것에 의하여 글쓴이들을 비판하는 것이 아니라, 이야기한 것에 의하여 비판하여야 한다)(Polyb. 6.11.7).

2 Betti, *Diritto Romano* I (1935), xiii면.

3 Ferrini, "Lotte antiche e recenti contro il diritto romano (1901)", *Opere* 4, 413 이하: "Come ogni cosa eccelsa, il diritto romano è segno "d'inestinguibil odio e d'indomato amor" (모든 탁월한 것과 같이 로마법은 "끌 수 없는 증오와 길들여지지 않은 사랑"의 기호이다)." Ferrini (435면)는 당시에 예언하였다: "Se i tedeschi trascurassero per boria o falso orgoglio nazionale la grandissima eredità di Roma, ... allora – non dubitate! – passerà poco tempo, e li vedrete rivalicare le Alpi e ritornare qui un altra volta alla nostra scuola! (만약 독일인들이 민족적인 허장성세나 그릇된 오만으로 로마의 가장 위대한 유산을 등한히하고 … 그런 다음 – 의심치 말지어다! – 약간의 시간이 지난다면, 그대들은 그들이 다시 알프스를 넘어서 여기서 다시 한 번 우리의 배움터로 돌아오는 것을 볼 것이다)"

로 로마인의 특성이 가장 순수하게 표현된 것이며, 로마의 위대함과 영광에 대한 강력한 증인인 것이다.

"우리가 역사로부터 얻는 최선의 것은 역사가 불러일으키는 열광熱狂이다."[4]

---

4 "Das Beste, was wir von der Geschichte haben, ist der Enthusiasmus, den sie erregt.", Goethe, *Maximen und Reflexionen: Betrachtungen*, Nr. 56.

역자 후기

이 책은 로마법에 관한 '고전'에 속하는 Fritz Schulz, *Principles of Roman Law*, Oxford University Press (2nd, 1936/1956)를 완역한 것이다. 원저는 1933년 베를린에서의 강연을 토대로 하여 1934년에 독일어로 초판이 출간되었고(*Prinzipien des Römischen Rechts,* Duncker und Humblot), 1936년에 개정판을 내면서 영어로 번역되어 출간되었다(1956년 2쇄 출간). 그리고 독일어 초판은 내용 변경 없이 1954년에 중간본重刊本(Unveränderter Nachdruck)으로 출판되었다.

프리츠 슐츠(Fritz Heinrich Schulz, 1879-1957)는 20세기를 대표하는 로마법학자 중 한 명이다. 주요 저서로는 『로마법학사(*History of Roman Legal Science*)』(1946), 『고전 로마법(*Classical Roman Law*)』(1951) 등이 있는데, 그중에서도 『로마법의 원리』는 명쾌하면서도 간결한 문체로 로마법의 핵심을 서술한 명저로 평가된다. 특히 본서는 기존의 로마법에 관한 교과서처럼 소재 순서대로 서술하는 방식(가령 인법, 물권법, 계약법, 소송법 등)이 아니라, 로마법의 기저에 있는 "로마법의 원리" 열 가지를 선정하여 그러한 원리를 중심으로 관련 소재들을 재배열하는 강연문 형식을 취하고 있다. 저자가 선정한 열 가지 '로마법의 원리'만 보더라도 저자의 통찰력이 드러나는데, 그것들은 분리(isolation, Isolierung),

추상화(abstraction, Abstraktion), 단순성(simplicity, Einfachheit), 전통(tradition, Tradition), 국민체(nation, Nation), 자유(liberty, Freiheit), 권위(authority, Autorität), 인도주의(humanity, Humanität), 신의(fidelity, Treue), 안정성(security, Sicherheit)이다. 이러한 '원리들'에 따라 저자는 사법私法뿐만 아니라 공법公法까지 포괄하는 로마법의 전체상을 보여줌과 동시에, 법사료는 물론이고 고대에서부터 근대의 사상가와 문필가들을 적재적소에서 인용해가며 서술하고 있어서, 읽는 내내 지루할 틈이 전혀 없고, 책을 읽고 나면 실제로 잘 구성된 강연을 주제별로 듣고난 것과 같은 느낌이 든다. 요컨대 이 책은 저자 특유의 통찰력을 동원한 예리한 분석과 명쾌한 서술을 통해 로마법의 특성을 잘 드러내면서, 로마법의 주요한 핵심내용들에 대한 입체적인 이해를 가능하게 해준다는 점에서, 법학도는 물론이고 역사학도들에게도 로마법의 입문서 내지 전문교양서로 활용되기에 매우 적절하다.

이 책의 저자인 프리츠 슐츠는 1879년 독일의 니더슐레지엔에 있는 분츨라우(현재는 폴란드 볼레스와비에츠)에서 개신교 신자인 아버지와 유대인 출신 어머니 밑에서 태어났다. 슐츠는 음악에 관심이 있었고 지휘자가 되고 싶었으나 19세에 아버지를 여의고 나서 진로를 법학으로 정하게 된다. 고향에서 어린 시절을 보낸 후 1899년부터 1900/01년까지 베를린에서 법학을 공부하던 중 1차 사법시험을 보기 위해 그의 행정적 연고지인 브레슬라우(현재는 폴란드 브로츠와프)로 가게 된다. 그는 베를린에서 계속 공부하기를 원하였으나 좌절되었고 그래서 남은 두 학기를 브레슬라우에서 마치게 된다. 1902년 1차 사법시험에 합격한 후 실무가 아닌 학문에 전념하기로 결심하고, 1905년에 브레슬라우대학에서 법학박사학위를 받고, 같은 해 브라이스가우에 있는 프라이부르크 대학에서 교수자격을 취득한다. 1910년 슐츠는 오스트리아 인스부르크대학에 전임교수로 임용되었고, 그 후에 키일(1912), 괴팅겐(1916)을 거쳐 본(1923)으로 자리를 옮긴다. 1931년에는 당시 법학교수 경력 중에 가장 명예로운 자리인 베를린대학의 교수로 청빙을 받아가게 된다. 그런데 이러한 그의 경력은 나치의 집권으로 급변 상황을 맞게 된다. 괴팅겐대학에서 교수로 재직하던 시절 중도좌파 계열의 독일민주당(DDP)을 정치적으로 지원한 과거의 전력과 함께 그의 어머니가 유대인 출신이라는 것이 문제시 되었던 것이다(그의 아내인 마르타 슐츠도 유대인 출신이었다). 개인적인 탄압 외에도 당시 대학에서의 로마법강좌가 "비게르만적"이라는 이유로 폐지되는 상황 속에서, 1933년 여름에 슐츠는 이에 대항하여 '로마법의 원리'를 주제로 하는 강의를 하였고 1934년에 그것이 독일어 초판으로 출간되었다.[1] 그러한 일들을 이유로 하여 슐츠는 그 다음 해에 강제이직 그리고 그 다음 해에는 강제 퇴직을 당하게 된다. 그 후에도 슐츠는 가족들과 함께 독일에 계속 머무르다가(개정판으로 영역본이 출간된 것이 이 시기였다) 결국 1939년에 네덜란드를 거쳐 영국으로 이주하고, 여러 곳으로부터 경제적 지원을 받으며 여생을 살아가게 된다. 전후에도 슐츠는 독일로 돌아가지 않았고, 1957년 영국에서 사망한다. 그의 제자로는 20세기 후반의 가장 영향력 있는 독일의 민법학자 중 한 명인 베르너 플루메(Werner Flume, 1908-2009)가 있다.[2]

슐츠는 당시 로마법학계를 지배하고 있었던 수정(interpolatio) 비판의 방법론을 취하고 있으나(이러한 방법론은 오늘날에는 극복되었다),[3] 그의 명쾌하고 예리한 분석력과 통찰력으로 인해 오늘날에도 여전히 참조되고 있는 로마법학자 중 한 명에 속한다. 한편 1909년에 출간된 그의 부당이득법에 관한 500페이지에 육박하는 장문의 논문("System der Rechte auf den Eingriffserwerb", *AcP* 105)은 독일 부당이득법에서 중요한 연구업적 중 하나로 손꼽히고 있다.

역자가 원저를 처음 접하게 된 것은 석사과정에 들어와 로마법에 입문한 후 지도교수님의 대학원 수업 시간에서였다. 당시 지도반 선배들께 문의해보니 로마법을 공부하는 사람에게는 필독서라는 이야기를 듣고서 도서관에서 입수하여 틈틈이 읽어나가면서 근근이 초역을 완성하였다. 그리고 군복무를 마치고 복학한 후에 한동대학교에 출강하면서 때마침 2012년 2학기에 <법학고전강독>이라는 과목을 맡게 되었는데, 초역본을 검토해 볼 수 있는 좋은 기회로 여기고 당시 수강신청한 세 명의 학부생들과 함께 매주

---

1 그가 결론에서 언급한 "최근의 정치적 경험은 우리에게 또한 로마제국과 로마법을 새롭게 인식시키고, 우리에게 많은 것들을 새롭고 명확한 관점에서 보여준다."가 당시의 상황을 가리키는 것이다. 그리고 이러한 상황에서도 저자는 매우 의연한 모습을 보여주고 있다.

2 슐츠에 관한 상세한 소개는 Wolfgang Ernst, "Fritz Schulz (1879–1957)". in Jack Beatson/Reinhard Zimmermann (eds.), *Jurists Uprooted: German-speaking Émigré Lawyers in Twentieth-century Britain* (Oxford University Press, 2004). pp. 105-203 참조.

3 본서의 각주 곳곳에서. 특히 본서 68면 이하의 개소 해설 부분 참조.

한 장씩 읽어나갔다. 그렇게 마련된 윤독본을 지도교수님이신 최병조 교수님께서 검독해주셨는데, 그 후에는 박사논문을 써야 해서 번역서 출간은 기약없이 미뤄지게 되었다. 2016년에 박사학위를 받고 서울대학교 법학연구소 조교로 재직하던 중 서울대학교 전상현 교수님으로부터 헌법전공자에게 적합한 우리말로 된 로마법에 관한 책을 추천해달라는 부탁을 받고서 제일 먼저 이 책이 떠올랐으나 여태 미출간 원고 상태라는 사실에 송구한 마음이 들었고, 그 일을 계기로 하여 좀 더 책임감을 가지고 출간해야겠다는 마음을 먹었다. 그런데 그 후로도 몇 년이 더 지나 우여곡절 끝에 이제야 출간을 하게 되었다. 초역본을 마련한 이후로부터 많이 늦어진 감이 있지만, 개인적으로는 오랜 시차를 두고 여러 번 독일어본과 비교하며 읽으면서 읽을 때마다 원저의 진가를 느끼게 되었고 그 과정을 통해 로마법에 대한 이해가 한층 넓고 깊게 되었다는 점에서는 큰 성과를 얻었다. 역자가 받은 이러한 감동이 이 번역서를 통하여 로마법에 관심있는 독자들께도 전달되기를 바란다. 특히 이제는 익숙해져서 위기감마저 무뎌진 '기초법의 위기' 상황에서 법을 공부하는 로스쿨 학생들(저자 서문의 표현에 따르자면 "cupida legum iuventus")[4]을 비롯한 모든 이에게 로마법에 대한 관심과 흥미를 불러일으키는 데 조금이나마 기여할 수 있기를 바란다.

번역에 있어서는 개정판인 영역본을 저본으로 삼았으나, 아무래도 대륙법의 모태인 로마법에 대한 서술인 만큼 법률용어나 문장의 의미가 불명한 경우 독일어본을 참조하여 우리말로 번역하였다. 그 과정에서 영역본과 독일어본을 비교해 보았는데, 저자가 영미 독자를 염두에 두어서인지 저자 스스로 개정판의 서문에서 밝혔듯이 "영미 독자들에게 별로 흥미롭지 않을 것 같은 일부 구절들"은 삭제되어 있었고, 독일어초판 이후 일부 영미법 문헌이 각주에 추가되었다. 한 가지 아쉬운 점이 있다면 독일어본에는 독일책의 관행에 따라 자간을 넓히는 격자隔字 인쇄 방식으로 강조표시가 되어 있는 부분들이 곳곳에 나오는데, 개정판인 영역본에서는 한두 군데에서 이탤릭체로 처리된 것 외에는 반영되지 않았다는 점이다. 번역의 저본이 영역본이라 한글번역에서는 독일어

4 직역하면 "법을 갈구하는 청년들"이라는 이 표현은 주지하듯이 법학 초학도를 위해 편찬한 『법학제요』 서문에서 유스티니아누스 황제가 사용한 바 있다(Const. Imperatoriam. 533. 11. 21.)

로 강조 처리된 부분을 따로 강조하지는 않았다. 한편 영역본과 독일어본 모두 차례에서만 소제목들이 나열되어 있고 본문은 그러한 표식이 없는데, 한글 번역에서는 독자의 편의를 위해 차례에 있는 소제목을 본문에도 달았다. 그에 따라 원문에 없는 단락 구분이 이루어진 곳도 있다. 그리고 저자는 로마법 원사료에 대하여 관련 개소를 지시만 하였으나[5] 한글번역본에서는 원사료를 직접 소개하기 위해 【역주】의 형식으로 로마법 원사료들의 원문을 소개하였다. 아울러 인물에 대해서는 생몰연대 또는 주활동시기(황제의 경우에는 재위기간)를 본문에 추가하였고, 설명이 필요한 로마법 용어나 관련 정보 역시 【역주】의 형태로 붙였다. 번역의 저본에 있는 오식들(특히 개소인용부분에 다수 있음)도 바로 잡았다. 한편 이 책에는 다양한 고대 사료들이 번역문 없이 원문으로만 인용되고 있는데, 본문 내용의 이해를 돕기 위해 가급적 법사료의 경우에는 한글 번역도 함께 수록하려고 하였다. 그리고 역어 사용에 있어서는 최병조 교수님께서 제안하신 역어들을 대폭 차용하였다.

번역서가 나오기까지 많은 분들의 도움과 성원이 있었다. 먼저 은사님이신 최병조 교수님의 가르침과 성원이 없었더라면 이 책의 번역과 출간은 불가능하였을 것이다. 최 교수님께서는 거칠고 서툰 초역본을 꼼꼼하게 검독해 주시면서 출간하도록 격려해주셨고, 특히 각종 용어들 및 저자가 인용하는 라틴어 및 그리스어 원전의 번역 등에 큰 도움을 주셨다. 서울시립대학교 성중모 교수님께서는 번역하면서 생긴 역자의 크고 작은 질문들에 바쁘신 중에도 친절하게 답해 주셨고, 그리스어 원전 번역에 있어서도 많은 도움을 주셨다. 이제는 10년도 더 지난, 2012년 2학기 한동대에서의 〈법학고전강독〉 수업에서 매주 초역본을 같이 읽었던 세 명의 학부생들에게도 이 자리를 빌려 감사의 마음을 전한다(당시에는 학기 마치고 방학 중에 마무리 되면 책이 곧 출간될 수 있을 줄 알고 번역서가 나오면 학생들에게 곧 보내주겠다고 약속했었는데, 이제야 책이 나오게 되어 새삼 미안한 마음이 든다). 그 밖에도 오랜 기간에 걸친 번역에 있어서 여러 선생님들의 도움과 성원을 받았

---

5 이는 원저가 강연원고로 마련된 사정에 기인한다. 개별 개소에 대한 상세한 설명은 "구술 강의를 위하여 남겨진 과제"라고 서술하고 있다. 아울러 결론의 첫 문단도 참조.

는데, 번역에 있어서의 오류는 전적으로 역자의 책임이다.

그리고 출판사를 물색하는 과정에서 어려움에 봉착했을 때 서울대학교 정긍식 교수님께서 격려의 말씀과 함께 법사학회 번역총서로 출간 신청해보라고 권유해주셨고, 한국법사학회 법사학총서간행위원회에서 간행을 승인해주신 덕분에 출간될 수 있었다. 그리고 실제로 책이 나오기까지 애써주신 민속원 출판사의 홍종화 사장님, 박정대 부장님 그리고 조정화 팀장님께도 감사의 뜻을 표한다. 조정화 팀장님은 번거로운 수정요청에도 늘 친절하고 정확하게 편집본을 만들어주셨다. 마지막으로 지금껏 학문의 길을 갈 수 있도록 항상 응원해 주시는 부모님께 진심을 담아 감사의 말씀을 드리고 싶다.

2023. 4.

역자 이상훈

번역서가 출간된 지 1년 남짓 지나고 이제 제2쇄를 출간하게 되었다. 그 사이에 이 책이 2023년 세종도서 학술부문(사회과학) 추천도서로 선정되었다는 소식을 들었고, 그리고 이 번역서로 제3회 한국법학교수회 학술상도 수상하였다. 이러한 일들을 통해 우리 학계는 물론이고 우리 사회에 로마법에 대한 관심이 지대하다는 점을 새삼 깨닫게 되었고, 전공자 중 한 명으로 좀 더 책임감을 가지고 분발해야겠다는 각오를 다지게 되었다.

작년에 번역서를 출간하고 전임으로 임용된 첫 학기 일반대학원 수업에서 수강생들과 함께 이 책을 다시 읽어보았는데, 그 과정에서 몇몇 오식들을 발견하게 되었고 2쇄를 출간하는 계기에 이를 바로잡는다. 당시 수강생 모두와 특히 학기 말에 꼼꼼하게 정오표를 만들어서 보내준 서울대학교 서양고전학협동과정 윤석찬 석사과정생에게 감사를 표한다.

2024. 9.

역자 이상훈

사항 색인

숫자는 해당 면수를,
위 첨자는 해당 면수의
각주번호를 의미함

가

나

다

라

마

바

사

아

자

차

카

타

파

하

인명·지명 색인

로마자 정렬(한글 병기)
숫자는 해당 면수를,
위 첨자는 해당 면수의
각주번호를 의미함

[인명]

A

B

C

D E

F

G

H

I

J

K

L

M

N

O

P

Q R

S

T

U V

W Z

[지명]

사료 색인

숫자는 해당 면수를,
위 첨자는 해당 면수의
각주번호를 의미함

세시풍속도감

그림과 사진으로 보고 읽는 『경도잡지』

초판1쇄 발행 2024년 3월 2일

지은이 진경환
펴낸이 홍종화

주간 조승연
편집 · 디자인 오경희 · 조정화 · 오성현 · 신나래
박선주 · 이효진 · 정성희
관리 박정대

펴낸곳 민속원
창업 홍기원
출판등록 제1990-000045호
주소 서울 마포구 토정로25길 41(대흥동 337-25)
전화 02) 804-3320, 805-3320, 806-3320(代)
팩스 02) 802-3346
이메일 minsok1@chollian.net, minsokwon@naver.com
홈페이지 www.minsokwon.com

ISBN 978-89-285-1938-5 94380
S E T 978-89-285-0359-9 94080

※ 도판 자료 게재를 허락해주신 분들께 감사드립니다. 이 책에 실린 도판 중 저작권 협의를 거치지 못한 것이 있습니다.
추후 저작권이 확인되는 자료에 대해서는 적절한 승인 절차를 거칠 예정입니다.